◆大学外国文化通识教育丛书◆

History of Foreign Culture

外国文化史

（第二版）

孟昭毅　曾艳兵／主编

北京大学出版社
PEKING UNIVERSITY PRESS

图书在版编目(CIP)数据

外国文化史／孟昭毅，曾艳兵主编. —2 版. —北京：北京大学出版社，2018.1
（大学外国文化通识教育丛书）
ISBN 978-7-301-29158-0

Ⅰ. ①外… Ⅱ. ①孟… ②曾… Ⅲ. ①文化史—国外—高等学校—教材 Ⅳ. ①K103

中国版本图书馆 CIP 数据核字（2017）第 328902 号

书　　　　名	外国文化史（第二版） WAIGUO WENHUA SHI
著作责任者	孟昭毅　曾艳兵　主编
责任编辑	张　冰　严　悦
标准书号	ISBN 978-7-301-29158-0
出版发行	北京大学出版社
地　　　　址	北京市海淀区成府路 205 号　100871
网　　　　址	http://www.pup.cn　新浪微博：@北京大学出版社
电子邮箱	编辑部 pupwaiwen@pup.cn　总编室 zpup@pup.cn
电　　　　话	邮购部 010-62752015　发行部 010-62750672　编辑部 010-62754382
印　刷　者	北京鑫海金澳胶印有限公司
经　销　者	新华书店
	730 毫米×980 毫米　16 开本　24 印张　400 千字 2008 年 12 月第 1 版 2018 年 1 月第 2 版　2025 年 1 月第 7 次印刷（总第 18 次印刷）
定　　　　价	68.00 元

未经许可，不得以任何方式复制或抄袭本书之部分或全部内容。
版权所有，侵权必究
举报电话：010-62752024　电子邮箱：fd@pup.cn
图书如有印装质量问题，请与出版部联系，电话：010-62756370

目 录

导论：外国文化——诱人的沃土 ……………………………………（1）

第一编　上古文化

第一章　原始文化 ……………………………………………………（11）
  第一节　概述 ………………………………………………………（11）
  第二节　声音交流与文字前奏 ……………………………………（13）
  第三节　生活需求与科学萌芽 ……………………………………（14）
  第四节　艺术和宗教的发生 ………………………………………（16）

第二章　古代两河流域文化 …………………………………………（20）
  第一节　概述 ………………………………………………………（20）
  第二节　楔形文字与泥板文书 ……………………………………（21）
  第三节　宗教、科学与法律 ………………………………………（23）
  第四节　古巴比伦艺术与文学 ……………………………………（27）
  第五节　两河流域文化贡献与传播 ………………………………（28）

第三章　古代尼罗河流域文化 ………………………………………（31）
  第一节　概述 ………………………………………………………（31）
  第二节　宗教的雏形 ………………………………………………（33）
  第三节　文字与文学 ………………………………………………（35）
  第四节　古埃及艺术 ………………………………………………（38）
  第五节　科学与技术 ………………………………………………（40）
  第六节　古埃及文化成就与影响 …………………………………（42）

第四章　古希伯来文化 ………………………………………………（45）
  第一节　概述 ………………………………………………………（45）

1

  第二节 犹太教的形成 …………………………………………（47）
  第三节 《旧约》与其他重要文献 ………………………………（50）
  第四节 文学与艺术 …………………………………………（55）
  第五节 历史观、律法与哲学观 ………………………………（59）
  第六节 古希伯来文化的世界意义 ……………………………（61）

第五章 古代印度河流域文化 ……………………………………（65）
  第一节 概述 …………………………………………………（65）
  第二节 发达的宗教文化 ………………………………………（68）
  第三节 艺术与梵文作品 ………………………………………（72）
  第四节 巨大的科学成就 ………………………………………（76）
  第五节 古代印度文化走向世界 ………………………………（77）

第六章 爱琴海文化 ………………………………………………（79）
  第一节 概述 …………………………………………………（79）
  第二节 社会与宗教 …………………………………………（84）
  第三节 文学与艺术 …………………………………………（88）
  第四节 哲学与科学 …………………………………………（93）
  第五节 古希腊文化的世界性影响 ……………………………（98）

第七章 古罗马文化 ………………………………………………（100）
  第一节 概述 …………………………………………………（100）
  第二节 共和政体与罗马法律 …………………………………（103）
  第三节 发达的史学、哲学和科学技术 ………………………（106）
  第四节 成熟的文学艺术 ………………………………………（110）
  第五节 基督教的产生与传播 …………………………………（114）

第八章 古代波斯文化 ……………………………………………（118）
  第一节 概述 …………………………………………………（118）
  第二节 最初的一神教信仰 ……………………………………（120）
  第三节 文字、韵律与诗歌 ……………………………………（121）
  第四节 科学技术与教育 ………………………………………（123）
  第五节 建筑与雕刻艺术 ………………………………………（125）

第九章 古代美洲文化 ……………………………………………（128）
  第一节 概述 …………………………………………………（128）
  第二节 玛雅文明 ……………………………………………（131）
  第三节 印加文明 ……………………………………………（132）

　　第四节　阿兹特克文明 …………………………………………………… (134)

第二编　中古文化

第十章　中古欧洲文化 …………………………………………………………… (139)
　　第一节　概述 ……………………………………………………………… (139)
　　第二节　基督教文化的形成 ……………………………………………… (141)
　　第三节　经院哲学、教育和科学技术 …………………………………… (143)
　　第四节　文学艺术成就 …………………………………………………… (148)
　　第五节　拜占庭和东西教会大分裂 ……………………………………… (150)
　　第六节　十字军东侵及其影响 …………………………………………… (154)

第十一章　中古阿拉伯文化 …………………………………………………… (156)
　　第一节　概述 ……………………………………………………………… (156)
　　第二节　伊斯兰教和《古兰经》 ………………………………………… (157)
　　第三节　教育和学术 ……………………………………………………… (160)
　　第四节　自然科学 ………………………………………………………… (163)
　　第五节　社会科学 ………………………………………………………… (165)
　　第六节　文学艺术 ………………………………………………………… (168)
　　第七节　阿拉伯文化对世界的贡献 ……………………………………… (171)

第十二章　中古东亚和南亚文化 ……………………………………………… (173)
　　第一节　概述 ……………………………………………………………… (173)
　　第二节　日本宗教、艺道与文学 ………………………………………… (182)
　　第三节　印度宗教、哲学、文学与艺术 ………………………………… (189)
　　第四节　东南亚的文学艺术与宗教 ……………………………………… (191)

第三编　近代文化

第十三章　欧洲文艺复兴时期文化 …………………………………………… (199)
　　第一节　概述 ……………………………………………………………… (199)
　　第二节　意大利文艺复兴运动 …………………………………………… (205)
　　第三节　德国的宗教改革 ………………………………………………… (212)
　　第四节　西班牙的多元文化 ……………………………………………… (218)
　　第五节　近代自然科学和唯物主义哲学勃兴 …………………………… (222)

3

第十四章　17、18世纪欧洲文化 (228)
- 第一节　概述 (228)
- 第二节　启蒙运动和启蒙思想家 (232)
- 第三节　文学：古典主义和启蒙主义 (236)
- 第四节　文化艺术成就 (240)
- 第五节　西方文化对东方的接受 (245)

第十五章　19世纪至20世纪初的欧洲文化 (251)
- 第一节　概述 (251)
- 第二节　技术革命与科学成果 (255)
- 第三节　哲学和社会思潮 (259)
- 第四节　形成传统的西方文学艺术 (265)
- 第五节　西方文化对东方的影响 (273)

第十六章　18世纪至20世纪的北美文化 (280)
- 第一节　概述 (280)
- 第二节　社会文化 (285)
- 第三节　文学与艺术 (289)
- 第四节　教育和学术 (293)

第十七章　18世纪至20世纪的拉丁美洲文化 (297)
- 第一节　概述 (297)
- 第二节　社会文化 (298)
- 第三节　建筑与艺术 (300)

第十八章　近代东方文化 (305)
- 第一节　概述 (305)
- 第二节　东亚文化与文学艺术 (310)
- 第三节　南亚文化与文学艺术 (315)
- 第四节　西亚、北非文化与文学艺术 (318)
- 第五节　东方文化文学艺术交流 (325)

第四编　现当代文化

第十九章　20世纪现当代文化 (337)
- 第一节　概述 (337)
- 第二节　西方现代、后现代文化景观 (339)

  第三节 东方传统文化的现代化 …………………………………(350)
  第四节 东西方文化的渗透与融合 ………………………………(352)
第二十章 21世纪人类文化 ……………………………………………(356)
  第一节 概述 ………………………………………………………(356)
  第二节 生态文化平衡和东方文化发展 ………………………(358)
  第三节 经济全球化与文化冲突 …………………………………(362)
  第四节 "一带一路"倡议与文化交流 …………………………(364)
  第五节 人类命运共同体的构建 …………………………………(369)
参考书目 …………………………………………………………………(372)
后记 ………………………………………………………………………(374)

导论：外国文化——诱人的沃土

本书定名为"外国文化史"，一是表明它的相对性和学理立场，即相对"中国文化史"而言，只以它为论述的参照系，不包括中国文化史的内容；二是全书既大量描述了外国文化的千姿百态，深入梳理了外国文化的发展脉络，又简洁明了、重点突出，尽可能为读者创造一个非常明晰、舒适的阅读空间，给他们一种史论结合的阅读快感。应该说，学习这种外国文化史对于当前共同生活在地球村里的人来说，是面对政治全球化、经济一体化的转型期社会最佳的文化选择。

一

文化是一个非常复杂的概念，有着极为复杂的词义演变史。"最接近的词源是拉丁文 cultura，可追溯的最早词源为拉丁文 colere。colere 具有一系列的意涵：居住（inhabit）、栽种（cultivate）、保护（protect）、朝拜（honour with worship）。"[①]"英文中'culture'这个词的一个原始意义就是'耕作'（husbandry），或者对自然生长实施管理……'coulter'与'culture'是同源词，意为犁锋（刀）。""如果文化的原始意义是耕作，那么它既暗示着规范，又暗示着自然生长。文化是我们能够改变的东西，但是被改变的材料拥有其自己独立的存在，这又给予了它类似于自然之反面的东西。""人的本性与一片甜菜根不尽相同，但是它像田地一样需要耕作——以至于当'文化'这个字眼将我们从自然转向精神的时候，它也暗示了这两者之间的一种密切联系。""'文明'减少了民族差异，而'文化'却使得它们更为突出。"[②]

"文化"作为学术用语，最早见于英国人泰勒 1865 年所著的《人类早期历史与文明发展之研究》，六年之后他在《原始文化》一书中对文化做了系统的阐释："文

---

① ［英］雷蒙·威廉斯：《关键词》，刘建基译，三联书店，2005 年，第 101 页。
② ［英］特瑞·伊格尔顿：《文化的观念》，方杰译，南京大学出版社，2003 年，第 1、5、6—7、10 页。

化或文明,就其广泛的民族学意义来说,是包括全部的知识、信仰、艺术、道德、法律、习俗以及作为社会成员的人所掌握和接受的任何其他的才能和习惯的复合体。"①

稍后,克罗伯与克拉克洪在其合著的《文化:概念和定义的批评考察》中分析了一百六十多个有关文化的定义,最后他们的结论是:"文化由外显的和内隐的思维和行为模式构成,这种行为模式通过象征符号而获致和传递;文化代表了人类群体的显著成就,包括它们在人造器物中的体现,文化体系一方面可看作是活动的产物,另一方面则是进一步活动的决定因素。"②

克利福德·格尔茨则认为,"文化是一幅地图、一张滤网和一个矩阵"。他同意马克斯·韦伯的观点:"人是悬挂在由他自己编织的意义之网中的动物。"因此,他说:"文化乃是一些由人自己编织的意义之网。"③

多年来学者专家有关文化的定义更是数以百计,但有一个定义赢得了更多人的认同,即"文化是人类创造的总和"。文化既包括人类动态的创造过程,也包括人类积累下来的有形的和无形的成果。"文化不是附加在已经完成进化或最后完成进化的动物身上,而是这种动物自身产生过程中的一部分,而且是中心的组成部分。这个缓慢的、持续的、几乎像冰河流动一样的、经过冰川时期的文化发展过程,以在其进化过程中发挥主要的指导性作用的方式改变了进化中的人类所承受的选择性压力的均衡。"④文化是一个庞大的系统,它由众多相互联系、相互制约的子系统,按一定的方式结构而成。

威廉斯认为,文化具有三层意义:思想、精神与美学发展的一般过程;一种特殊的生活方式(关于一个民族、一个时期、一个群体或全体人类);关于知性的作品与活动,尤其是艺术方面的。后者通常是现在最普遍的用法:"culture"是指音乐、文学、绘画与雕刻、戏剧与电影。⑤

在中国,"文化"一词,古已有之。"文"的本义,系指各色交错的纹理,有文饰、文章之义。《说文解字》称:"文,错画也,象交文。"其引申为包括语言文字在内的各种象征符号,以及文物典章、礼仪制度等等。"化"本义为变易、生成、造化,所谓"万物化生"(《易·系辞下》),其引申义则为改造、教化、培育等。文与化并联使用,

---

① [英]泰勒:《原始文化》,连树声译,广西师范大学出版社,2005年,第1页。
② A. L. Kroeber and Clyde Kluckhohn, *Culture, A Critical Review of Concepts and Definitions*, Random House in New York, 1952, p.66.
③ [美]克利福德·格尔茨:《文化的解释》,韩莉译,译林出版社,1999年,第5页。
④ 同上书,第60页。
⑤ [英]雷蒙·威廉斯:《关键词》,刘建基译,三联书店,2005年,第106页。

则最早见于《周易·贲卦》之"观乎天文,以察时变;观乎人文,以化成天下"。最先将"文化"合为一词而用的是西汉的刘向,他在《说苑·指武》中写道:"圣人之治天下也,先文德而后武力。凡武之兴,为不服也,文化不改,然后加诛。"晋束皙《补亡诗·由仪》称:"文化内辑,武功外悠。"南齐王融《三月三日曲水诗·序》中云:"设神理以景俗,敷文化以柔远。"中国古代的这些"文化"概念,基本上属于精神文明范畴,主要指封建王朝的"文治教化",往往与"武力""武功""野蛮"相对应,它本身包含着一种正面的理想主义色彩,体现了治国方略中"阴"和"柔"的一面,既有政治内容,又有伦理意义。① 其次,古代很大程度上是将此词作为一个动词在使用,是一种治理社会的方法和主张,它既与武力征服相对立,但又与之相联系,相辅相成,所谓"先礼后兵","文治武功"。当然,"文化"一词在中国古代并不很流行,而现代意义的"文化"一词则据说源于日本。

"文化"中文原指文治和教化。这一概念的现代意义,源于明治维新以后的日本,其涵义众说纷纭,据统计约有160种以上的解释,现在一般认为:"文化是指人类社会实践过程中所创造的物质文明和精神文明的总和。"② 在这里"文明"也可理解为"财富"。我们认为文化不仅包括了文学、艺术、哲学、历史、教育、政治、经济、法律、宗教等社会科学,还应该包括自然科学及人类自我行为的本身,如性文化、吃文化等。这是广义的文化概念,即我们现在论述的概念。有时我们说的文化则特指社会意识形态,即只包括文学、艺术、教育等精神文明(财富)的狭义文化概念。这两者是有区别的。

"文明"中文原指文采光明,文德辉耀。现在的涵义源于近代形成的一个法文单词,"意思是指在一个特定时代存在的一种特定文化或特定文化阶段"。③ 这一概念有时易与"文化"概念相混淆,但却有区别。"文明"的范畴比"文化"小,但内涵提炼要高。"文明"强调的是阶段性成果,而"文化"强调的是连续性成果;"文明"相对比较稳定,而"文化"变动性较大;"文明"可以等同于一种社会状态,而"文化"则是在历史上已经成型或重复出现的成分。无论"文化"和"文明"有哪些联系与不同,它们同属于"历史"的属性是改变不了的,这也是二者在概念上容易混淆的根本原因。

在编写文化史的过程中,我们注意到文化发展的不平衡性、文化交流的动态性和文化构成的宗教性等几种现象对文化发展的影响,因此我们在"剪不断,理还乱"

---

① 参见刘守华:《文化学通论》,高等教育出版社,1992年,第1页。
② 朱狄:《艺术的起源》,中国社会科学出版社,1982年,第37页。
③ [英]阿诺德·汤因比:《历史研究》,刘北成、郭小凌译,上海人民出版社,2000年,第19页。

的梳理中,格外重视这几个问题的讨论和阐发。

二

文化既然是人类社会实践的阶段性劳动成果,那么文化史就应该是这种劳动成果延续性的展现。而文化史既然表现的是文化发展的一种连续状态,那么它就和历史一样要有先后的顺序,并基本和历史同步发展。因此,我们将《外国文化史》也分成上古文化、中古文化、近代文化和现当代文化四部分。这四个时期的文化,无论是国家、民族和地区都表现出发展不平衡的特点。

上古时期的文化,相比较而言,东方处于领先地位。人类文化的发源地、世界文明古国巴比伦、埃及、中国、印度、希伯来都地处东方。它们创造了辉煌的文化,被誉为世界文明的摇篮,并深深地影响了西方文化的进程。古希腊是欧洲文化的发源地,由于它的文化发生较东方为晚,因而受到后者影响。但是由于它经罗马时期的传承而形成传统,因此不仅文化成就灿烂,做出过杰出的贡献,而且也为整个西方文化的发展奠定了基础。这一时期,处于东方的希伯来文化与西方的希腊文化相互交流与吸纳,产生了基督教,它对东西方文化产生了深远的影响。

中古时期,东方文化的发展势头未减,与西方相比,继续保持领先地位,中国、印度、阿拉伯、波斯、日本等东方国家,其文化发展呈现出一派繁荣兴盛的景象。中国的四大发明,印度的数学,阿拉伯的翻译和著作,波斯的诗歌和日本的艺道,都取得了令人瞩目的成就。西方许多国家的基督教文化成为封建统治者的精神支柱,古希腊罗马文化的人文传统遭到破坏,欧洲文化发生变革,发展受到了阻碍。

近代时期,欧洲文艺复兴运动成为欧洲文化勃兴的发端。其核心人文主义解放了人们的思想,在文化的各个领域都涌现出一批卓有成就的巨人。他们的思想和著作影响了欧洲数百年。接踵而至的思想文化运动和文艺思潮,伴随了资本主义的发展,使欧洲各国的物质生活和精神生活发生了天翻地覆的变化。西方文化的发展势头赶上和超过了东方文化。而东方许多国家因始终未能改变封建农业的亚细亚生产方式,加之西方资本主义以强势文化的姿态伴随资本的涌入,所以直至19世纪后半叶,一些东方国家才陆续进入近代社会,其文化自然也就相对落后于西方文化,成就也远逊于西方社会。

世界进入现当代社会以后,西方文化仍保持着良好的发展趋势,并以主流文化的姿态称雄世界。东方各国由于受俄国十月革命胜利和西方自由、平等、博爱以及启蒙思想的影响,纷纷走上了独立发展的道路,文化也随之得到了长足的发展,致使世界格局发生了根本的变化,西方中心论的思想逐渐丧失了市场。当前东西方各国密切合作、相互学习,其文化也处于一个因相互交融、彼此影响而得以大发展的过程中。

三

文化的物质性和它的精神性,使它成为世界各国人民的共同财富,是不同民族文化长期交流、相互渗透的产物。从发生学的观点考察,文化在人类社会不同发展阶段之间的联系与相互吸纳,使得现实中难以存在纯而又纯的民族文化。人类自身的发展逐渐打破了各种隔阂,取长补短,才使各自的文化得以发展。这种文化的传播与交流经历了一个由点到面,由局部到整体,由简单到复杂,由低级到高级;从物质到精神,从不自觉到自觉的长期而变化的过程。文化传播与交流的方式和途径多种多样,千差万别,但归纳起来主要有和平式的与暴力式的两种。

和平式的文化传播与交流包括经商贸易、宗教传播、互派使者、学术交流、体育竞赛、书籍译介等。中国历史上的丝绸之路和香瓷之路是中外贸易往来的必经之路,中国的四大发明通过它们传遍世界各地。西方的科学技术与各种思想也通过它们播扬到中国内地。古埃及的图画文字经象形文字逐渐演化为类似字母的24个单音符号,在其影响下,腓尼基出现了以22个辅音字母书写的文字,并通过航海经商的途径将之流传到希腊,从而间接成为西方各国字母和文字的源头。

中国明末清初时期,西方国家依仗资本优势和文化强势向东方殖民和渗透,形成西学东渐之大势。各国传教士相继来华,他们一方面传播宗教,一方面与中国士大夫合作翻译西方科技著作,同时又将中国儒家的经典及其他著作译成各种文字,促进了双方经济和文化的发展。相似的情况也发生在阿拉伯帝国建立之后,阿拔斯王朝为了改变阿拉伯文化的落后面貌,派使者和学者到拜占庭帝国搜集古希腊罗马典籍,并开展了著名的"百年翻译运动"(750—850)。其结果不仅促进了阿拉伯文化的繁荣与发展,也保存了古希腊罗马的文化遗产,为日后的欧洲文艺复兴运动提供了物质和精神准备。

暴力式的也是不可忽视的一种文化传播与交流的途径,在客观上起到了推动文化发展的作用。马其顿亚历山大大帝(公元前356—前323)远征东方,建立了包括从巴尔干半岛到印度河广大地区的亚历山大帝国,极大地促进了东西方文化的交流与融合。尤其他于公元前332年征服文明古国埃及以后,建立了亚历山大里亚城,由于同时生活着大量的希腊移民和亡国后流散到此的犹太移民,使这里"成为希腊哲学和东方宗教……的最早的重要会合点"①。埃及文化、希伯来文化、希腊文化三者在此交汇、冲突与重生,为继后世界性宗教基督教的产生准备了条件,也使当时先进的东方文化传到希腊和西亚,并在那里得到进一步的发展。

十字军东征是西欧从 1096 年开始至 1291 年进行的针对东方的八次军事远征,其本质是侵略扩张,在人类历史上无疑是一场灾难,但客观上对东西方文化的传播与交流也有促进作用。东方先进的手工业和农业生产技术传到西方,不仅使之改进了造船方法,学到了精织、印染技术,学会了种植水稻和西瓜等,而且打破了东方的神秘感,开扩了西方人的眼界,大量的阿拉伯词汇融入西方语言之中。西方社会不仅再也不认为阿拉伯人是"野蛮的禽兽",而且受其影响更讲究理发、洗澡,并开始穿轻软的东方织品,吃加有香料的东方美食,饮芳香的东方美酒等。东方文化逐渐成为西方文化生活中难以放弃的参照。

人类社会的发展致使文化交流处于更大的动态之中。古代时由于地理条件的限制,文化交流的半径较小,不论是规模还是形式都有局限性。自 15 世纪发现新大陆以后,人们的视野更加扩大,文化传播与交流的潮水几乎冲决了一切樊篱。

四

文化构成的诸多因素中,宗教性是不能回避的。由于宗教是一种文化现象,而且也是其组成的重要成分,因此,文化中的宗教性问题愈显重要。在文化构成的诸种要素中,宗教因素犹如一根强有力的但又无形的线,将文化连接成一个整体。要想了解各国的文化就必须对各国的宗教现象有一定的了解。文化历史悠久的国度,宗教因素无时不有,无处不在,它几乎成为各国文化发生和发展的重要渊源。人类早期的文化,如绘画、雕刻、建筑,都是为了进行祭祀、巫术和娱神的目的而产生的。口耳相传的神话传说、进行某种仪式时的颂诗、祈祷与墓碑铭文等文学形式都与信奉宗教有关。甚至早期的医学、天文学、几何学等自然科学领域的许多现象也都有浓厚的宗教性。这表明人类早期社会的各种文化特征,普遍与宗教信仰分不开。

从图腾崇拜开始,人类的宗教观念就开始强烈起来,表现初民时期那种单纯的思维和天真的幻想。当人类原始思维认识到动植物并不优于人类时,人形神就开始受到敬畏,这就产生了以人为中心的新宗教观念。人信仰神的思想逐渐复杂化和深化以后,人们千方百计想了解世界的起源、神的诞生,探索人自身奥秘以及神

---

① [英] W. C. 丹皮尔:《科学史及其与哲学和宗教的关系》上册,李珩译,商务印书馆,1975 年,第 106 页。

和人关系的各种努力,为神学的发生创造了条件,这时期各国的文化更加成为宗教信仰随意驰骋的广阔天地。

当神学进一步发展并形成思想体系时,人类的文化也发展到较高程度,追求信仰理念和思维逻辑的犹太教、基督教、佛教和伊斯兰教开始产生了。这些宗教的原始形态几乎都是在社会广大的下层人民中间传播,表达了他们对社会现状的不满,是寻求一种精神寄托的结果,处于一种非主流意识形态之中。但统治者总会千方百计、软硬兼施地将其正统化,最终成为统治者可以接受、甚至利用的一种思想。由于各种近代社会宗教的这种演变都极其相似,因此当它成为某一时期文化的载体时,其自身的宗教性和世俗性就成为一个混合体,对文化发展起到消极或积极的作用。

整个世界文化可分为中国文化体系、印度文化体系、阿拉伯文化体系和欧洲文化体系。这四大文化体系都和宗教有着极为密切的关系。儒释道是中国文化的重要组成部分;婆罗门、佛教、印度教是印度文化的核心;伊斯兰教是阿拉伯文化的精神支柱;基督教是欧洲文化的信仰源泉。在不同文化体系的形成过程中,除却以共同的心理素质为基础,以相对统一而未间断的文化传统来维系以外,具有共同的宗教信仰也是一个不可忽视的重要原因。以这四大文化体系之间的相互渗透为特征的文化传播,其宗教因素是其中重要的内容,当形成具有新特点的文化时,被吸纳与补充进来的文化因素中,宗教几乎都是第一位的。

文化中的宗教性,主要指宗教观念、宗教信仰和宗教神学作为文化的载体,极大地丰富了文化的内容,直至现在,许多的文化都是依靠着宗教的力量保存下来、传承下去的,而许多具有浓厚宗教文化传统的国家,其文化流传影响到其他国家和地区主要靠的也是宗教的巨大穿透力。当然宗教自身的宿命论、出世观也对不同的文化产生过一定的消极影响,这也是我们难以回避的。

实事求是地分析,中国对于外国文化史包括学术思想史的研究由于起步较晚,还不够深透,虽然近年来情况有所改变,但是与其他针对外国的社会科学研究领域相比,还有极大可开拓的学术空间,这部《外国文化史》的出版,就是为正在盛开的研究外国文化史的百花园奉献的一抔沃土。因为它是编著者研究探索的初步成果,肯定有许多不尽人之处,所以我们愿意与读者一起分享阅读修改它的快乐。

第一编

上古文化

ShangGuWenHua

第一章

原 始 文 化

第一节 概 述

原始文化反映了原始人类在人类文明的"朦胧时期"[①],在劳动和生活过程中所创造的物质产品和精神产品的总和。它是人类最早的原生态文化,也是后世文化发展可贵的借鉴与基石。

原始人类由于处于刚刚从猿类中分离出来的人类诞生初期,大脑发育不够成熟,所以智力水平十分低下,对自己的另类身份缺乏认同,对周围事物的认识也处于模糊朦胧状态。而现代人对于原始人类的认识也是不全面的,只能靠科学技术的鉴定和大胆的想象与推测。这种模糊朦胧的认识难以对人类的起源、诞生与发展有一个比较准确的判断,它将随着人类的科技进步与新的考古发现而变得越来越清晰,越来越明确。

目前,就某些人类学研究推断,从猿向人的过渡,大致经过古猿、猿人和人三个阶段,大约是从400万年前开始,从古猿过渡到猿人,即"正在形成中的人"。大约距今300万年前出现了人工制造的简陋工具,"完全形成的人"才出现在世界上。从那时候起,古猿经过猿人阶段,转化成了人。在国际上,人们通常将早期的人类分为猿人和智人两个阶段。中国则根据体态、脑容量、直立程度等考古资料为依据,将"完全形成的人"分为早期猿人、晚期猿人、早期智人和晚期智人四个阶段。

人类最早制造和使用的生产工具是石器,人们又将以石器为主要生产工具的时代称为石器时代。同时将石器时代分为旧石器、中石器和新石器三个时代,形成了石器时期的文化。

---

① 庄锡昌:《世界文化史通论》,浙江人民出版社,1989年,第29—35页。

猿人和智人主要活跃在旧石器时代。早期猿人大约生活于300万年到200万年前，它们能制造出极其粗糙的石器，并已具有人的基本特征。晚期猿人大约生活于200万年到20万年前，它们除了会造石器外，还知道使用火，为了生存而过着群居生活。早期猿人和晚期猿人创造了旧石器早期文化。早期猿人创造的文化形态还比较模糊，而晚期猿人的文化已散布在世界一些地区，在亚洲地区有北京猿人文化、爪哇人文化；在欧洲地区有阿布维利文化、阿舍利文化等。

早期智人大约生活在20万年前，大约在5万年至4万年前，进化到晚期智人。中国的丁村文化和法国西南部的穆斯特文化，已属于考古学上的旧石器中期的文化范畴。从这里出土的石器种类增多，制造技术有了较大进步，文化遗址中出现的许多兽骨说明工具的改进已为狩猎提供了条件，文化内涵在逐渐丰富。生活在旧石器后期的晚期智人又称新人，人体结构已发展到与现代人没有什么区别，其代表为中国的山顶洞人和在法国发现的克鲁马农人。他们已会使用复合工具，即用两种不同质地材料制成的工具，如装上木棒的矛和叉等。

中石器时代是旧石器时代和新石器时代之间的过渡阶段。它约始于距今15000年前，终于距今8000至7000年前。当时人类过着渔猎和采摘生活。使用的工具以打制的石器为主，也有局部磨光的石器，并出现了细石器。人类开始在旧石器晚期使用投矛器的基础上发明了弓箭，这使狩猎业得到发展。人类还开始驯养狗，并为日后驯养其他家畜准备了条件。

新石器时代是石器时代的最后一个阶段，开始于距今8000至7000年前，终结年代各地不一。这一时代形成了人类历史上母系氏族部落的繁荣时期，后期开始过渡到父系氏族时代。主要特征是较为广泛地使用了精细的磨制石器，并发明了制陶术，出现了原始的农业和畜牧业。由于生活资料有了较为可靠的来源与保证，人们开始了定居生活。新石器时代的末期，由于金属工具的使用，生产力水平提高，开始出现私有制，造成了父系氏族制度的逐渐解体。

有关人类的起源，人种的分类等问题，由于考古发现和现存资料的限制，人们很难描述得十分清楚。迄今为止，世界还没有形成统一划分不同种族的标准，一些学者甚至认为进化而来的人类没有种类的区分。另外，关于人类起源、种族分类所涉及的另一个问题，即人类是由一个祖先还是多个祖先衍生出来的，又成为人们研究的一个焦点。信仰基督教的人们认为一切世人都是亚当和夏娃的子孙。随着西方中心主义的扩张和浸润，这一主张成为许多人的共识。种族主义者所主张的多元论也曾一度盛行，在有明显政治目的的人群中也很有市场。他们主张现在的人类各个种族是由各自不同的祖先分别遗传下来的。现代人类学家在学术上也有关于人类起源、人种分类的一元论和多元论之分。在西方学者中这两种主张几乎平分秋色,而中国和前苏联的学者一般认为人类是由一个祖先遗传下来。因此,这是一个值得进一步思考和探讨的问题。

第二节 声音交流与文字前奏

原始人类就有发声的本能,开始时的声音并无任何意义。人类学家根据出土的原始人类头颅遗骨判断,并对人的直立程度、发音器官形状、脑容量大小进行研究,最终测定生活在旧石器中期的早期智人尼安德特人已经能够发声,生活在旧石器后期的晚期智人克鲁马农人已能发出短促的声音。当有两个或两个以上的人时,无论其性别,都有相互交流的需要。这时的交流属于非语言交流,即在发出特定声音的情况下伴随着手势和面部表情,以及一些模仿某种姿势的肢体动作,企图表达某种意思。久而久之,这些复合的表达被逐渐固定下来,人与人之间即可进行简单的交流了。

人类所发出的声音在原始思维的作用下,是从抽象性过渡到具象性的理解,由对外界物象的认识转化为对内心意象的理解,为表现这种理解原始人类才会发出声音。当人类开始过群居生活时,相互交流的愿望更强烈,当他们迫于生存的需要到了"有些什么非说不可"的时候,言语交流开始产生。因为语言不仅仅是一些词语,其本质是个人进入人类社会的最基本条件。当然,人们只能推测言语交流的初期,可能是一些简单的自然发出的惊叹词或感叹词的发音音节,且含混而不确定,只表达自己的喜怒哀乐等情感。继后,其中的一些音节会随着时间推移,习惯性地与某些固定的场景或人物联系在一起形成名词,如"妈妈"这个词的音节在几乎所有的语言口语中都是大致相同的。这可能和人类出生时生存的需要与母亲关系密切所致,一张嘴就发出了声韵母组合的音节。这说明语言的产生不仅仅表现在一些字词上,而且也显现为非字词之外的形象思维中。

随着人类交流范围的扩大,社会生活的逐渐拓展,物质文化与精神文化的日益丰富,人类对语言的使用也越来越频繁,而且逐渐使生活在同一部落之间的人使用相对统一的口语,或同一区域内的不同部落之间,形成特色鲜明的类似现代方言之类的语言表达习惯。天长日久,地域性的生存条件、水土气候等自然条件和人类交流的本能需要,开始使这些口语和方言固定下来,成为人类社会交际工具的符号系统。有了语言之后,才完成了从猿到人的进化过程。它随着人类社会的产生而产生,随着社会的发展而发展。口语和方言的发音系统在社会交流需要的时候,要被记录下来,这时文字产生前的各种记事符号就产生了。

文字产生前,为了记忆与传递信息的需要,所发明的最早记事形式是原始人的结绳记事和契刻记事。如中国近代少数民族独龙族外出时,腰间系一长绳,走一天打一结,以此来计算时间。这种结绳记事方法在古代中国、埃及、波斯地区和近代美洲、非洲等地的土著居民中都出现过。人们用绳子打起各种各样的结,有各种颜色的、各种大小的、各种距离的等等,它们都代表了各种不同的含义。很明显,结绳不是文字,除当事人外,任何人都无法完整地了解其真正意义。随着时间的流逝,甚至当事人也忘记了当时结绳的意义。契刻记事就是用坚硬的利器在木板或竹片上甚至岩石上刻出大小、长短、深浅不同的刻痕,以用作表示不同事件的记载符号。继后这种契刻记事开始发展为一种图画文字,它和原始绘画同样古老,因缘难分。大量考古发现都证明了契刻记事的事实存在。此外,现代学者也有新发现。据《北京科技报》1992 年 8 月 12 日张振宇编译的《世界上最早的文字并非象形文字》一文介绍,美国一大学教授在研究了 600 个考古发现的泥块后认为,人们用以记事的原始方法与这些泥块有关。这些泥块在中东 116 个地方被发现,与种植农作物有关。

图画文字是介于图画和文字之间过渡时期所产生的一种帮助记忆和传递信息的方式。它只能表意而不能读,但可以让观者据图猜义,因为它是用比较具体的事物和具象化的图形来表现一定意思的。图画文字一般被画写在树皮、皮革或岩石上,直至近代在一些土著民族中仍有发现。如美国达科他州的一个印第安人部落就用图画文字来记年。在酋长的水牛皮制成的长袍上记载着许多年名,"百日咳年"画着一个猛咳的人头;"流星年"画着拖着长长光尾的流星等等。查看这些图画文字,可以知道许多年前的事。

图画文字产生后开始出现象形文字,它的产生标志着人类文明时代的开始。这也表明文字的产生要比语言产生晚得多。人类在文字符号产生以前,企图用各种各样的记事方式交流信息,企图打破自我封闭状态,让别人也能认识和理解它。同一个记号认识它的人越多,封闭性越弱,而公约性越强,这就为以后的文字,无论是表形、表意,还是表音文字的产生奠定了文化基础。

第三节　生活需求与科学萌芽

原始人的思维源于生存本能,反映了在极其恶劣的条件下渴望与争取活下去的过程。这种经历使他们的思维表现出既有具体、细致观察环境的特征,又带有神秘、离奇想象未知的倾向。这种综合性的思维,充满了矛盾性与功利性,在与自然的抗争过程中,他们逐渐增强了对现实世界的认识,同时也积累了一些成功或失败的经验,于是粗浅的科学知识在原始思维中开始萌芽。

原始人类初时两脚直立行走,用简陋的工具还不能猎获到小动物时,采摘植物果实的劳动就成为他们生存的保障。这就迫使他们必须关注日出日落和气候变化，以便知道什么时间应该也能够去获取到果实。他们开始能够根据自然界在天气变化前的一些征兆，来推测天气冷暖和雨雪的变化。出外觅食时白天依据植物的疏密、颜色辨别位置与方向，找到归途，夜晚根据星辰的位置辨别自己所居的方位。这使他们的活动范围与生存空间变得越来越大。

原始人类开始能够运用投掷石器猎得小动物时，为了能更多地获得食物，他们必须在狩猎时学会辨别野兽的足迹，了解它们的习性。为了应付将来的不备之需，活下来的动物则被养起来，饲养的知识发展成日后的畜牧业。采摘果实的劳动使原始人类对植物的生长规律有了认识，他们将可以食用的植物种子进行人工栽培，逐渐形成了原始农业。于是，原始人类逐渐能够饲养狗、鸡、羊、猪、马、牛等动物，能够种植小麦、大麦、水稻、玉米、甘蔗、马铃薯、向日葵、番茄等农作物。

原始人类为了生存而四处奔波，除了自己熟悉的生存环境以外，他们还要到未曾到过的远方，于是有了初步的地理知识，地名、距离开始出现。他们遇到水，由于知道了树干可以浮在水上的物理知识，他们开始刳木为舟，于是出现了独木舟。当然也有使用其他材料如兽皮、纸草等制成的小舟。人们开始从陆地走向河流，通向海洋。

原始医术的产生也很久远，在原始人类开始以采摘植物果实为主要生存手段时就已出现。他们会因尝食了有毒素的植物果实而死亡，但是偶尔他们也会发现在吃了另外的植物果实时，即将死亡的人又复苏而活了下来。渐渐地他们从经验出发了解到一些植物、矿物、动物和水、火等都具有某种缓解病痛和治疗的功能。在进行这种治疗的过程中，他们自觉不自觉地与原始巫术结合在一起，常常伴随着一些咒语和魔法。尽管这种所谓的疗效是极其偶然和微小的，而且是在没有任何因果联系的情况下产生并进行的，但是这足以使原始人类信服得五体投地。

原始人类开始懂得简单的数学知识，这是人类知识拓展和人类社会发展中的一大进步。原始人类的原始思维最早开始有的是明暗、大小的概念，随着劳动生产的发展不仅有了"多"和"少"的概念，而且非常想了解它们之间的关系。因为在相当长的时间里，原始人类的数量概念是与周边具体的实物联系在一起的。开始时他们能从视觉上分辨出一个人、两个人或三个人，一只兽、两只兽或三只兽的差异与区别，但未能从思维中抽象出一、二、三这种概念。经过长期的努力与实践，他们开始懂得用自己的手指或脚趾作计数的工具，计算能力大有提高。于是五或十被认为是大数目，因为当时他们不懂得进位制，比三大的数目则为"多"。

随着原始人类越来越多地运用结绳、刻痕、算筹等计数方法进行具体的社会活动，数目在原始思维中开始从具体的实物计数中分离为抽象的数目概念，人类的眼界由此大开。在公共劳动收获的分配以及在劳动分工形成的交换中,由于对数的概念理解得越来越深,开始形成私有观念,并开始导致婚姻家庭形式由群婚制演进到一夫一妻制。

原始人类由于生活需求,从而使科学萌芽,又由于科学的发展,人类在征服自然、解释自然、认识自己的社会实践过程中,不断进化、进步,最终迈进人类文明社会的门槛。

第四节 艺术和宗教的发生

原始艺术和原始宗教都表现出原始人类的智慧之光。它们二者在远古时期有着密不可分的逻辑上的联系,很难说清楚二者产生的先后。但是二者都具有综合性的特点,都是原始人类奇特的感受与神秘的信仰相结合的产物。所不同的是,前者更重视感官、直觉,后者更强调心理和幻觉作用。它们的目的都是原始人类想通过自身的努力去和外界沟通。这也是原始人类早些时候想认识自然与解释自然的一种艰苦的尝试。

艺术的起源其实也就是原始艺术的起源,由于原始人类从心理到行动都很难用现代人的思维去理解,因此,这是一个众说纷纭、难以形成统一答案的问题。① 古希腊文化的集大成者亚里士多德认为艺术起源于摹仿,形成著名的摹仿说。近代有人认为艺术产生于人类情感与思想的交流过程之中,成为交流说。还有人认为艺术起源于游戏,即所谓的游戏说。艺术起源于劳动的劳动说,不仅被许多西方学者所认同,而且也符合马克思、恩格斯的主张。现代西方流行的是艺术起源于巫术的巫术说。以上每种观点都有自己的依据,很难统一认识。事实上,从对原始艺术的认识与考察的角度来分析,原始艺术的起源很复杂,是多种原因促成的,因为它产生于原始人类史前漫长的生活生产过程中。艺术创造的过程是多种因素滋养与催生的,劳动方式、宗教观念、创造者的艺术感受力、摹仿的程度、交流的渠道、游戏的规则等等,无不对艺术的发生起到影响与制约的作用。因此,我们认为艺术起源于多种因素与条件,称之为综合说也是符合历史事实的。

学术界较普遍的观点是原始艺术可能发生在旧石器中期,因为那时的早期智人生产劳动的石器工具增多,为了生存和生活,他们可能以他们并不了解的原始艺术的方式表达他们的某些愿望和想法,当然这样的艺术往往表现出功利、直观、简陋等特征。旧石器后期的晚期智人,原始思维发达,改进后的各种石器更便于他们

---

① 俞久洪主编:《外国文化史》,天津社会科学出版社,1997年版,第6、9页。

第一章 原始文化

生存与生活,原始艺术也逐渐发展起来,留给后人的考古发现也愈显丰富。

原始艺术保存最完整的无一例外是造型艺术,如雕刻在兽骨、兽角和石片上的图形;画在洞穴和岩壁上的壁画等。其中最著名的当属1940年发现的距今20000年的法国拉斯科洞窟壁画和17世纪90年代发现的距今15000年的西班牙阿尔塔米拉洞窟壁画。除此而外,世界其他地区也相继发现了不少的洞窟壁画,如北非地区和澳大利亚北部等。这些壁画有明显的共同特征。首先,壁画写实性强。画的主要都是野牛、野马、野羊、野鹿等动物和狩猎场面。其次,画中物神态生动。画中动物静态的形状异常生动、体态多样,动态的动作鲜明、有强烈的运动感。再次,绘画线条粗犷、明快,极少几何图案。第四,色彩鲜艳,画面色彩丰富。以红色为主,间或有黑、黄、白等,表明原始人类开始懂得用矿物原料作画。

随着原始人类劳动、生活的需要,陶器开始出现。其中彩陶不仅是生活必需品,而且也成为原始艺术品。中国的仰韶文化遗址和澳大利亚地区的考古发现中都表现出当时的绘画有人物、动物(尤其是鱼类),而且几何形状也开始出现。此外在壁画之后发现不少女性雕像,无论其材料如何,女性特征都很明显,这既是母系氏族社会崇拜女性的反映,又有生殖崇拜的痕迹。

原始音乐和舞蹈是原始人类部落集体生活的一种文化形式。他们在个人和集体的行为过程中,自觉不自觉地发出一种有节奏的声音。这种声音也许是一句呼喊,也许是劳动号子的连续重复,也许是个人喜怒哀乐的声音表达。总之,这种原始的唱,不仅内容简单、节奏感强烈,而且声音单调,常常伴随着身体的动作。这也是音乐和舞蹈关系密不可分的原因。无论是考古发现、文字记载,还是人类学家对现存原始部落野外考察后的推测,都发现原始舞蹈常常伴随着原始音乐和原始伴奏。舞者手舞足蹈,歌者声嘶力竭,奏者击打各种器物,场面热烈。原始人在猎狩成功、农作丰收、战争胜利等各种重大活动前后都要举行这种集体狂欢的活动,予以庆祝。其中舞者的动作往往带有祭祀和示爱的成分,因此,这种狂欢带有明显的摹仿性和煽情性。

原始艺术还表现在原始人类的装饰文化上。它们主要表现出两种形式,一种是文身、割痕;另一种是穿戴饰物。文身和割痕往往是原始人类中男人成丁或某种仪式的标志。女人则为的是显示出女性美与性特征。有的在胸部和背部刻画图案,有的无论性别都要遍体刺上花纹。而穿戴饰物主要以面具和悬挂的饰物为主。面具上常画有部落图腾,形成一种我非我的心理暗示,用以御敌或求偶。饰物有猎获动物的牙齿和骨片及羽毛等。他们认为这可以增进狩猎效果并显示自己的与众不同。

总之,无论原始艺术的种类有多么丰富,所蕴含的内涵有多么复杂,都是原始人类感情和心理的充分表现,是他们的原始思维走向主观审美的一种深层反映。人们在研究它们的同时,也发现了自我。

宗教的起源其实也就是原始宗教的起源。考古发掘和对现存原始部落的考察表明,原始宗教产生于旧石器中期早期智人阶段,主要包括:法术、仪式、巫术等。原始法术的实施是企图依靠某些特定的行为对特定的目标施加影响,甚至予以制服。原始人类常常模拟渔猎对象的活动和形式,如披戴鸟兽头型和毛皮,并做与对象相似的动作,以便接近目标。这类行为在庆祝狩猎成功的歌舞中被反复重演。在洞窟壁画中野兽图像上也多分布有多处被刺的痕迹。这种法术长期进行就在原始人类的思维中形成一种信仰,成为原始宗教得以发展的一种动力。

在仪式中最重要的就是围绕着与原始人类生存息息相关的三大难题即食物、繁殖、死亡所进行的各种崇拜。不少原始部落都有对谷物、牲畜神灵的祭祀习俗,祷祝农牧收获安泰,形成自然崇拜。原始宗教开始由关注农牧作物到关注人类的丰产和繁殖,并引发了对性器和性功能的关注,由此产生的生殖崇拜就成为了仪式的一部分。原始宗教中对死亡和死者由原来的依恋性悲痛发展为渴望继续得到其指点和帮助,有时还能在梦中同死者相遇而求救,于是形成对死者的崇拜和求告,这就形成了灵魂崇拜。

原始宗教的崇拜仪式中主要和重要的是图腾崇拜和祖先崇拜。图腾崇拜是集自然崇拜、生殖崇拜和灵魂崇拜于一身的一种原始宗教仪式。它没有理念和逻辑上的追求,只是反映人类初民时期单纯的思维和天真的幻想。"图腾"一词出自印第安语,意即"他的亲族",是原始人类认为的与本氏族部落有血缘关系的某种动物、植物或其他自然物,一般被用作本氏族部落的标志和护佑者。由于原始人类逻辑推理能力很弱,因此他们本能地觉得许多物体都同自己一样是活的。对于活动量越大的对象,这种物活感越强。首先是动物,其次是具有生长和凋谢现象的植物,再次是运动变化明显的河川,以及日、月、风、雨等,都可作为某氏族的崇拜对象。这种物活感促使图腾观念在原始宗教中臻于完善。每个氏族部落都有自己的图腾,它们是氏族的象征和名称,常常被形象地刻画出来。图腾崇拜的观念与图腾祭祀仪式,再经程式化过程并以图腾色彩进行固定,就将一个氏族部落从思想到组织上都统一起来了,便于生产、生活和战斗。

祖先崇拜是由灵魂崇拜发展而来,那些先前死去的亲者和长者,受到后人尤其是有血缘关系的后人祭祀。逝者用过的东西,都被作为圣物受到人们的敬拜。当氏族部落这个血缘亲属集团形成以后,原始人类不约而同地开始崇拜祖先。因为,原始人类的思维中,始终存在着一种认识,即生前为组织和指导部落生存而战斗的祖先,死后其灵魂必然会保护继续活在世上的子孙,于是祖先崇拜愈演愈烈,绵延长久。

  巫术也是原始宗教的一种重要行为。它是在法术的基础上生发而来。与法术不同的是它以超自然体观念为前提，将施术目标视为礼拜、求告的对象。巫术是原始人类利用他们对于自然界的了解和知识，即利用虚构的"超自然力量"来同与他们为善或为恶的鬼魂沟通，以便实现或达到某种愿望的法术。巫术的基本目的是祛邪求福。祛邪即排除原始人类在生活中所遇到的野兽伤害、敌人的杀戮、自然灾害以及疾病威胁等干扰。求福即希望生活平安、风调雨顺、丰衣足食、多子多孙、情欲满足、健康长寿等。巫术一般由咒语和规定动作构成，否则就不灵验了。

  总之，原始宗教的发生经历了相当长的时间，而过程又非常复杂。原始宗教观念和行为的发生对于现代人而言还是很难理解的，但它是受到历史和社会各种条件制约而生成的，同时又反映了当时氏族部落的文化风习和伦理观念，对后世的宗教文化乃至社会文明都有巨大影响。

第二章

古代两河流域文化

第一节 概 述

古代两河流域主要指西亚的幼发拉底河与底格里斯河之间的美索不达米亚平原,其希腊文原意是"河间之地"。两河流域因河流定期泛滥,给沿岸带来适于农耕的土壤,史称为"肥沃的新月地带"。像世界上大多数早期文明一样,得天独厚的农耕条件和地理环境使两河流域很早便开始孕育文明。其北部古代称亚述,南部称巴比伦尼亚,后者又由苏美尔和阿卡德组成。苏美尔人是两河流域的最早居民,他们至少在公元前5000至4000年间已在此定居,并播撒了第一批文明的种子。他们早在公元前3500年就建立了世界上最古老的城邦国家,发展起繁荣的城市文明。据考古发掘,越来越多的人相信,其久远与古老甚至超过人们熟知的古埃及文明。

两河流域的地理位置非常重要,是联结亚、非、欧三大洲的交通要道,在政治、经济和军事方面的意义非同寻常,因而自古以来就是政局纷乱,王朝帝国更迭不断。大约在公元前2300年,苏美尔诸城邦先后被来自北方闪米特族的阿卡德人所吞并,王国首领萨尔贡一世曾自称是"四方之王"。到了公元前19世纪中叶,闪米特族的另一部落阿摩利人重新统一了这一地区,以幼发拉底河畔的巴比伦城为中心,建立起新的奴隶制国家,即古巴比伦王国。巴比伦王国在苏美尔和阿卡德文明的基础上继续发展,在公元前18世纪第一王朝的第六代国王汉谟拉比统治期间,建立起完备的中央集权制度,国家的一切权力都掌握在王者手中。汉谟拉比在位期间,巴比伦以强大的国力统一了两河流域,首都巴比伦城成为西亚文化的中心。但汉谟拉比死后,国势开始衰落,来自伊朗高原东部的加喜特人乘虚而入,属于雅利安族分支的赫梯人则在公元前1600年大举入侵,灭亡了古巴比伦。继巴比伦人和赫梯人之后,亚述人和迦勒底人又先后建立强大的亚述帝国和新巴比伦王国。此后,闪米特族的另一支希伯来人又越过幼发拉底河进入迦南(现在巴勒斯坦)地区,浸润了古巴比伦和古埃及文明。直至公元前538年,波斯人成为这里新的统治者。此外,四周还有腓尼基(叙利亚)等。其后,希腊的马其顿王国和罗马帝国也都涉足过这里。

正是由于独特的地理位置和不断流变的王国统治,使两河流域成为各种文明的交汇地带,同时也使古代的巴比伦文明经由不同的渠道不断向外辐射,埃及人曾借鉴它的文字和建筑,希腊人曾学习它的哲学和科学,犹太人也因之丰富了神学,总之,古代巴比伦文化对世界文化的发展产生了重大影响。

第二节　楔形文字与泥板文书

文字的出现是人类进入文明时代的重要标志。苏美尔人最早发明的楔形文字是两河流域文明中重大的成就之一。这种文字已脱离了平面图画符号的范畴而走向成熟。苏美尔人起初把文字刻在石头上,但由于两河流域缺少石块,后来苏美尔人就把两河的冲击土壤做成泥版,用削尖的芦苇棒(有时也用木材和其他材料)等将其刻写在湿润的泥板上,再用火或阳光烘干。在泥板上刻写直线和线条较其他刻写容易,所以泥板上的文字笔划外形像楔子或钉子,最初见到这种文字的阿拉伯人称之为"钉头字",而后英国人将它称之为"楔形文字"。"楔形文字"是两河流域长期以来众多民族使用的文字。

历经种种历史变迁,楔形文字在不同的民族手里传下去,并不断发展。巴比伦人首先简化苏美尔楔形文字,用640个基本字组成全部语词。亚述楔形文字只用570个基本字,晚期向音节文字发展,经阿拉米人最后到波斯人,楔形文字更接近字母文字。亚历山大在公元前338年灭亡波斯后,楔形文字和泥板书写方法不再有人应用。后经考古学家的发掘,楔形文字泥版才重见天日,但能够释读楔形文字的人却寥寥无几。

楔形文字的书写方式在流传过程中也发生过变化,它最初是从右到左直行书写,后来改为从左到右横行书写,并采用表音、表意和部首等三种符号。古埃及的象形文字和腓尼基的字母文字都直接或间接地受到楔形文字的影响。据说腓尼基文字是世界字母文字的发端。

苏美尔人发明了人类最早的文字,自然而然地苏美尔人也就诞生了教这些文字的学校。正规学校教育制度的创立也是苏美尔人对人类文明的重大贡献。美国著名苏美尔学专家S.N.克莱默教授在评价苏美尔人的这一成就时指出:"可以毫不夸张地说,如果没有生活在公元前第三千纪早期的苏美尔教师默默无闻的创造和努力,科学和知识要想取得今天这样的辉煌成就是难以想象的,文字和知识是从苏美尔传向世界的。"①从这个意义上讲,说苏美尔人是人类文化的始祖该不过分。

因为两河流域的人将文字刻在泥板上,因此他们所有的"书"实际上都是泥板文书。这些泥板文字主要在学校里供学习之用,或在图书馆里存放供阅读使用。在乌鲁克出土的属于这一时期的上千块泥板文书中,除了经济文书和管理文书之外,还有学生做作业时用的单词表,有的地区还挖掘出不少的学校"教科书",这些泥板"教科书"表明当时确实存在着雏形的学校。根据目前的考古发掘,收藏泥板文书的图书馆主要有神庙图书馆、王室或国家图书馆和个人图书馆三类。其中最著名的是亚述巴尼拔图书馆。亚述帝国末代国王巴尼拔不仅使国家疆域达到极限,而且博学多才,他在古都尼尼微建造的著名的亚述巴尼拔国家图书馆遍藏各地的泥板文书,凡有缺失,都要弄到,内容涉及科学和宗教的方方面面。

古代两河流域美索不达米亚的图书馆,尤其是亚述巴尼拔国家图书馆为了保存和保护人类最早的文化遗产——泥板文书,可以说是功劳无限。如果没有它们保存的泥板文书,人类的文化史会出现断裂,许多古代文化可能会失去根源。正如法国亚述学专家约希姆·麦南评价说:"仅尼尼微图书馆泥板数量就逾万件,……如果与其他民族流传下来的材料相比,我们很容易相信,亚述-迦勒底文明史是迄今所知最早的古代民族史。"②

苏美尔人利用楔形文字创造了丰富的文学作品,并将其刻在泥板上保存。苏美尔文学堪称世界上最早有文字记录的文学,比古希腊的书面文学足足早了 2000 多年,比中国商代的甲骨卜辞也早了大约 1700 年。从译读出的泥板文献看,苏美尔文学中已经有了多种主要的文学体裁,如神话、传说、颂歌、祈祷文、史诗、寓言、谚语等③,其内容大多是颂扬神、英雄和国王的。巴比伦文学在对其全面继承的基础上,又在文学视野、题材和体裁等方面进行了开拓,保存下来的作品仍然是用楔形文字刻写在泥板上。考古学家通过在两河流域的大规模发掘,使大批被埋没已久的古代城市、神庙、墓葬、宫殿、艺术品和数以万计楔形文字泥板重见天日。④

---

① 于殿利、郑殿华:《巴比伦古文化探研》,江西人民出版社,1998年,第89页。
② 同上书,第101页。
③ 郁龙余、孟昭毅:《东方文学史》,北京大学出版社,2001年,第24页。
④ 同上书,第23页。

第三节　宗教、科学与法律

古代两河流域的宗教信仰既与神话有着内在联系,也在其天文历法知识、建筑雕刻以及文学作品中有所表现。最早的居民苏美尔人信奉数以千计的神灵,众多的神出自大地、天空、动物和植物等被神圣化了的自然事物,如日月星辰及山林、大地等都是神,尤其是将五行星宿作为崇拜对象,所以古巴比伦人建造七星坛祭祀星神,每层有一个星神,从上到下依次为日、月、火、水、木、金、土7个神。如苏美尔神话中的天神安的象征是一颗星和数字60。其后出现的风神恩利尔取代安在天空中居于主神地位,被称为"众神之父"和"天上地下的王"。他以风暴为武器,具有毁灭性的力量,人们既畏惧他又崇拜他,把他视作苏美尔的保护者。水神恩基是恩利尔之子,主管江河湖沼。他教会人类农耕技术和驯养动物的方法,是人类的朋友和所有城邦的赞助者,以其智慧受人尊崇。母神宁图是"一切生物之母"。阿卡德神话从内容到形式基本上是因袭了苏美尔神话,只是将他们所信奉的神灵整合到原有的苏美尔神谱中,如月亮神辛、太阳神舍马什、晨晚之星兼生殖女神伊什妲尔等等。

巴比伦文化是在全面继承苏美尔和阿卡德文化的基础上发展起来的,尽管他们在日常生活中用闪族语言代替了苏美尔语,但在宗教生活中却依然沿用苏美尔语,其原有的主要神祇及其崇拜仪式也相应地被保留下来,如安和恩利尔仍被当作大神受到尊崇,但他们原有的主神地位却被巴比伦人的神马尔都克替代。马尔都克确立其主神权威的过程在巴比伦的创世史诗《埃努玛·埃利什》中有详细记载,它是两河流域进入阶级社会之后由多神崇拜逐渐向一神崇拜过渡的反映。

伊什妲尔是巴比伦宗教中最重要的女神,是由苏美尔母神宁图演化而来的,她不仅被尊为"生命之母""种子的生产者",还是爱神和战神。但她在巴比伦文学中却以不同的面目出现,如神话《伊什妲尔下冥府》把她描绘为忠于爱情并掌管生殖和繁育的好女神,而史诗《吉尔伽美什》却把她描写成水性杨花和残暴的恶神。

古巴比伦人对宗教的虔诚主要是通过对神灵的祭祀表现出来的。祭祀神灵是他们日常生活中的一项非常重要的内容,其程序可以分为进贡和献祭品。美索不达米亚人认为,每个人生来都有自己的保护神,神为人类规定了一切。人们的一切都要仰仗神灵的护佑,要得到神灵的赐予,就必须虔诚地供奉他们并使他们欢心,而进贡是表达忠心的第一步。在他们的宗教观念里,神与普通人一样,因而人们日常生活的需要就是神的需要,进贡的贡品也是人们平时生活的必需品,而供品的多少表示人们对神灵的态度。如果是在重大节日,供品的数量则更多。

献祭是侍奉神灵的又一个重要的祭祀活动。以牺牲祭品敬献鬼神，是美索不达米亚的宗教大典。献祭一般在神庙顶上特定的祭坛上进行。祭品通常是被屠宰的羊羔。进贡和献祭仪式都由祭司主持。高级祭司主持重大的祭祀活动，普通祭司负责日常的祭祀活动，在仪式中都要唱圣歌。除了神庙里的进贡和献祭仪式，古巴比伦人还通过宗教节日来祭祀鬼神。他们的宗教节日很多，一般是按照农业生产的周期性季节来规定的，其中最重要的是在春季举行的新年盛大庆典。祭祀活动要持续好多天，意义在于敬奉神灵，祈求来年风调雨顺。

两河流域的人们特别注重现实生活，以现世实惠为本，为了祈祷神灵，他们供献牺牲，或杂以巫术、符咒之类的迷信，企望神赐以现世福祉而非来世的享乐。因此他们不修来世，认为除了神能永生，凡人几乎没有灵魂不朽之说，死后送进坟墓就算了结一切，尸体稍作处理，绝不会像埃及人那样制成木乃伊。当时已发展起来的一点有限医学知识中也融进了巫术。虽然人们已掌握了一些动植物、矿物的医疗效用，也能利用青铜刀切除白内障和肿瘤，但符咒和混合药剂等邪魔之术仍普遍用作治疗方法。宗教、迷信和巫术是当时社会的重要组成部分，渗透到社会生活的方方面面。

两河文明涉及人文科学和自然科学的各个领域，其中以数学和天文学的成就为最大。

两河流域的人们精于商贾之道，利用联结亚、非、欧三大洲之交通要冲的地理位置，进行商业贸易。商业要求精确的计算，土地也需要丈量，这些都离不开数学，数学也因此发展起来。苏美尔人运用十进制，同时兼用罕见的六十进制，为有关圆和时间的计算提供了便利。他们已经知道圆周为360度，把一天分为12时，每时分为30乌斯，一天360乌斯。苏美尔人还知道了分数，分母常常是60、36、600和3600。他们算出圆周率为3，掌握了四则运算和平方、平方根、立方、立方根的计算，会解多元一次和三次以内的一元方程，并能利用长方形、三角形和梯形面积的计算来测算不规则土地面积，勾股定理对他们来说也不再是秘密。

天文学也已达到相当的水平。苏美尔人首先根据月亮盈亏规律编制成太阴历，一年分12月，每月29或30天，每年354天，比太阳年（365天5时48分46秒）少的十一天多就以闰月补足。古巴比伦时期，人们已经将恒星和五大行星区分开来，观测出黄道——太阳在恒星背景上的运行轨道，按方位划分了肉眼可见的十二星座，绘成黄道十二宫图。

现在各国通用一星期七天的制度最早是由君士坦丁大帝制定的。但一周七天的名称却是最早源于古巴比伦。公元前7世纪到公元前6世纪，巴比伦便有了星期制。他们把一个月分为四周，每周为7天，即一个星期。而每一天都是和巴比伦人祭祀星神的七星坛上每一层的星神相对应的,从上到下依次为日、月、火、水、木、金、土7个神,即每天以一个星神的名字来命名:太阳神主管星期日,月神主管星期一,火神主管星期二,水星主管星期三,木星主管星期四,金星主管星期五,土星主管星期六。古巴比伦人创立的星期制,首先传到古希腊、古罗马等地,其后这些名称传到不列颠,盎格鲁-撒克逊人又用他们自己所信仰的神的名字改造了其中的4个名称,这样就形成了今天英语中的一周7天的名称。星期的划分如今几乎在全世界都在使用,早已是人们生活中不可缺少的时间计量方法。

天文、历法的产生,一方面显然是为了生产生活的实际需要,如太阴历的编定适于反映季节变化,便于农时安排,另一方面,人类早期的天文学又与宗教、占星术和巫术有着千丝万缕的联系。浩瀚宇宙,日月交相辉映;星汉灿烂,美丽而又神秘;大自然时而温柔可人,时而狂暴不羁,人类对伟大的自然力了解得如此有限,这片空白只能用宗教、用神来填补。

两河流域人们的一大突出贡献,在于自公元前3000年左右即开始编制法律。各奴隶制国家均以楔形文字编写法典,这是迄今已发现的人类历史上最早的一批成文法,有时亦称为"楔形文字法"。两河流域出土的大量楔形文字泥板、石柱等文物中,约有四分之三涉及法律。法是在人类进入奴隶社会后才出现的,原始社会不存在法。最初的法主要是习惯法,成文法是在习惯法的基础上发展而来的,它也是人类社会进步的标志。两河流域的民族颇有法的传统,几乎每个城邦都有自己的立法,但大多数没有留存下来,只有古巴比伦王国的《汉谟拉比法典》因为刻在石柱上才基本上完整地保存下来了。

《汉谟拉比法典》是两河流域众多法典中的典型之作。由序言、正文和结语三部分组成,正文共有282条,涉及诉讼程序、盗窃、伤害、不动产的占有、转让、婚姻家庭、借贷、债权、奴隶等各方面,从中可以看出当时社会的大体概况。法典把人分为奴隶主、自由民和奴隶三个等级,他们在法律面前是不平等的。奴隶是主人的工具和财产,不属于人的范畴,因而不受法律保护,这是法典的基本思想。而对奴隶主则给以无条件的法律保护,这是法典的基本特征。杀死或伤害奴隶不算犯罪,而如果伤害的是自由民,也只需赔偿损失就算了事;盗窃或隐藏他人奴隶者处死;消灭他人奴隶标记者断指或处死;殴打自由民或反抗主人的奴隶处割耳朵的刑罚。法典的另一特征是"同态复仇法",即以眼还眼,以牙还牙,这种办法只能用来解决上层自由民之间的纠纷。

法典对奴隶主、自由民、奴隶有着不同的规定:如果奴隶主损毁自由民的眼睛,只要拿出一定数量的银币赔偿就可以了事;如果被损毁眼睛的是奴隶,就不用任何赔偿;奴隶如果不承认他的主人,只要主人拿出他是自己奴隶的证明,这个奴隶就要被割掉双耳。法典甚至规定奴隶打了自由民的嘴巴也要处以割耳的刑罚。属于自由民的医生给奴隶主治病也是胆战心惊的，因为，如果奴隶主在治疗的时候死了，医生就要被割掉双手。为了巩固奴隶主的地位，法典还规定了一些更为严厉的条款：逃避兵役的人一律处死；破坏桥梁水利的人将受到严厉处罚直到处死；如果违法的人在酒店进行密谋，店主却不把这些人抓起来，也要被处死。不同的惩罚表明了三种身份的人不同的地位。

对于婚姻，《汉谟拉比法典》也有规定：结婚双方必须缔结婚约，无婚约的婚姻在法律上是无效的。婚姻一般由父母安排，因此婚约的缔结不是由结婚者本人，而是由双方的父亲来完成的。男女双方都必须交换礼品，当然应该是男方先下聘，女方则往往以高于聘礼的物品作为嫁妆。法律规定，如果男方违约另娶则失其聘金；如果女方毁约另嫁，则要加倍退还聘金。结婚前要先行订婚。在订婚仪式上，未婚夫要在未婚妻的头上洒香水，并送上厚礼。经过这个仪式，女子就算成为新家庭的一员了。到了正式的结婚日子，新娘的父亲将女儿交给新郎。新郎在证人面前揭开新娘的婚纱，并向参加婚礼的亲戚朋友郑重宣布："这是我的妻子。"这样，新娘就获得了法律和习俗承认的"妻子"的地位和身份。

美索不达米亚实行的婚姻制度名义上是一夫一妻制，但在家庭关系中，夫妻地位是不平等的，丈夫占有绝对的统治地位。丈夫如果对妻子不满意，只要把她的嫁妆还给她就算休妻。休妻的理由有很多：不育、通奸、性格乖戾、不会持家等都可以成为理由。丈夫不但可以休妻，还可以置妻子于死地。因为法律规定："为人妻者，如懒惰、放荡、不顾家或轻忽子女，均可溺毙之。"这反映出妇女地位的低下。当然，法律也适当保护妇女的权益。如法律规定：妻子虽然不能申请与其丈夫脱离关系，但如果她能证明丈夫毫无理由地虐待她或有外遇，均可携其嫁妆及应有财产回娘家住。此外，如果丈夫应征入伍或经商在外超过一定年限而妻子生活无着落时，妻子可以与别的男人姘居，而丈夫不得以此作为理由休妻。婚前性行为在古巴比伦时期较为普遍，男女之间同意就在一起，不同意随时可以分开。与有妇之夫同居的女性，身上要带一橄榄枝作为标志，以表示她的身份是妾。不过，女性一旦结婚，性关系就不能随便。所以《汉谟拉比法典》规定：有夫之妇与人通奸者，奸夫淫妇应行溺毙。

从整体上看，这部法典规定了严密的审判程序，涉及内容广泛，是世界上现存的一部最古老最完整的法典，是人类文化遗产中一笔巨大的财富。它同时也是相当完备发达的奴隶主阶级的法典，正是依靠这部法典，汉谟拉比时代的巴比伦社会，才成为古代东方奴隶制国家中统治最为严密的国家。

第四节　古巴比伦艺术与文学

古代巴比伦的主要艺术形式是建筑和雕刻,它们也与宗教意识密切相关。公元前 4000 年中叶,苏美尔人的建筑已形成独特的风格,多级寺塔是其典型建筑。寺塔用生砖(土坯)筑成,下面几级是一层层的台基,最上层是一个神庙。约建于乌尔第三王朝的乌尔寺塔代表了这种建筑的最高成就。多级寺塔对埃及早期的层级金字塔产生了深刻的影响。

古巴比伦著名的建筑物是通天塔。通天塔又叫"巴别塔",据《圣经·旧约》中的《创世记》记载,人类的祖先最初讲的是同一种语言,他们在向东迁移时,在底格里斯河与幼发拉底河之间发现了一片非常肥沃的平原地带,于是就在那里定居下来,并修建了城池。后来,他们的日子越过越好,决定修建一座可以通到天上的高塔。他们用砖和泥作为建筑材料。直到有一天,高高的塔顶已冲入云霄。上帝耶和华得知此事,认为这是人类虚荣心的象征。于是,上帝决定让人世间的语言发生混乱,使人们因语言不通而不能相互沟通,高塔无法继续建下去,所以最终也没有建成。"巴别"是巴比伦文,意思是"变乱"。据说巴比伦通天塔的修建是统治者想把它作为观察天象、思索宇宙奥秘的场所。远古的苏美尔人认为神会从天上利用星星的飞行降到寺塔里,并和敬神的人们会晤。巴比伦时代的人们也相信马尔都克神会常到寺塔里过夜。因此人们在寺塔顶为他准备好了金榻、金圈椅和金桌子,甚至还从全体妇女中挑选出最虔诚的信徒住在庙中,时刻准备伺候飞来的马尔都克神。正是这种信仰才导致后来出现了"坐庙礼"①这种奇异的宗教习俗。可见,在美索不达米亚,女性对神庙来说有着特殊的意义。除了祭司,女性是与神庙联系最为密切的人。在苏美尔时期,每一座神庙几乎都与女性有关联。如果是女神庙,女性就是神的管家,如果是男神庙,她们就是神的妻子。那时,苏美尔的漂亮女孩,若是宣布被神选中做神的妻子,就是莫大的荣幸,一家人都以此为荣。这时,女孩的父母就会选择一个良辰吉日,将女儿打扮得漂漂亮亮,带着陪嫁送到神庙里去。

苏美尔人中早就流传着的洪水故事就是记载在泥板文书上的,以后流传到巴比伦,又出现在其英雄史诗《吉尔伽美什》的第 11 块泥板上。而作为巴比伦之囚的犹太人受其影响,将洪水故事稍加改换后保存在《圣经》中,演绎成为诺亚方舟的故

---

① 是巴比伦女性一生中必须经过的仪式。坐庙者一律都是良家女子,她们用花头巾把头裹住,坐成一排,供游客观赏,若被看上的男子选中,就可以离开神庙,与选中她的男子交欢。巴比伦习俗认为,女子向某个游客献身,就是向神献身。经过这个仪式后,任何男子再想同她交欢,给多少钱都无法获得她的芳心。

事。尽管随着历史的发展,两河流域的洪水故事渐渐湮灭,其原创作者苏美尔人也被人遗忘了,但在1872年,英国学者乔治·史密斯在钻研楔形文字泥板文书时偶然译读出的大洪水故事,引发了他的思考,也引起了学界轰动。为了寻求更多的证据,史密斯两次亲自到亚述古城尼尼微遗址进行实地考察,从废墟中又搜集到几千块泥板文书的残片,经过细心地整理复原,他不仅恢复了洪水故事的本来面目,同时也将一部被人们遗忘了3000多年的作品重新展现在世人面前,它就是代表古代巴比伦文学最高成就的史诗《吉尔伽美什》。

吉尔伽美什是苏美尔人所建立的乌鲁克王国历史上的一位国王,关于他的故事早在苏美尔时代就已流传,并有5部以他为主人公的作品,其中有4部在巴比伦时期被改编成书。《吉尔伽美什》共有3000多行,用楔形文字记述在12块泥板上。

史诗主要描写乌鲁克王吉尔伽美什与蒙昧英雄恩启都结交,为民除害共同征讨杉妖芬巴巴,并在太阳神帮助下将其杀死。吉尔伽美什的英姿引起了女神伊什姐尔的爱慕,求爱遭拒的女神要挟天神造神牛残害人民以图报复。吉尔伽美什与恩启都联手杀死天牛,因得罪天神遭到诅咒。恩启都染病而亡,痛失好友的吉尔伽美什在哀悼中预感到自己也会面临同样的命运。为逃避死亡求得长生,他决心寻找人类始祖了解生命的奥秘。始祖向他讲述了大洪水的故事并指点他得到长生仙草,但在返回途中仙草被蛇叼走,他失望而归。史诗最后以他与恩启都亡灵的对话结束。史诗的前6块泥板通过描写吉尔伽美什与恩启都为民造福的故事,反映了两河流域人们的多神观和神对人命运的控制。史诗的后6块泥板通过吉尔伽美什对生命奥秘的探寻及其失败,反映了古代巴比伦人对生命法则的认识和对自然规律的探索。[①]

第五节　两河流域文化贡献与传播[②]

古代两河流域文化是人类文化最早结出的硕果,并成为其中最重要的组成部分。美国学者克莱默将他关于巴比伦文明的史学著作命名为《历史从苏美尔开始》,他在书中列举了苏美尔文明在人类史上的27个第一:第一个农业村落,第一座城市,发明出最早的车、船和文字,人类最早学会制作面包和酿造酒等等。其实如果认真计算起来,也许100个也还不止。在这片神奇的土地上,历史上的第一实

---

① 参见赵乐甡译:《吉尔伽美什》,译林出版社,1999年,第355—357页。
② 该部分主要参考刘卿子编著:《两河文明:逝去的辉煌》,百花文艺出版社,2004年,第10—12、13—14、99—100页等。

第二章 古代两河流域文化

在是太多了,如今这些历史难以置信地沉埋于沙丘之中,但一些史学家坚信,被湮没的两河流域文明先于并带动了古埃及文明,现代西方文化的许多脉络虽然来自古希腊、古罗马,但后者的源头还是古代西亚两河流域。

伟大的科学史专家乔治·萨顿说:"希腊科学的基础完全是东方的,不论希腊的天才多么深刻,没有这些基础,它并不一定能够创立任何可比的东西……我们没有权力忽略希腊天才的埃及父亲和美索不达米亚母亲";怀特海也说:"我们从两河流域的苏美尔人那里继承了道德和宗教,从埃及人那里继承了实践。"

小亚细亚、叙利亚、古波斯等地区的各族人民不仅吸收了古代两河流域的科学文化知识和一些典章制度,而且接受了楔形文字,并使之在长达千年的时间里为西亚许多国家所使用,并曾一度成为西亚、北非通用的国际文字。用楔形文字写成的泥板文书,记载并保留了两河流域数千年的文化成果,楔形文字对日后字母文字的产生也起了先导性作用。

美索不达米亚的天文观测最终导致了季节的划分和月相的固定。伴随天文学而来的是星象学,美索不达米亚人发明了黄道的名称——公牛座、双星座、狮子座、天蝎座等。在政治上美索不达米亚把它政治制度中最重要的两项内容——城邦和神圣王权的概念传给了西方。在法律上美索不达米亚把成文法传给了西方。其法律照亮了文明世界的大多数地方。英国历史学家塞格斯在其所著《伟大属于巴比伦》一书中说:"有关抵押方面的法律最终都可追溯到……古代东方。"

希腊文学也受了美索不达米亚的影响。如美索不达米亚的洪水故事和希腊神话中的丢卡利翁的传说相似。美索不达米亚神话中的屠龙题材在希腊传说中也有类似的传说。上帝为惩罚人类而施的瘟疫是希腊和美索不达米亚神话中共同的题材。希腊和美索不达米亚的阴府也惊人地相似,两者的阴府都是灰暗的地方,与现实的世界相分离。来世和现实只靠一条不祥的河连接着,死者由此河运送。同样的,希腊为死者所作的挽歌,似乎在苏美尔人的作品中也有相似的地方,这部作品最近已由莫斯科普希金博物馆从泥板文书中翻译过来。甚至希腊史诗的形成,如《伊利亚特》和《奥德赛》,在美索不达米亚的史诗中也可找到原型。

在希腊哲学里,学者们直到最近才发现来自美索不达米亚的原型。《伊索寓言》中的几个故事在苏美尔传说中都有原型,公元前 18 世纪古代两河流域人民编写了人类历史上最早的农书——《农人历书》版本中的劝导词与赫西俄德的《田工农时》惊人地相似。大约在五千年前,两河流域的居民就会制作陶器了,其金属制造工艺达到了相当纯熟的水平。

许多苏美尔人的对话现在正被一些学者试图翻译过来,以证明如柏拉图《对话集》等著作是来自美索不达米亚的原型。

《汉谟拉比法典》是人类最早的完整成文法典,也是古巴比伦人馈赠给人类的最宝贵遗产。它吸收了此前两河流域各个国家未成文法或不完整成文法的精华,并为后世法律的制定提供了唯一的范本。不仅赫梯、亚述、新巴比伦、波斯等古代国家在编制自己的法律条文时不同程度地参照了《汉谟拉比法典》,而且它成为其他后续国家制定法律的参考依据。

西方学术界普遍认为,地理学作为一门学科发轫于古代希腊。然而,地理知识的萌芽、积累和传播,却可以追溯到更遥远的上古时期,并主要归功于东方民族,特别是中东地区的一些古代文明民族。地理知识的萌芽首先受益于天文学的进步,而天文学的起源正是在中东地区,特别是埃及和两河流域美索不达米亚平原。那里的天空总是晴朗无云,非常适宜天文学观察。例如在巴比伦和亚述,上古时期很早就出现了天文学观察,搜集了关于天体位置与运动的大量观察资料。此外,古代埃及人和美索不达米亚人创立了古代历法,将一年划分为365天,每月30天。这种历法对于农事活动的节奏有重大的意义。后来希腊和罗马学者地理学思想的形成和发展,正是渊源于这些古代中东文明民族。他们无愧是西方地理学的先驱。

古代希伯来民族的宗教经典与文学总集《圣经》中的传说多取材于两河流域的神话。1956年,苏美尔学者S. N. 克莱默通过对苏美尔人的天堂神话与《圣经》里的天堂故事进行比较,得出了一个惊人的结论:《圣经》中的天堂故事源于苏美尔。究竟是否同源,可能有待进一步寻找证据,但克莱默对产生于美索不达米亚的神话传说给予的高度评价和赞赏,是符合历史事实的。根据苏美尔学家的研究,美索不达米亚的神话传说对后来的希伯来人、希腊人产生了深刻的影响,《圣经》中的传说以及希腊神话有很多就取材于两河流域流传的神话。其中最主要的有苏美尔人的天堂神话、大洪水神话、巴比伦人的创世神话等。

总之,美索不达米亚文明和埃及文明一样,深刻影响了犹太文明以及希腊、罗马文明。两河流域的文化也和尼罗河流域的文化一样作为世界文化发展的重要渊源,对人类进步的贡献是巨大的。

第三章

古代尼罗河流域文化

第一节 概 述

尼罗河在非洲大陆的东北部,由南向北川流不息,注入地中海。尼罗河流域两岸的土地由于水量充沛的河水长期泛滥与灌溉,为农业生产提供了有利条件,因此,也成为世界文明最早的摇篮之一。早在公元前3500年左右,这里就诞生了世界四大文明古国之一的埃及。古代尼罗河流域的文化孕育了源远流长的埃及古文明,正如公元前5世纪古希腊历史学家希罗多德留下的千古名言:"埃及是尼罗河的赠礼。"①

尼罗河全长6670多公里,是世界上最长的河流之一。位于阿斯旺的第一瀑布是尼罗河进入埃及本土的标志,并开始形成一个宽度在15公里至20公里不等的平底河谷。流至开罗以北,谷地逐渐扩展成扇面形,分成许多支流,形成长约160公里,宽约240公里的三角洲低地。尼罗河流域以孟菲斯为中心分为两大区域,南部上流狭长谷地被称为上埃及,北部下流的三角洲被称为下埃及。尼罗河流域夏季炎热,冬季温和,雨水稀少,一年一度的河水泛滥使农业谷物丰收,同时尼罗河又成为水上交通大动脉,给两岸人民带来了繁荣。尼罗河流域以自己独特的自然与地理条件滋养了法老时代近3000年的古代文化。由讲哈姆语的北非土著与西亚迁徙而来的讲塞姆语的移民融合成的古代埃及人将尼罗河视为神明,在他们的心目中尼罗河具有相当重要的位置,称之为"哈皮"②,象征着泛滥时期的尼罗河。

早在2万多年前,尼罗河两岸的高地上就已出现了早期人类活动的足迹。旧

---

① 沐涛、倪华强:《失落的文明:埃及》,华东师范大学出版社,1999年,第3页。
② 令狐若明:《走进古埃及文明》,民主与建设出版社,2001年,第3页。

石器时代,尼罗河流域就开始有了原始农业的萌芽。大约距今1万年前,由于气候的变化,以游猎为生的北非人开始向尼罗河流域迁居,成为高地最早的定居者。在约公元前5000年,他们种植谷物,引水灌溉,开始过上新石器时代定居的农耕生活,创造了尼罗河流域早期铜石兼用的文化,又称为埃及前王朝文化。约公元前3500年,大量考古发现表明,尼罗河流域已进入文明时期。大量用铜铸造的工具和武器证明,当时的居民已掌握了冶炼金属的技术。彩陶上绘的人物、动植物和船只、水渠等图画,表明了当时的劳动生产情况。

当时尼罗河流域的文化促生了一些地域很小的社会结构和政权,埃及人自称为"斯帕特",希腊人称为"诺姆",译成中文即为"州"。这些"州"为了生存而相互争夺各种资源,并进行战争。约公元前3100年,上埃及提斯州的统治者美尼斯征服了下埃及并占有了尼罗河三角洲,创立了埃及古代史上第一王朝(约公元前3100—前2890),又称提斯王朝,成为早王朝时期开始的标志(约公元前3100—前2686)①。自约公元前2686年建立了第三王朝(约公元前2686—前2613)起,埃及进入古王国时期(约公元前2686—前2181)。古王国历经500余年,君权神授,国王人神一体,许多国王依仗财富,为自己建造陵寝——金字塔。建于吉萨的第四王朝(约公元前2613—前2498)国王胡夫祖孙三代的金字塔最为雄伟壮观,因此,古王国时期又被称为"金字塔时代"。

古王国时期历经6个王朝终于结束,统一的埃及政权开始分裂,古代埃及开始进入第一个动乱年代,史称"第一中间期"(约公元前2181—前2040)。在经历了第七至第十个王朝以后,第十一王朝(约公元前2133—前1991)的孟图霍特普二世重新统一了埃及的大部分地区,埃及进入新的繁荣时期即中王国时期(约公元前2040—前1786)。这是中王国的鼎盛时代,南征北战、开拓疆土的结果,使埃及恢复了昔日的自信与强大。它的经济、地理位置促进了古代地中海各国的经济文化交流,也加速了西亚、北非两大古代文化之间的交融。

埃及自第十二王朝末期开始衰落,从第十三王朝至第十七王朝一直处于内忧外患、动乱分裂的状态之中,史称第二中间期(约公元前1786—前1567)。直至雅赫摩斯一世建立了第十八王朝(约公元前1567—前1320),定都底比斯,埃及才恢复了往日的统一和强盛。从十八王朝起直至二十王朝,埃及进入史称"埃及帝国"的新王国时期(约公元前1570—前1085)。埃及古代文化发展到了这一时期也进入了巅峰时期。无论是政治、军事,还是经济、文化都取得了巨大的成就。

---

① 令狐若明:《走进古埃及文明》,民主与建设出版社,2001年,第8—9页。

第三章 古代尼罗河流域文化

新王国时期的结束是以公元前1085年斯门德斯在下埃及的塔尼斯建立第二十一王朝（约公元前1085—前945）为标志的。从此，经第二十一王朝至第三十一王朝，埃及进入后王朝时期（约公元前1069—前332）。其间有两度是波斯人统治的，还有亚述人的入侵。这表明，埃及古国在分裂与统一、灭亡与复兴的反复更迭中，开始衰微了。公元前332年，马其顿王亚历山大征服了埃及。从此，埃及的统治者再无埃及人血统，延续了近3000年的埃及法老时代终于结束。至公元642年，尼罗河流域升起新月旗，从此，尼罗河流域的文化进入伊斯兰文化影响的范畴。

第二节 宗教的雏形

古代尼罗河流域的埃及人是一个笃信宗教、崇拜多神的民族。他们的生死观、宇宙观是一种"具体观念"，以宗教信仰的形式无时不有、无处不在地渗透在他们的政治生活、社会生活和经济生活之中。毫不夸张地说，不了解古埃及的宗教，就无法了解古埃及文化。

旧石器时代，古代埃及人的思维受周边自然环境的影响，认为树木、动物和山水都有远远超过人类的各种能力，于是产生了图腾崇拜。但是直至新石器时期的考古发现还没有找到可以肯定为神的象征物，因此，物神崇拜的可能性极小。在前王朝末期古代埃及人还因认为动物有超人的力量而将决定世界进程的力量用动物来表示。从早王朝开始，原为部落氏族的动物图腾逐渐转化为各州地方崇拜的神，如公牛、狮子、豺、鳄鱼、鹰、眼镜蛇等。开始时的神是兽形神，后来发展成为人身兽头的混合形神或者完全的人形神，这种形象延续了很长时间，成为古埃及宗教的一大特征。

动物之外，大自然的许多事物也成为他们崇拜的对象，尤其是太阳，因此古埃及人称自己的国家为"太阳的国度"。古代埃及从第五王朝（约公元前2494—前2345）开始盛行太阳崇拜，而且很普遍。太阳神"拉"被奉为全埃及最高的神。"拉"最早与提尼斯州崇拜的鹰神荷鲁斯结合，称为拉-哈拉赫特，意为"地平线上的荷鲁斯"。中王国时期又与底比斯的地方神阿蒙神结合，称阿蒙-拉神。至新王国时期，阿蒙已成为埃及国家的主神（最高神）和法老的保护神。阿蒙神往往具有人形，有时出现人身羊头或鹅形等。据统计，古埃及早期宗教中仅特性较明显的神就有200余个，可以说古代埃及是个信仰多神的地区。

除阿蒙神以外，奥西里斯也是古代埃及人普遍信仰的一位神祇。它起初只是尼罗河三角洲都德地方的一位保护神，被视为土壤、谷物与尼罗河的化身。古王国时在宗教崇拜与信仰中融入了神话的成分。奥西里斯是远古的一位国王。他勤政爱民,后遭其弟赛特的暗害,最终在众神的帮助下复活成为冥神。奥西里斯神之所以具有全埃及意义,与他的死而复生体现了人们对自然现象周而复始的一种希冀有关。四季更迭,河水泛滥与消退,植物枯荣,日出日落等自然现象引发了古代埃及人对生的渴望与对死的恐惧,而奥西里斯既能死而复生,又专司对死者的审判,使得人们对他更加敬畏。

古代埃及人这种死而复生的宗教观念认为死亡不是生命的终结,而是向复生过渡的延续,是生命从一个世界转移到另一个世界。人的生命由肉体与灵魂构成,所以保存好生前的尸体就是很重要的了,因为人死后灵魂还可以在复活时依附其内。这种宗教现象致使古代埃及或将人的遗体制成木乃伊,以便死者的灵魂得以依存,或将坟墓修建得很牢固,而且设备应有尽有,以便遗体能够很好地被保存下来。于是其后的年代里,木乃伊越制越科学,以使遗体不腐;坟墓越造越完备,以便迎接来世。

中王国时期,来世说更加深入人心,道德说教成分增多。新王国时期埃及宗教信仰达到极盛。阿蒙神逐渐成为纯精神的神被崇拜,并由于和王权的结合而成为古代埃及文化中空前重要的宗教信仰。中间虽有以阿顿神崇拜代替阿蒙神崇拜的宗教改革,但最终还是阿蒙神信仰获得胜利。

新王国后期,古代埃及人,尤其是尼罗河三角洲的居民重新盛行对动物的崇拜。许多动物,如牛、鳄鱼、猫、蛇等又被推上神圣的地位。各个地区都有自己崇拜的动物对象,呈现出个性化现象,以至成为这一时期宗教信仰的主流。这种现象的出现固然与史前图腾崇拜的残余,即精神返祖现象有关,但也与宗教感情有关。古代埃及人的宗教信仰传统很浓厚,当国家安定,政教合一时,这种信仰较淡漠。而此时国家混乱,国势衰颓,他们在感到孤立无援,无所依靠时,只能从动物身上重新找回超人的力量,以便从对它们的崇拜中获得身心上的满足。

后王朝时期,先是亚述人的野蛮破坏,使阿蒙神信仰大大削弱,后有波斯人的两度入主,来自埃及域外的宗教信仰开始产生影响。而国势衰微的埃及人的悲观消极情绪也在社会上弥漫,这又引发了宗教信仰上的动摇。亚历山大征服埃及后,希腊文化与埃及文化,即爱琴海的海洋文化与尼罗河的河流文化相互交融以后,埃及宗教的独立性逐渐消失。虽有伊西斯等埃及神祇进入地中海沿岸及欧洲一些地区,但基督教强势兴起,古埃及宗教在国内外都已失去其重要性。公元535年至537年,费来岛上最后一个埃及神庙被废弃,意味着古埃及宗教基本终结。

第三节 文字与文学

古埃及的文字与文学与尼罗河流域文化有着密不可分的关系。毫不夸张地说,没有这些文字和文学就没有尼罗河流域文化的辉煌。只有它们才是这些文化的历史见证人与记录者。

早在约公元前3500年至前3100年的前王朝晚期,尼罗河流域的上埃及地区就产生了由图画发展而来的象形文字。这种在埃及法老时代使用了近3000年的象形文字在埃及衰亡后的15个世纪左右的时间里无人知晓,直至1822年,现代埃及学的创建者、法国学者商博良(1790—1832)成功破译了《罗塞达石碑》①,才最终释读了古埃及象形文字,并使其变得能看得懂。他的名言:"生活的真谛在于热情",②不仅是他短暂一生的真实写照,也成为后世埃及学学者挖掘这一文化宝库的精神支柱。从此古埃及的铭文石刻、纸草文书、《亡灵书》、木乃伊、雕刻艺术等均成为学者研究和收藏的对象。

古埃及早期的象形文字属于表意文字,特点是文字和语音不发生联系,而利用图形和词义产生密切联系。它是用图形作为符号来表意的,其中有表示整个词意的表意符号,有表示音素和音节的表音符号,也有表示意义范畴限定的限定符号等。这一古文字系统在公元前3000年左右基本形成。古埃及文字之所以又可以视为一种拼音文字的原因是它可以利用一个个图形作为音符来拼写,如猫头鹰代表M、小鸡代表W、水波代表N等,但与其后的希腊文、拉丁字母又有所不同,在经过了旧埃及文、中埃及文、晚埃及文、通俗文和科普特文等五个语言文字的发展阶段,古埃及文字由图形逼真的象形文字,经过简化成为象形文字的草体,最后演化成字母化的科普特文字。在公元642年,阿拉伯征服埃及以后,科普特语逐渐被阿拉伯语取代,只有少数信仰基督教的埃及人在继续使用。

有了文字就可以表达人类的思想感情和记录事情,于是简单的文学作品就开始出现了。这些作品初时是以口耳相传的方式在民间流传的,有了象形文字之后,它们被记录在纸草卷或刻在石头上保存下来,这其中经历了漫长的岁月。古埃及文学内容丰富,形式多样,主要有神话传说、劳动者诗歌、自传、教谕文学、散文故事和《亡灵书》等。

---

① 该碑材料系黑色玄武岩,长约115厘米,宽约73厘米,厚约28厘米,碑文为三种文字,顶部底部均有残缺。

② 令狐若明:《走进古埃及文明》,民主与建设出版社,2001年,第52页。

神话传说中太阳神拉开天辟地的创世神话流传最广。最初的世界是黑暗混沌的水,被叫做努,众神之主拉在努神体内孕育而生从水中升起,因为世界上什么也没有,他拥抱自己的影子孕育了一对孪生兄妹舒和泰芙努特,并从嘴里将他们吐出。拉神为此流了许多眼泪,它们化成尘世间的男女人类。拉神生的这对孪生兄妹结为夫妻也生下一对孪生兄妹,大地男神格伯和天空女神努特,他们又结为夫妻依次生下奥西里斯和伊西丝、塞特和娜芙提斯两对兄妹,也互为夫妻,于是组成以拉为首的九位一体的众神族。

毁灭人类的神话讲述,多少万年之后,由于拉神的衰老,人类开始对他不敬,他召集神族商量办法,大家决定让拉神的眼睛去惩罚人类。拉神之眼以哈托尔之名出现时是长牛犄角的女神,以苏赫默特之名出现时,是长着狮首的女神。总之她在尼罗河谷和两岸的高山峻岭追杀人类,所到之处尸横遍野,血流成河。拉神开始感到不安,命令眼睛苏赫默特停止屠杀,但她已经嗜血成瘾。拉神只好将红颜料混合成的麦酒装在 7000 个罐里,倒在田野上,苏赫默特喝了过量的鲜红麦酒,醉倒在地,人类才残存下来。

关于奥西里斯的神话内容格外丰富生动。丰收之神奥西里斯被古埃及人想象为国王,他教导人民、治理国家有方,和妻子伊西丝一起受到人们的赞美与爱戴。其兄弟塞特因嫉恨而阴谋害死他并企图篡位,塞特设计将奥西里斯锁进金柜抛入尼罗河。忠贞的伊西丝在神的帮助下,在地中海沿岸使奥西里斯复活。塞特再一次趁奥西里斯打猎时将他杀死,切尸 14 块,抛在各地。伊西丝千辛万苦找回 13 块尸体,又照原样复制了被鱼吃掉的生殖器,奥西里斯尸体才拼凑完整。伊西丝用麻布和香料将尸体包裹好,双臂交叉在胸前,手握连枷和弯杖,做成埃及国王生前的姿势。在伊西丝的恳求下,奥西里斯被允许在冥界为王,主持审判死者的灵魂。后世埃及人延续这种做法,将死者制成木乃伊,期望能像奥西里斯一样死而复生。伊西丝伏尸痛哭时感孕而生下儿子荷鲁斯。长大的荷鲁斯在拉神的护佑下战胜塞特,成为埃及之王。伊西丝和奥西里斯在地上见面时,大地回春,他回到地下时大地萧条。这表现了古埃及人对自然界四季更迭,万物枯荣的一种朴素理解。①

古埃及的诗歌相当发达,内容丰富,形式多样,清新质朴。其中歌谣、爱情诗和赞美诗等占有相当重要的成分。公元前 3000 多年,古代埃及出现了最初的诗歌,即埃及人民进行艰苦劳作过程中吟唱出来的歌谣,表达了他们喜怒哀乐的情感,如《搬谷人的歌谣》就抒发了他们的不满。爱情诗则写得真挚感人,有男欢女爱的情歌,也有痴心女子负心汉的幽怨,还有大量用比喻与象征写成的恋歌,直露、大胆,

---

① 参见魏庆征编:《古代埃及神话》,北岳文艺出版社,1999 年,第 235 页。

令人心动。赞美诗则是献给神和国王的诗,其中歌颂阿蒙神的赞美诗最著名,还有最早歌颂国王崇高地位的《乌纳斯颂歌》。在赞颂尼罗河的诗歌中《尼罗河颂》最著名。

古埃及最早的自传出现于古王国初期的大臣的墓葬中。《梅腾自传》是迄今为止发现的埃及历史上最早的自传铭文。梅腾是第三、第四王朝之交的一位大臣,自传记录了他的财产和升迁的履历,其史料价值大大超过它的文学价值。到古王国时期最重要的自传《大臣乌尼传》出现时,纪实文学的色彩大增。乌尼是第六王朝的大臣,其自传里的叙事成分增加并运用了简单的文学表现方法,适于吟咏。此外还有记述生前乐善好施的《霍尔胡夫自传》和记述南征北战的《雅赫摩斯自传》等。

教谕文学即德高望重的圣人、哲人或长者对普通人或晚辈进行教诲与告诫的文字。埃及古王国约第五王朝时期就已有了这种文学作品。迄今发现最早的是《王子哈尔德夫之教谕》,它虽然只遗留下不长的文字,但足以反映当时埃及人对道德和来世的一些想法。此外保存于古王朝晚期属第六王朝的《普塔雷太普之教谕》是保存最完整、内容也最丰富的一篇。身居宰相高位的普塔雷太普从训导儿子的角度,讲出许多为人处世之道,如为人要保持谦虚、处世要力求公正等等。此外,还有传授统治经验的《阿美涅姆赫特一世对其子塞索斯特里斯一世之教谕》、鼓励后代读书人入仕的《杜阿乌夫之子赫琪给其子柏比的教训》、培养理想人格的《阿美涅莫佩教谕》等。这些教谕文学不仅是认识当时社会的重要资料,作为文化遗产至今仍有重要意义。

埃及古代即有叙事传统,因此散文故事格外引人注意,最早出现在中王国时期第十二王朝著名的《魏斯特卡尔纸草》里。其中最后3个故事合称为《魔术师的故事》,是记述第四王国国王胡夫的3个儿子给他讲的关于魔术师的故事,内容离奇,引人入胜。中王国时期出现了一批优美动听的散文故事,其中描写普通劳动者勇敢与智慧的《一个能言善辩的农夫》和鼓励航海冒险的《遭难的水手》以及根据第十二王朝宠臣辛努海一次富有传奇色彩的域外历险而写成的纪实散文《辛努海的故事》等都很著名。在新王国时期出现的众多散文故事里情节离奇曲折的《两兄弟的故事》最优秀。这些故事的主题和题材对后世的文坛影响很大。

《亡灵书》又名《埃及亡灵书》或译《死者之书》,是古代埃及的抄录者为亡灵所准备的所有经文,包括咒语、赞美诗、祈祷文、各类礼仪等。在古王国时期表现这些内容的象形文字一般被镂刻或书写在古金字塔内法老墓室和过道的壁上,被称为"金字塔文"。其目的是在冥界能够延续国王生时的幸福,并能促使其复活重生。到中王国时期,这种铭文已不被法老所专有,贵族和平民死后也可以在棺椁上印制或在精美石棺上镂刻一些"金字塔文"的摘录,被人称为"棺文"。到新王国时期约公元前 16 世纪以后,人们将《亡灵书》的内容写在体积小、制作方便的纸草纸上并增加了冥王奥西里斯来世审判的情节和内容,这种纸草卷几乎成为人死后的必备品,这些纸草卷就是《亡灵书》或者《死者之书》。它们有的放置在特别的匣中,有的放在棺椁里,也有的与木乃伊裹在一起,总之已形成人死后的一种习俗和顺利通过冥界考验的生活指南。《亡灵书》的内容包罗万象,既有大量宗教诗和宗教礼仪的论述,也有对冥界生活的大胆想象与细致描绘,既有象形文字又有彩色插图,因此,它既有古埃及文学汇编的性质,也是了解古埃及文化的重要源泉。①

古埃及的文字对腓尼基字母的形成有重要作用,古埃及文学在题材、体裁和表现手法等方面对古希伯来文学和古希腊文学及中古阿拉伯文学都产生了不可低估的深远影响。

第四节 古埃及艺术

古埃及文化中最引人注目的部分就是艺术,其中主要包括建筑艺术、雕刻艺术、绘画艺术等。至于古埃及的音乐、舞蹈、戏剧等艺术形式,由于时隔久远,考古发现实物几乎空白,人们只能从壁画上的舞伎、浮雕上的乐师、纸草纸或棺文上记载的剧本片断去想象,而分析研究就极其困难了。

古埃及建筑艺术特点是气势恢宏、形式朴拙、格调肃穆、感觉庄严,而金字塔和神庙等建筑集中反映了这些特征。

"金字塔"源于希腊语,意为"糕饼",是古希腊人食用的一种尖顶状的食物。古埃及人称作"庇里穆斯",即高的意思。汉语译为"金字塔"是因为它的四面都是等腰三角形,颇似汉字的"金"字。19 世纪下半叶中国有人见之称为埃及王陵,或直译"皮拉米"。1904 年康有为游历埃及后,在其《海程道经记》中明确称之为"金字塔",一直延续至今。

据专家统计,现已勘查到的大小金字塔有 80 多座,但比较完整并可供研究的仅有 30 余座,都位于尼罗河西岸,北起开罗的东北角向南绵延百余公里。因为古埃及人认为尼罗河东岸是太阳升起之地,象征生命之源,而西岸是太阳降落之地,是亡灵的世界,因此金字塔都建在了西岸。古埃及法老生前荣华富贵,死后活在冥界王国里也要延续这种生活,于是在生前就千方百计想将坟墓修造好。法老的想法随着生产力的发展、经济实力的增强在不断变化,逐渐由初时的建造简单的墓室发展成为营造宏伟巨大的金字塔,希望能利用这样高的天梯,便于由此上到天上。

---

① 参见[美]华理士·布奇:《埃及亡灵书》,罗尘译,京华出版社,2001 年,第 3—7 页。

第三章 古代尼罗河流域文化

从第四王朝的开国之君斯尼弗鲁开始营造公认的金字塔起,历任法老都在建造金字塔,前后持续了约 1000 年之久(公元前 27 世纪—前 18 世纪)。因为金字塔源于古王国时期,而且最大的金字塔也建在该时期,所以人们常称古王国时期为"金字塔时代"。最具代表性的是以开罗西南部吉萨高地上的三大金字塔和一系列小金字塔组成的金字塔群,成为人类建筑艺术史上的奇观。

三大金字塔中最大的是斯尼弗鲁之子胡夫的金字塔。它原高为 146.59 米,现为 137.18 米,四方形塔基边长约 230 米。据统计整座塔约用巨石 230 万块,平均每块重 2.5 吨,最大重约 30 吨。塔面的巨石磨得很平,之间的缝隙很小,不施泥灰,薄刃也插不进去。它不仅外观宏伟壮丽,内部结构也异常复杂精确。整座建筑设计科学合理,角度、线条、面积、压力等,如果事先无周密考虑与计算,是不可能屹立 5000 年而不衰的。与胡夫金字塔相比邻的是其子卡夫拉的金字塔,它规模小于前者,也高达 143.5 米,闻名遐迩的狮身人面像就矗立在其附近。直至现今,这些大金字塔还留给人们许多难解之谜。

古埃及的雕刻艺术历史悠久,精美绝伦。主要有石雕、浮雕和木雕等。这些雕刻主要表现的是永恒的来世,是为了使死者生命能够得以继续存在而创作的。古埃及史前时代的雕刻材料主要有石头、骨头、象牙以及黏土等,进入王朝时代后,材料主要是石头,还有金属和木材等。

古王国时期的雕像多以岩石制成,具有形象古拙、逼真的特点。国王的雕像呈正面静止态,表情端正呆板,一幅神圣凛然的样子。例如第四王朝的《卡夫拉和王后像》中的国王卡夫拉像就异常真实生动。中王国时期的雕像在继承前人的基础上还有所创新,摆脱了以往王的神性,努力将其还原成普通人,如第十二王朝的《辛努塞尔特三世头像》的面部,沉思的目光里流露出忧虑的神情。

新王国时期的雕刻艺术变化较大,尤其是第十八王朝的作品,艺术手法日趋娴熟。原来国王雕像中那种端庄、呆板、威严的基调变为优雅、柔和、精致的风格。最有代表性的作品就是 19 世纪末在埃及帝王谷发现的第十八王朝阿蒙霍特普四世阿肯那顿法老的王后纳菲尔提提的半身雕像。"纳菲尔提提"古埃及语意为"迎面而来的美人",她的美丽不仅令古埃及法老怦然心动,也使 3500 年后的各国学者震惊。这是一付真人大小的高 48 厘米的石灰石女子头部雕像。出土时色泽如新,有轻微损毁,雕像上的女性脖颈细长,颧骨略高,胸前佩戴项链,五官完美俊秀,不仅反映了纳菲尔提提本人的精神面貌和性格特征,而且其强烈的艺术感染力成为世界艺术史不可多得的珍品,令世人倾倒。①

---

① 参见《光明日报》,2003 年 8 月 29 日。

古埃及的浮雕表现内容丰富。从早王朝时期的《纳尔迈调色板》开始经古王国时期第三王朝左塞王陵墓的壁浮雕画面,直到中王国第十一王朝的《卡薇特石棺浮雕》,风格不断变化,技艺有很大提高。新王国时期表现法老活动的浮雕内容最生动。最有代表性的是反映第十八王朝哈特舍普苏特女王祭庙的着色浮雕。其中的"诞生图柱廊"浮雕和"蓬特远航图柱廊"浮雕,不仅表现了女王的神圣性与合法性,而且对其歌功颂德。此外这一时期的浮雕还不乏表现战争场面和狩猎活动以及生活劳动的内容,既有时代特色,又有具体的真实。

古埃及绘画到了中王国时期,由于颜料的大量使用,而逐渐成为一种艺术门类,保存下来的绘画多是墓室壁画。其内容与浮雕几乎相同,有歌颂王公贵族丰功伟绩与财富的,有为来世美好生活提供日用品和娱乐活动的等等。第四王朝壁画代表作《美杜姆的六鹅图》整体视觉效果很好,表现了画家娴熟的绘画技巧和写实求真的创作风格。十一王朝的《角斗图》将两百多种角斗姿势连续画出,表现出当时画家敏锐的观察力。新王国时期壁画的杰作当推在宴乐图中的《三位女乐师》。自第十九王朝末期始,壁画中表现宗教内容的壁画开始增多。到了后王朝时期,埃及的绘画盛行摹仿,手法陈旧,缺乏新意,绘画艺术从此暗淡了许多。

古埃及艺术的基本法则是追求美,其在空间造型中的特点是"散视法",即按表现对象的重要性,有选择地从若干视点出发刻画自己的创作意图。在造型要素里人像是处于静止状态的。虽然古埃及人生活在色彩不够丰富却很鲜明的自然环境里,但由于对颜色的敏感,使他们注重色彩的运用以及图画构成的画面。这一切瑰宝至今仍留给人们无尽的享受。

第五节 科学与技术

科学与技术无疑起源于有关生产劳动的实践活动,它是初民时期的人类实践知识的积累和运用,有很强的功利性,也没有形成什么体系,只是一些经验教训的结晶。因此,古埃及人在科学与技术方面的最重要的甚至几乎是所有的成就都是在实用、应用的技术范畴里取得的。几何学和计算是在建筑活动,尤其是金字塔建造中发展起来的;数学知识是在丈量与计算尼罗河一年一度泛滥后土地的变化时得来的;天文学知识是在制定历法和计算尼罗河水涨落期的需要时学会的等等。此外,因为制作木乃伊,古埃及人的度量知识逐渐丰富起来。一句话,古埃及文化发展数千年,在科学技术领域的建树是其他古代文化难以企及的。

古埃及人在古王国时期设计与建造金字塔的过程中就已学会和掌握了必需的数学知识,高大宏伟的金字塔表面具有规则完美的几何图形,堆砌巨石的数量的计算是那么准确并浑然一体地将每块巨石镶嵌在其中,没有周密的计算是不可能的。其内部的墓道、墓穴的方位、比例、尺寸也都极为精确,没有几何学知识和数学计算的技能是不能想象的。遗留至今的纸草表明他们已经学会了计算角锥或截头角锥体体积的方法,只不过和现今几何学里的求积公式比较,他们是用文字来叙述计算方法和过程而已。

古埃及人在几何学的基础上,又将数学计算运用于土地测量。尼罗河每年泛滥,耕地面积和地形经常变化,田地的界限往往也在泛滥时遭到破坏,为了收粮食而又避免纠纷,土地测量人员需要运用简陋的工具对土地进行清查和计算。到了新王国时期,这种工作已有为征收赋税和地租而服务的性质。据有关铭文记载,第十二王朝开国时,国王就曾巡行全国,分疆划界,丈量土地,整理赋税,这样国内可以局势稳定,发展生产,国外可以避免纷争,和平相处。在保存下来的许多墓壁的画面里,就不乏测量人员检查土地界碑是否被移动或更改,并用有结的特别小绳测量土地的场面。埃及人这些简单的计算被用于测量距离、计算时间、观测天文和制定历法。①

古埃及人认为,天象可以决定人类生活中的许多事情,尤其是对农业的影响更大。他们发现每当天狼星与太阳同时出现在东方地平线上时,尼罗河水上涨的潮头总是到达孟菲斯城附近(大约在每年的 6 月 15 日左右),于是他们就将这一天定为一年的开始。他们还根据尼罗河水的涨落和作物生长的规律将一年分为泛滥、播种和收获三季。每季分为 4 个月,一年 12 个月,每月 30 天,岁末增加 5 天献给神的节日,一共 365 天,这部太阳历是人类历史上第一部比较精确的历法。这种方法同以地球绕太阳公转一周为一年计算的现行历法相比,每年约有四分之一天的误差,每四年落后一天,每过 120 年将有一个月的出入,他们解决的方法是临时调整,此外,他们还创制了用于确立宗教节日的阴历。由于占星术的需要,他们还观测太阳、月亮、星星的各种变化,并记录下来,形成最初的天文学知识。胡夫大金字塔四面分别朝着东、南、西、北四个方向,误差极小,没有天文观测的帮助不可能达到如此精确的程度。此外,他们还掌握了一些主要星体和星座运行的知识,这些都为人类掌握更多的天文学知识奠定了基础。

在古代埃及人的各种科学与技术成就中,医学包括解剖学、生理学、病理学、外科学、制药学等的成就最大。这些都记录在后人发现的古埃及人的纸草卷上,其中最长、最有名的是"埃伯斯纸草卷"。此外还有"史密斯纸草卷"和"拉洪纸草卷",与

---

① 参见[德]汉尼希、朱威烈等著:《人类早期文明的"木乃伊"——古埃及文化求实》,浙江人民出版社,1988 年,第 289、291、292、307 页。

前两部以人名命名的纸草卷不同的是,第三部是以1889年在下埃及法尤姆地区的拉洪发现的,即以地名命名的,但是它们都是古埃及存留下的最宝贵文献。古埃及医学发达、独树一帜的原因,首先是解剖人的尸体制作木乃伊的需要,人的五脏六腑无一遗漏地都被他们了解到了,他们消除了神秘感和恐惧感。其次是古埃及的医学常常与巫术结合在一起,在对病人合理地药物治疗的同时,常常附以巫术以达到驱魔避邪之功效,因此被广泛应用。古埃及人既表现出追求科学、努力探索人体与生命奥秘的精神,又有深受宗教影响、痴迷地相信恶魔作祟是百病之源的迷信思想。这两种互相矛盾的心理状态使古埃及现存的医学纸草卷上的记载和治病实践中的经验教训互相补充与印证,使得埃及医学遗产成为全人类的知识宝库之一。此外,古埃及在织布、造船或生产玻璃等制造技术方面也取得了辉煌的成就。

第六节　古埃及文化成就与影响

　　以古埃及文化为代表的尼罗河流域的文化,以其巨大的成就与深远的影响载入人类文明的史册。其生命力与辐射力使之对它附近的广大区域,尤其是东欧、南欧和西亚、中东等地区都产生了经久不衰的影响,至今依然是人们探索人类文化科学与真理的重要依据。

　　古埃及的象形文字促生了腓尼基字母的成熟,并成为人类字母文字的真正开端,为世界文字的拼音化开辟了道路,几乎成为世界上所有地区,包括亚洲的中亚和南亚,以及欧洲的拉丁字母和斯拉夫字母等字母文字的先驱。

　　古埃及文学对希伯来和古希腊文学影响深远。它的传记文学形式对西方的传统文学有长期的影响,其教谕文学对后世阿拉伯的教谕文学从形式到内容都影响很大。关于奥西里斯的神话不仅在西方许多国家广为流传,而且主人公死而复活的故事对后世耶稣基督死而复活的传说从题材上也有很大启示。伊西丝女神怀抱荷鲁斯的刻画影响了圣母玛丽亚怀抱耶稣的形象。古埃及散文故事《遭难的水手》和《辛努海的故事》对后世许多以航海冒险为题材的文学作品都具有启示意义。长篇抒情诗《阿顿太阳神颂诗》对以后《圣经·旧约》中的《诗篇》第104篇赞扬耶和华的创作显然有相当的影响。

　　古埃及人根据尼罗河泛滥制定的历法是世界上最早的太阳历。这种历法简明实用。公元前1世纪中叶古罗马以埃及历法为基础进行修订,制定了以恺撒姓氏命名的"儒略历"。到16世纪又经过改革,产生了以罗马教皇格里高利十三世命名的"格里高利历",简称"格里历",成为现今世界上大多数国家通用的"公历"的由来。

第三章 古代尼罗河流域文化

古埃及的几何学达到了古代世界的高峰,历史学家希罗多德曾明确指出:希腊的几何学来自埃及。古希腊对几何学作出贡献的第一位哲学家泰勒斯及其学生毕达哥拉斯,曾同时在埃及学习几何学的知识并有所发展。后者在西方率先提出勾股定理,即毕达哥拉斯定理,据说曾受到过金字塔的启迪。集古希腊几何学之大成的欧几里得也曾在埃及亚历山大里亚图书馆学习,并培养了一批数学家,其名著《几何原理》奠定了几何学体系。这些成绩的取得都是与他们曾在埃及学习的经历分不开的。

埃及庙宇建筑最引人注目的是那些宏伟高大、造型优美的圆柱,柱头装饰成纸草、莲花和棕榈叶。这种建筑风格流传广泛,如古希腊雅典帕特农神庙多利安式柱廊即是一例。公元前4世纪初出现的科林斯式柱头如初放的花朵,与古埃及莲花盛开式柱头异曲同工。波斯阿契美尼德王朝建造的庄严肃穆的柱殿也借鉴于埃及,后又被印度孔雀王朝所接受,建造了华氏城(今巴特那)的宫殿。成对耸立于埃及神庙前的方尖碑,早已闻名欧洲。罗马帝国皇帝从埃及掠走的方尖碑仅在罗马城就有12座以上。现今埃及方尖碑的足迹已遍及欧亚非三洲。

古埃及的医学是现代西方医学的源头,埃及的医学纸草卷和具体的治疗方法传到希腊后,遍布欧洲。公元前5世纪希腊"医学之父"希波克拉底及600年之后的罗马名医伽林,在他们的医学著作中涉及的许多常用药都来自埃及医书。埃及医学纸草卷中许多药方的书写格式套语被希腊文和拉丁文的医药书所采用,并一直沿用至后世西欧。在东方的阿拉伯、叙利亚和波斯的医书中也不乏古埃及医学的影响。

埃及的玻璃制造技术产生很久远。公元前3500年左右,埃及就有了玻璃珠。第五王朝(公元前2498年—前2345年)就出现了玻璃瓶子。新王国时期(即公元前1570年—前1085年)埃及的玻璃制造技术开始向外传播,但当时的玻璃制品都不透明。公元前1300年左右,埃及开始出现透明玻璃。公元前7世纪以后,埃及生产的多色玻璃风靡地中海地区。腓尼基人仿制成功,将制瓶技术发展成工业。希腊的工匠发明了吹制玻璃。公元前一世纪亚历山大里亚城已成为玻璃器皿制造中心,其产品远销世界各地,包括中国。

尼罗河流域文化和两河流域的文化同是人类文化的源头,因其相互有影响,所以形成的前后问题历来被学者重视,并众说纷纭。以往因"埃及学"(1822)的建立早于"亚述学"(1857),使许多学者认为尼罗河流域文化早于两河流域文化,现在普遍的看法是两河流域文化早于尼罗河流域文化。由于它们产生得早而且地缘接近,因此,二者相互影响接受,相互借鉴渗透。这两种文化有许多相似之处,如它们都是因为地处河水定期泛滥而形成的适于农耕的肥沃土地,都很重视兴修水利、发展农业,所以其文化是沿河流而发展起来的;文化的发展都处于原始文化和奴隶社会文化阶段,因此分散的城邦文化逐渐形成统一的传统;宗教文化都处于由多神教向一神教转化的过程中,因此,崇尚迷信正向形成神学信仰过渡。但是由于自然环境和地缘政治的差异,这两种文化在发展过程中也形成了各自的特点。

  首先,两河流域北部和东部虽有高原,但西部是草原和沙漠,南部为波斯湾,所以地势相对比较开阔平坦,由于缺乏天然的屏障,山地和草原的居民经常迁入该地区,因此,部族纷争,政局多变,统一的格局屡受破坏,虽有君权神授之说,但无全国统一的君神一体之实。因此,从苏美尔阿卡德时期就已开始制定成文法,以保障社会较为稳定地发展。尤其是到了巴比伦时期,面对贫富不均,汉谟拉比法典的出现保护了私有财产,稳定了社会,形成了初步的法制观念。尼罗河流域西面是沙漠,东面也是沙漠,南面是瀑布,北面没有良好的海湾,外部因素很难进入,因此,民族相对安定,社会也相对稳定。君权神化,法老被视为太阳神的化身,虽有萌芽状态的民法和刑法,但形同虚设,法老是法律上的最终裁决者,人治色彩很浓。

  其次,两河流域信奉多神("巴比伦"一词原意为"诸神相会之地"),虽然社会历经发展变化,神也有主次之分,但仍基本保持着多神教的特点。两河流域的居民似乎没有灵魂不朽之说,所以陵寝没有形成规模。在他们的观点中,来世就是地狱,相信人死后有阴间的生活,但无转世之说,所以注重现世的生活。古埃及由于王权的统一,转向一神教,活着要信奉太阳神,死后在冥界要受冥王奥西里斯的审判,因此相信来世说,重视陵寝建设。这种差异反映在文化领域的各个方面,而且很明显。

  再次,两河流域地处欧、亚、非三洲的交接地,是商贸交通的要冲,手工业生产和商业贸易在社会生活中占有较大的比重,因此,其文化具有较强的开放性、流通性和包容性等特点。而尼罗河流域文化则始终保持着民族的固有传统和形态,从文字到艺术,从文化到经济无一例外。象形文字体系几千年无大变化,宗教习俗墨守成规,艺术创作程式化等,因此,其文化表现出较强的稳定性、保守性和传统性。

  其他,如这两种文化都在天文历法方面成就显著,但各有独创成分;两者都在医学方面表现出巫医混杂的现象,但前者多巫,而后者多医;两者都在建筑艺术方面成就辉煌,而前者多表现在城市建设上,后者多表现在陵墓建造上等等,这些都引起人们不尽的思考。

第四章

古希伯来文化

第一节 概 述

希伯来是对犹太民族的古老称谓,古希伯来文化即古犹太民族文化或古以色列民族文化。希伯来文化发祥于西亚的两河流域,兴盛于约旦河两岸。希伯来人初入迦南时,当地人称其为"渡河而来者",此语被汉译作"希伯来"。于是我们称他们为"希伯来人",称其文化为"希伯来文化"。犹太是外族人对亡国后的希伯来人的称呼,但"犹太"这一称呼是基于他们对犹太教的共同信仰而生,强调其宗教性。"以色列"意为"与神摔跤得胜者",是希伯来人的自我尊称。"希伯来"这一称呼始自亚伯兰(亚伯拉罕原名)时代,"以色列"这一称呼始自亚伯拉罕的孙子雅各(《圣经·创世记》32:28①)时代,"犹太"这一称呼则始自公元前586年南国犹大亡于新巴比伦之后。对该民族来说,这三个称呼意思相近,但从文化纯度及时间涵盖广度方面来讲,称其文化为希伯来文化更为准确,这里将要讲述的古希伯来文化是从希伯来民族产生到公元135年犹太人最后一次起义被镇压期间的文化状况。

希伯来民族是一个弱小的民族,生活在巴勒斯坦这块贫瘠的沙漠之地,历经外族欺压,以致流散世界各地。但他们却以坚定的宗教信仰和独特的开创精神在保持民族性的同时兼收并蓄,形成了以《希伯来圣经》(即基督教《圣经·旧约》)为主体的强势文化。在此基础上又产生了基督教文化,和希腊文化一道成为西方文明的源头。此外,希伯来文化又直接促生了以《古兰经》为核心的伊斯兰文化,其对世界文明的影响很大。

一种文化的兴衰离不开相关的地理、人文环境,希伯来文化的兴盛也离不开巴

---

① 《圣经》(和合本),香港圣经公会,2000年,第27页。所引《圣经》皆出此本,后出只标章节。

勒斯坦地区的沙漠地貌和中东发达的古文明氛围。

　　巴勒斯坦地区古称迦南,东连两河流域,西靠地中海,南面是红海和阿拉伯半岛,北面是小亚细亚半岛,以约旦河为轴线形成一个狭长地带。古希伯来人认为这里是其上帝亚卫①所应许他们的"美好宽阔、流奶与蜜之地"(《出埃及记》3:8),实际上该地以丘陵山地为主,南部更是沙漠浩瀚,土地贫瘠,气候干燥,除地中海沿岸和约旦河谷适合农耕及一些山谷适合放牧外,其他大部分地区为不毛之地。因常有旱灾,当时的住民多逐水而居,以放牧、种植葡萄和橄榄为生。因土地狭小,山脉纵横,交通不便,古时该地多为小国寡民,缺少集权统治,易为周边大国一一吞灭,生活在这种环境下的住民磨炼出了坚韧的政治适应性。希伯来民族出埃及重入迦南建国后,统一时间相当短暂(公元前1028—前933),希伯来民族自入迦南至亡国备受外族欺压仍能维持独立的民族性,与这种环境不无关系。巴勒斯坦地区位于亚非欧三洲交界处,地理位置重要,历来为兵家必争之地,这就决定了希伯来民族多舛的命运。这一交通要冲也成了各大文化的交汇点,古埃及文化、古巴比伦文化、古亚述文化、古波斯文化、古希腊文化、古罗马文化等在这里辐射交融,使古希伯来民族得到了丰富的文化滋养,养成了其文化模式中强有力的包容性,为其影响世界文明提供了前提。

　　据圣经记载,希伯来人的祖先居住在"迦勒底的吾珥"(《创世记》11:31)。吾珥是两河流域的一座古城,现称穆卡亚,位于伊拉克南部,和纳西里耶隔幼发拉底河相望。在公元前2000年之前,这里已成了苏美尔文化的中心,有发达的农业文明和丰富的宗教文化。亚伯兰等人出吾珥大约是在公元前1800年前后②,当时吾珥城相当繁荣,他们原本信仰当地的月神南纳,因与当地人发生冲突③,便弃丰美的故土远徙他乡,这使希伯来文化自源头上就具有了流动性。古希伯来文化虽源自两河流域,但其主体却是在与迦南文化的长期斗争与融合中形成的。迦南即巴勒斯坦地区,在圣经中指大洪水后义人挪亚的孙子迦南所居之地。挪亚曾诅咒迦南,称"耶和华闪的神,是应当称颂的,愿迦南作闪的奴仆"(《创世记》9:26),闪是挪亚的儿子,亚伯兰的第十代祖先,因此,希伯来人入迦南似乎是在遵从祖先的遗训。然而迦南地区在公元前2300年前后就有了众多城邦,其中的耶利哥城在公元前9000年就已存在④。自公元前18世纪下半叶开始,喜克索斯人统治埃及,对迦南地区的控制削弱,迦南文化得以进入全盛时期。当地的城邦完备,农业技术发达,

---

　　① 亚卫()是犹太教主神的名字,犹太教忌呼神名,因此这个只有辅音的希伯来词汇原发音不可考,国人据该词的拉丁拼法误译作"耶和华"。
　　② 许鼎新:《希伯来民族简史》,中国基督教协会神学教育委员会,1990年,第4页。
　　③ [美]保罗·梅尔编译:《约瑟夫著作精选》,王志勇译,北京大学出版社,2004年,第10页。
　　④ [英]约翰·德雷恩:《旧约概论》,许一新译,北京大学出版社,2004年,第59页。

铸铜、制陶、酿酒、纺织等手工业技术也相当娴熟,沿海地区商业繁荣。只有在山区及荒漠地带有零星游牧,希伯来人在迦南的第一个立足点示剑就是位于基利沁山区。落后、游牧的希伯来人要想战胜在军事、文化、经济上比他们先进但各城各自为政的迦南人,必须依靠全民团结,这种生存状况促成了希伯来民族超强的凝聚力。当时的迦南人拥有自己的语言和文字,这成了后世希伯来语言和文字的母体。迦南当地信奉主神以勒,又信奉具有复活能力的大神巴力,祭祀仪式多有与庙妓淫合情形,希伯来人初入迦南亦尊此俗。到摩西时代才逐渐认识到其不伦无德之处,遂从以勒创出自己的主神亚卫,订立一神教,但普通民众中始终有人继续崇拜巴力。这种迦南文化之根丰富了希伯来文化,也为希伯来民族后来的分裂和覆亡埋下了祸根。

按照传统的观点,古希伯来民族历史可分为王国前时期、王国时期和王国后时期。

王国前时期可分为族长时代、摩西时代和士师时代。族长时代主要记述希伯来民族形成初期亚伯拉罕、以撒、雅各及约瑟等宗族领袖的历史和传说。

王国时期包括统一王国时期和分国时期。统一王国时期约始于公元前1028年,终于公元前930年。分国时期始于公元前930年北国以色列建立,终于公元前586年南国犹大被新巴比伦王国所灭。

王国后时期可分为被掳时期、波斯统治时期、希腊统治时期和罗马统治时期。被掳时期指公元前586年至公元前538年希伯来人被新巴比伦统治时期。波斯统治时期是希伯来民族的短暂中兴时期。公元前539年,波斯人居鲁士率军攻占巴比伦,他建立的波斯帝国在中东迅速取代了巴比伦帝国的地位,其文化中的二元论思想对希伯来人冲击很大。希腊统治时期是希伯来民族思想、文化得以大发展的时期。公元前331年,希腊联邦统治者马其顿人亚历山大灭波斯,巴勒斯坦的希伯来人居住区就置于希腊统治之下。罗马统治时期是希伯来人作为一个整体民族生存的终结。公元132—135年,巴·科赫巴再度率众起义,弥赛亚主义和启示论在那次起义中扮演了中心角色。但起义的失败导致耶路撒冷彻底被毁,而且,在其废墟上重建的罗马式新城也禁止犹太人进入,幸存的犹太人逃离巴勒斯坦散落世界各地。希伯来民族古代史宣告结束。

第二节　犹太教的形成

一、一神教的形成

犹太教是希伯来人的民族宗教,是人类历史上最早的系统性一神教。它以一神信仰和严格、完备的律法规约使其信徒以宗教为纽带结成了新的民族——犹太民族,由民族宗教生成宗教民族,对后世的伊斯兰教等产生了重大影响。希伯来人的一神信仰并非与生俱来,而是和人类历史上其他宗教的产生过程一样,是从自然崇拜发展而来,并经迦南的多神崇拜以及埃及的一神教影响,出于民族凝聚的需要逐步发展、完善而成的。

由于认知局限和生活需要,希伯来人最初有自然崇拜的习俗,敬拜石头、树木、泉水、动物和星辰。多神崇拜是自然崇拜发展的必然结果,自然物被赋予灵性并被抽象化之后便出现了多神崇拜,为对各种各样的神灵加以区别,就必然辅以偶像。希伯来人的祖居地两河流域是多神教的故乡,崇拜马尔杜克、伊什妲尔、埃阿、阿努等诸神,据考亚伯拉罕的父亲他拉不只笃信月神,而且是个绝好的偶像雕刻家。希伯来人迁居迦南后,迦南当地同样崇信多神,各城邦都有自己的保护神,如摩押人拜基抹,亚扪人拜米勒公,非利士人信大衮,等等;除此之外,迦南地区还有遍及整个地域的大神伊勒、亚舍拉、巴力和亚斯他录;此外,希伯来人还信仰恶神阿撒泻勒。

在经历了自然崇拜和多神崇拜之后,出于团结对敌的需要,古希伯来人渐渐对本民族的神灵有了一定的认识。亚卫也慢慢从全人类的神变为亚伯拉罕、以撒、雅各的家族神,又从家族神发展为以色列民族的神,这期间亚伯拉罕和摩西起了决定性作用。

在希伯来人心目中,摩西是他们的开国英雄,是伟大的政治家、军事家和宗教领袖,但摩西本人的行为表明他始终只是一个受动者,需要亚卫的苦口婆心才能将教导付诸行动。亚卫在何烈山向摩西显现,摩西如同亚当那样蒙脸不见,亚卫命他领民众出埃及,他又一再退缩。"我是什么人,竟能去见法老,将以色列人从埃及领出来呢"(《出埃及记》3:11),"他们(以色列人)若问我说:'他叫什么名字?'我要对他们说什么呢?"(《出埃及记》3:13),"他们必不信我,也不听我的话"(《出埃及记》4:1),"主啊!你愿意打发谁去,就打发谁去吧!"(《出埃及记》4:13),以至亚卫发怒派天使要杀死他(《出埃及记》4:24)①。当摩西兄弟与法老第一次交锋失败后,亚卫为鼓舞摩西,向他亮明了真实身份:"我是耶和华。我从前向亚伯拉罕、以撒、雅各显现为全能的神②;至于我名耶和华,他们未曾知道"(《出埃及记》6:3)。这里希伯来民族的保护神称作"以勒沙代"而不是"亚卫",充分说明到摩西时代,希伯来人仍然对他们的神没有清晰认知,必须借助异神加以提示。

当摩西带领民众渡过红海,甩掉埃及追兵,进入西奈旷野后,外患消失,内乱群

---

① [美]怀爱伦:《先祖与先知》,时兆出版社编辑部译,时兆出版社,2006年,第255页。
② 全能的神原文为,读作"以勒沙代",由迦南主神以勒(אל)衍生而来。

起。此时他才真正认识到确立绝对一神信仰的必要,唯有这样他才可以树立权威,平息百姓对他领导地位的质疑和挑战。于是在岳父米甸祭司叶忒罗的建议下向亚卫献火祭和平安祭,然后分权于各级助手,将律例和法度教给百姓(《出埃及记》18:18—23),又选吉日登西奈山领十诫,订律例及各种祭神仪式。十诫第一诫要求独敬亚卫,因此,十诫的颁布,标志着希伯来人一神教的创立。

二、犹太教教义

犹太教由摩西创立后,经过长期与偶像崇拜及异神崇拜作斗争,并经由约西亚改革、先知运动及尼希米—以斯拉洁净运动,在教理、教仪方面逐渐发展成熟,形成了一套极具逻辑和哲理的教义体系。古希伯来人创立犹太教后政教一体,因此犹太教的教义就表现为庞杂的法律条文,而其主旨则表现为一神观、契约观、选民观和救赎观四个方面。

一神观即信仰一神,这是摩西十诫的第一条诫命。希伯来人认为他们的神亚卫是世界的创造者,全知全能,永恒存在,其能力超过世上其他民族的一切神灵,因此相对于亚卫而言,其他民族的神灵都是低级的和邪恶的。所以既然敬拜亚卫,就不许敬拜其他神灵,因为"耶和华是忌邪的神"(《出埃及记》34:14),"祭祀别神,不单单祭祀耶和华的,那人必要绝灭"(《出埃及记》22:20)。

契约观是犹太教教义的又一重要组成部分。"契约"原为一个体现当事人权利和义务关系的法律、经济概念,伊壁鸠鲁曾用它来解释法的起源。在圣经中指神人之间或基于神的人与人之间的特殊关系①,如上帝与挪亚立约(《创世记》6:18)、亚伯拉罕与亚比米勒立约(《创世记》21:27)及耶稣所说的"新约"(《路加福音》22:20)。游牧民族居无定所,人际间的交往、交易必须靠具体的契约来加以约束和保障,因此早期希伯来人认为,人与神之间的关系也理应和同人与人之间一样,具备具体的契约。

选民观也是犹太教教义中的重要一条,是犹太精神的出发点。在《希伯来圣经》中,希伯来人的上帝是一位"觅人的上帝",当他看到吾珥的亚伯兰追求真理、善于思辨,就开始呼召他(《使徒行传》7:2),后来又不停地以诸多应许鼓舞亚伯兰作他的代言人;在出埃及时期,亚卫更是如拉选票一样使尽招数劝导摩西带领希伯来人投奔他的旗下。十诫的颁布,是选民观念的正式确立,因为"耶和华你的神,曾将你从埃及为奴之家领出来"(《出埃及记》20:2),仅此一条希伯来人就应永世感恩。因为按传统的崇拜模式,往往是人寻神、人造神,人是主动去拜的,而在犹太教中,希伯来人的神却是寻人、教化人,神是主动的。"耶和华从地上的万民中,拣选你特

---

① "约"在圣经中分别以ברית和 διαθήκη 出现。

作自己的子民"(《申命记》14:2),强调神人之间的关系是上帝意志的选择,是上帝恩典的赐予,从而使亚卫的形象更为慈爱仁厚。

救赎观是犹太教教义中最能吸引信徒的观念。希伯来人认为,亚卫从地上万民中选择了他们,与他们订立契约,他们敬拜亚卫,亚卫必然会救他们于危难之中,因为这是合同双方中亚卫一方的义务。出埃及被希伯来人视作亚卫对他们的伟大救赎,亚卫也顺理成章地成了"救赎主"(《以赛亚书》43:12)。士师时代,初入迦南的希伯来人备受驱扰,于是"耶和华兴起士师,士师就拯救他们脱离抢夺他们人的手"(《士师记》2:16)。王国时代,和平环境中的希伯来人视亚卫为保护神,把他的救赎观念具体到个人的安危之中,如大卫逃避扫罗的追杀,曾企求亚卫保护和拯救(《撒母耳记上》26:24)。亡国后,犹太人的救赎观成了对国度恢复的期盼(《耶利米书》30:10,《以西结书》34:22,《西番雅书》3:19,《撒迦利亚书》8:13)。

弥赛亚观念是犹太教救赎观的发展和突破。传统的忏悔即得救赎的观念到了分国时期已大打折扣,此时的希伯来民族内斗不断,外族常收渔翁之利或趁火打劫,致使民不聊生,人民一再呼求亚卫,亚卫却不予理会(《哈巴谷书》1:1—4),于是先知们便开始倡导弥赛亚观念,寄希望于未来,抚慰民众的情绪。弥赛亚原意为"受膏者",源自古中东以油涂额这一封圣仪式,起初用以指具有领袖风范的祭司、君王,而在犹太教救赎观中主要指"将会发挥救主作用的未来人士或君王"①。犹太教中的这种弥赛亚观念是犹太人渴望民族解放的宗教幻想的反映,是建立人间天国的依据,此观念后来被基督教继承,演变成基督教的基督论。

第三节 《旧约》与其他重要文献

一、《旧约》

《圣经》中的"约"强调的是神人契约,如前文所述,亚卫在西奈山与摩西立约,使以色列民成为自己的选民(《出埃及记》24:3—8)。这个约经过漫长的时间考验后,希伯来先知们认识到此约已趋废弃(《耶利米书》11:10),于是预言亚卫将"与以色列家和犹太家另立新约"(《耶利米书》31:31—33)。这一预言到了耶稣时代,耶稣在最后的晚餐上明确提出"新约"的概念(《路加福音》22:20),早期基督教作者也称耶稣是"新约的中保"(《希伯来书》9:15),而称犹太教的经典为"旧约"(《哥林多

---

① John Joseph Collins: *The Scepter and the Star*: *The Messiahs of the Dead Sea Scrolls and Other Ancient Literature*, Doubleday, 1995, p.11.

后书》3:14),至此,相对于"新约"的"旧约"概念正式形成。然而犹太人并不认为他们和亚卫的契约已经"陈旧",不承认《旧约》这一名称,坚持称他们的宗教经典为《圣经》。但在基督教文化这一强势文化的长期影响下,目前世界上除犹太人之外,几乎所有地方的学者都以基督教圣经中的《旧约》指代《希伯来圣经》。

《旧约》是犹太教的经典,是希伯来民族历代积累起来的各种文献的汇编。《旧约》共有三十九卷,而希伯来文马所拉本则将其分成二十四卷[①],共包括三个部分:律法书、历史书和文集。而基督教学者倾向把历史书中的一部分单列出来,从而将其分成四个部分:律法书、历史书、先知书和文集。因这里以希伯来文化为探讨对象,所以本书倾向于三分法。

律法书又称"托拉",据传是亚卫在西奈山直接传授给摩西的,所以通常又被称为"摩西五经"。律法书包括《创世记》《出埃及记》《利未记》《民数记》和《申命记》五卷,是《旧约》的开篇五卷,记述希伯来人从远古到入迦南之前的历史,其中着重强调了亚卫向希伯来人颁布律法作为"约书"这一关乎希伯来民族地位和未来的事件。《创世记》讲述世界及人类产生、早期传说及希伯来人的族长故事;《出埃及记》讲述亚卫拣选希伯来人并通过摩西带领百姓迁出埃及的故事;《利未记》记述摩西在西奈旷野为整饬民心而向民众宣布的各项祭祀亚卫的仪式,被称作"祭祀法典";《民数记》记述摩西清点户口,率众一路征战前往迦南的故事,体现出希伯来民族在亚卫关照下不断壮大;《申命记》记述摩西晚年在约旦河西岸对自己事业的回顾以及对亚卫诫命的重申。这五卷书是《希伯来圣经》中最重要的部分,是他们信仰亚卫的基石。

先知书[②]又称"纳维姆",记述希伯来民族先知们的事迹,一般分为前先知书和后先知书两部分。前先知书包括《约书亚记》《士师记》《撒母耳记》和《列王纪》。《约书亚记》记述摩西的接班人约书亚带领以色列各支派民众入侵迦南的事迹;《士师记》记述落脚迦南的希伯来人在约书亚死后至王国建立期间受外族攻掠及在士师领导下进行斗争的事迹;《撒母耳记》记述希伯来人最后一位士师撒母耳及第一、

---

① 马所拉即,意为"传统",《希伯来圣经》马所拉本由精通希伯来语和熟知传统的犹太经师在6—7世纪用标注元音符号的希伯来文抄写而成,以前希伯来文没有元音字母,不熟悉经者无从正确阅读,所以改抄本被认为最准确保存了经文的读法和意义,后世奉为圭臬。这里说的《旧约》是就基督教新教圣经而言,新教倡导回归圣经,因此视《希伯来圣经》马所拉本为其《旧约》原文,虽因内容分段不同而出现卷数差别,但总内容是一致的。

② 基督教新教《圣经·旧约》将《希伯来圣经》的"十二小先知书"分为《何西阿书》等十二卷,还将《撒母耳记》《列王纪》《历代志》分为上下两卷,又将《以斯拉-尼希米记》分成《以斯拉记》和《尼希米记》,并将《但以理书》划为先知书,在先知书内容范围划分上与犹太人不同。

第二代君王的事迹;《列王纪》记述从统一王国的大卫王晚年到南国犹大灭亡期间发生的历史事件。严格来说,前先知书仍然是在讲述历史,并未体现出先知本人的具体言论和思想,因而现代基督教学者倾向于把他们称作"历史书"。后先知书包括《以赛亚书》《耶利米书》《以西结书》三卷大先知书及一卷《十二小先知书》,这里的"大"与"小"是根据经卷内容的长度来区分的。在基督教的《旧约》中,《小先知书》被分成《何西阿书》《约珥书》《阿摩司书》《俄巴底亚书》《约拿书》《弥迦书》《那鸿书》《哈巴谷书》《西番雅书》《哈该书》《撒迦利亚书》和《玛拉基书》等十二卷。后先知书记述了公元前8—前5世纪希伯来先知们所传的圣言和政治言辞,言辞各具风格,堪称《旧约》中最具特色的部分。

文集又称"克土维姆",记述希伯来民族的诗歌等文史作品,包括《诗篇》《箴言》《约伯记》《但以理书》《以斯拉—尼希米记》《历代志》以及《雅歌》《路得记》《耶利米哀歌》《传道书》《以斯帖记》。《诗篇》是赞美诗集,收录了大卫、所罗门及其后重要人物创作的150篇亚卫赞美诗;《箴言》是希伯来智慧警语集;《约伯记》被认为是一篇探讨亚卫权威的话剧;《但以理书》记述先知但以理对未来的预言,充满暗示语句,被认为是一篇启示文学作品;《以斯拉—尼希米记》讲述波斯统治时期希伯来人在以斯拉、尼希米带领下回归并重建耶路撒冷的事迹;《历代志》是一部编年史书,是对《撒母耳记》和《列王纪》的补充;《雅歌》《路得记》《耶利米哀歌》《传道书》《以斯帖记》是各种体裁的文学作品,被称作"五卷书",分别在五个犹太节日集体诵读,以激发流散各地的民众的民族情感。

《旧约》原文大部分是古希伯来文,其中一小部分是亚兰文①,是由希伯来文人、学者们在公元前一千余年时间内编集、整理而成,其中律法书成书最早。公元前621年,犹大国祭司希勒家在整修圣殿时发现托拉残卷,国王约西亚将其视作经典颁之于众,并发起独尊亚卫的宗教改革,同时发动文人们修订律法书,编纂相关历史文献和先知言行集,以激励士民,避免其数典忘祖,重蹈北国以色列被亚述灭亡的覆辙。公元前5世纪前后,律法书初步具备现今的内容模式并被视作正统经典。公元前350年前后,大先知书成书,公元前250年前后,十二小先知书成书。先知书的形成,体现出希伯来民族的危机意识和对希腊思想的抵制。而圣文集的形成则是出于化解罗马统治下的民族危机的需要。公元66年,巴勒斯坦爆发反罗马起义,70年,罗马将军提多攻入耶路撒冷,夷平圣殿,拉比撒该等人逃到西部沿海的詹尼耳,为使犹太教在失去圣殿的情况下继续生存,撒该等人着手创建会堂并

---

① 亚兰文又称阿拉米文,和希伯来文字母相同,文法和词汇上有稍许相异,是古代巴勒斯坦北部地区的通用文字。波斯统治时期,亚兰语成了波斯帝国的官方语言,直到耶稣时代,亚兰语仍通用于中东地区。

整理律法书、先知书之外的文献资料,以丰富精神生活。公元 90 年,一些犹太教首领在詹尼耳开会,统一正典遴选标准:第一,必须成书在先知马拉基之前的时代,即须是公元前 400 年之前的作品。因犹太教认为:因为以色列人的悖逆,上帝的灵离开以色列人,所以马拉基之后,上帝不再有启示。第二,文献需用希伯来文书写。第三,文献需被广大犹太人所认定及接受①。最终,《诗篇》等 11 卷经书为经典,至此,《旧约》内容被固定下来,律法书居首,在会堂祈祷时必读;先知书次之,属应读部分;文集则居末位,属选读部分。

二、其他文献

《次经》是希伯来文化中地位仅次于《希伯来圣经》的重要文献。希腊化时期,尤其是在公元前 200 年之后,在巴勒斯坦和埃及亚历山大出现了一些用希伯来文、亚兰文和希腊文写成的宗教经卷(如《七十子译本》),这些类似圣经语言的书卷在巴勒斯坦、埃及和流散各地的犹太人中诵读流传。公元 90 年,《旧约》正典形成,这些书卷被排斥在外。但流散外地的犹太人仍把它们与《旧约》"文集"部分的书卷同等看待并在生活中照常使用。初期的基督徒接受希腊文《七十子译本》为圣经,希腊文译本译为拉丁文后,这些经卷也都包括在内。从此天主教把这些经卷的大部分视为旧约的一部分,称之为"第二正典书卷"。基督教新教不接受这些书卷,称为《次经》②,现泛指天主教和东正教《旧约》中有、而新教《旧约》中没有的书卷。

《次经》包括《多比传》《犹滴传》《以斯帖记补篇》《所罗门智训》《便西拉智训》《巴录书》《耶利米书信》《三童歌》《苏撒拿传》《彼勒与大龙》《马加比传上》《马加比传下》《以斯拉上》《以斯拉下》《玛拿西悼词》十五卷③。这些书卷分为历史书和文集两部分,《以斯拉上》《马加比传上》和《马加比传下》三卷是对《旧约》正典"历史书"部分的补充。

《以斯帖记补篇》由希伯来文《旧约·以斯帖记》所没有的段落组成,《七十子译本》将这六段经文嵌入《以斯帖记》中适当位置,以增强《以斯帖记》的神圣性。后来罗马教父哲罗姆在将《圣经》翻译成拉丁文时,对照希伯来文抄本,又将这几段文字剔出另缀,附于《以斯帖记》之后,是为第 11—16 章,始成今日《次经》中的一卷。这六段文字约写于公元前 150—公元 50 年间,原文为希腊文,内容包括以斯帖的祷

---

① Frank S. Frick: *A Journey through Hebrew Scriptures*, Thomson, 2003, p.8.
② 此称呼源自希腊文 ἀπόκρυφα,意为"隐藏",即藏而不公开的书卷。
③ 《次经》各卷中文译名不一,本书以张久宣自英文翻译的《圣经后典》(商务印书馆 1987 年版)中的译名为准。

告、亚哈随鲁诏赐犹太人等。《苏撒拿传》在《七十子译本》和《拉丁文通俗译本》①中是《但以理书》的一部分。《苏撒拿传》讲述两个好色犹太长老调戏女信徒苏撒拿不成,诬其犯奸淫,先知但以理智审冤案,救善除恶,堪称希伯来文学公案小说之代表。《彼勒和大龙》和《苏撒拿传》一样,一直是作为《但以理记》的一部分,记载但以理机智地破除巴比伦的彼勒神像和大龙②崇拜的故事。《苏撒拿传》和《彼勒和大龙》以及同样被视作《但以理记》一部分的《三童歌》约写于公元前2世纪,公元前100年前后被插入《但以理书》中。

总的来说,《次经》这部出自两千年前希伯来先民之手的宗教经卷不仅汇聚了宝贵的历史生活资料,而且具有巨大的历史价值,思想观念则上承远古、下启中世,在民族学和信仰史方面突破了犹太一族范畴,与《旧约》雅俗共赏,相得益彰,不失为有益的希伯来民间读物。

《伪经》和《次经》一样,是古希伯来社会中未被收入《希伯来圣经》正典但却流传于民间的经卷,其地位在《次经》之下。"伪经"原义指"以假名署名"(的作品),并非作者在"伪造"或"模仿",也并非欺世惑众,而是以一个众所周知的名字作为与其没有直接关联的书卷的作者名,从而抬高该书卷的地位,增强警世谕民的力度,汉译"伪经"有贬义,严格说应称其为"托名之作"。

《伪经》成书于公元前200年至公元200年之间,篇目众多,流传后世的有许多版本,内容不一,范围亦无公认限度,其原文多已佚失,我们今日所见《伪经》只是原《伪经》的很少一部,是由德国新教学者法布里休斯在1713年汇编成集的③。根据文字不同,学术界一般将现存伪经分为两类:一类是《巴勒斯坦伪经》,以希伯来文或亚兰文写成;一类是《亚历山大里亚伪经》,用希腊文写成。

《巴勒斯坦伪经》包括《十二族长遗训》《禧年书》《以赛亚殉道记》《耶利米之剩余语录》《先知列传》《约伯遗训》《亚当和夏娃传》《所罗门诗篇》《以诺书》《巴录二书》和《摩西升天记》等11篇,按内容可分为野史、诗歌和启示文三类。

《伪经》的篇目名称多为托名,但这丝毫无损于它的文献价值,其丰富的故事性迎合了普通信众的知识需要,为传达教义、准确理解《希伯来圣经》做了铺垫。后世的《新约》没有引用《次经》,但却多次引用《伪经》的内容,基督教入主罗马后又从《伪经》中汲取了大量的内容以丰富其教义及教规,比如天堂和地狱的层数及情形

---

① 《拉丁文通俗译本》即《圣经》拉丁文译本(*Vulgate*),由哲罗姆(Jerome,347—420)382年奉教皇命令参照其他圣经译本历时十余年于405年译成,因其《旧约》部分直接译自《希伯来圣经》而不是希腊文《七十子译本》,故此被天主教视作最权威版本。
② 西方文化中的龙指毒蟒或巨蜥,性残暴,是邪恶的象征,与中华文化中代表祥瑞的龙不同。
③ 见法布里休斯的《古代书目》(*Bibliotheca Antiquaria*)。

等,直至今日,《伪经》中许多生动的故事依然在欧洲民间流传,成了欧洲俗文学不可分割的一部分。

《死海古卷》即在死海发现的古代经卷,和《希伯来圣经》《次经》和《伪经》一样,都是古希伯来文化的宝贵遗产。

《死海古卷》的出现是和考古学分不开的,1947年春,一阿拉伯牧童在死海北岸库姆兰山地寻羊时偶然在一山洞中发现装有羊皮卷和草叶的陶瓮,后此物被耶路撒冷东正教马可修院大主教撒母耳和希伯来大学教授苏各捏购得,经研究认定这是古希伯来圣经抄本,这一结论在正沉浸于复国激情中的以色列人中引起轰动,考古学家和历史学家立即云集库姆兰地区进行发掘,十年间又找到藏经洞十一处及库姆兰社团遗址一处,得经六百余卷,文物残片无数。经认真整理和现代技术检测,得知这些经卷为产生于公元前167年—233年间的古《希伯来圣经》抄本。

《死海古卷》卷帙浩繁,它的发现从史料角度证实了《希伯来圣经》《次经》《伪经》等希伯来文献的可信性,是研究古希伯来文化及早期基督教历史的重要资料。20世纪50年代,围绕《死海古卷》的研究,在欧美世界兴起了一门专门的学科"库姆兰学"。

第四节 文学与艺术

一、古希伯来文学成就

希伯来民族在发展过程中,创作了大量的文学作品,这些作品历经汇整,逐渐形成了以《希伯来圣经》《次经》《伪经》和《死海古卷》为代表的圣经文学。这些作品创作历时千年,是古希伯来民族历史、政治、宗教、思想和习俗的集中反映,是宗教和文学相结合的宝贵财富。

古希伯来文学内容丰富、体裁多样,包括神话、史传、诗歌、小说、先知文学、启示文学和智慧文学几类。

神话主要体现在《创世记》前11章中,包括创世神话、乐园神话、洪水神话和人神相争神话。因希伯来经卷本身的多底本杂糅性①,创世神话在《希伯来圣经》中有两处,一处为《创世记》1章1节—2章3节,叙述上帝六日创世,第一日造光,第二日造空气,第三日造海陆及植被,第四日造日月星辰,第五日造鸟兽虫鱼,第六日

---

① 朱维之:《希伯来文化》,浙江人民出版社,1988年,第38页。

造人,第七日休息。第二个创世神话为《创世记》2章4节—25节,上帝先造人①,后造植物及鸟兽,然后又用亚当的肋骨造女人。第一个创世故事显然是对巴比伦创世神话《埃努玛·埃利什》的模仿,而第二个创世故事则为希伯来人独创,体现出了神人之间的亲密关系。

乐园神话体现为《创世记》2章8节—3章24节,上帝为让人类更舒适地生活,在两河流域造了伊甸园,其中果蔬禽兽具备,除分别善恶树的果子外,人可在园中任意取食,然而人类始祖亚当和夏娃却在蛇引诱下偷吃禁果,上帝发怒,将二人逐出园子,并诅咒女人"生产儿女必多受苦楚",男人"必汗流满面才得糊口",而且必"归于尘土"而死,是为基督教系统神学原罪思想的滥觞。

洪水神话体现为《创世记》6章1节—9章17节。上帝因见世人恶性冲天,后悔造人,决计发洪水将人类毁灭,义人挪亚向上帝求情,得允许造方舟载家人及世间各类动物避洪水,洪水在地上泛滥一百五十天,万物尽灭,水退后挪亚放动物出舟并向上帝献祭祈祷,上帝悔恨,与挪亚立彩虹之约,使"凡有血肉的,不再被洪水灭绝"。这一洪水神话是对古巴比伦洪水神话的借用和改编,强调了上帝在人类生活中的绝对权威。

人神相争神话即巴别塔神话,体现为《创世记》第11章,挪亚的后裔逐渐繁衍众多,他们决计"建造一座城和一座塔,塔顶通天",以彰显人类的权威,此举招致上帝嫉妒,于是亚卫在塔尚未建成之际将其摧毁,并变乱人类的口音,使他们彼此听不懂对方的话语,是为"巴别"(即"变乱")。巴别塔的破毁是人神相争人类惨败的标志,也是对任何中心主义必将覆亡的预言②。

古希伯来文学中的史传包括希伯来早期族长传说、出埃及史诗和伟人传记。《创世记》12—50章为族长传说,生动记述了亚伯拉罕、雅各和约瑟的传奇故事。出埃及史诗由《出埃及记》《利未记》《民数记》和《申命记》四卷经书组成,气势磅礴地记载了希伯来民族史上出埃及这一伟大事件。伟人传记由《约书亚记》《士师记》《撒母耳记》和《列王纪》四卷经书组成,包括对约书亚、众士师、撒母耳、扫罗、大卫、所罗门、以利亚等希伯来民族历史要人的行为事迹的记载和颂歌。

古希伯来诗歌中最重要的作品是《诗篇》《雅歌》《耶利米哀歌》《次经·三童歌》《伪经·所罗门诗篇》和《死海古卷·感恩卷》等,这些诗歌多为抒情诗,以饱满的热情和优美的语词颂歌希伯来人的宗教生活和思想感情,表达对上帝的赞美和呼求。

---

① "人"希伯来文为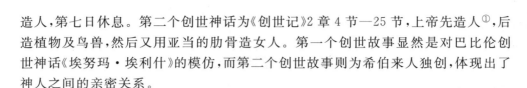,汉语音译作"亚当"。
② 曾庆豹:《巴别塔与后现代之源》,见梁工主编《圣经与文学阐释》,人民文学出版社,2003年,第163页。

其中《雅歌》为一部优美的歌剧,《耶利米哀歌》是古希伯来诗歌中最为悲凄的一部,歌体独特,修辞复杂,诗句按希伯来字母顺序排列,每节第一个单词第一个字母对应希伯来文字母表中该次序的字母,足见作者雕词琢句之苦心。

小说作为对史传的补充,在希伯来文学中占有重要比重,《路得记》《约拿书》《以斯帖记》《多比传》《犹滴传》《以斯帖记补篇》《苏撒拿传》和《彼勒与大龙》等是叙事优美的小说。这些作品皆以历史中的次要人物为主角,故事结构完整,情节紧凑,思想鲜明,体现出了古希伯来人较高的文学水平。

先知文学一般指希伯来民族史上先知们所创作的作品,专指《希伯来圣经》的先知书部分(除《约拿书》)。先知本意为"说预言者",在宗教中往往指神的代言人,神赐下话语,他必须准确说给世人①,而且若不警诫恶人,恶人因罪而死,上帝必然惩罚先知失职(《以西结书》33:8),这种特殊的身份和使命决定他们敢于以忧国忧民的心态直言无忌,因此希伯来先知文学无论从体裁、思想还是艺术上都体现出了自己的独特性。

启示文学是古希伯来文学中出现较晚的文类,盛于公元前后二世纪,作品包括《但以理书》《以斯拉下》《以诺书》《巴录二书》《摩西升天记》和《光明之子与黑暗之子的战争》,其中以《但以理书》为代表作。希伯来文学中的"启示"源自希腊文,本意为"揭开",被用于宗教中后意思引申为"以神谕方式揭开隐蔽的真理",这一内涵决定启示文学必然描绘大量怪异之物,并以神的名义来表达见解。

智慧文学是古代中东各国喜闻乐见的文学形式,古希伯来文学中的智慧文学主要包括《约伯记》《箴言》《传道书》《所罗门智训》和《便西拉智训》五篇。希伯来智慧文学是希伯来民族几千年来有关世俗生活的常识的积累,内容全为短小谚语警句,涉及生活的方方面面,可谓人生及处世百科全书。从文学角度来看,智慧文学在体裁、思想和艺术上同样特色独具。

二、古希伯来艺术成就

古希伯来人生活在几大文化文明交汇的中东地区,丰厚的文化底蕴和悠久的民族历史使他们创造出了多彩的艺术成就。希伯来人信奉一神亚卫,视偶像崇拜为禁忌,因而他们所有的艺术成就围绕对亚卫的独一崇拜而生。这限制了人们的思维,也限制了艺术的发展,但他们在圣乐创作及圣殿雕塑、圣器制作上却表现出了天赋。

---

① Geoffrey Bromiley: *Theological Dictionary of the New Testament*, Wm. B. Eerdmans Publishing Company, 1985, p.960.

希伯来人对音乐的钟情可追溯到远古时代。《创世记》4章21节提到有个叫犹八的人"是一切弹琴吹箫之人的祖师";《民数记》10章10节提到吹号的娱乐作用,"在你们快乐的日子和节期,并月朔,献燔祭和平安祭,也要吹号";《撒母耳记上》14章23节提到大卫"拿琴用手而弹,扫罗便舒畅爽快",展示出了大卫的音乐天赋;《历代志上》13章8节又提到"大卫和以色列众人在上帝前用琴、瑟、锣、鼓、号作乐,极力跳舞歌唱"。而整个《诗篇》则全为曲词,而且很多篇目还明确标出用何种乐器演奏,而《雅歌》也犹如是一部歌剧,此外,《希伯来圣经》《次经》《伪经》和《死海古卷》在行文中几乎都是韵散交叉,韵文句段皆为诗体,且有些地方还明确指出是某某人唱的歌曲,如《出埃及记》中摩西和米利暗的赞歌。在没有录音设备的古代,这些足以证明古希伯来人的音乐成就。

就乐器和表演艺术而言,自摩西制会幕、设祭司以来,希伯来人就有了程式化的舞乐表演。如吹号、击鼓;王国时代,大卫则设置伶长这个职位以负责宫廷及宗教场所乐舞;从巴比伦回归时代,回归者中也有专职音乐人才,如"歌唱的人中有以利亚实"(《以斯拉记》10:24),据此可以推知在第一圣殿时期已确有专职乐师。另据史料考证,在"巴比伦之囚"时代有希伯来人供职巴比伦宫廷乐队,回归后将巴比伦艺术带回耶路撒冷并组织了他们自己的乐队。后来在犹太会堂中,出于讲经的需要,又出现了富于激情和渲染力的圣咏和领唱人。

乐器方面,《希伯来圣经》提到了三十多种乐器,但大多因资料欠缺而无从考证,目前已明确的几种乐器为牛角或羊角号、摇铃、手鼓、七弦竖琴、笛子、瑟、钹、锣。

因犹太教限制雕刻偶像,希伯来人的造型艺术就被限定在与亚卫有关的某些方面,再加之希伯来人长期与外族争战和颠沛流离,屋舍及绘画等用以保留艺术的载体毁坏严重,因而今天能考证到的成果不多。《创世记》4章22节提到土八该隐这个人是铜铁匠的祖师,是希伯来人造型艺术的肇始。出埃及时代,摩西令希伯来人做会幕,《出埃及记》后五章详细介绍了会幕中各种圣物的形状和制作要求。比如"用蓝色紫色朱红色线和捻的细麻织幔子,以巧匠的手绣上基路伯"(36:35),这里的基路伯是一个姿态优雅的六翼天使;另外,祭司服饰中的胸牌也制作精美,"胸牌是四方的,叠为两层,这两层长一虎口,宽一虎口。上面镶着宝石四行:第一行是红宝石、红璧玺、红玉;第二行是绿宝石、蓝宝石、金刚石;第三行是紫玛瑙、白玛瑙、紫晶;第四行是水苍玉、红玛瑙、碧玉。这都镶在金槽中。这些宝石,都是按着以色列十二个儿子的名字,仿佛刻图书,刻十二个支派的名字。"(39:9—14)。

进入王国时代后,随着耶路撒冷城及圣殿的建造,希伯来人的雕刻艺术也得到了长足发展,木刻、牙雕及金属雕刻被广泛应用于宫廷和圣殿中。《列王纪上》第6

章记载所罗门王造圣殿时曾命人在香柏木上刻"野瓜和初开的花"做殿内的装饰板,又用橄榄木雕刻两个基路伯,在内殿的门上也"刻着基路伯、棕树和初开的花";所罗门造的王宫铜柱上刻着石榴和百合花,此外殿内的铜缸、铜盆、灯台等也造型十分精美。另外,亚哈王时曾造象牙王宫(《列王纪上》22:39)。

绘画方面,古希伯来人对壁画和经卷装饰图颇有兴致。《以西结书》23章14节提到耶路撒冷的民众看到墙上的壁画就立即迷恋,说明在分国时代希伯来人已深受周围其他民族影响,民间绘画已得以发展。另外,据犹太民间经书《塔木德》记载,在一些古犹太会堂中曾出现过壁画和马赛克拼图。希伯来人的绘画天才的又一表现形式是经卷的装饰图,出于对圣经的珍惜以及便于民众理解圣经,一些有心的犹太经师开始给经卷加上图纹花边并配上插图,这些图纹多以橄榄叶、百合花等宗教圣物按一定纹路组合、环绕而成,插图则多为宗教人物,虽然犹太宗教领袖禁止使用各种人物图形,但经卷中的图画却被成功保留了下来。

第五节　历史观、律法与哲学观

一、历史观

历史是古希伯来文化的核心,他们从历史中归结出律法,从历史中创立出宗教,从历史中结成统一民族,但这一切都是在亚卫的支配下实现的,他们心目中的历史是一部神的历史。

古希伯来人的历史观是一种神学史观,他们的历史书《约书亚记》《士师记》《撒母耳记》《列王纪》和《历代志》以彻底的一神学说解释了希伯来人的全部历史。他们认为,亚卫是世界的唯一主宰,他创造万物,统摄全人,因而他们就极力将自己的历史写成一部创世、拣选和救赎的历史。史家们把他们的祖先追溯至人类始祖亚当,从而把民族的起源与上帝的创世联系起来。此后,上帝因特别关爱希伯来人,就从万族中拣选了他们。在他们受到埃及法老压迫时,又保护和拯救他们,后来又与他们立约,许诺让他们进入迦南,占领那块土地;入迦南后又帮助他们建立统一王国,后来虽因希伯来人的罪恶而用外族来惩罚他们,但却始终不忘救赎他们,他承诺以后将送他们回故土,并应许降弥赛亚做他们的救主;在世界末日,他将赏善罚恶,重建新天新地。希伯来人就这样勾画了他们的历史,而这所有的一切都是上帝的计划,始终由上帝主宰。"违约——惩罚——悔罪——救赎",这是希伯来人对他们历史中所出现的各种磨难做出的解释,也是对他们的历史循环模式的归结。

希伯来人神性史观的形成与上古中东地区的原始宗教观念密不可分。在公元前三千年的苏美尔历史中,国王的废立往往由神意所左右,即君权神授。在古埃及,法老也被认作是太阳神的化身;在亚述,更是君神一体。深受中东神性文化浸染又常遭欺压的弱小的希伯来民族从精神上提升自己的身份和地位的做法是十分正常的,现实世界的弱小要用精神世界的强大来弥补,正是这种精神胜利意识和民族团结需要促成了希伯来人独特的神性史观。

二、律法观

律法书是《希伯来圣经》的核心内容,是犹太教教义的基础,遵守亚卫的律法是保持犹太民族身份的基本条件。

希伯来律法由摩西所创,包括十条戒律和613条具体律例,在一神信仰的前提下对社会生活的各方面做了具体规定,对团结刚刚逃离埃及的希伯来各支派起到了极大的作用。分国时期,有感于北国以色列亡于亚述,南国犹大王约西亚在公元前621年以从圣殿中发现"摩西律法"为契机,推行申命改革,重申律法并严格按照摩西律法管理社会民生及精神生活,将律法书提高到空前的地位。至巴比伦回归时期,以斯拉、尼希米等希伯来领袖人物再次强调律法的地位,严格按照摩西律法规范民众的行为并组织学者编撰摩西五经。公元前444年,五经编辑完成,使希伯来社会从此有了可遵循的固定律例,为他们在后来遭受异族统治以致流散世界各地仍能顽强保持民族特性提供了保障。

希伯来律法是世界上产生较早、发展较为完善的古典法律之一。它深受巴比伦、埃及、亚述、波斯等奴隶制法律影响,在一神教的基础上形成了自己独特的法律体系。和普通的世俗法律相比,希伯来律法具有宗教戒律性和道德规范性的特点。在希伯来律法中,十诫是核心,其他613条律例则是根据十诫推演、扩充而来。十诫第一条就要求希伯来人必须独尊亚卫,"不可有别的神"(《出埃及记》20:3),前四诫都是在强调民众必须尊崇亚卫,这显然是宗教戒律,重在控制人的思想而不是调控人与人、人与社会、自然的关系。十诫的后六诫则是对个体行为的规范和要求,孝敬父母及不可杀人、奸淫、偷盗、说谎、贪婪都是针对个体的道德品行而设;在具体的律法条文中,虽规定有对各种罪行的惩罚举措,但强调的不是惩罚,而是要人悔罪,向亚卫献祭赎罪,以此看来,希伯来律法完全是一种一神观念支配下的道德律例。

三、哲学观

哲学是人类运用理性对宇宙和人生根本问题进行的逻辑性、系统性思考,是世界各民族文化的重要组成部分。希伯来人的重要文献《希伯来圣经》等是信仰和想象力的产物,不是理性的产物,因而从科学角度来说,希伯来文化的主流是非哲学性的,纵有个别哲学观点,也无系统性可言①。

然而自公元前3世纪希腊文化风行巴勒斯坦地区开始,一些犹太人就在希腊哲学的冲击下开始了自己的哲学思索,生活在公元前后的亚历山大里亚的斐洛就是其中的一位。斐洛借用柏拉图等古希腊哲学家的学说,提出理念至上说,认为理念在上帝创世之前就有,逻各斯作为最高理念,是"理念中的理念",既是上帝创造世界的工具,也是上帝与人类之间的中介。斐洛的哲学思想过于希腊化,因而不被希伯来人所接受,但却开启了希伯来人的玄思之路,一些人开始用一般哲学概念考察犹太教信仰和习俗,并尝试得出理性结论,这就慢慢形成了希伯来人自己的哲学——有限在无限支配下不断挑战无限的哲学。

希伯来人信仰一神亚卫,亚卫创造天地万物和人类,要求人类听命于他,但人类却不满于自己的既有权利,不停地向无限世界发起挑战,一再失败却百折不挠。亚卫要亚当、夏娃勿吃善恶树之果,是以自己的无限权能限制人类始祖的活动权,始祖偷吃禁果则正是以有限对无限的挑战,挑战失败后又暂时屈服于无限之下;紧接着他们的儿子该隐就杀了弟弟亚伯,后又有人类犯罪遭大洪水,洪水过后又有巴别塔、所多玛和蛾摩拉、金牛犊、偶像、巴力等一系列挑战发生,他们在进行这些挑战时,几乎都知道这样做是对上帝无限权能的蔑视,但却偏偏去做,既有理性又不失信仰,这是希伯来哲学的一大特点。

古希伯来哲学中理性和信仰的结合表现为内容上既有理性主义因素,又不排斥信仰成分。他们所言的理性强调的是人的理性知识对认识上帝、指导人生的作用和价值,如《创世记》中上帝按自己的形象造人被解释为按理性造人,如此既照顾了正统犹太教信徒的情感,也使经卷的意义能与当时战乱频仍的时代合拍,给人以希望和动力,这不失为一种圆融哲学。

第六节 古希伯来文化的世界意义

一、希伯来文化与西方文化

希伯来文化对西方文化的影响,体现在它与希腊文化相融合后派生出的基督教文化上。312年,罗马帝国允许基督教在境内自由传播。

5世纪中叶,蛮族入侵,西罗马灭亡,但以日耳曼人为代表的蛮族却被基督教

---

① 参见傅有德:《试论犹太哲学及其根本特征》,《哲学研究》,1999年第4期。

文化所教化，他们的务实精神和"二希"结合的基督教文化相融合，形成了欧洲中世纪文化。因此，所谓的中世纪文化其实就是以希伯来—基督教文化为中心，吸收日耳曼文化并加以融合的产物。"二希"文化与日耳曼文化相结合，又加上东罗马拜占庭文化的兴起，使西欧的新文化空前高涨，奠定了欧洲文化成为世界强势文化的基础。

1050 至 1450 年间的中世纪被称作"黄金中世纪"，是欧洲文化的繁盛期。期间建筑、教育、医疗、文学、哲学等各领域都得到了充分发展且成果丰硕，这虽然不能完全归功于希伯来文化，但希伯来文化作为对欧洲中世纪文化影响甚巨的基督教文化的一个组成部分亦功不可没。它通过基督教这个途径，对欧洲文化施加着潜在的影响。日耳曼民族的史诗《尼伯龙根之歌》《贝奥武甫》《罗兰之歌》《熙德之歌》以及北欧的《英雄国》、俄罗斯的《伊戈尔远征记》等史诗都受到了基督教的影响。骑士文学如《亚瑟王的故事》等更是宣扬基督教思想的话筒，骑士们追求正义、恪守信条的精神和希伯来人恪守律法的行为别无二致。随着城市的兴起而出现的各种宗教剧、奇迹剧、道德剧同样是在演绎基督教故事的过程中表露出了对希伯来文化的继承。

宗教改革时代，马丁·路德的"唯信圣经"和加尔文的"因信称义"都旨在强调回归圣经原始传统，以古代希伯来人的习俗和生活环境来理解圣经，剔除一切后来的附会意义，这为希伯来文化在欧洲的进一步传播提供了动力。在新教改革家的这种倡议下，文学家们纷纷关注历史体裁和圣经本身，以引用圣经典故为荣，莎士比亚的 37 部剧作对圣经的引用随处可见，弥尔顿的史诗《失乐园》和《斗士参孙》以引用旧约故事著称；班扬的《天路历程》则用了大量圣经语句及比喻词；法国诗人拉辛则改写《希伯来圣经》故事创作了自己的《以斯帖记》和《亚她利雅记》。18 世纪德国诗人歌德的《浮士德》则借鉴了《约伯记》中的情节和写法。19 世纪俄国作家列夫·托尔斯泰在他的小说中时常显露出对希伯来历史故事的钟情，夏洛蒂·勃朗特的《简·爱》则以引用圣经著称。19 世纪末期出现的各类现代派作家如乔伊斯、叶芝、卡夫卡、奥尼尔等人，也都在作品中广泛使用希伯来—基督教题材。此外，20 世纪出现的以破除中心权威为特征的后现代主义从源头上也可以追溯到《希伯来圣经》中的巴别塔故事。

二、希伯来文化与东方文化

按照欧洲中心主义的地理划分，巴勒斯坦地区属于东方，希伯来文化属于东方文化。作为东方文化的一支，希伯来文化以其对传统文化的绝好继承闻名于世并对同属东方的叙利亚文化、波斯文化、阿拉伯文化、印度文化、日本文化及中国文化

第四章 古希伯来文化

产生了相当大的影响。当然,弱小的希伯来民族的这种文化传播是通过基督教这个载体来实现的,其他地区的人们在受基督教文化影响的同时,无形中部分接触或接受了希伯来文化。

叙利亚北邻巴勒斯坦,基督教产生后,当彼得、保罗等使徒热衷于向西方传教的同时,另外一些门徒则开始了东方传教旅程,编纂于4世纪末的叙利亚古书《阿达教义》记载了耶稣七十弟子之一的阿达曾前往叙利亚的重镇伊德撒传教,传教活动不但被地方酋长阿布加尔王接受,还受到了住在伊德撒的犹太人的欢迎①,这充分证明希伯来文化对当时的叙利亚文化施加的影响力度。2世纪中叶,叙利亚出现了他提安、巴得撒尼和帕吕特三位著名的基督教神学家和文学家,他提安的《四福音合参》中特别强调禁欲主义,这和希伯来人对摩西律法的一再强调有某些关联。

希伯来文化对波斯的影响是通过波斯和罗马战争中对叙利亚的争夺这一特殊时机来实现的。260年,波斯王沙普尔一世率军打败罗马并俘获其皇帝瓦勒良,从此将小亚细亚纳入囊中,叙利亚的基督徒也开始在波斯活动,但始终遭到波斯固有宗教祆教的压制和迫害,后因波斯与罗马媾和而获得生机。428年,叙利亚人聂斯托里创立了自己的教派,后来他遭到罗马教会批判和封杀,他的门徒则结合当地文化特点创立了基督教聂斯托里教派(景教),在伊拉克北部的摩苏尔地区建立了传教基地,并向印度和中国派遣传教士,使希伯来文化的气息得以传递到更远的地方。时至今日,景教在波斯依然存在,成了波斯文化的一部分。

按照《希伯来圣经》和《古兰经》的记载,阿拉伯人和希伯来人有着共同的祖先和生活地域,他们有着共同的习俗和远古传说。公元7世纪,出于民族团结的需要,阿拉伯先知穆罕默德比照犹太教和基督教,取二者之长,结合阿拉伯人习性,创立了伊斯兰教。从此希伯来文化随着伊斯兰势力的扩张得到了另一种形式的传播,因为《古兰经》中许多传说故事及生活规约和《希伯来圣经》只是存在关键词称谓上的区别。特别是在回教徒征服波斯后,犹太人因和阿拉伯人同属一神的子民而受到了特别优待②,体现出早期阿拉伯文化对希伯来文化的认同。

希伯来文化与印度文化的关系源自使徒托马斯前往印度传教的传说,该传说认为,耶稣的使徒托马斯曾于50—51年间前往印度西海岸的马拉巴尔传教,并使迈拉布尔的地方邦国国王及全体民众皈依了基督教。1521年,葡萄牙人在迈拉布尔圣托马斯教堂遗址的托马斯墓考古,发现了托马斯的遗物;1547年他们又在马

---

① F. C. Burktit, *Early Eastern Christianity*, E. P. Dutton & Co., 1911, pp.15—16.
② [日]沟口靖夫:《东洋文化史上的基督教》,理想社出版部,1941年,第58页。

德拉斯发掘到刻有十字架和鸽子的石碑,这足以说明基督教对古代印度的影响力。事实上,自339年开始,波斯境内不堪迫害的基督徒已开始大量移居印度,形成了早期的印度—叙利亚教会。

同样,希伯来文化对日本、中国的影响也是以基督教传教为先导潜移默化地进行的。1549年,耶稣会士沙勿略在鹿儿岛登陆,凭借商贸贿赂在割据一方的贵族中传播基督教,后经德川禁教、岛原之乱,明治维新后全盘西化的日本最终接纳了基督教文化,并出现了内村鉴三、植村正久、海老名弹正等神学家及北村透谷、国木田独步、志贺直哉、武者小路实笃、有岛武郎、远藤周作、三浦绫子等一系列著名的基督教作家。中国与希伯来文化的接触则始自635年景教僧阿罗本入长安,留下了《三威蒙度赞》《志玄安乐经》等一大批汉文景教文献,使中国人认识到了希伯来人的上帝;北宋时期,曾有一批犹太人经印度前往东京(开封)定居,至今仍有裔民住在开封市教经胡同;元朝时,随着蒙古西征,犹太人及基督徒再次进入中国,在大都(北京)和泉州等地留下了他们的踪迹。明朝末年,耶稣会士再次入华,利玛窦等人的本土化传教政策曾影响了一批中国人。1919年,中文《圣经》官话和合本译就,希伯来文化的精髓正式与国人见面。

总之,希伯来文化源远流长,影响深远,在当代社会已随着占据世界文化主流的欧美基督教文化传递到世界的各个角落,使各国文化或多或少、有意无意地受到了它的影响。

第五章

古代印度河流域文化

第一节 概　　述

　　印度得名于发源现今巴基斯坦境内的印度河。它和世界许多大河流域一样,也是人类文明的发祥地之一。中国汉代史籍将其译为"身毒"或"天竺",在唐玄奘所著的《大唐西域记》中始改译为印度。古代印度基本上包括现代的印度、巴基斯坦和孟加拉等国的领土。因此,文中所述的古代印度文化主要是上述三国的古代文化。

一、印度河流域文明

　　印度河文明和美索不达米亚文明、埃及文明、中国文明并称为世界上最古老、最辉煌的"四大文明"。据印度国内外考古学家和专家学者的多方探察、考证,一般认为印度河文明是达罗毗荼人创造的。经过漫长时间的繁衍生息,在公元前2500年至前1700年左右(此断限与放射性碳测定的年代基本符合),这块肥沃的土地上生成了以较为发达的农业文化和较为完备的城市文化为代表的璀璨壮观的"印度河流域文明"。由于这一文明的哈拉巴城遗址被首先发现,最为著名,故有些学者又称之为哈拉巴文化。[①]

　　早在1853年,被称为印度考古学之父的坎宁汉姆就曾在位于今巴基斯坦旁遮普省哈拉巴地区的古文化遗址上进行大规模发掘,虽有收获但结论不清。1875年,又有人在此地挖掘废弃的砖块时,发现了刻有动物图案的印章,也未引起足够的重视。直至20世纪20年代初,印度考古学家拉·巴内尔吉和英国考古学家约

---

　　① 参见[澳]A.L.巴沙姆主编:《印度文化史》,闵光沛等译,涂厚善校,商务印书馆,1997年,第12、19页。

翰·马歇尔相继在印度河流域的摩亨佐·达罗（今巴基斯坦信德省境内）和哈拉巴两地进行发掘，终于使这一地区湮没了三千多年的古代文明重见天日。最近的考古挖掘又发现了一系列的城市文化遗址，主要有柯特·迪齐（在信德）、迦盘甘（在拉贾斯坦）、路巴尔（在旁遮普），以及洛塔尔的城港（在古吉拉特）等。但唯有哈拉巴和摩亨佐·达罗是迄今为止最大最古的两处遗址。

在这两大遗址上，均可分辨出有卫城和下城两个区域。卫城地势较高，建筑牢固，内有大谷仓，是统治者居住的区域。哈拉巴的卫城墙体高厚，像坚固的城堡。摩亨佐·达罗的卫城四周有塔楼，中间有一处给排水系统完善的大浴池等建筑。两处遗址的下城部分地势都较低，而且平广，街道整齐，但房屋大小不一，显然是普通居民区。它表明当时的社会形态已有了贫富差别和国家雏形，而且出现了以种植麦子、棉花等农作物为主的，以农业生产为依托的城市文化。在遗址出土的青铜工具有斧、镰、锯等，武器有匕首、箭头、矛头等，工艺品有铜像、头像等，这都说明当时已属青铜文化时代。尤为值得提出的是在出土的印章上可以看到一些铭文符号，但作为文字始终未被后人破译释读。20世纪70年代，有芬兰学者声称已对这些文字符号释读成功，但未见正式发表的文章。

以哈拉巴和摩亨佐·达罗等城市文化为代表的印度河流域文明，初兴于公元前2500年左右，在公元前2300年前后开始进入鼎盛时期，至公元前1750年左右，印度河流域的许多城市遭到破坏，这一地区的文明也随之迅速衰落。一些学者认为这是异族雅利安人入侵所致，根据是在摩亨佐·达罗遗址中不仅留有被杀戮的男女老幼的遗骨，而且其中有些人还带着手镯、戒指和串珠，明显是突然性死亡。也有些学者认为是洪水泛滥造成了这一文明的突然衰落。近年来，有些美国学者针对这一问题，从地质水利的角度考察分析，认为是海岸隆起，使海水后退、河流改道等原因，致使商业城市断掉了经济命脉。其他观点也很多，如有的学者认为是地震、沙漠侵蚀、大旱等自然灾害所致；有的学者认为是当时社会内部的矛盾尖锐，以及争霸斗争激烈造成其衰亡等等。但无论是哪一种原因，或是未知的原因，都不可能彻底消灭印度河流域的文明，只能使其"非城市化"，即在广大农村扎根、发展，这一文明只是迫于某种外力而变换了一种生存方式而已。因为任何古老的历史文明都不可能断然灭绝，文明自有它生存的延续性，古代印度河流域的文明自不例外。随着人类文化的进步，历史将会对它作出更为满意的解释。

二、雅利安人文化

雅利安人原系部落集团，自称"雅利阿"。主要从事畜牧业、擅长骑射，崇拜多神。其故乡一般认为在中亚一带。其中一支于公元前2000年前后进入印度河流域,便得名印度雅利安人,以区别另一支进入伊朗的伊朗雅利安人。其语言也称雅利安语。19世纪,雅利安语一名被用作"印欧语"的同义语。19世纪中期,由于戈比诺伯爵及其门徒 H. S. 张伯伦的积极鼓吹,很多人错误地认为凡是讲印欧诸语言的人都是"雅利安人种"。他们自诩为优秀民族。

雅利安人皮肤白皙、身材高大、体格强健。自进入印度河流域这个水草丰盛、气候温暖的"大花园"以后,蔑称先前就居于此地的达罗毗荼人等为"达萨"或"达休",意即敌人,并将其视为黑皮肤的"没有鼻子的"恶人。经过长期征战,雅利安人征服了达罗毗荼人。他们或因被俘成了奴隶,或被驱赶到印度南部德干高原的山地里。① 由于受印度河流域农业文化的影响,雅利安人放弃游牧生活而学会了耕种土地,使用木、铁、陶、织等各种工艺。至公元前1千纪前半期,雅利安人已占据了整个恒河流域,并逐步建立起自己的文化。

在雅利安人入侵之后的千余年时间里,印度的社会状况不太清晰,但是被征服者达罗毗荼人的文化对征服者雅利安人的影响,无疑却是很深刻的。雅利安人创造的长久的、丰富多彩的文化,由于迁入后千余年才有文字体系,所以可靠的史料记载很匮乏,只能从一些文学遗产中去寻找蛛丝马迹。其中最早的文献是宗教诗和圣歌的汇编,被称为"吠陀"。其本意即"知",是知识、学问和智慧的意思,主要是宗教知识。分为《梨俱吠陀》《娑摩吠陀》《耶柔吠陀》和《阿闼婆吠陀》4部。其中大量保存了反映当时社会生活的资料。《梨俱吠陀》是世界上最古老的诗歌集之一,传达出印度早期哲学思想的信息。"梨俱"是书中诗节的名称,其成书时间大致在公元前2000年至公元前1500年之间。诗集中既有雅利安人入侵印度以前的作品,也有他们定居印度后的新作品。婆罗门教产生以后,它即成为婆罗门教的根本圣典。诗集描绘出印度历史初期雅利安人与自然的斗争,对异族的征伐,表现了他们的社会生活和思想形态,具有较高的文献史料价值和文学价值。在另外3部吠陀中,《娑摩吠陀》是可配曲演唱的、祭祀用的歌词集,"娑摩"指祭祀用的歌曲。《耶柔吠陀》是讲祭祀的书,"耶柔"的意思即是祭祀。《阿闼婆吠陀》是成书较晚的一部诗集,主要记录了驱邪禳灾用的诗。"阿闼婆"意义不明,可能是初时传授这种吠陀的家族的名字。

当《吠陀》被视为神圣的宗教经典之后,即成为神秘的著作,不同的家族在传授过程中形成不同的派别。各派别所编订的一些文献,称为《梵书》。它是如何进行祭祀的指导性作品,主要记载了举行各种祭祀的规定和论述,也吸入了一些神话传说。各派《梵书》之后,附有各派的《森林书》。据说这些书只在森林中秘密传授,其

---

① 参见[印]R.塔帕尔:《印度古代文明》,林志译,张荫桐校,浙江人民出版社,1990年,第23、27页。

内容不是讲祭祀,而是讲神秘主义的理论。附在各派《森林书》之后的是各派《奥义书》。书中除神秘主义说教以外,还讨论了一些哲学思想。《奥义书》出现时,《吠陀》时代已临近结束,因此,《奥义书》被称为"吠檀多",意即"吠陀的终结",或"吠陀的究竟"。《奥义书》中较古的部分开始提出"梵"和"我"的哲学问题和哲学理论,以后又大有发展。以致长期以来,东西方学者和哲学家都被其显著特点,如细致的探究、广泛的想象和唯心主义观念等,所深深地吸引。

第二节　发达的宗教文化

一、种姓制度与婆罗门教

种姓制度和婆罗门教是古代印度文化的重要组成部分,是了解古代印度文化的重要前提。没有种姓制度和婆罗门教,难以想象印度社会的演进过程。几千年来,种姓制度始终存在,尽管现今的印度政府已经颇为严肃地正式宣布废除种姓制度,但是种姓之间的差别并未消灭掉。长期以来,婆罗门教占据了印度社会的首要地位,成为印度宗教之母。尽管婆罗门教于公元4世纪逐渐衰落,但是它仍以顽强的生命力渗透进印度教中,使印度长期成为宗教性国家。种姓制度和婆罗门教是古代印度雅利安人的双胞胎,孕育了印度几千年来的精神文明。

种姓的梵语词汇是"瓦尔纳",意即"颜色""品质"。雅利安人肤色白皙,自诩为高等种姓,而被统治的达罗毗荼人肤色黝黑,被视为卑贱种姓。这种强调肤色的因素,深深扎根于印度北部的雅利安文化中。雅利安人刚刚进入印度时,并无种姓的意识。由于继后的社会逐渐进入阶级社会,其内部已分化出3个阶层,即执掌宗教事务的僧侣贵族,行使行政与军事权力的世俗贵族,以及从事各种生产活动的平民。当雅利安人与非雅利安人分离,雅利安人就将被征服、被统治的原地居民称为"达萨"或"达休",这样种姓制度逐渐形成。主持宗教事务的祭司被称为"婆罗门";武士和世俗贵族被称为"刹帝利";农工者被称为"吠舍";被统治的当地人被称为"首陀罗",他们只能从事最卑贱的工作。处于首陀罗之下的还有被称为"不可接触者"的"贱民"。种姓为职业世袭、内部通婚、不与外人杂糅的社会等级群体。它从属父母、肉身传承,永世不得改变。每个种姓都有各自不同的社会职责和义务,包括传统的职业,特定的生活方式和习俗等。

婆罗门教由公元前2000年前后生活在印度西北部雅利安人游牧部落信仰的吠陀教演化而来。吠陀教信仰多神,崇拜各种被神化的自然力以及部族的祖先和英雄等。凡日月星辰、雾雨雷电、草木山川以及各种动物几乎都被幻化为神,并根据这些神所处的位置,分为天、空、地三界。在天界有天神伐楼拿、太阳神苏利耶、黎明神乌莎斯;在空界有雷神因陀罗、风神伐由、雨神帕阇尼耶;在地界有火神阿耆尼、酒神苏摩、河神婆罗室伐底等。其中因陀罗神最受崇拜,此名原意不清,据说他发现了光,给太阳开了一条路,创造了闪电。他是雅利安人的超人、力量之神。最重要的是他还以战神的姿态,随时准备打击恶龙与魔鬼的侵扰,并可摧毁城池,被视为雅利安武士的理想偶像。他作为超过雅利安人所能征服的力量的胜利者,反映了当时雅利安人对游牧征战生活的渴望。在上述提到的诸神中,大多为男性神,是父系社会状况的反映,具有男权社会色彩。

大约公元前 7 世纪,以《吠陀》为最古经典的婆罗门教在雅利安人吠陀教的基础上形成了。它也信仰多神,奉梵天、毗湿奴和湿婆为三大主神,并认为它们分别代表了宇宙的"创造""护持"和"毁灭"。主张吠陀天启、祭祀万能、婆罗门至上三大纲领,将人分为婆罗门、刹帝利、吠舍、首陀罗四个种姓。婆罗教将前三个种姓称为"再生族",意即婆罗门教使他们获得了第二次生命,而将第四个种姓称为"一生族"。主张善恶有因果,人生有轮回之说。认为人和一切有生命的东西都有灵魂,躯体死后,灵魂还可以在另一躯壳中复活。人转世的形态是幸福还是悲哀,取决于他本人在现世的行为,即主要取决于他信奉婆罗门教虔诚的程度。这种规范人的一切身心活动的"业"的思想,在相当长的时间里主宰着印度人的行为。婆罗门教还认为达到"梵我合一",即可使人获得解脱。"梵"意为"清净""寂静""离欲"等。婆罗门教认为它是修行解脱的最后境界,是不生不灭的、常驻的、无差别的、无所不在的最高实体,也是宇宙的最高主宰。他们认为梵创造了世界,也创造了人,因此,人这个小宇宙与梵所创造的大宇宙是共通的。人与梵在本质上是等同的,即对于人自身而言,我就是梵,是梵的异名,梵是最高的我。

有关上述婆罗门教最本质的思想(基本教义),集中反映在《奥义书》中。"奥义书"原意为"近坐",引申为"师生对坐所传的秘密教义",意即"吠陀的终结"。一般认为有 200 多种,现存 100 多种。虽然《奥义书》在思想内容上很庞杂,但其基本观点相当一致。主要可以归纳为以下四点:1. 认为世界的灵魂或绝对的存在物"梵"是主宰着世界的最高的实在。2. 认为物质世界是虚幻的、不真实的,只有灵魂和精神才是真实的实在。3. 认为灵魂可以转世,人生可以轮回。一个人前生的所作所为可以决定他后世种姓的升高或降低。4. 认为只有与绝对的存在物合为一体,即梵我合一,才能摆脱轮回而得到安宁。

婆罗门教是古代印度由原始社会向奴隶社会过渡时期的一种精神产物,现实社会中的种种不平等现象,如种姓差别、劳逸不均等,促使人们追求一种虚幻的天国幸福,而厌弃尘世间的一切。这些思想特征,作为印度历史文化积淀的一个重要因素,不仅对后世的印度宗教产生过这样或那样的影响,而且其哲学内核在后世的各种哲学流派中也都能发现印痕。

二、耆那教和佛教

公元前6世纪左右,印度开始向封建领主统治的农业社会转化。贸易的发展、手工业的繁荣、城镇的兴起、文字的使用,使当时的印度的社会和经济生活开始发生变化,随之而来的是人们对宗教和哲学的思考,以致形成人们思想上百家争鸣的态势。当时,印度传统的吠陀天启、祭祀万能、婆罗门至上等信仰,受到挑战。面临思想界诸家蜂起、逼宫问鼎的局面,婆罗门教为代表的正统思想开始动摇,并逐渐衰落。在这种思潮中,有些激进的思想家起初采取了一种异教的、甚至是反宗教的形式,其中影响最大、流传久远的就是耆那教和佛教。它们同源于恒河以北的东印度地区,均以印度人的哲学传统为基础,倡导者大都是贵族即刹帝利种姓的成员,并都是在道德上极其严谨的独立的宗教信仰者。

"耆那",原意为"胜利者""完成修行的人",因此该教又称为"胜利者的宗教"。"胜利者"即大雄,又称筏驮摩那。耆那即是他的称号。据说他30岁时(即公元前510年左右)弃绝家庭成为苦行者,云游12年(一说13年),寻求真理,最终悟道,并在恒河流域传播教义。其基本教义有业报轮回、灵魂解脱、非暴力和苦行主义等。它反对吠陀权威和祭祀,提出只有遵循3条解脱之路,纯洁的灵魂才能从躯体中脱出,然后存于幸福之中。在耆那教提倡的守五戒中,第一戒为"不杀生",第二戒为不妄语,都对印度人民形成自己的文化心理素质有重大影响。

耆那教异常强调非暴力,因此许多工作,包括农耕、手工业等,都受到排斥,只有商贸业成为首选。而耆那教提倡俭朴,坚持说实话等戒律,更与商贸活动的许多行为感情不谋而合。于是耆那教逐渐与城市文化扩展紧密联系在一起。4世纪至13世纪曾在印度广泛流行,后由于伊斯兰教在印度广泛传播,耆那教的势力受到很大打击。17世纪后该教又出现过数次改革运动,一直延续现代。印度耆那教徒目前数量很少,但由于和商贸业悠久的历史渊源关系,在当今社会仍有不可疏忽的影响。据统计,至19世纪末,印度民族资本的大半,仍然掌握在仅占印度人口百分之五的耆那教教徒手中。

佛教创始人释迦牟尼,意为释迦族的智者、圣人,他原名悉达多·乔达摩,关于他的生卒年月,在南传和北传的佛教中,至今说法仍不统一,但一般认为他生活于公元前6世纪至公元前5世纪。生于印度迦毗罗卫国,现今尼泊尔南部提罗拉科特附近。他原是王子,青年时即感到人世变幻无常,深思解脱人生苦难之道,29岁时出家修行,静心冥思,后"大彻大悟",得道成佛(佛即佛陀,意译为觉者)。他第一次传教讲述悟道经过是在萨尔纳特(离贝拿勒斯 10 公里)的"鹿野苑",佛家称之为"初转法轮"。此后,他在印度恒河流域中部地区的信徒中宣传自己证悟的真理,"说法教化",并开始组织教团,佛教形成。他 80 岁时在拘尸那迦逝世,佛家称为"涅槃"(意译圆寂,即指佛教圣者逝世后进入的最高理想境界)。

佛陀在中国古代典籍中又译为"佛驮""浮陀""浮屠""浮图"等,简称"佛"。中国人有"如来佛""阿弥陀佛"等称谓。小乘佛教讲的"佛",一般用作对释迦牟尼的尊称,大乘佛教讲的"佛"除指释迦牟尼以外,还泛指一切觉行圆满者,并宣称三世十方处处有佛,其数如恒河之沙砾。史家一般认为佛陀确有其人,但得道成佛的传说中不无虚构成分。释迦牟尼本没有创立宗教的打算,其思想虽然取决于他的印度宗教传统,但并不是宗派性。其学说包括系统的哲学、心理学、伦理学,其中伦理学最为重要。这表明他是一位非常博学的人。

佛教是当时反婆罗门教的思潮之一,早期佛教反对创世神的说法,佛陀的信徒们也只把他看作教主,而不是看成神。其基本教义是将现实人生断定为"无常""无我""苦"。"苦"的原因既不在超现实的梵,也不在社会环境,而是由每个人自身的"惑""业"所致。"惑"指人的贪、瞋、痴等烦恼,"业"指人的身、口、意等活动。以"惑""业"为因,形成生死不息之果,依据人的行为善恶,得到轮回报应。所以想要摆脱痛苦就只有依照经、律、论三藏,修持戒、定、慧三学,彻底转变自己的世俗欲望和认识,超出生死轮回范围,达到这种转变的最高目标,即"涅槃"或"解脱"。佛教的上述主张,主要包含在"三法印""四圣谛""八正道"等最基本的教理之中。

所谓"三法印",即是"诸行无常""诸法无我""涅槃寂静"。"诸行无常"是说世界上的一切现象都是变化着的,都不是永恒的,而是有生灭变化的。"诸法无我"是说客观世界并不存在一个独立的实体和一个主宰者(我),世间的物质环境和精神现象都是各种因缘相互结合而存在的。"涅槃寂静"是佛教追求的最终目标,所谓涅槃即指一种绝对宁静的神秘主义状态或境界,在涅槃中,人们既摆脱了外在的事物,又摆脱了主观感觉和理性思维等,从而进入一个完全超然的状态中。

所谓"四圣谛",即为"苦、集、灭、道"。它集中体现了佛教的伦理道德观,反映了佛教的基本教义。苦谛,主要说明人们现实生活中充满着种种痛苦的现象,如生、老、病、死等。集谛,主要指出造成世界种种痛苦的原因和根据,即欲望和渴望,人的痛苦来源于个人企图获得不能得到的东西。灭谛,是说只要克制欲望,消灭苦因,就能达到佛教的最后理想,即无苦境界涅槃。道谛,指的是要实现佛教的最后理想,达到涅槃,所应遵循的方法和道路。

八正道是佛教指出的要实践四圣谛的八种正确道路和方法。即正见、正思、正语、正业、正命、正精进、正念、正定。正见指对佛教真理的"四圣谛"等的正确见解。

正思(正志)是指对四圣谛等佛教教义的正确思维、正确意志。正语指不作一切非佛理之语。正业是指要作清净之事业,即正确的行为。正命即过符合佛陀指导的正当生活。正精进是指勤修涅槃之道法,即正确的努力。正念是说明记四圣谛等的佛教"真理",才是正确的思想意识。正定是指修习佛家禅定,心专注于一境,观察四圣谛之理,即正确的精神集中。

佛教在印度经历了1800多年的历史,其过程大致可分为四个阶段:原始佛教时期(公元前6世纪或前5世纪至公元前4世纪或前3世纪);部派佛教时期(公元前4世纪或前3世纪至公元元年前后);大乘佛教时期(公元元年前后至7世纪);密教时期(约公元7世纪至13世纪)。

原始佛教时期,即释迦牟尼及其弟子传教时期。这二三百年的时间是佛教的初创时期。他们主要致力于确立教义和教团基础,重点宣传佛教的基本教义,即四谛说、缘起说、五蕴说、无常说、无我说。部派佛教时期,是指佛陀逝世后的百余年左右。由于对佛教教义的不同理解,佛教分裂为上座部和大众部两大派。高级僧侣(因在说法大会上一般坐在台上,所以被称为上座部)坚持原旨教义,主张"自度",并不认为人人皆能成佛。而一部分下层僧侣则认为人人皆能成佛(即人们常说的"普度众生"),主张修行时自利与利他并重,人称大众部。大乘佛教时期(公元元年前后至7世纪),大约兴起于1世纪左右的大乘佛教将原始佛教和部派佛教贬称为"小乘"。"乘"在这里有"运载"或"道路"之意,指佛家认为的到达彼岸世界的方法,小乘重在利己,大乘重在利他。密教时期是佛教发展的一个特殊时期。密教指佛教的密宗,又称"金刚乘"。它是大乘佛教、婆罗门教和印度崇拜女神及生育力等信仰的混合物。它以高度组织化的咒术、仪礼等为其特征,宣扬口诵真言咒语("语密")、手结契印("手式""身密")、心作观想("意密"),三密同时相应,即可以"即身成佛"。

11世纪起,伊斯兰教的势力逐渐进入东印度各地。至13世纪初,许多重要寺院被毁,僧徒星散,佛教逐渐在南亚次大陆消失。但它却远离故土,在亚洲许多国家扎根开花,发展成为世界性宗教。佛教向亚洲各地传播,大致可以分为两条路线:向南最先传入斯里兰卡,又转而传入缅甸、泰国、柬埔寨、老挝等国;北传经帕米尔高原进入中国,再由中国传入朝鲜、日本、越南等国。

第三节　艺术与梵文作品

一、辉煌的艺术

古代印度的艺术成就主要反映在雕刻、美术和建筑等方面。早在对印度河流

第五章 古代印度河流域文化

域的哈拉巴和摩亨佐·达罗两地进行考古发掘时,就发现了有些上面刻有文字和图案的印章,不少上面还刻有形象极其生动的浮雕,如各种牛、象、虎、鳄鱼、羚羊等,也有如独角兽、多头兽之类的神奇动物。这些雕刻线条平滑有力、浑厚古朴。在出土的艺术品中,有一尊青铜裸体的舞女雕像格外引人注目。其身材苗条,神态安详,姿态优美,给人一种动态美,不足之处在于,手臂和腿较长,与身体的比例不很协调。但这已足以表明古代印度艺术家敏锐的观察力和丰富的艺术表现力。①

古代印度的艺术在婆罗门教时期并不十分发达。它随着佛教的兴盛,并作为佛教文化展示于世人的一部分而达到隆盛时期,时间大约在公元前3世纪阿育王统治孔雀王朝的时期至公元后5、6世纪。而印度教的艺术则从公元5世纪前后才有真正的作品问世,其鼎盛时期则是在笈多王朝以后的13世纪最为突出。相比较而言,佛教艺术比印度教艺术成就要大。

佛教的艺术由于阿育王对佛教情有独钟而得到长足发展。据说当时曾建立佛塔84000多座。目前这些佛塔由于后来伊斯兰教的入侵而遭到破坏,已荡然无存。但是,当年所建的巨大石柱依然屹立。这些高10米左右的石柱内外无接缝,柱身上镌刻着国王的谕文,柱顶有狮子、大象、牛、马、宝轮等雕刻,庄严华美,其中尤以贝拿勒斯附近的"萨拉那特狮子柱头"最著名。② 在孔雀王朝的石雕艺术中,男女"药叉(夜叉)像"也有重要的美学价值。其中巴尔胡特的药叉女像尤其精美,其乳部和腰部的夸张,充分表现出当时印度雕刻的特色。

阿育王时期建造的诸多佛塔(即窣堵波)反映了印度宏伟建筑的精湛艺术水平。这些佛塔本为珍藏佛舍利而建,外绕石柱,浮雕图案多取自佛教题材。在巴雅、贝德萨、巴尔胡特、桑奇等地早期的佛教建筑和雕刻都很精美。在桑奇地区保存下的大窣堵波是古代印度建筑艺术的标志之一。它在阿育王时代用砖建成,以后加以扩大,并砌上一层石块,它呈半圆球形,直径约36米,周围有环行道路,有4个大门,其雕刻异常精致。③

佛像的塑造是东西方文化交流的产物。当时印度西北部边界,由于希腊化的西亚人侵入,形成一种被称为犍陀罗艺术的希腊式佛教艺术。它汲取了古希腊、罗马艺术的精华,创造出释迦牟尼的各种形象,刚健丰盈,颇具特色。诸菩萨像和世俗人物的雕像则更接近于现实生活。犍陀罗艺术风格延续了很长一段时间,并对中国等周边国家的雕刻艺术产生了很大的影响。

---

① 参见毛小雨:《印度艺术》,江西美术出版社,2003年,第6页。
② 同上书,第26页。
③ 同上书,第38、39页。

佛教艺术的另一个成就是石窟壁画，无论就其工程的浩大、雕刻的精细，还是绘画的优美而言，都是惊人的。其中位于印度西部马哈拉施特拉邦的温德亚山中的阿旃陀石窟最为著名。它从被发现至今始终受到人们争相传颂，是印度人民甚为骄傲的"艺术之宫"。它大约开掘于公元前1世纪，约7世纪初完成。石窟位于一个新月形的悬崖上，共有29个洞窟，保存了大量的以佛教为题材的精细雕刻和优美绘画。其中最大的第10窟深约29米，宽约12米，高约11米，其艺术成就之高，足令后人惊叹不已。

古代印度的美术成就辉煌璀璨，具有独特的艺术个性，它在历史长河的发展中，不断充实着自己艺术美的内涵，并在人类有了宗教信仰以后，又努力去表现各种信仰和宗教生活。尤其是佛教产生并随之而兴起的佛教文化艺术，取得了令世人瞩目的成就。它随佛教的传播而传向世界各地，并与当地文化艺术相结合，成为各自民族文化的一部分。古代印度艺术的这种开拓之功和承前启后的作用，是人类文化史上值得大书特书的一页。

二、梵文作品

印度现存最早的文献是4部吠陀本集，约产生于公元前1500年至前1000年，使用的语言是吠陀语。继后阐述4部吠陀的各种梵书、森林书和奥义书约产生于公元前1000年至前400年，使用的语言是由吠陀语演变而成的古梵语。直至大约12世纪以前，印度古代许多作品都是用梵语写成的。这以后，用梵语写作的文学作品日益腐朽、僵化。各种地方语言的文学先后兴起，除婆罗门教徒仍用梵语作为宗教语言之外，梵语在一度辉煌之后，逐渐消亡了。

在用梵文写成的作品中，印度两大史诗《摩诃婆罗多》和《罗摩衍那》居于最重要的地位。评论家认为：如果排除这两部史诗和受过两部史诗影响的文学作品，那么梵语文学中所剩的作品就寥寥无几了。现存的两大史诗抄本，《摩诃婆罗多》约有10万颂（每颂两行），《罗摩衍那》有24000颂。其篇幅之长在世界各民族史诗中实为罕见。两大史诗形成于公元前400年到公元400年的800年间，主要颂扬了传说中的民族英雄的业绩，表现了光明战胜黑暗、正义战胜非正义的主题。

"摩诃婆罗多"意即"伟大的婆罗多族的传说故事"。全诗共18篇，讲述堂兄弟关系的般度族5个王子和俱卢族100个王子之间，因继承王位而进行的18天的鏖战。最后，俱卢族百子全部阵亡，军队除3人外，也全军覆没。般度族全军虽然胜利了，但除了5个王子幸存外，也仅有7人得以存活。这部史诗以部族分合为主题，描绘出印度古代一幅极其生动残酷的战争图画，深刻反映了当时社会各方面的生活场景，鲜明地表达出人们对强暴、奸诈的厌恶，对公正善良的同情，以及对和平的渴望。《摩诃婆罗多》中包含了印度古代的历史、宗教、政治、哲学、人伦等多方面的情况,全面反映了当时人民的生活价值标准和审美观,概括了当时印度人民全部的文化意识。

《摩诃婆罗多》的中心故事至多占全诗篇幅的一半,另一半篇幅是各种插话和其他形式的插叙。其中有关于古代国王和武士的英雄传说,如《沙恭达罗传》《那罗传》《罗摩传》《莎维德丽传》。也有掺杂哲理性说教成分的哲理性对话,如第六篇《毗湿奴篇》中的《薄伽梵歌》。《薄伽梵歌》共有18章、700颂,是崇拜薄伽梵(黑天的尊称)的最早哲学解说。其中心内容是黑天向阿周那阐明达到人生最高理想——解脱的3条道路:业(行动)瑜伽、智(知识)瑜伽和信(虔诚)瑜伽,这3种瑜伽相辅相成。正是《薄伽梵歌》中宣扬的这种崇拜黑天的倾向,开创了后世中世纪印度教的虔信运动,以致它后来成了印度教的重要圣典。《摩诃婆罗多》中的不少内容成为后人创作戏剧和诗歌的重要来源,其中的许多章句都被印度最古最有系统的法典——《摩奴法典》所引用。

"罗摩衍那"意即罗摩的漫游。全诗共7篇,被称为"最初的诗"。《罗摩衍那》主要叙述英雄罗摩一生的光辉业绩,尤其是他为寻回爱妻悉多而远征楞伽国(锡兰,现今的斯里兰卡)的故事。诗中借罗摩南征来表现雅利安人向南印度扩张的情景。《罗摩衍那》既是一部史诗,也是印度文化、文明和思维方法取之不尽、用之不竭的知识宝库。此外,是这部史诗将罗摩作为毗湿奴的化身而加以崇拜,对印度教的发展起了很大作用。

梵语文学中的巨大成就除两大史诗以外,生于1、2世纪的佛教诗人马鸣的成就也颇有开拓性。他写的《佛所行赞》和《美难陀传》两部叙事诗,是印度古代叙事文学从史诗阶段进入了古典梵语叙事诗阶段的重要标志。而他描写佛陀及其弟子的《舍利佛传》等3部戏剧残卷则表明印度古典梵语戏剧已达到成熟阶段。马鸣的文学成就,上承史诗,下启迦梨陀娑,堪称是古典梵语文学的先驱者。

迦梨陀娑是印度国内外享有极高声誉的古典梵语诗人和戏剧家,被西方评论家称为"印度的莎士比亚"。1956年,世界和平理事会将其列为该年纪念的世界文化名人。长篇叙事诗《云使》在当时就是交口称誉的流行之作。代表剧本《沙恭达罗》通过歌德的推崇,影响遍及欧洲。剧中通过女主人公沙恭达罗和国王豆扇陀曲折的爱情故事,颂扬了下层人民的正直善良,以及他们对美好生活的向往,并婉转隐晦地批判了统治阶级喜新厌旧的本质。全剧洋溢着诗情画意,人物心理细腻,场景变幻神奇,表现出当时古典梵语文学的高超水平。

以两大史诗和戏剧为标志印度梵文文学在长达近2000余年的发展过程中,逐渐形成以下几个显著特点:

1. 作家、作品历史背景的不确定性。古代印度在宗教、哲学、语言学、文学艺术、科学技术等方面,均留给人类以丰富的遗产,并在世界上产生过深远影响。但在历史学方面的研究却有所不同,或许是由于他们的历史文献保存在贝叶上(树叶、树皮)而不易留传,或许是由于他们出世的宗教思想根深蒂固。总之,古代文学的历史背景很模糊,而且对作家的生平和作品的年代,都缺乏确切可信的文字材料。因此,很难准确地对作家作品作出十分恰当而无争议的美学价值判断。

2. 印度文学作品的宗教性。印度素有宗教博物馆的赞誉,古代梵文文学盛行时期,更是几种主要宗教的昌盛时期。如婆罗门教、佛教、耆那教、印度教,以及后来的伊斯兰教等。这些宗教对梵文文学的作家和作品都或多或少地产生了影响。无论《吠陀》、史诗,还是戏剧、诗文、寓言、文论等,概无例外。梵文文学中许多珍贵的文学遗产都是借助于宗教的内核或寄寓于宗教的经典之中而流传后世的。

3. 作品情节的非现实性。古代印度人民生活于气候变幻的南亚次大陆,高山蓝天、海洋平原,为他们驰骋自己的想象力提供了基础。在《婆摩吠陀》和《耶柔吠陀》中都有神秘主义色彩和唯心主义倾向。《摩诃婆罗多》在古代印度被称为"历史传说",即使是被称为"最初的诗"的《罗摩衍那》,其中也有不少神话、传说、寓言故事等非现实成分。至于在梵文文学中成就突出的戏剧,则绝大多数也取材于古代的神话传说,缺乏反映社会现实生活的内容。因此,剧情通常以"大团圆"收场,戏剧类型多属于喜剧和悲喜剧,悲剧很少,缺乏现实生活作依托。

4. 作品的爱情主题和浓烈的抒情性。爱情是人类文学中的永恒主题,在印度梵文作品中,表现得尤为突出。两大史诗中的恋爱场面很多,相恋男女的感情纠葛也不少,这种爱情在戏剧中被描摹得尤其淋漓尽致,即使是表现两情相悦的场面也毫不隐讳。围绕爱情这一中心主题,作品又纷纷表现出浓郁的抒情性。无论是触景生情、情景交融,还是叙述中有抒情,都抒发了诗人强烈的情感体验,十分动人。而诸多作品所采用的散文与韵文杂糅的抒情方式,无疑也增加了艺术感染力。

第四节　巨大的科学成就

印度古代的自然科学领域,无论是具有世俗性的医学,还是出于宗教需要的天文学、数学,都取得了很大的成绩,在世界科技史上有举足轻重的地位。

印度古代的天文学是出于祭祀需要而产生的。古代吠陀时期的祭典需要正确测定季节,于是一年被分成寒暑等 6 至 12 个季节。笈多王朝时期,又对天体 28 星宿进行比较准确的观察。在历法方面,将一年分为 12 个月,每个月分为 30 天,每隔 5 年加一个闰月,以调整岁差,并将季节分为春夏秋冬四季等。

第五章 古代印度河流域文化

印度古代的数学也很发达,由于宗教仪轨的需要,促进了几何学的形成和发展。并很早就知道了指算和定位计数的进位法。笈多王朝时期,天文学家兼数学家阿耶波多曾记述了有关开平方、开立方等问题。这一时期,数字开始出现了"0"的符号,"0"的运用使十进位法臻于完善,后被称为阿拉伯数字。其他如无穷大、解方程、求圆周率等知识,经由阿拉伯人略加修改传入欧洲。这些是古代印度人民对人类文化的一大贡献。

印度古代的医学知识早在《吠陀》中就有发现。后佛经中也有记载。随着医学的发展,出现了著名的医学专著《恰罗迦本集》,其中论述了疾病、饮食、医药、病理学、解剖学和胚胎学等问题,还探讨了 100 多种动物的药物作用。尤其难能可贵的是,书中还提出保持身体健康、预防疾病的思想,认为营养、睡眠、节食是保障身体健康的三大要素。这部著作于 8 世纪被译为阿拉伯文。另一部著名医典是《修罗泰本集》,书中论及病理学、解剖学和胚胎学、治疗学和毒物学等问题,表现了当时人们格外注重科学研究的风尚,以及医学领域里丰富的实践经验。这部医著于 9 世纪时传到阿拉伯,产生了不小的影响。

在医疗方面,人们已经知道使用药物治疗疾病的方法。如乌贼骨可用于开胃,甚至指出鹿角、羚羊角、犀角等也皆可入药等。

1890 年,在中国新疆还发现过被称为"鲍威尔手稿"(以发现者英国人鲍威尔命名)的梵文医学著作的残卷。据学者考定,它流行于公元 4 世纪。其中提及大蒜的特性、长生不老药、外敷和内服的药方等问题。由此可见印度古代医学影响之广。

此外,古代印度人还学会了栽培棉花和驯养大象的技术,使印度河流域成为古代世界上最早的植棉地区之一。他们还懂得从茜草中取得紫色染料的方法,并在土壤的选择与分类、轮种制、选种、施肥、饲养牲畜等方面积累了很多宝贵的经验,对世界文化宝库作出了巨大的贡献。

第五节 古代印度文化走向世界

印度西北部是东西文化交流的重要地区,不同文化体系之间的往来,既给予,又接受,从而达到丰富自己的文化,又丰富世界文化的目的。在这种文化交流的大潮中,借佛教的东风,印度文化传遍了许多地区。

佛教向亚洲各地传播,大致可以分为南北两条通道。向南最先传入斯里兰卡,由此又传入缅甸、柬埔寨、老挝等国。向北经帕米尔高原传入中国,又由中国传入朝鲜、日本、越南等国。南传的主要是小乘佛教,北传的主要是大乘佛教。随着海运的发达,大约从5世纪起,僧人和商人等又将佛教的小乘、大乘两派,先后传入印度尼西亚的苏门答腊、爪哇、巴厘等地。据中国高僧义净的记述,7世纪中叶印度尼西亚诸岛小乘佛教盛行,以后诸王朝都信奉大乘佛教与印度教。至15世纪后,伊斯兰教开始盛行。7至8世纪,佛教金刚乘(密教)由印度、尼泊尔等地传入中国西藏。10世纪中叶以后,藏传佛教又辗转经青海、甘肃等地进入蒙古地区以及俄国布利亚特蒙古族居住地。佛教既是印度文化的组成部分,又是印度文化的重要传递者,它使印度文化传遍四面八方。

印度文学在国外影响最大、传播最广的作品莫过于两大史诗《摩诃婆罗多》和《罗摩衍那》。其所到之处,无不留下美丽动人的艺术精品。在南亚地区的巴基斯坦、孟加拉、斯里兰卡、尼泊尔等国,两大史诗几乎和在印度一样家喻户晓。东南亚地区,无论是缅甸的戏剧、泰国的舞蹈、柬埔寨的吴哥窟浮雕、印度尼西亚爪哇的"皮影戏"等,都可以发现两大史诗的影响。中国古典小说名著《西游记》中孙悟空的原型,就能从《罗摩衍那》中神猴哈奴曼那里发现不少原始材料。此外,在印度佛教文化的影响下,中国、日本、斯里兰卡等国的许多文学都在继承本国文学艺术传统的基础上,逐渐形成一种具有独特风格的新文学。如日本以《本生经》为蓝本的故事集,就在日本民间广为流传。优美的佛教文学作品给中国文学带来新的意境、新的文学、新的命意遣词方法。《维摩经》《百喻经》等,鼓舞了中国晋、唐小说的创作。俗讲、变文对后来的平话、小说、戏剧等中国通俗文学的形成,都有某种源流影响。禅宗语录不仅为宋明理学家所效仿,其影响也波及后世的民间文学创作。

在自然科学方面,印度也对世界文化作出了积极的贡献。其中阿拉伯数字(系古代印度人发明)在世界范围内的应用,十进位和"0"的发现与其在世界广为推广等,其意义之重大无论怎样评价恐怕都是不过誉的。

近代以来,印度文化,尤其是印度的哲学、宗教、瑜伽修习等方面的知识,对西方部分学者和青年,都产生了强烈的吸引力,并对西方哲学与自然科学的发展,产生了一定的影响。

第六章

爱琴海文化

第一节 概 述

由于古希腊文化的发源地是爱琴海一带以及邻近的希腊半岛,因此我们将这一时期在这一地理位置产生并发展起来的文化统称为"爱琴海文化"(Aegean Sea Culture)。"爱琴海文化"通常就是指古希腊文化。"希腊"一词来源于拉丁文。古代希腊人最初自称为"亚该俄斯人"或者"达那俄斯人",后来才自称为"希腊人",称自己的国土为"希腊"。但是,古希腊并不是一个统一的国家,当时的古希腊还没有统一的国家形式,甚至也没有统一国家的观念。关于爱琴海名称的来历,有一个美丽的神话:雅典王埃勾斯之子忒修斯作为七对童男童女中的一员,献祭给南海(克里特)的牛怪弥洛陶洛斯。忒修斯借助于克里特公主阿里阿德涅赠送的两件宝物魔剑和金线团杀死了怪兽,逃出了迷宫。但在逃离追兵时忘记了将黑帆换成白帆。埃勾斯以为儿子必死无疑,纵身跳进了这片蓝色的大海。后人为了纪念这位雅典王,便将这片大海取名为埃勾斯海,即爱琴海。正是这片神话般的蔚蓝色大海,孕育了古代的希腊文化。

一、"爱琴海文化"产生的原因

"爱琴海文化"不是世界上最早的文化。埃及、巴比伦文化对"爱琴海文化"影响很大。然而,"爱琴海文化"却是欧洲文化,乃至整个西方文化的发源地。"爱琴海文化"何以能够成为西方文化的发源地?究其原因,大体有三:

第一,地理条件

古希腊位于地中海中北部,大致相当于现在的希腊。它的政治、经济、文化影响东达小亚细亚、叙利亚,南达埃及、北非,西达意大利南部、西西里岛,北达黑海。

它三面临海,海岸线曲折而漫长,有利于文化的吸收和传播。希腊文化发源于克里特岛,并可以上溯到古埃及。"现在所称为希腊的国家,在古代时没有定居的人民,只有一系列的移民;当各部落经常受到那些比他们更强大的侵略者压迫时,他们总是准备放弃自己的土地。……希腊最富饶的地区,人口的变动最为频繁;因为在这些肥沃的地区,个人容易获得比其邻人优越的权势,这就引起纷争,纷争使国家崩溃,因而使外族易于入侵。"①大约在公元前1000年,当欧洲中部部落入侵爱琴海区域时,并未带来任何形式的文化。相反,当他们向南进入伯罗奔尼撒时,却发现一个文化正等待着他们,即迈锡尼人丰富的文化遗产。他们在征服土地的同时,文化上却被反征服了。这种情形就如同中国的游牧民族征服了汉民族一样。

总之,"爱琴沿岸,风光明媚,气象万千,与希腊本土无殊……天朗气清,实足使人的感觉异常锐敏,而精力也特别兴奋。"②希腊人生活在一个夏季炎热、干燥,冬季短暂的国度里,这里一年四季几乎都适宜于庄稼的生长。他们无须准备御冬的食物、温暖的住房。他们的社交活动一般都在户外进行。他们生活俭朴,不必采取复杂的生活方式。

第二,历史原因

爱琴海区域的居民来自小亚细亚和巴尔干半岛内陆,他们在石器时代就定居于此。他们形成并发展了希腊精神:对秩序、协调和节制的要求;对整体感、个人完善和享受生活的热爱。阿波罗神庙内镌刻的两条难忘的警句是:"自知"和"节制"。西方学者汉密尔顿说:"如果我们能够设想出这样一个现代社会,在该社会中所有的橄榄球运动员同时又都是最优秀的诗人、哲学家和政治领导人,那么我们便能够完全理解希腊精神了。"③譬如索福克勒斯、柏拉图就是这样全面发展的人。

第三,社会原因

古希腊存在两种社会形态:原始公社社会和奴隶社会。荷马时代希腊人的生活除了军事活动外,大体上是乡村田园式的。他们以小村庄为重要的经济单位。农业、畜牧业以及简单的手工业是主要的生产活动,财富分配均匀合理,还没有出现奴隶或被迫劳动者。这在荷马史诗中有所体现,譬如俄底修斯便同他的养猪人一起并肩战斗。随着这一时期的结束,传统的父权主义和平均主义的民主统治逐渐让位于君主制,从而出现了阶级对立。

当然,希腊文化的产生和发展与西亚文化、埃及文化的影响和渗透是分不开

---

① [古希腊]修昔底德:《伯罗奔尼撒战争史》,谢德风译,商务印书馆,1960年,第2—3页。
② [美]林恩·桑戴克:《世界文化史》,陈廷璠译,上海三联书店,2005年,第104—105页。
③ [美]罗德·霍顿、文森特·霍珀:《欧洲文学背景》,房炜等译,人民文学出版社,1992年,第10页。

的。希腊文化从一开始就是一种杂混的文化,是西亚移民、阿该亚人和当地土著居民共同创造的成果,也是东西方文化交流、融合的产物。

二、"爱琴海文化"的历史分期

"爱琴海文化"的产生和发展大致可以分为四个时期,时间跨度大约2000年,社会形态从原始氏族社会到奴隶社会。我们大致列表如下:

阶段	名称	时间	社会组织形式	社会形态	文化成就
一	克里特文化 迈锡尼文化 荷马时代	前2200—前1600 前1600—前1200 前1200—前900	氏族公社	氏族社会	神话、荷马史诗
二	大移民时期	前8世纪—前6世纪	区域公社	奴隶制(形成)	抒情诗、教谕诗、寓言
三	古典时期	前5世纪—前4世纪	城邦政治	奴隶制(兴盛)	文艺理论、悲剧、喜剧
四	希腊化时期	前4世纪—前2世纪	国家	奴隶制(衰落)	新喜剧

克里特文化又称米诺斯文化,是"爱琴文化"的发祥地。大约在公元前2600年,这里已经开始进入金石并用的时代,即原始社会的后期。米诺斯是希腊传说中的第一位统治克里特岛的国王。克里特岛是爱琴海的第一大岛,东西长约250公里,南北宽约12至60公里。它的东面是孕育人类最早文明的两河流域,南面是伟大而古老的埃及,小亚细亚则与它隔海为邻。记录米诺斯文化的文字被称为"线性文字A",这种文字至今人们也无法解读。米诺斯昔日的繁荣从人们发现的壁画、黄金装饰、服饰以及宏伟的王宫遗址得到了证实。

"公元前12世纪,在闯入大陆希腊的多利安人部落的推进下,迈锡尼势力土崩瓦解;在那场依次席卷派罗斯和迈锡尼的大火中,不只是一个朝代灭亡了,而且是一种王国制度被永远摧毁,一种以王宫为中心的社会生活形态被彻底废除,神王这个人物从希腊的地平线上消失了。"①随着王国制度的毁灭一种新思想诞生了,这种思想强调对称、平衡和平等关系。随着王国制度的毁灭,昔日的文字消失了。"当希腊人在公元前9世纪末从腓尼基(古代地区,今叙利亚沿海地带,中心在今黎巴嫩)人那里借来文字时,他们重新发现的不仅是另一种类型的拼音文字,而且还

---

① [法]让-皮埃尔·韦尔南:《希腊思想的起源》,秦海鹰译,三联书店,1996年,第2页。

是一个迥然相异的文化事实：文字不再是书吏阶层的专长，而成为普通文化的一部分。"①

公元前8世纪后，随着希腊奴隶制的逐渐形成，希腊虽然没有形成一个统一的国家，但却出现了200多个相对独立的城邦，其中以雅典和斯巴达最为重要。区域公社渐渐分化，失地的人数增多，手工业和商业则逐渐发展起来了。伴随着这些变化，阶级斗争也变得激烈起来。最初的移民主要是去寻觅土地，以后则是去海外发展商站，后来这些商站便发展成了独立的城邦。这时移民的范围已远远超出了爱琴海的世界，东北到黑海沿岸，西到意大利半岛、西西里岛、西班牙的东南岸，南到尼罗河、利比亚，而小亚细亚一带的移民则更早一些。

所谓古典时期，就是希腊的奴隶制发展的繁荣时期。雅典成为古典时期希腊文化的中心。雅典奴隶主民主制在伯里克利执政时期达到鼎盛，希腊文化也发展到了一个辉煌的阶段。

公元前5世纪上半叶，在爱琴海发生了一场持续了43年的战争，这就是历史著名的"希波战争"（公元前492—前449）。战争由小亚细亚地区的希腊人反对波斯统治者而引发，最后以波斯人战败并承认雅典的海上霸权而告终。公元前492年波斯皇帝大流士一世进攻希腊，他的舰队遇到飓风，三百艘战舰沉入海底，两万名士兵葬身鱼腹。随后在马拉松战役，波斯又惨遭失败。以后温泉关血战、萨拉米海战希腊方面均取得了胜利。波斯帝国终于放弃了对爱琴海和黑海的统治。

希波战争之后，斯巴达遣散步兵，造成了城邦内的经济混乱。雅典则将海军改为商队，繁荣了市场与海港，促进了经济的发展。由于实力的加强，雅典在希腊各城邦之间称雄，而且非常专横，这就激起了希腊其他城邦的敌视，于是众多城邦投靠斯巴达。这样，以雅典为首的一方与以斯巴达为首的一方终于爆发了一次大规模的战争，这就是著名的"伯罗奔尼撒战争"。战争从公元前431年3月正式爆发，公元前404年以雅典的失败而宣告结束，历时27年。

希腊化时期，指的是亚历山大帝国以后的一个历史时期，起于公元前4世纪末，终于公元前2世纪。亚历山大去世后，形成了几个希腊化国家。在这些国家中，希腊文化得以推广，形成了希腊文化与东方文化的又一次大交流。所谓希腊化，就是指希腊和古代亚非在经济、文化上的广泛接触和交流。公元前30年，罗马灭掉了最后一个希腊化国家，即统治埃及的托勒密王朝，从而宣告了古希腊及希腊化时代的终结。

---

① ［法］让-皮埃尔·韦尔南：《希腊思想的起源》，秦海鹰译，三联书店，1996年，第23页。

三、"爱琴海文化"的主要成就与特征

"爱琴海文化"包括文字、文学、哲学、宗教、艺术、科学、教育、体育等方面的成就,这些成就已不仅仅属于希腊,或者西方,而属于整个世界。

据现有的资料考证,希腊人大约在公元前 750 年创造出了文字。他们借用的是近东地区腓尼基文字的书写字母,但对这种文字进行了彻底的改造,使之成为一种完全不同的语言。希腊字母不仅有辅音,而且有元音。这种语言以后成了印欧语系的源头。"希腊语或者是印欧语中最美丽和最柔顺的言语,优美的母音使其音调悦耳好像音乐一般,而语头和语尾之屡用,足使其意义表示得极为明了,无丝毫隐蔽之处。"①

古希腊文学的成就是多方面的,其主要体现为神话、史诗、悲剧和文学理论。希腊文学是西方文学的源头,对世界文学影响极大。希腊的哲学、宗教、艺术、科学研究也成就卓著,对以后的整个西方文化,乃至世界文化都影响巨大。

总体说来,古希腊文化具有如下一些基本特点:

首先,古希腊文化是一种原创性的文化。古希腊文化,特别是以雅典为代表的希腊文化,包含着一些重要的思想和理念,如自由、理性、乐观、世俗、人文等,对西方文化的发展和走向具有决定性的价值和意义。希腊人对人自身的认识和研究显然走在世界的前面,希腊人还是第一个将人置于宇宙中心的民族。公元前 5 世纪希腊哲学家普罗泰戈拉有句名言:"人是万物的尺度。"这对西方文化的发展影响深远。

第二,古希腊文化是东西方文化交流和碰撞中产生并发展起来的。古希腊文化虽然产生得晚一些,但它在发展过程中学习、借鉴了古埃及和西亚的先进文化,并形成了自己独特的辉煌文化。

第三,就其范围和内容来说,古希腊文化是博大深刻,丰富多彩的。古代希腊人甚至能够在不到两个世纪的时间内,"从政治和文化的零点发展成为一个开明的政体,创造出人类历史上最伟大、独一无二的文学和思想体系"。②

第四,就其精神和性质而言,古希腊文化是率真朴素,情感深厚的。"希腊人是正常的儿童。他们的艺术对我们所产生的魅力,同它在其中生长的那个不发达的社会阶段并不矛盾。它倒是这个社会阶段的结果,并且是同它在其中产生而且只

---

① [美]林恩·桑戴克:《世界文化史》,陈廷璠译,上海三联书店,2005 年,第 116 页。
② [美]罗德·霍顿、文森特·霍珀:《欧洲文学背景》,房炜等译,人民文学出版社,1992 年,第 8 页。

能在其中产生的那些未成熟的社会条件永远不能复返这一点分不开的。"①

第二节 社会与宗教

一、社会状况

公元前8世纪到公元前6世纪是希腊文化的繁荣发展时期。这个时期希腊各地的原始公社陆续演变成奴隶制城邦。城邦制是古希腊在政治上的一个重要特点。城邦(Polis)最初是一个设置堡垒的场所,后来发展成包括城市和周围乡村的独立国家。当时的希腊有数百个奴隶制城邦小国。各城邦原则上是独立自主的,但它们往往以结盟的方式保持政治、经济、军事上的联系。各城邦都建立了自己的政府,建造了神庙,形成了自己的宗教仪式,创建了自己的公共议政的制度和场所。城邦居民可分为三个等级:有公民权的公民、没有公民权的自由民和奴隶。一般城邦都有贵族会议、公民大会等政治机构。在少数地区,城邦由少数贵族把持,他们终身任职。在民主政府存在的城邦中,城邦最高领袖和参议会由全体公民选举产生。在所有希腊城邦中,最具有代表性的是斯巴达和雅典。

斯巴达是希腊最大的一个农业城邦,它的面积为8400平方公里。它位于伯罗奔尼撒半岛东南部,由多利亚人建立。多利亚人就是斯巴达人,他们享有公民权,掌握军事大权。其次是庇里阿西人,他们是被征服的外国居住者。他们从事农业、手工业和商业活动,有人身自由,但没有公民权。他们必须向斯巴达人纳税并服兵役。最后是希洛人,他们是被征服的当地居民。他们沦为斯巴达人的奴隶,斯巴达人可以任意买卖和杀害他们。斯巴达城邦采用的是奴隶制贵族寡头政体。社会上既没有兴起足以和传统贵族相抗衡的阶层,政权也始终保持在保守的寡头贵族手里。国家机构由国王、长老会议、公民大会和监察官等组成。社会风习以朴素和尚武知名,以沉默寡言为荣,崇尚通过武力解决问题。

整个斯巴达就像一座军营,全国实行军事化。斯巴达人的孩子一降生,就要由诸长老根据其体格是否适合于生存并决定弃留,而孩子的父亲不得参与意见。斯巴达男孩从7岁时就集中接受初步的组织纪律训练。12岁以后要接受严格的军事和体育训练。20岁起开始服兵役,直到60岁才能退役。斯巴达培养了一支强大的、训练有素的军队,但他们在文化上的贡献却是微小的。

---

① [德]马克思:《〈政治经济学批判〉导言》,《马克思恩格斯选集》第二卷,人民出版社,1972年,第114页。

第六章　爱琴海文化

雅典位于希腊东南部的阿提卡半岛，全境多山，平地少，粮食不足，但港湾较多。这使得雅典的工商业和海上贸易十分发达。雅典是爱奥尼亚人的定居之地。传说公元前13世纪，国王忒修斯时代即兴建了城邦。城邦的最后统一大约在公元前8到前7世纪。

雅典城邦在政治体制上采用的奴隶主民主制。公元前5世纪，雅典公民按照财产的多寡被划分为四个等级：第一、第二级为贵族阶级；第三级为小农；第四级为贫苦的农民。除公民外，雅典还居住着许多外族人及奴隶。执政官和贵族议会掌握着国家的统治权力。执政官为三人，首席执政官一年一任。公民大会是雅典最高权力机构，它决定国家内政、外交、战争、和平等大事。500人议事会从十个部落中各抽签选出50人组成，每个部落选出的代表轮流在一年的大约十分之一的时间里担任议事会主席，处理日常政务，并召集公民大会。当时雅典的民主政治已为后世所不及，譬如雅典的最高法庭，设有1000人以上，是从全体公民册籍中按字母次序唱名选举的。没有比这更民主的制度了，同时，也没有比这更荒谬的制度了。雅典人还创立了贝壳放逐法，即公民大会用贝壳或陶片投票决定放逐危害国家的人，得票超过6000的人，即被放逐国外10年。在奴隶主民主制的基础上，雅典人以能言善辩、出口成章为荣。伯里克利执政时代（公元前443—前429）为雅典奴隶主民主政治的繁荣时期。雅典民主政体最光辉的150年，也就是希腊文化最辉煌灿烂的时期。这时期雅典在哲学、历史、戏剧、建筑、雕塑等方面可谓群英荟萃，取得了举世瞩目的成就。

古希腊人注重体育运动，崇尚优美的体形和健壮的体魄。著名的奥林匹克运动会就源于古希腊。它始于公元前776年，是最早的定期运动会。古希腊的生活非常简朴，他们的食品简单，衣着简陋，只有在比较重要和特殊的场合才穿鞋戴帽。

二、宗教

古希腊宗教并不是一种严格意义上的宗教，它的"宗教性"比较薄弱，在宗教领域的影响也不大。希腊宗教起源很早，是在原始宗教的基础上吸收克里特-迈锡尼宗教和埃及宗教等，在荷马时代逐步发展形成的，没有固定的经典和教义。但古希腊宗教也有其独特性，它对西方文化和文明形成和发展有一定的影响。

多神教是希腊宗教的重要特点。"希腊的宗教是众神的崇拜，——宙斯、阿波罗、雅典娜和许多其余的神——每一个人对于这些名字和历史都是很熟悉的。"①

---

① ［英］狄金森：《希腊的生活观》，彭基相译，华东师范大学出版社，2006年，第2页。

古希腊各城邦、家族、甚至个人都有自己的保护神。希腊原始宗教是自然崇拜与祖先崇拜、英雄崇拜的混合物,崇拜宇宙万物和自然神灵。最初的神通常具有野兽的形状,在希腊宗教中可以找到图腾崇拜和自然崇拜的痕迹。以后希腊宗教才逐步从图腾崇拜发展到人格神崇拜。"希腊古代和经典时期的宗教都同时经历过分裂(每个城邦都有自己的神祇和它的祭祀方式,比如,雅典娜是雅典城的最高君主)和希腊主义泛化思潮(奥林匹亚山的宙斯和德尔斐人的阿波罗都是教谕全体希腊人的神祇)。"①

希腊宗教的信仰与希腊神话关系密切,宗教和神话常常混为一团,莫能分辨。希腊宗教大体上是一种万物有灵的多神教。古希腊宗教没有统一的体系,不同的人在不同的时代信仰不同的神祇,对神祇也有不同的解释。"在各种神谱中,准确意义上的起源问题,即便不是完全模糊的,至少也是处在次要位置。神话不是询问有序的世界怎样从混沌中产生,而是回答如下问题:谁是最高的神?谁获得了世界的统治权?"②大体上说,古希腊的奥林匹斯山上有十二主神,他们分别是:

1. 宙斯:众神之父,雷电之神(在古代人看来,雷电大概最有威力,对人类的威胁最大,也最为直接)
2. 赫拉:天后
3. 波塞冬:海神
4. 雅典娜:智慧女神
5. 阿波罗:太阳神
6. 阿尔特弥斯:月神
7. 阿芙洛蒂特:爱神、美神
8. 阿瑞斯:战神
9. 赫尔墨斯:神使
10. 德米忒尔:农神
11. 赫淮斯特斯:火神、匠神
12. 哈得斯:冥王

此外重要的神还有冥后帕尔赛涅福、酒神狄俄尼索斯、小爱神爱洛斯等。在众神中宙斯的权力也不是至高无上的。在《伊利亚特》第15章中海神波塞冬表达了他对宙斯的不满:

---

① [法]皮埃尔·维达尔-纳杰:《荷马的世界》,王莹译,中国人民大学出版社,2007年,第49—50页。
② [法]让-皮埃尔·韦尔南:《希腊思想的起源》,秦海鹰译,三联书店,1996年,第101页。

第六章 爱琴海文化

天哪,他虽然贵显,说话也太狂妄,/我和他一样强大,他竟然威胁强制我。/我们是克罗诺斯和瑞亚所生的三兄弟,/宙斯和我,第三个是掌管死者的哈得斯。/一切分成三份,各得自己的一份,/我从阄子拈得灰色的大海作为/永久的居所,哈得斯统治昏冥世界,宙斯拈得太空和云气里的广阔天宇,/大地和高耸的奥林波斯归大家共有。/我决不会按照他的意愿生活,/他虽然强大,也应该安守自己的疆界,/不要这样把我当作懦夫来恫吓。①

古希腊宗教的另一个重要特点是神与人同形同性。早期希腊宗教中的神是人化的神或神化的人。希腊神具有人的形象和感情,多数神像社会上的贵族。他们和人一样具有七情六欲。希腊的神并不是圣者,他们在道德上有许多瑕疵。希腊哲学家色诺芬尼说:"荷马和赫西俄德把一切在人类那里要受到谴责的丑事,如偷盗、通奸和欺骗别人等都加诸于神。"②我国美学家宗白华说:"当时人尚系在山泽原野中与天地的大气流衍及自然界的奇禽异兽的活泼生命相接触,且对之有神魔的感觉。他们从身心里感觉万物有神魔的生命与力量。所以他们雕绘的生物也琦玮诡谲,呈现异样的生气魔力。希腊人住在文明整洁的城市中,地中海日光朗丽,一切物象轮廓清楚。思想亦游泳于清明的逻辑与几何学中。神秘琦诡的幻感渐失,神们也失去深沉的神秘性,只是一种在高明愉快境域里的人生。人体的美,是他们的渴念。在人体美中发现宇宙的秩序、和谐、比例、平衡,即是发现'神',因为这些即是宇宙结构的原理,神的象征。"③神失去了神圣性,而人身上原本就有神性。

希腊的神不同于人的地方就是他们长生不死,并且他们都具有超凡的能力。在神与人之外还有一种"定数"在支配着一切,神人都不能抗拒,不可改变。这个定数在神话中常常被人格化为三位女神:她们一个在人诞生时纺出出生者的生命之线;第二个决定生命之线的长短;第三个在人死亡时切断生命之线。

希腊宗教的又一特点是其世俗性。在古希腊,不存在真正意义上的宗教崇拜,也没有用来指导人们行为准则的宗教经典。早期希腊宗教的主要活动是献祭,人们向神供奉,祈求神赐福于人,而不是为了赎罪。人们并不担心神的惩罚,他们把冥府看作是死者的安息之地。他们也没有明显的天堂地狱、因果报应的观念。希腊宗教没有独立的宗教组织,没有控制社会和人们日常生活的祭司阶层。希腊祭

---

① [古希腊]荷马:《伊利亚特》,罗念生、王焕生译,人民文学出版社,1994年,第341—342页。
② 叶秀山:《前苏格拉底哲学研究》,人民出版社,1998年,第126页。
③ 宗白华:《美学散步》,上海人民出版社,1981年,第126页。

司大都由俗人担任。

希腊各地都建有神庙，其中以德尔斐城的阿波罗神庙最为著名。城邦、家庭或个人进行各种活动之前，都必须先从祭司那里求得神谕。希腊宗教节日繁多，有奥林匹克祭神大会、"泛雅典娜祭"、祭地母和祭酒神等。奥林匹克祭神大会每四年举行一次。当大会开始时，希腊各地人都来参加。各城邦都派代表来参加开幕典礼。盛会期间各城邦停止一切纠纷和战争。"泛雅典娜祭"每年举行一次，节庆一连进行六天，举行各种体育和文艺比赛。每年春季举行的酒神庆典，原是盛产葡萄的希腊农村的节日，以后在雅典变成了演出悲剧和喜剧的盛大戏剧节。

在希腊，宗教和宗教信仰使政治上分裂的各城邦在精神上能够维系在一起，只是到了后期，希腊人才渐渐接受一神教的观点。

第三节　文学与艺术

一、文学

古希腊文学是欧洲文学的开端，以后对欧洲文学的发展和影响很大，其成果主要包括神话、荷马史诗、戏剧、抒情诗、寓言等。

希腊神话指古代希腊关于神的故事和英雄传说。神的故事包括天地的开辟、人类的起源、神的产生和谱系以及内部斗争、神的日常活动等内容。希腊人以奥林匹斯山上的主神宙斯及其周围的男女诸神为主要谱系，认为神具有人的形象和思想感情，但却具有主宰人类命运的力量。英雄传说是古希腊人对于远古历史的回忆。英雄是神和人所生的半神。他们不仅体力过人，而且聪明多智，具有不折不挠的斗争意志，在同自然和社会的斗争中建立过功勋，体现了古代劳动者的集体力量、智慧和高贵品德。英雄传说以不同地区的英雄和事件为中心，形成了许多系统，如海格立斯的十二件大功，伊阿宋寻找金羊毛，忒修斯为民除害、特洛亚战争等等。

荷马史诗是指古希腊在原始氏族社会向奴隶制过渡时期（公元前12世纪—前8世纪）产生的英雄史诗。史诗的题材取自公元前12—前11世纪之交的特洛亚战争。战后小亚细亚便流传着有关这次战争的传说和故事。大约在公元前9—前8世纪，一个盲人诗人荷马综合这些人民的口头流传的有关这些传说的短歌编成了两部完整的史诗，即《伊利亚特》和《奥德赛》。史诗在公元前6世纪被正式写成文字。

《伊利亚特》叙述希腊人远征特洛亚城的故事。其主题是通过对特洛亚战争的描写，歌颂部落英雄英勇善战的英雄主义精神。《奥德赛》叙述的是特洛亚战争之

第六章 爱琴海文化

后,希腊英雄奥德修斯回国途中海上历险,最后一家人团聚的故事。史诗歌颂了人对自然的斗争,表现了人定胜天的思想,同时也歌颂了理想化的奴隶主,反映了希腊奴隶制逐渐形成时期社会生活的一些特点。

特洛亚城并非虚幻之城,特洛亚战争确有其事。1868年,德国考古学家海因里希·施利曼(1822—1890)组织了第一批考察队,到迈锡尼地区进行考古研究,但这次他们无功而返。1871年他们却发现了特洛亚城的遗址以及大量珍贵的文物。荷马笔下的特洛亚城,一般认为被焚毁于公元前1184年。

希腊悲剧指起源于古希腊的酒神祭奠,由"酒神颂"演变而来。其悲剧的形式是逐步发展完善的。大约在公元前534年,悲剧诗人特斯庇斯首先把一个演员引进酒神颂,以后经过埃斯库罗斯和索福克勒斯的不断丰富和创造,才使悲剧艺术逐步发展成熟。悲剧题材取自神话、传说,但却紧密地联系当时的民主政治,具有鲜明的倾向性和深刻的思想内容。它主要不在于写悲,而在于表现崇高壮烈的英雄主义思想,风格雄伟。公元前5世纪是希腊悲剧的繁荣时期,其代表作家是埃斯库罗斯、索福克勒斯、欧里庇德斯。

埃斯库罗斯(公元前525—前456),奴隶主专政过渡到奴隶主民主制时期的悲剧诗人。他出生于贵族家庭,曾参加过马拉松战役和萨拉米战役。相传他写过九十部悲剧和"萨提洛斯剧",但现存的只有七部。其中著名的有《波斯人》《七将攻忒拜》《普罗米修斯三部曲》《俄瑞斯忒斯三部曲》。他是"悲剧之父"。马克思最喜欢这个作家。每年都要读他的作品,尤其是他的《普罗米修斯》。恩格斯称他为最具有强烈的倾向性的诗人。在埃斯库罗斯那里,"一切冲突的根源,乃是既不依存于人又不依存于神的一个因素——命运——命运不但是人甚至神也不能克服的,个人的自由意志与这个不可克服的因素——命运——的障碍发生冲突,这就是埃斯库罗斯的悲剧主导思想。"①

《普罗米修斯》三部曲中《被缚的普罗米修斯》对后世影响最大。普罗米修斯因盗天火给人类,因此遭到宙斯的惩罚。普罗米修斯是一个不畏强暴、不怕牺牲,敢于斗争的伟大的神,他成了民主派的化身。宙斯是一个典型的僭主形象。"僭"即超越本分,指地位在下的人冒用地位在上的人的名义或名号。僭主的本意是独裁的君主,指宙斯是一个很不道德的神。剧中间接描写了宙斯的形象,他没有出场。

索福克勒斯(公元前496—前406),奴隶主民主制发展到鼎盛时期的悲剧诗人。他出生于富商家庭,受过良好的教育。精通音乐和体育。曾多次在各种比赛中获奖。成年后他积极参加城邦的政治活动,与伯里克利颇有私交。他曾出任过

---

① [俄]塞尔格叶夫:《古希腊史》,缪灵珠译,高等教育出版社,1957年,第319页。

税务委员会主席。他一生大约写了一百三十多部剧本,流传至今的有七部完整的悲剧,即《埃阿斯》《安提戈涅》《俄狄浦斯王》《厄勒克特拉》《特剌喀斯少女》《菲罗克忒忒斯》《俄狄浦斯在科罗诺斯》。

别林斯基说:"命运可以把他打倒,却不能把他征服。"他使悲剧的重心最终从原则过渡到人的形象。他那不可思议的质朴的核心和人性的亲切感可能就在于此。"在索福克勒斯的悲剧中,命运与报应的意义,表现得十分明了,但是这决不因此而抹杀了人的个性,否定人的自由意志。索福克勒斯把人描写成自觉的生灵,自己的过失自己负责。……唯其是人才有自己的责任感,这使得索福克勒斯表现他的主角以更自由的态度对待神。"① 罗念生说:"索福克勒斯把悲剧艺术大大向前推进了一步。他不写神而写人,他剧中的人物大都是能独立行动的人。他善于描写人物,能用三言两语,把人物写得栩栩如生。他的人物比埃斯库罗斯的丰富多彩,他创造了形形色色的人物,每个人物都具有鲜明的个性。他使人物的性格成为戏剧的动力……推动剧情向前发展。"②

索福克勒斯的《俄狄浦斯王》"是一部最高超的希腊悲剧的典范作品"③,同时,也是一部极富有现代性意味的作品。德国诗人荷尔德林认为《俄狄浦斯王》是古今悲剧的最高典范。黑格尔则认为,俄狄浦斯是哲学认识的原型和代表,是自我反思的第一个例证,是历史上的第一个"哲学家"。就俄狄浦斯而言,当他在无意识状态犯下杀父娶母之罪后,这种情况还属于自然的范畴;当他后来对自己的行动有了认识,在精神方面被迫进入分裂状态时,冲突便上升为"心灵性"范畴。④

《安提戈涅》写妹葬兄的故事,表现情与理的冲突,两种价值范畴的对立。黑格尔说,这是家庭原则与国家原则,即神的义务与城邦义务的对立。也有人说,"这个人物身上的人性、真正的私人感情高于一切原则之上","人性就是它的主题。"英国学者基托认为,该剧的主人公是克瑞翁,该剧表现他的狭隘的城邦至上的观点和人道主义精神的互相冲突。

安提戈涅本来是一个弱女子,但她勇敢倔强,有牺牲精神,她的道义力量使她成为一个高大的形象。

欧里庇德斯(公元前485—前406),奴隶主民主制衰落和分化时期的悲剧诗人。古希腊最有民主倾向的剧作家,被誉为"舞台上的哲学家"。他是三大悲剧作

---

① [俄]塞尔格叶夫:《古希腊史》,缪灵珠译,高等教育出版社,1957年,第325页。
② [古希腊]索福克勒斯:《索福克勒斯悲剧二种》,罗念生译,人民文学出版社,1961,译本序。
③ [英]吉尔伯特·默雷:《古希腊文学史》,孙席珍等译,上海译文出版社,1988年,第259页。
④ [德]黑格尔:《美学》(第1卷),朱光潜译,商务印书馆,1979年,第271页。

家中反映生活最真实、最细致的作家。"他蔑视当时的社会和国家政策,对人人赞美的荷马史诗中的半神半人,抱着极端叛逆精神,而对沉默寡言、不求闻达的普通人,则寄予莫大同情,在这些超尘脱俗的老实人身上,他找到了他的英雄主义理想。"19世纪英美的"女权运动家"认为他是妇女运动的最早提出者,是第一个对妇女命运表示同情的剧作家。他的代表作《美狄亚》表现了对妇女的关切和同情,被认为是"第一部研究妇女心理的悲剧"①。人们还认为他是"社会问题剧"的创始人。

《美狄亚》中的女主人公是科尔喀斯国王的女儿,她曾帮助伊阿宋剪取金羊毛。以后伊阿宋又爱上了克瑞翁的女儿,这引起了美狄亚的疯狂报复。

《特洛亚妇女》是一部反希腊的剧作,反抗精神强烈。剧中描写城楼失火、神殿流血、男人被杀、女人被俘、孩子惨死于城墙脚下,表现了人类不平等的社会现实。

古希腊喜剧起源于祭祀酒神的即兴表演。这种歌舞表演叫做"科摩斯"(意为"狂欢之歌")。希腊文"喜剧"就是狂欢歌舞剧的意思。狂欢歌舞剧以后演变出滑稽剧,再到后来才发展出具有讽刺内容的喜剧。喜剧发展略晚于悲剧,可分为旧喜剧、中期喜剧和新喜剧三个时期。公元前487—前404年是旧喜剧时期。旧喜剧多是政治讽刺剧和社会讽刺剧,讽刺的对象多是当代社会名人,特别是当权人物。旧喜剧的代表作家是阿里斯托芬。公元前404—前338年为中期喜剧时期,中期喜剧以讨论神学、哲学、文学和社会问题为主,剧本没有流传下来。公元前338—前20年是新喜剧时期。新喜剧大多是世态喜剧,主要写日常生活、爱情故事和家庭关系,注重人物描写,强调情节的曲折和风格的雅致,但缺乏深刻的思想内容。其代表作家作品是米南德的《恨世者》。新喜剧对罗马喜剧及欧洲喜剧产生了重大影响。

阿里斯托芬(公元前446?—前385?),出生于自耕农家庭,曾受到良好教育。他是苏格拉底和柏拉图的朋友。据说他写有44部戏剧,现存11部。其中主要作品有:《阿卡奈人》《鸟》《蛙》等。

古希腊抒情诗起源于古代诗歌,最早流行于小亚细亚一带,后来向爱琴海和希腊半岛推广。抒情诗是用乐器来伴奏的,根据伴奏乐器的不同,抒情诗可以分为三类:双管歌、琴歌和讽刺诗。双管歌兴起较早,以双管或笛伴奏,运用六音步和五音步相间的诗行。内容有挽歌、战歌和情歌,后世则把它们统称为"哀歌"。西摩尼德斯(公元前556—前446)是最重要的"哀歌"诗人。琴歌以竖琴伴奏,又分为独唱琴歌和合唱琴歌两种。独唱抒情诗由诗人自弹自唱,抒发个人感情。古希腊最著名的琴歌诗人是阿尔凯奥斯(?—前570)、阿那克里翁(公元前570?—?)和萨福

---

① [英]吉尔伯特·默雷:《古希腊文学史》,孙席珍等译,上海译文出版社,1988年,第273、280页。

(公元前612？—？)。讽刺诗可以用双管伴奏,也可以用竖琴伴奏,一般用短长格诗体,最著名的诗人是阿尔基罗克斯(公元前714—前676)。

萨福是古希腊著名的女诗人。她曾因反对僭主的斗争而被迫流亡外地,后来她回家乡组织了一个文艺团体,一起吟唱诗歌。据说,她最后因失恋而投海自尽。她写有诗歌九卷,九千余行,但留存下来的诗作并不多,其中最著名的有《致阿佛洛狄特》《在我看来那人如天神》。雅典著名的政治家曾希望"自己能学会萨福的一首歌之后离开人世"。柏拉图则将萨福尊为"第十位文艺女神"。

《伊索寓言》是古希腊在民间中下层社会广为流传的一部散文故事集。伊索据说是一位生活在公元前6世纪的奴隶,他相貌奇丑却聪明过人,他后来因才智受到赏识而获得自由。他曾游历希腊各地,最后因被人诬告犯有渎神罪而死于非命。伊索寓言大部分是从民间口头流传的动物故事演变而来的。它们以物喻人,影射现实。它们是人民智慧的结晶,其中包含着大量的生活经验和道德教训,并富有深刻的哲理。伊索寓言中广为人知的作品有《狼和小羊》《农夫和蛇》《龟兔赛跑》《狐狸和葡萄》等。

二、艺术

古希腊人在艺术上也有伟大的创造。他们在建筑、雕刻和绘画方面达到了很高的艺术水平,对后世产生了深远的影响。

希腊的建筑艺术主要体现在他们的庙宇和公共建筑物上,这些建筑物大都用大理石建成,非常优雅美观。建筑物的各部分都装饰有雕刻画,并涂有色彩。希腊建筑物主要三种形式:多利亚式、爱奥尼亚式和科林斯式。

多利亚式形成较早,其建筑特征为柱身粗壮,底宽上窄,逐渐收缩,没有柱基,柱头无装饰,显得古朴庄重。雅典著名的帕特农神庙、奥林匹亚的宙斯神殿便属于多利亚体系。

爱奥尼亚式优美典雅,其石柱有柱基,柱头刻有涡卷形装饰。小亚细亚以弗所的阿尔特弥斯神庙是最有代表性的爱奥尼亚式建筑。

科林斯式盛行于公元前四世纪,风格趋于华丽,柱头上刻有精美的叶装装饰。其代表建筑有雅典科林斯式纪念碑。

古希腊艺术中雕塑艺术成就巨大。首先,神庙的装饰和塑造神像为雕塑家们提供了机会和广阔的天地。其次,希腊各城邦对体育运动的重视,雕塑家的重要任务之一就是为优秀运动员制作纪念雕像。希腊雕刻家注重对人体的研究,着力塑造健美、逼真的艺术形象,给人类创造了许多优美的艺术瑰宝。"希腊杰作的一般

第六章 爱琴海文化

主要的特征是一种高贵的单纯和一种静穆的伟大,既在姿态上,也在表情里。"①

希腊雕塑经历了一个发展成熟过程。最初的雕刻是古朴的,人的形状表现得也很拙劣。公元前6世纪,希腊雕刻艺术有了进一步发展,《荷犊的男子》就是这一时期比较优秀的作品。公元前5世纪,希腊雕刻艺术逐渐成熟,出现了米隆、菲迪亚斯和波利克斯托斯这样优秀的艺术大师。米隆的《掷铁饼者》是希腊雕刻中流传最广的作品之一。菲迪亚斯用黄金象牙制作的宙斯巨像,被希腊人列为"七大奇迹之一"。波利克里托斯创作的《荷矛者》是雕刻艺术的典范,成为后人学习、效仿的楷模。他们的作品充分体现了希腊古典雕刻的单纯、精确、合理、和谐的艺术特点。

公元前4世纪,古希腊著名的雕塑家有普拉克西特利斯、斯科帕斯和利西波斯等。普拉克西特利斯雕刻了最早的全裸体女人像《尼多斯的阿弗洛狄特》,体现了古典艺术对人体美的理想。斯科帕斯的代表作《擦垢者》,塑造了一个完美的男性人体。利西波斯的《酗酒的女人》,风格悲愤沉郁,思想深刻。

古希腊的绘画艺术几乎全部被毁灭,现在保存下来的只有一些陶土瓶上瓶画。希腊瓶画大致经历了三个发展阶段:最初的瓶画大都为图案式的,以后才发展为人体画,并开始表现人们的日常生活。希腊瓶画艺术最著名的代表是彩色的科林斯彩陶,有图案和彩色线条等。绘画内容主要有狩猎、收割、神话等。

第四节 哲学与科学

一、哲学

希腊是西方哲学的发源地。哲学一词便出自古希腊语,其含义为"爱智慧"。"它被视为对事物及其起因的研究与了解。"②"希腊人不仅奠定了一切后来的西方思想体系的基础,而且几乎提出和提供了两千年来欧洲文明所探索的所有的问题和答案。""希腊哲学从探究客观世界的本质开始。它最初主要是对外在的自然感兴趣(自然哲学),只是逐渐地转向内部,转向人类本身而带有人文主义性质。"③希腊哲学最初提出的第一个大问题是:什么是自然?随后依次提出的大问题是:什么是人类?什么是至善?什么是上帝?

最早生活在希腊的米利都城邦的一批学者以自然为研究对象,探索世界的本

---

① 宗白华:《美学散步》,上海人民出版社,1981年,第5页。
② [英]雷蒙·威廉斯:《关键词》,刘建基译,三联书店,2005年,第353页。
③ [美]梯利:《西方哲学史》,伍德增补,葛力译,商务印书馆,1995年,第3、7页。

原,他们后来被称为"米利都学派"。米利都是小亚细亚沿海的一个城邦。"米利都人第一次明确地把世界的本原和秩序作为问题提了出来,对于这个问题必须给出一个与人类理智相称的、毫不神秘的回答,它应该像日常生活中所有的其他问题一样可以放在全体公民面前公开讨论。"①创世的问题终于从天上降到了人间。这批学者主要有泰勒斯、阿那克西曼德、阿那克西美尼等。

泰勒斯(约公元前636—前546),被认为是希腊第一个哲学家。他认为水是原始的要素。万物不仅生于水,而且复归于水。泰勒斯是一位步行痴迷者。据说,泰勒斯有一天因为仰观天象而不慎坠入井中。"行走益于思考,这一认识几乎与欧洲哲学一样古老。脑筋不好,腿得多跑。"亚里士多德后来将自己建立的哲学学院干脆命名为"散步者"。② 他的教学方式就是散步。

阿那克西曼德(约公元前610—前545)认为,万物的本质或要素是无限,即一种永恒不灭的实体。

阿那克西美尼(?—公元前526)认为,万物的本质或原始要素是空气、蒸汽或雾。它的收缩和扩散形成了各种物质。

与米利都学派不同的是毕达哥拉斯学派,这一派特别关注形式或关系问题,他们开始思考整一性和规律性问题。他们认为,数是万物的基础,是真正的实在。毕达哥拉斯是历史上第一个自称为哲学家的思想家。当有人问及他是何许人时,他回答说,他是哲学家。毕达哥拉斯相信灵魂转世学说,认为人死后灵魂会转入到另一躯体内,至于灵魂附于什么样的躯体,则取决于人在其有生之年的所作所为。人可以变成动物,动物又可以变成植物。这就是有关变形的理论。赫拉克利特(公元前535—前475)断言,变化构成了宇宙的真正生命,一切都处在变化之中。巴门尼德则认为稳定和恒久才是万物的本质。德谟克利特提出了著名的原子理论,他认为宇宙的基本要素是数量无限、不能毁灭、不可再分的原子。

苏格拉底(约公元前470—前399),"是思想史上最伟大的人物之一,是一系列哲学家有智能的鼻祖,他的观念和理想统治西方文明达两千年之久,而且继续影响今天的思想"。③

他奇丑无比,他不顾妻子儿女,喜欢讨论各种问题。他认为哲学就是有关死亡的哲学。生命的价值和意义不在于活得长,而在于活得好,这颇有日后存在主义的意味。他因自己的学说受审时已70多岁了,便觉得再不会死得这么有用了。他最

---

① [法]让-皮埃尔·韦尔南:《希腊思想的起源》,秦海鹰译,三联书店,1996年,第95页。
② [德]乌多·马夸特:《与苏格拉底散步》,任国强译,外国文学出版社,2004年,第9、16页。
③ [美]梯利:《西方哲学史》,伍德增补,葛力译,商务印书馆,1995年版,第49—50页。

后说:"我仍然希望他们(告发我和宣判我有罪的人——罪名为不信神和腐蚀青年)照顾我一下。如果我的儿子们长大成人以后,只追求财富或任何其他东西而不顾及德性,如果他们实际上微不足道,却装模作样,我要求你们,噢,我的朋友,来处罚他们。我要你们责难他们,正如我责难你们一样。如果他们不关注他们应该关注的东西,并且,虚妄地以为自己有点了不起:你们就训斥他们,就像我训斥你们一样。如果你们这样做,这对我和我的儿子来说,是正直的事。"①当时克拉托和柏拉图在他身边,他说,"现在我该走了,我去赴死;你们去继续生活;谁也不知道我们之中谁更幸福,只有神才知道。"罗素对此讥讽道:"如果临死前苏格拉底不曾相信他是要和众神一起享受永恒的福祉,那么他的勇敢就更加了不起。"苏格拉底的方法是:要求确切的定义,清楚的思考,精密的分析。他发问多于回答。

希腊人的理性更多的是一种政治理性,"一种以语言为工具、可以用来制约人而不是用来改造自然的理性,一种政治的理性,即亚里士多德所说人是政治的动物这个意义上的政治的理性"。"希腊理性不是在人与物的关系中形成的,而是在人与人的关系中形成的……希腊理性是这样一种理性,它以实证的、反思的、系统的方式影响人,而不是改造自然。不论就其局限性还是就其创造性而言,希腊理性都是城邦的女儿。"②

柏拉图(公元前427—前345),继苏格拉底之后伟大的哲学家。他不可思议地将逻辑分析和抽象思维的巨大力量同令人惊讶的诗意的想象和深邃的神秘感情结合起来。

柏拉图的思想体系是希腊著名思想家学说的融合和变种。柏拉图同意智者的意见,认为不可能有关于现象的知识;同意苏格拉底的意见,认为真知永远是概念的知识;同意赫拉克利特的意见,认为现象世界经常变化;同意埃利亚学派的意见,认为理念世界是不变的;同意原子论者的意见,认为存在是多(理念);同意埃利亚学派的意见,认为存在是一;同意几乎所有的希腊思想家的意见,认为归根到底,宇宙是有理性的。

柏拉图认为理念和模式是自在和自为的,有实体性;它们是实体,是实在或实质的模式,即万物原始、永恒和超越的原型,先于脱离和独立于事物而存在,不像事物那样受变化的影响。

希腊哲学追求万物的本原、始基、真理,而根据赫拉克利特的观点,则"万物皆变"。在这变化之中什么是不变的呢?是法则、尺度、逻各斯。这种不变

---

① [美]梯利:《西方哲学史》,伍德增补,葛力译,商务印书馆,1995年,第58—59页。译文略有改动。
② [法]让-皮埃尔·韦尔南:《希腊思想的起源》,秦海鹰译,三联书店,1996年,第9、119页。

的法则等很容易演变发展成理念。要在感性世界中找出一种或多种具体的物质的微粒,把它规定为万物的本原,这无论在事实上还是在推理上都是不可行、不可能的。看来,万物的本原只有到万物之外去寻找,这很自然便找到了"精神实体"。

理解柏拉图的这种"精神实体"其实并不困难。比如,月亮进入了诗人的意识,它才是最真实和最客观的,因为只有赋予了主观意识的月亮才能体现出它的完整性;只有人的意识所涉及的世界才是人的世界。譬如日出与日落,全是人的感觉,其实太阳是无所谓升落的,月亮亦然。我们所认识的月亮,如它的光、形和变化等也全在人的感觉。

柏拉图文艺理论的核心是"理念论"。他认为现实世界是对理念世界的摹仿,文艺是对现实的摹仿,是"摹仿的摹仿",而任何摹仿都是有误差的,因此,文艺是不真实的。柏拉图说:

> 从荷马起,一切诗人都是摹仿者,无论摹仿德性,或者摹仿他们所写的一切题材,都只能得到影像,并不曾抓住真理。

并且,文艺还是有害的,因为他培养人性中低劣的东西。他指责诗人亵渎神明,败坏道德,对国家和人生毫无益处。因此,在柏拉图的理想国,应该将诗人"涂上香水,戴上毛冠,请他到旁的城邦去"①。他还提出了"灵感说",认为文艺创作的源泉是灵感,诗人是在丧失理智陷入迷狂状态才开始创作的。

亚里士多德(公元前384—前322)作为柏拉图的学生,保留了柏拉图那些不变的永恒的形式,唯心主义原则,但他排除了它们的超验性。可以说他把那些原则从天上降到了人间。譬如,形式不脱离事物,而在事物之内;它们不是超验的,而是内在的;形式和物质不是彼此脱节,而是永远结合在一起的。

运动必然开始于某处而不为运动着的某种东西所引起。因此,有一个永恒的不动的第一推动者,他是自然中一切充满活力的力量的决定性根据。这第一原因既然不动,它必然是没有物质的形式,是纯粹的形式、绝对精神,因为,如果有物质就必然有运动和变化。

在文艺理论,他继承了柏拉图的摹仿说,认为文艺的本质是摹仿现实,但他认为现实世界本身是真实的。他认为柏拉图的那个理念世界是不存在的,事物的本质不可能存在于事物之外。不但如此,他还认为诗歌具有更高的品格,比历史拥有

---

① [古希腊]柏拉图:《柏拉图文艺对话集》,朱光潜译,人民文学出版社,1980年,第76、56页。

更多的真理性,也更富有哲学意味。他说:

> 诗人的职责不在于描述已发生的事,而在于描述可能发生的事,即按照可然律或必然律可能发生的事。历史家和诗人的差别不在于一用散文,一用"韵文";希罗多德的著作可以改写为"散文",但仍是一种历史,有没有韵律都是一样;两者的差别在于一叙述已发生的事,一描述可能发生的事。因此,写诗这种活动比写历史更富于哲学意味,更被严肃的对待;因为诗所描写的事带有普遍性,历史则叙述个别的事。①

亚里士多德清算了柏拉图关于诗歌只能捕风捉影的说法,肯定了诗歌是一种特殊的认知方式,进而也就肯定了文艺的认识作用和教育作用。

亚里士多德的写作风格有如他的思想:清晰、科学、平易,没有雕琢和空洞的幻想,乃至有点枯燥。

二、科学

在古希腊,科学与哲学往往紧密地结合在一起,形成了一种自然哲学。早期的哲学家和科学家对人类的起源、世界的结构和组成等方面都做过深入的探究和实证,为人类科学研究的发展铺设了道路。米利都学派的创始人泰勒斯在西方被尊称为"科学之父",他曾经准确地预测过发生在公元前585年的一次日蚀。

在天文学方面,亚历斯塔克(约公元前310—前230)在公元前3世纪就提出了日心说,只是他的观点在当时并不被人们所接受。公元2世纪生活在埃及亚历山大里亚的托勒密(Ptolemy,活动时期为公元2世纪)创立了地心说,提出了自己的天体运动的数学模式。他的《天文学》一书影响深远。

在数学方面,毕达哥拉斯对数学做过很多研究,他最突出的成就是关于直角三角形三边关系的勾股定理。德谟克利特在数学方面也颇有建树,他提出了圆锥体、角锥体和体积的计算方法。当然,数学方面最为重要的成就是欧几里得(约公元前330年—前275年)创立了几何学。阿基米德(约公元前287—前212)则是另一位伟大的数学家,他的杠杆原理得到了广泛的运用。

在医学方面,希波克拉底(约公元前460—前377)是"医学之父",传世的医书多达60卷。他认为自然环境与人的健康和疾病有着非常密切的关系。他强调自然疗法,主张通过饮食和休息让病人自己恢复健康。他进行过人体解剖,奠定了临

---

① [古希腊]亚理士多德:《诗学》,罗念生译,见《诗学·诗艺》,人民文学出版社,1962年,第28—29页。

床医学的基础。他提出了医德问题,制定了有关的道德规范,这就是著名的希波克拉底誓言。

另外,应当提及的是,西方史学也源自古希腊,其史学的开创者是希罗多德(约公元前484—前425)和修昔底德(约公元前460—前400)。希罗多德被称为"历史之父",著有《历史》(《希腊波斯战争史》)一书。修昔底德著有《伯罗奔尼撒战争史》。

第五节　古希腊文化的世界性影响

古希腊文化是欧洲文化的发源地,为欧洲文化日后的繁荣和发展奠定了基础。古希腊文化在文字、文学、艺术、史学、哲学、教育、政治学、科学等方面都取得了丰硕的成果,并具有开创性的价值和意义。恩格斯说:"没有奴隶制,就没有希腊国家,就没有希腊的艺术和科学;没有奴隶制,就没有罗马帝国。没有希腊文化和罗马帝国所奠定的基础,也就没有现代的欧洲。"①

古希腊进入阶级社会以后,在政治上没有出现专制王权的长期统治,在宗教上也没有出现至高无上的宇宙主宰。奴隶主民主政治为文化在各领域的繁荣发展提供了比较宽松的环境,出现了百家争鸣、百花齐放的局面。"希腊人的文化是第一个以知识第一——自由探究精神至上为基础的文化。没有任何主题,他们不敢去研究;没有任何问题,他们认为超出理性范围。对于一个以前从未认识到的范围,理智高于信仰,逻辑和科学高于迷信。"②古希腊文化关注人、关注人的生活、关注对人的研究,注重对事物进行理性的分析和研究,这些都集中体现了古希腊的人本主义精神。这种人本主义精神和传统以后在欧洲文艺复兴时期又得到了发扬光大,促进了欧洲科学文化的发展。

公元前146年,罗马在军事上征服了希腊,但在文化上却反而被希腊所征服。"希腊的思想,希腊的物品,以及希腊的素材已经流入罗马。罗马的将军们和冒险家们洗劫了希腊的旧地,并掳走了重要的物品去装饰他们在意大利的别墅、花园和公共场所:希腊雕塑和绘画一再被复制。罗马的建筑师沿用希腊柱式,他们也采用多利亚式以及爱奥尼亚式,但是更直白地表现出对科林斯式的偏好。希腊化世

---

① [德]恩格斯:《反杜林论》,《马克思恩格斯选集》第三卷,人民出版社,1972年,第220页。
② [美]菲利普·李·拉尔夫等:《世界文明史》,赵丰等译,商务印书馆,1998年,第263页。

第六章 爱琴海文化

界所经历的政治上的罗马洗礼,同罗马所受到的艺术上的希腊化改造并驾齐驱。"①

千年以后,当欧洲文艺复兴时期的人文主义者放眼世界,希望找到他们所需要的文化和武器时,他们又发现了古老的希腊文化。这正如恩格斯所说:"拜占庭灭亡时抢救出来的手抄本,罗马废墟中发掘出来的古代雕像,在惊讶的西方面前展示了一个新世界——希腊的古代;在它的光辉的形象面前,中世纪的幽灵消逝了;意大利出现了前所未见的艺术繁荣,这种艺术繁荣好像是古典古代的反照,以后就再也不曾达到了。"②

的确,古希腊文化成就所达到的高度,在一些人看来至今尚无人能够企及。希腊诗歌、文化、戏剧、雕塑、艺术等优秀作品已成为后世作家和艺术家学习和借鉴的楷模以及评判的准则。西方近代文明的一切胚胎,譬如政治制度、民主观念、哲学思想、文艺样式等均孕育于古希腊文化。"在希腊这块留存了这些遗迹的地方,植根着许多我们西方文明的基础。它的伟大的哲学家、历史学家、诗人、剧作家、建筑师、雕塑家和画家,至今仍影响着我们的思想、行为和创作方式。"③从这个意义上,我们或许可以说"条条道路通希腊"。

---

① [美]约翰·格里菲思·佩德利:《希腊艺术与考古学》,李冰清译,广西师范大学出版社,2005年,第386页。
② [德]恩格斯:《自然辩证法》"导言",《马克思恩格斯选集》第三卷,人民出版社,1972年,第444—445页。
③ 同注①,第7页。

第七章

古罗马文化

第一节 概 述

　　罗马的发展如同一部气势恢宏的史诗,它传承了希腊文明而又有自己的特质。从时间上来说,在希腊文明的光芒隐退之前,罗马文明就已开始在亚平宁半岛台伯河两岸兴起了。罗马人无法抗拒希腊文化的魅力,从希腊人那里学到了许多东西,如字母、神话、宗教和艺术等。但他们依然尊重古老的农业传统,崇尚秩序和军事威力,并在政治、法律和城市规划与建设上超越了古希腊人。人们常说:"辉煌的希腊,伟大的罗马",这正是对两大古典文明特质的高度概括。可以说,希腊的哲学、罗马的法律和基督教的道德共同奠定了西方文化传统。

　　罗马文明融合了来自东西方的各种因素,是西方文明从地中海东部向意大利地区迁移与传播的结果。它不是孤立发展起来的,是在吸收丰富的埃特鲁里亚、希腊和东方文明古国文化的基础上,创造出来的具有自身传统和特色的拉丁文化。它大致经过三个阶段:从约公元前8世纪到前6世纪,称为"王政时代",以罗马城的建立为标志。公元前509年,罗马人推翻了埃特鲁里亚人建立的塔克文王朝,标志罗马进入共和时代。这一时期一直延续到公元前27年,屋大维(公元前63—14)取代恺撒(公元前102—前44)成为罗马的第一位正式皇帝,横跨欧洲、亚洲、非洲的罗马进入到帝国时代。直至西罗马在公元476年被日耳曼人攻陷,古罗马的历史才告结束。

　　古罗马兴起于意大利半岛中部,那里被大面积森林覆盖,气候湿润凉爽,河流纵横,土地肥沃,有利的自然条件促进了农业的发展。农耕成为罗马人的主要生活方式。公元前9世纪和公元前8世纪,埃特鲁里亚人和希腊人先后来到这片土地上。罗马早期历史深受埃特鲁里亚文化的影响,并通过它学习到了希腊文化,拉丁

第七章　古罗马文化

文就是意大利人以从埃特鲁里亚人那里学到的希腊字母为基础发明的。

公元前6世纪,埃特鲁里亚人向外扩张,不久便达到鼎盛时期。罗马王政时代的塔克文王朝就是由埃特鲁里亚人建立起来的。公元前5世纪初,由于内部纷争和外遇强敌,埃特鲁里亚文明开始衰落下去,后又受到罗马人的不断打击,最终为罗马所吞并。王政时期罗马名义上的最高统治者为"勒克斯",但"象英雄时代的希腊人一样,罗马人在所谓王时代也生活在一种以氏族、胞族和部落为基础,并从它们当中发展起来的军事民主制之下"①。罗马奴隶制国家的形成,始于王政时代后期。

关于罗马城的起源有各种神话传说,一种比较普遍的说法是,战神(马尔斯)派了一只母狼到罗马这个地方,发现了两个孩子,便将这两个孩子抚养长大。这就是罗马人的始祖,所以罗马以母狼为象征。罗马社会中最重要的基本单位是家庭,是宗教、道德和教育的中心。一个罗马家庭包括所有未婚的孩子、结婚的儿子及其家庭,还包括依附他们的亲戚和家庭奴隶。父亲是一家之长,具有绝对的权力,他主持宗教仪式,关心子女的教育,决定家庭一切重要事务。罗马妇女比希腊妇女更体面一些。母亲操持家务,购买物品,与丈夫一起接待客人。

罗马人逐渐变得强大,一个个地征服了周围的各个部落,每个部落慢慢有了自己的行政管理机构,共和制产生了。随着罗马的扩张,贵族和平民的冲突加剧,具体表现为贵族对权力攫取不放,而平民也锲而不舍地追求社会和政治的平等。平民是罗马经济的支柱和军队的来源,却几乎没有发表意见的机会。公元前450年颁行的第一部成文法——十二铜表法,就试图平息这两个阶级间的斗争。随后,平民相继获得了与贵族联姻的权力,当选为执政官的权力,进入元老院的权力,参加所有等级的祭祀活动的权力,最后一点使得他们在宗教事务上与贵族享有同等的地位。公元前287年,平民大会的立法和决定被认定对所有罗马公民(无论是平民还是贵族)都有约束力,这是平民最后在权力和影响上取得的最大胜利。这些改革是在没有战争或流血的情况下进行的,尽管它们并没有从根本上解决这两个阶级间的争斗,却避免了内战的发生。

在改革政治的同时,罗马人建立起领土霸权。到了公元前1世纪末期,罗马不仅控制了西欧大部分地区,而且控制了大部分希腊化地区。在征服希腊化地区并毁灭北非的迦太基文明之后,罗马得以把地中海变成"罗马人的内湖"。在这一过程中,希腊的种种制度和思想也被引入地中海世界的西半部。罗马从一个点逐渐

---

① [德]恩格斯:《家庭、私有制和国家的起源》,《马克思恩格斯选集》第四卷,人民出版社,1972年,第124页。

发展开来,用战争征服的手段逐渐扩大疆域,成为一个覆盖绝大部分欧洲和一部分小亚细亚和北非的跨亚、非、欧三大洲的庞大帝国。历史学家波里比阿曾惊叹,"罗马是凭借什么样的手段,用什么样的政策,在不到53年的时间内,征服了几乎整个有人居住的世界并且将其置于仅仅一个罗马城的主权范围内。"①不可否认的是,政治、经济、军事因素对古罗马国家兴旺发达的巨大而直接的推动作用。

  罗马商品经济的发展还不限于本土范围,而是建立了一个开放的世界性的商品经济体系。罗马濒临海滨,有便利的海外贸易条件,罗马本土有四通八达的运河网、公路网,台伯河直接入海,货物经台伯河码头装载,便可立即与海上运输线相连接。这样,罗马的海外贸易就把环绕地中海的意大利半岛、希腊半岛、高卢、小亚细亚、叙利亚、埃及、北部非洲及地中海诸岛连成一个巨大的经济网络体系。商人的足迹几乎遍及当时人们所知的世界的各个角落。应当一提的是,随着对外扩张和奴隶制的充分发展,罗马奴隶主贵族积聚了大量的财富,过着极端奢侈腐化的生活。这种情况严重破坏了人们的审美趣味和社会风尚。当时,罗马城内的财富堆积如山,追求物质财富和享乐,成了普遍的人生目标,艺术也只是作为财富和享乐而被收藏和欣赏。"吃和玩"成了普遍的口号和时尚,以致追求粗野的、血腥的(如斗兽)、色情淫乱的娱乐也发展起来。这一切都影响了艺术的正常发展,使得文艺日益脱离现实,讲究辞藻,雕琢形式,迎合庸俗趣味,日益成为宫廷贵族享乐的工具。

  罗马共和国灭亡后,屋大维夺取了恺撒曾经拥有的所有权力,成为罗马的第一位正式皇帝,罗马从此进入帝国时期。屋大维确定自己为绝对的统治者,最初他自称为"元首"(罗马的首席公民),后来自称为"奥古斯都"(意为威严或最高的)。这一时期也被称为"奥古斯都"时期。屋大维死后,罗马帝国完全成了君主专制国家。孟德斯鸠在总结古罗马的时候说过,"自从皇帝们当政的时候起,历史就更加难写了,因为一切都变成秘密的了;行省的一切公文信件都送到皇帝的办公厅。人们能够知道的只有暴君们的愚蠢和大胆所不愿隐藏的东西,或是历史学家所能猜到的东西而已。"②

  绵延不断的战争和奢靡浮华的社会风气造成了罗马的衰败。比罗马人还要野蛮的北方的日耳曼人慢慢地发展起来了,以一个新兴民族的姿态向南逼近。他们向整个西欧大迁徙,逐一占领罗马的阵地和领土。

  总之,罗马拥有辽阔的土地,也囊括了众多的文明。它犹如文明的大熔炉,吸

---

① [美]绍特维尔:《史学史》,哥伦比亚大学出版社,1939年,第232页。
② [法]孟德斯鸠:《罗马盛衰原因论》,婉玲译,商务印书馆,1962年,第74页。

收其他文明的矿产,经过熔炼后,又传到四面八方。富有特色的罗马法和法学,对世界各国产生了深远的影响。迄今仍然存在的许多罗马时代的大型建筑,其恢宏构想和巧妙结构令人赞叹。以恺撒、西塞罗(公元前106—前43)为代表的拉丁文散文,以维吉尔(公元前70—前19)、贺拉斯(公元前65—前8)、奥维德(公元前43—18)等人为代表的罗马诗歌,以塔西佗(约55—120)等人为代表的罗马史学,是世界各国学者研究的对象。在罗马帝国的具体历史条件下产生和发展起来的基督教,给整个人类特别是欧洲文化的发展打上了深刻的烙印。

第二节 共和政体与罗马法律

　　罗马留给人们最宝贵的财富集中于两个方面,即行政管理经验和法律精神。罗马采取共和制度来管理国家,我们今日所称的"共和国"一词就是来源于罗马。所谓共和制,最重要的特征就是国家的最高统治者由有选举权的人选举产生。罗马共和国的政治制度包括如下内容:公民大会、元老院、行政官吏。

　　公民大会也称部落大会,35个部落的公民组成部落大会,该机构主要由平民控制,选举保民官。公元前287年后,该机构获得立法权。元老院是罗马共和制的代表者和维护者,是所有政治机构中最重要和最有权力的机构。元老院开始为100人,由100个贵族家庭的家长组成,以后成员的来源更为复杂,人数也增至300人。这一机构早期的权力是宣布由公民大会通过的法律和选举结果,当然也可以拒绝宣布,所以元老院实际拥有法律的批准权。从公元前4世纪下半叶起,程序颠倒过来,所有法律和被选举人都由元老院首先提出,而经公民大会通过后就可生效。投票往往从最富裕的公民开始,一旦得到大多数票后,投票即告停止,所以元老院提出的提案往往会自动通过。元老院控制公共财政,指定行省总督,并可向司法行政长官指派军队。在外交上也是主要决策者,负责接见外交使节和派遣外交代表。在司法上有时还组成特别审判法庭。

　　罗马共和国的行政官吏包括:执政官、独裁官、行政长官、监察官、保民官。执政官执掌最高权力,由推举出来的两名贵族担当。他们行使最高权力,创建立法,充任大司法官和军事首脑及大祭祀长,与罗马王政时代的国王一样拥有绝对的统治权力。他们甚至像君王一样着装,穿着紫色大袍,坐在传统上君王使用的象牙宝座上。不过,他们的权力受到非常严格的限制:他们只执政一年,以后供职于元老院;他们是两人执政,任何一名执政官都可以凭借简单的否决有效地阻止对方的行动或决定。这样,由于执政官没有太多的展示进取心、发挥创造性的机会,罗马政府趋于保守和谨慎。

独裁官是在非常时期的行政官员,产生于国家危急时刻,拥有绝对的行政权力,为期6个月。

司法行政官员早期都由贵族垄断,到公元前339年,平民也可以担任。他们有解释法律和执行法律之权,日常行政大事也由他们掌管。几乎所有元老院成员以前都担任过这些职务。

监察官负责公民的资格审查和财产登记,根据财产对公民进行排名,同时确定每年的税收。这些人掌握许多公民的隐私,所以通常由得到公民信任的德高望重者担任。监察官为两人,根据规定5年选举一次,但习惯上18个月以后,监察官会自动辞职。

平民保民官是个非常特殊的设置,保民官不是处理日常事务的行政官员,但他们的地位又非常重要。保民官有10人,他们每年由部落大会选出,并负责主持部落大会。他们必须是平民,也只代表平民利益,他们有权否决任何行政官员的决定,他们的人身是不可侵犯的,这一设置主要是防止贵族滥用权力。

我们看到,罗马共和制是介于君主制和希腊直接民主制之间的制度,从机制实践的角度看,而不是从观念的角度,它对西方制度的影响可能更大一些。但它的制度主要还是贵族统治,由于行政官员是不给薪金的,因此穷人难以担任此职。元老院基本上是贵族的天下,其权力又大于执政官。有野心、一心往上爬的保民官则常常与元老院勾结,串通一气使用否决权。如此,罗马的奴隶主贵族和富人们通过操纵政治控制了罗马共和国。

有人说,罗马曾经三次统治过世界,第一次是以武力,第二次是以宗教,第三次则是以法律,尤以法律对世界的统治最为持久。① 确实,罗马的光荣是同罗马法的辉煌成就联系在一起的,这不仅因为罗马法曾经达到古代法的最高成就,而且还在于罗马法对后世广泛而持久的影响。直到今天,无论是在东方还是西方的法律制度中,都可以找到罗马法的影子。

古罗马有着完备的法律体系,包括市民法(仅适用于罗马公民)、万民法(适用于所有人)和国家关系法(用于调节罗马人与其他民族之间的关系)。罗马法起始于公元前450年的《十二铜表法》,它是从罗马的宗教观念和习俗演变而来,认为法律审判是神的意志的体现,是受到神关注的。基本特征有:第一,十二表法的法律内容是综合性的,涉及土地占有、债务、家庭、诉讼等方面,有些内容完全是与某些仪式相关的,显然有旧时宗教的影响。如关于葬礼,法律规定不能将尸体埋在城里,或在城里火化,禁止妇女在葬礼上号啕大哭,禁止在尸体身上放黄金祭品等。

---

① 蒋先福:《契约文明:法治文明的源与流》,上海人民出版社,1999年,第162页。

第二,十二表法适用于所有公民,没有例外,这就是强调了法律的普遍适用性,禁止特权。同时法律还规定,一般公民如果不服法官的判决还可以上诉至公民代表大会,一定程度可以避免法官的武断。第三,十二表法非常强调法律程序,一切要依法律条文办事,法律条文没有做出规定的,司法官就不能受理。

罗马变为地中海的霸主后,罗马法经历了一个不断补充和完善的过程。早期的法律规范仅仅适用于罗马公民,随着罗马对外扩张以及国际交往和商业的发展,罗马公民同外邦人和被征服地区居民在法律上的矛盾和纠纷日益增多。同时产生需要局部承认外邦人的合法权利并予以法律保护的问题,于是,在审理涉及外邦人讼争案件中逐渐形成了万民法。万民法实际上是罗马帝国统治范围内的国际法,其内容主要是调整财产关系,特别是有关所有权和契约关系的规范。万民法于公元534年在东罗马帝国国王查士丁尼的主持下编撰完成并颁布施行,后人称之为《民法大全》。

该法典对西方文明的影响被认为仅次于《圣经》,其基本思想和原则已融入西方乃至世界各国的法律中。在古代罗马,法律就是人民通过某种形式表达的意愿。人们可以从这里节选的一些条文中领略到罗马法的博大精深,以及对证据、公正、思想自由和契约精神的肯定。如:"任何人在缺席时不得被判罪"。同样,"不得基于怀疑而惩罚任何人";"与其判处无罪之人,不如容许罪犯逃脱惩罚"。"任何人不能仅因为思想而受惩罚"。"世代相传的习俗应受到尊重和服从,不得轻视,但其有效性不应凌驾于理性或法律之上"。"拷问用于查明犯罪真相,但不应作为首选方式。因此,首先应当求助于证据";"拷问不应完全听从原告的要求,而应本着合理与节制之原则"。这些司法官的法律引进了一些非常重要的原则,比如无罪推定的原则,即被告在被证明有罪前他是无罪的。

在法律体系逐渐完善的情况下,法学理论也有了很大的发展。罗马法学思想的奠基者是西塞罗,他著有《共和国》《法律篇》《职务篇》等。西塞罗有一句名言:"依照自然而生活是最好的"。他是基于这种观念提出他的法律思想的。他认为法律的本源是自然的法则,现存的法律和习惯是源于神的自然不完整的反映,所以现存的法律需要根据自然法则进行完善。人性中最具自然本质的是理性,因此法律与道德一样都必须建立在理性的基础上。这种法律思想具有意想不到的后果,因为既然理性是人类普遍的属性,那么从此派生出来的法律也应该具有普遍意义,不存在公民、外邦人、自由人、奴隶的分别,依此人们自然会推导出人类的自然平等观。所以,西塞罗关于自然法的思想是人类自然平等思想的重要渊源。17至18世纪欧洲资产阶级革命时期的思想家继承、发展了自然法的理论,提出了"天赋人权""权利平等"等口号作为反封建的武器。

到了帝国时期,由于帝制的建立,国家的立法、司法大权集中于皇帝一人,因此帝国时期的法学家普遍认为皇帝的意志就是法律,皇帝是法律的渊源。

罗马法对以后欧洲的法学思想、法律制度有很大影响。近代西方的许多法律制度,如陪审制度、律师制度、诉讼程序,甚至政治制度的某些方面都来源于罗马法。

第三节 发达的史学、哲学和科学技术

与希腊相比,古罗马在史学、哲学和科学技术方面比较薄弱,但也有其自身的特点,长久的农耕生活使得他们用一种务实的态度去解决问题以求得生产的发展和生活的改善,这形成了罗马强调实用性的特征。学者们编纂了众多的著作,他们认为"源于实践的知识比沉思的理论更有价值"。①

一、史学

罗马史学直到公元前 3 世纪才开始出现。法比乌斯·皮克托(约公元前 254—?)是罗马第一位历史学家,他用希腊文撰写的《编年史》记述了从罗马神话时期到他所生活年代的历史。之后,代表人物包括塔西佗(约 55—120)、普鲁塔克(约 46—125)和苏维托尼乌斯(69—140)。

塔西佗是早期不列颠和日耳曼的政治和社会历史的重要拉丁权威,主要著作包括《历史》(亦译作《罗马史》)和《编年史》(亦译作《罗马编年史》)。这两部著作虽然都是历史著作,却具有强烈的文学性,其中对历代帝王将相的实录描写非常真实且具感染力。塔西佗在西方史学史上第一次明确地提出了"抽离自我""超然物外"的客观主义治史原则,这是塔西佗史学成就的最高体现。

普鲁塔克的《传记集》又被称为《希腊·罗马名人合传》。此书反映了希腊文化和罗马文化融合的趋势和现状。书中强调了一个历史事实,即希腊和罗马都曾有过辉煌的历史、都产生过同样杰出的历史人物、都是了不起的民族。该书记载了从半神话人物一直到1世纪的罗马皇帝的生平,莎士比亚、歌德等人均曾从中取材创作。普鲁塔克在著作的结构安排上也是独树一帜,采用事迹相似的希腊罗马名人合传的方法,既便于比较,又便于鉴赏。譬如:他把马其顿的亚历山大与罗马的恺撒组成合传,就是因为他认为这两个人都是杰出的军事家和政治家、都怀有极大的野心,又都精于战术、果断勇敢、富有冒险精神、不辞艰辛,也都很幸运,并且都无视

---

① [古罗马]西塞罗:《西塞罗三论:老年·友谊·责任》,徐奕春译,商务印书馆,1998年,第28页。

关于他们自己的灾异等。

苏维托尼乌斯则著有《罗马十二帝王传》,记述了罗马社会及自恺撒到图密善共12个皇帝的概况,他写的传记生动入微,尤其在揭示皇帝的成长和继位的一些重要细节,宫廷日常生活,个性对政局的影响乃至皇室糜烂的性丑闻方面。他不但知时人所未知,也能发前人所不敢发,因此弥补了塔西伦著作的不足,而且行文朴实流畅,是古罗马文学中难得的不事辞藻的作品。此外,他还著有《名人传》,后世对古罗马文学家的生平的了解几乎都出自此书。

二、哲学

公元前3—2世纪,随着希腊斯多噶派学说和伊壁鸠鲁派学说在罗马的最广泛的传播,罗马的哲学思想开始发展起来。西方著名的哲学家罗素认为,"没有什么是可以归功于罗马哲学的,因为根本就没有什么罗马哲学。"①当然,古罗马有西塞罗、卢克莱修、辛尼加等哲学家,但他们的哲学只是古希腊哲学的再版或模仿,并无创新之处。与希腊人的哲学思想相比,罗马人更注重于实用,他们不像希腊人那样穷究宇宙的本源和人生的根蒂,而希望能从哲学中找到为其所用的某种行为准则或治国的方法。

共和后期所出现的折衷主义就是承袭希腊各派哲学中可取部分的结果。这种折衷主义的典型代表是西塞罗。西塞罗的哲学著作主要有《论善与恶的定义》《论神的本性》等。西塞罗主张顺乎自然,豁达知命,以节制欲念求得心灵安乐。西塞罗在哲学上的最大贡献在于:他以生动的语言将希腊的哲学思想通俗化,从而有利于罗马人对希腊思想的了解,促进了罗马自身哲学的发展。

共和末期,卢克莱修(约公元前99—前55)在他形式华美的长诗《物性论》中阐释和赞颂了希腊的原子论。指出自然界的一切是由唯一真实的物质,即不可分的原子构成。原子不能创造,也不能消灭,它们具有一定的形式、重量,并且永恒地运动着,原子按一定的规律结合成万物。他以富丽堂皇的辞藻宣布,因果性原理支配着万物,从看不见的水蒸气的蒸发,一直到宇宙中发光的天体的庄严运动都是如此。《物性论》是人们了解古代原子唯物论思想的唯一系统的著作,它对唯物论的发展有深远影响。

折衷派斯多噶主义在帝国时期有了很大的发展,著名的唯心论哲学家辛尼加(约公元前4—65)在推动这一学派的发展方面起了极其重要的作用。辛尼加主张人唯一的任务是提高道德和智慧,保持精神上的安宁。他鼓吹禁欲主义,要求人们

---

① 王晓朝:《罗马帝国文化转型论》,社会科学文献出版社,2002年,第90页。

放弃现实生活和欲望,以等待神的启示和精神上的解脱。辛尼加的这种思想是社会出现危机时统治阶级腐朽没落和悲观绝望的思想情绪的反映。

与折衷派斯多噶主义盛行的同时,在罗马又出现了新柏拉图主义,该学派的创始人和最有影响的代表是普罗提诺(204—270)。他生于3世纪初的上埃及,是罗马帝国危机时代的哲学家。他认为,世界的本原是"太一",也就是神。"太一"本身并不是万物中的一物,但世界万物则是从"太一"那里流溢出来的。首先流溢出"心智"、宇宙理性,即柏拉图的理念世界;其次从"心智"中流溢出"灵魂";最后再从"灵魂"中流溢出物质世界。人生的目的就在于赶快脱离这个世界上的事事物物。普罗提诺把哲学归结为宗教神秘主义,要求人的灵魂摆脱其与客观现实的物质世界的一切联系,通过心智凭借神秘的出神、迷狂、对神的爱,同时又由于神的眷顾、干预,才能上升到与神结合这个终极本原太一。这对基督教的教义产生了很大的影响,为以后欧洲封建时代的基督教神学奠定了哲学基础。

帝国时期唯物论思想的重要代表人物是琉善(120—200)。他的作品主要有《神的对话》《悲惨的朱庇特》《渡口》等。他的著作多以对话和讽喻的形式表述他的思想。琉善赞美希腊的德谟克利特和伊壁鸠鲁的唯物论哲学,批判和嘲笑一切宗教思想,主张财产公有,人人平等。他的唯物论和无神论思想对后来西欧的文艺复兴和近代一些无神论思想家都产生过很大影响。

三、科学

罗马人在自然科学方面没有太大的进展,他们主要是将前人的成果进行综合。有一种戏谑的说法,罗马人擅长的是排水(drain),而不是脑力(brain)。因为罗马修建了大规模的引水系统:罗马城本身有11条引水渠,可将3亿加仑水从周边的山区输送到城市中。

为了突出皇帝的武功,炫示国力的强盛,罗马人兴建了很多凯旋门、纪功柱、大会场、竞技场、神殿、剧场、浴场以及石拱水道,其富丽堂皇,气魄雄伟,规模巨大,至今仍令人赞叹。同时他们还仿制了大量古希腊的雕像(现存许多希腊雕像都是罗马时期的仿制品),保留了现实主义的传统。

古罗马建筑表现出对宏伟气魄的酷爱,从公元前2世纪起表现出自己特有的个性。他们试验使用填料技术,即在灰浆内混杂石块。这种可塑的材料被广泛应用,可做出越来越复杂的形状:拱、穹,最终做出了穹隆顶。罗马建筑的建筑规模,巨大的室内空间的塑造与丰富的空间序列组合,以及宏伟华丽的艺术形式都是建立在此基础之上的。由于砂浆看上去并不美观,因此它被打磨过的石块掩盖起来,这就是砌面。最为壮观的建筑要求使用大理石砌面。帝国建立之后,也经常用砖来做砌面。外墙从一种结构作用中解放出来,成为了一种极为重要的装饰建筑,它促进了逼真性装饰的发展。此外,古罗马还继承并发展了古希腊柱式构图,并解决了古罗马建筑由于巨大的体量造成的尺度失调问题,丰富了古罗马建筑造型,同时也使其比希腊建筑显得富丽堂皇。罗马最著名的建筑物是屋大维时代修建的万神殿。其平面为圆形,上面覆以圆形穹顶,白天日光从圆洞中泄下,这样就营造了一个内部环境,信徒们在殿内聚会,通过与外部世界的隔绝来和上界天神心灵相通,显示出崇高神秘的宗教气氛。

古罗马建筑师维特鲁威(约公元前80—约前25)所著的《建筑十书》,是现存欧洲最早的建筑理论专著,书中提出了"坚固、适用、美观"的建筑原则,这就是说,建筑物不仅要牢固、实用,有目的性,而且还要美。建筑物应当是实用和审美的统一,这是贯穿《建筑十书》的一个根本思想,也奠定了欧洲建筑科学的基本体系。维特鲁威认为,美源自于对称,而对称的基础在比例。他十分强调比例,而且认为建筑物的比例是以人体的比例为基础的。建筑物的比例和对称,应当严格地按照健美的人体比例来制定。他写道:"如果造物者如此设计了人体,使得各部分的比例和整个构造相符合,那么古人就有理由做出决定,在建筑中准确地调整某些部分使之适合于所涉及的总样式。"①

此外,罗马最著名的医学家盖伦(约130—200),长期在罗马行医,他把希腊解剖知识和医学知识加以系统化,并且把一些分裂的医学学派统一起来。他对动物和一些人体进行了解剖,最早提出关于人体生理比较完整的看法。他考察了心脏的作用,并且对脊髓进行了研究。据说,这是古代最值得注意的两个实验之一。②他将当时所知的医学知识编辑成多部著作,如《解剖过程》《身体各部的机能》等,在非常长的一段时间里被看做是医学界最伟大的权威。罗马天文学方面对后世影响最大的是托勒密(约90—168),他是希腊人,生于埃及,长期在亚历山大里亚从事研究,著有《天文学大成》。《天文学大成》中主要论述地心体系,认为地球是宇宙的中心,日、月、行星和恒星都环绕地球运行,这种理论被称为托勒密体系。托勒密体系在当时不带有政治、宗教的色彩,只是人们对宇宙的误解。到了中世纪时,这种错误理论才被基督教会利用作为上帝创造宇宙的根据,统治人们的思想达一千多年。在罗马自然科学著作中以老普林尼(约23—79)的《自然史》最为重要,这是一部以总结、综合前人科学研究成果为主、结合作者本人科学考察和研究新成果的一

---

① [波]塔塔科维兹:《古代美学》,杨力等译,中国社会科学出版社,1990年,第366页。
② [英]W.C.丹皮尔:《科学史及其与哲学和宗教的关系》上册,李珩译,商务印书馆,1975年,第104页。

部百科全书式的著作。书中分别叙述了人文、地理、历史、民族志、动物学、植物学、药物学、矿物学、冶金、化学等方面的知识,是研究罗马自然科学史的重要文献。在地理学方面,古罗马的著名地理学家是斯特拉波(约公元前63—23)。他在代表作《地理学》(共17卷)中较为详细地描述了古代欧、亚、非的地理情况,并探讨了地理学的一些理论和研究方法。《地理学》被誉为内容最全面、资料最丰富的欧洲古代的地理学专著。

第四节 成熟的文学艺术

古罗马文学诞生和发展初期,古希腊文学已经达到高度的繁荣,对古罗马文学产生了很大的影响。在希腊化时期,罗马人非常喜爱希腊文化,对希腊作品进行大量复制,我们今天更多的是通过这些复制品了解希腊的。在公元前146年罗马灭亡希腊之后,更是将全部希腊神话、诗歌和戏剧据为己有,找了许多从希腊俘虏来的奴隶做家庭教师,让他们编剧作诗,并研究各种科学,这使得古罗马文学染上了浓厚的希腊色彩。以神话为例,同希腊文化接触后,许多罗马的神祇便同希腊的神祇结合起来。如罗马人信奉的主神朱庇特便等同于希腊的宙斯,他的妻子朱诺则等同于赫拉。甚至于太阳神阿波罗和文艺女神缪斯等则直接进入罗马神话,连名字都没有变。

但罗马文学也不是对希腊文学的简单复制,他们借用希腊的形式或者题材,表达的完全是罗马人的思想,时时透出罗马人自己的关怀和兴趣,比如对现实社会的关心,无所不在的好奇心等等。古罗马文学具有更强的理性精神和集体意识,具有庄严崇高的气质,却也缺少了希腊文学生动活泼的灵气和无拘无束的儿童式的天真烂漫。总的来说,古罗马文学在艺术上强调均衡、严整、和谐,重视修辞与句法,技巧上偏于雕琢与矫饰。

罗马文学采用的语言是拉丁语。最初拉丁语并非主流语言,在文学、哲学、史学等方面流行的是希腊语,罗马人开始进行自己创作时常常为拉丁语找不到相对应的词汇而感到苦恼,特别是表达一些抽象概念的时候,后来许多人将希腊词汇消化后用拉丁词表达,逐渐从具象发展到抽象。

一、戏剧

古罗马戏剧萌芽于农村丰收节庆。在传统节日,或在葡萄栽植或收获季节,罗马人会举行庆祝。节庆期间流行的即兴诗歌对唱包含有戏剧的萌芽成分。公元前300年左右出现的阿特拉笑剧,标志着罗马民间戏剧发展的新阶段。它是罗马人向意大利半岛中部扩张期间从坎帕尼亚的奥斯克人那里模仿来的,用来讽刺乡村生活中某些滑稽可笑的事情,主要角色有丑角、饶舌者、老头、驼背。阿特拉笑剧起初由青年业余表演,后来才出现职业演员,表演内容随之扩大,人物形象也逐渐丰富。民间戏剧表演为后来罗马戏剧、特别是喜剧的发展奠定了基础。

希腊籍获释奴隶李维乌斯·安德罗尼库斯(约公元前280—前204)是古罗马文学史上第一个诗人和剧作家。他曾经将荷马的《奥德修纪》(一译《奥德赛》)用萨图尔努斯诗体译成拉丁文,他依据希腊剧本改编的戏剧于公元前240年第一次上演,这是罗马戏剧的发轫。早期的罗马戏剧接受现成的希腊文学成就,把它介绍给罗马人,以满足日益增长的文化需要,并以之为借鉴,努力建立具有民族特色的文学传统,使各种文学形式在罗马开始发展。

古罗马戏剧包括喜剧和悲剧。罗马喜剧主要是人情喜剧,由于当权的奴隶主贵族不允许随意讽刺他们或批评时政,因而政治喜剧未能发展。在这一时期占统治地位的喜剧是希腊式喜剧,它依据希腊晚期和以神话为题材的中期喜剧及以市民生活为题材的新喜剧改编而成,同时吸收了意大利民间戏剧的因素。希腊式喜剧很受下层民众欢迎,公元前3世纪末和公元前2世纪上半叶是其繁荣时期。在当时的喜剧家中,以普劳图斯(约公元前254—前184)和泰伦提乌斯(约公元前190—前159)最为出名,也只有他们才有完整的作品流传下来。他们的作品具有不同的思想倾向和艺术风格,代表了希腊式喜剧发展的不同阶段。他们所用的喜剧材料大致相同,但表达的思想却具有时代差别,而对现实的关注则体现了罗马民族务实的特点。

普劳图斯关心的是在希腊文化的冲击下如何保持罗马古老传统、保卫自由的问题,而泰伦提乌斯却关注儿童教育的问题、爱情在青年人生活中的作用问题和不影响他人自由的问题等。他的喜剧结构严谨、语言文雅但欠生动,人物内心矛盾刻画细腻,人物形象自然。泰伦提乌斯对后世的喜剧产生了相当大的影响,法国的莫里哀、英国的谢里丹都曾模仿过他的作品。

塞内卡(4—65)是古罗马最重要的悲剧作家,他受斯多噶哲学影响,精于修辞和哲学。他主张人们用内心的宁静来克服生活中的痛苦,宣传同情、仁爱。他一生共写过9部悲剧和1部讽刺剧,多半取材自希腊悲剧。其作品风格崇高严肃,夹杂大量的道德说教,使得其笔下的对话和人物都缺乏真实感。其代表作是悲剧《特洛伊妇女》。

二、诗歌

罗马文学发展到帝国初期达到顶峰,尤其是屋大维统治时期缔造了罗马文学的黄金时代。一度动荡的古罗马社会呈现出和平稳定的景象,而屋大维也非常重视文学创作,竭力把它纳入他的政治轨道,作为左右社会舆论的工具。他把当时最有才华的作家,如维吉尔、贺拉斯等,团结在自己的周围。正是由于这个原因,这一时期的文学作品缺乏共和时代的哲学探索精神和政治辩论热情,而更多地肯定现存秩序所带来的和平生活和强大国力。文学风格也不及前一时期遒劲豪放,但技巧却更趋成熟,追求形式的完美。正如贺拉斯所说,"我们的诗人对于各种类型都曾尝试过,他们敢于不落希腊人的窠臼,并且在作品中歌颂本国的事迹,以本国的题材写成悲剧或喜剧,赢得了很大的荣誉。此外,我们罗马在文学方面的成就也绝不会落在我们的光辉的军威和武功之后,只要我们每一个诗人都肯花工夫、花劳力去琢磨他的作品。"①

维吉尔是罗马的桂冠诗人。他早年曾写过一些以神话为题材的诗歌,后基本散佚。他第一部成名作是《牧歌》,描写了山南高卢草原湿润、柳荫婆娑、水渠环绕的美丽景色,也关注了当时突现的社会问题,如内战的严重后果和土地的合理分配等。他以后的作品越来越贴近现实,在《农事诗》中,他以优美的诗句抚慰内战的创伤,思考自然与处在自然之中的人的关系,试图在人们的心中重铸和平的美景。他最主要的代表作是《埃涅阿斯纪》。《埃涅阿斯纪》是一部长篇史诗,与荷马史诗非常相似,不过荷马史诗起源于民间口头创作,而它却是第一部文人史诗。在作品中,作者关注罗马国家本身,试图用罗马人是神的传人的故事,说明现存制度的深厚基础和罗马的伟大使命,以此激起罗马公民们的爱国心和责任感。诗歌描写了特洛伊战争中神话英雄埃涅阿斯及其后裔历尽艰辛创建罗马国家的过程,恺撒和屋大维被描绘成埃涅阿斯的后代,也即神的后代。全诗强调使命感、责任感,洋溢着严肃、哀婉和悲天悯人的情调,是典型的罗马风格。在人物的刻画、结构的安排、情节的开展、韵律的抑扬等方面也颇具特色。尽管作者在主观上可能并没有为一朝一代的领导人歌功颂德,他想做的是揭示帝国出现的历史必然,但由于这部作品明显的政治倾向,很快成为屋大维抬高自己地位的工具。维吉尔在公元前19年去世时,并没有写完这部作品,而且在遗嘱中要求销毁它,但屋大维却下令出版。不久,这部作品就成了新罗马的"圣经"。人们至今还能在古罗马的断垣残壁上读到诗歌中的某些段落或片言只语。由此,罗马找到了自己的《伊利亚特》,它足以用来唤醒读者内心的民族自豪感和社会责任心。维吉尔对后世的影响是巨大的。但丁认为维吉尔最有智慧,最了解人类,因而在《神曲》中让他作为地狱和炼狱的向导。斯宾塞的《仙后》和弥尔顿的《失乐园》也有模仿《埃涅阿斯纪》的痕迹。

---

① [古罗马]贺拉斯:《诗艺》,杨周翰译,人民文学出版社,1962年,第152页。

贺拉斯曾经有一段时间与屋大维保持了一定的距离,但一旦认定屋大维的事业有益于罗马,他就心甘情愿地为屋大维的大厦添砖加瓦。他的代表作是《颂歌集》共4卷,百余首诗。《颂歌集》是罗马抒情诗的典范,表达了许多在罗马文学中被忽视的情感,如生活的快乐,爱情的磨难,愉悦、幸福与友情,随季节出现而稍纵即逝的一些感觉,等等。他的诗歌常带有一些哲理的思考,他通过一些具体的画面,如山坡边的羊群、一汪清泉、一座残败的圣所、冰封田野上掠过的西风等等,来揭示神圣的玄机。他同时用诗歌歌颂屋大维的功业和罗马帝国的兴盛,歌颂屋大维身上的罗马民族不朽的美德。贺拉斯的抒情诗改造了希腊抒情诗的格律,构思巧妙,语言优美,优雅庄重,熔哲理和感情于一炉,不少人竞相模仿。他的《诗艺》是罗马文学史上最重要的文学批评著作,被古典主义文学视为经典。

奥维德写了大量关于爱情的诗歌,但他的代表作是长诗《变形记》,共15卷。作者受希腊哲学家毕达哥拉斯思想的影响,认为宇宙间一切都无定形,一切都在变易,一切形象都在变易中形成。他发挥了丰富的想象力,以人变成动物、植物、星星、石头等为线索,把以爱情为主题的250多个神话故事如穿珠般串联在一起,可以说是希腊神话的大汇集,为后世文学家提供了重要的材料和创作灵感。他晚年流放期间的诗体信札则充满了哀怨、忧郁的情绪。《十日谈》《坎特伯雷故事集》等故事集都在框架上模仿《变形记》。此外,但丁、莎士比亚、蒙田、莫里哀、歌德等大文豪的创作都在不同程度上受到他的影响。

三、其他文学形式

在共和末期,统治阶级内部的激烈斗争促进了演讲辞和修辞学的兴盛,成为当时文学非常重要的形式。西塞罗是其中最杰出的演说家。他的演说词既是政论文又是文学作品,他将大量希腊语的概念用拉丁语表达,大大丰富了拉丁语的表现力,为拉丁文学的发展做出了突出的贡献。这就使得许多政治家热心于雄辩术的研究,致使散文这一文体得以迅速发展。西塞罗对拉丁语散文的贡献非常之大,他确立了拉丁语文学语言"准确、流畅、清新、雄浑"的原则。其散文风格对后世影响深远,成为欧洲诸民族散文的楷模。

从严格的意义上说,欧洲文学史上"小说"这一体裁就诞生于古罗马时期。彼特隆纽斯的《萨蒂里卡》是传奇式小说,现存两章残篇,广泛记录了意大利南部希腊化城市流行的享乐生活。书中人物语言符合方言特点,文笔典雅,机智风趣。尽管其形式和传统意义的小说还存在差别,但学术界还是倾向于将它看作欧洲文学史上的第一部流浪汉小说。

基督教成为国教后,基督教文学在4世纪—5世纪迅速发展,把世俗文学排挤到第二位。奥古斯丁(354—430年)的《忏悔录》在文学史上占有一定地位;基督教作家的作品由于受到内容的限制,艺术价值一般都不高。

文艺复兴后,古罗马文学作品重新被人传诵,在思想和艺术技巧方面对后代欧洲文学的发展,产生了不小影响。

第五节 基督教的产生与传播

在罗马帝国时期最重要的文化事件就是基督教的诞生和传播。基督教于公元1世纪产生于散居小亚细亚的犹太下层人民中间。犹太人是一个多灾多难的民族,公元前586年新巴比伦灭亡了犹太王国,把大批犹太居民掳往巴比伦,这就是所谓"巴比伦之囚"。从此犹太国不复存在。无家可归的犹太人遍布罗马帝国的各个角落,他们活跃在各地的农村与城市,从事多种职业,人数至少达300万。① 他们曾多次反抗罗马人的统治,但最后都被淹没在血泊之中。公元前63年,庞培屠杀12000名犹太人。公元前53年,罗马镇压犹太人起义时,有3万人被卖为奴隶。公元前4年,罗马镇压了三处犹太人起义,其中将2千名被俘者钉死在十字架上。公元6年,犹太人的起义再次被血腥镇压。在这多次的失败后,一些犹太人认识到,犹太教必须得到改造,关注的中心要从严苛律法转向对人类的拯救。"耶稣"于是应运而生。

按照传说,基督教的创立者是耶稣,但耶稣不见于1世纪的任何记载,2世纪后才见于《圣经》。他可能是犹太人中某个秘密教派的领袖,其事迹显然有神话色彩。学者们说,与其说耶稣创立基督教,不如说基督教创立了耶稣。传说耶稣生于伯利恒,父亲约瑟是一个贫困的木匠,母亲是玛利亚。上帝为了拯救人类而显灵,使玛利亚未婚而孕生了耶稣。耶稣即上帝的亲生子,亦即"救世主"。30岁时,他开始传教,先去约旦受约翰洗礼,继而创造了许多奇迹:使病人康复,使瞎子复明,他自己在水上行走,分开7个饼可使4000人吃饱等。后来在一个徒弟犹大的检举下,犹太教会判处耶稣死刑。耶稣是被大祭司、文士、长老们以僭称"基督"的罪名而判死刑的。通俗说法就是:耶稣妄称自己是上帝派来的救世主。这个罪名就好比是一个草民居然在皇帝面前妄称自己才是真命天子。根据"旧约"的介绍,上帝是通过"显灵"或"启示"的方式,将上帝的意思告诉教会的最高管理者,包括谁应该是教会的最高管理者也是由上帝通过这样的方式决定的。按照这样的说法,犹太教大祭司、文士、长老等都是根据上帝的旨意确定的,现在耶稣居然自称是上帝派

---

① [英]马丁·吉尔伯特:《犹太史图录》,徐新、孔德芳译,上海人民出版社,2000年,第12页。

来的救世主,那等于是对所有犹太教的大祭司、文士、长老是根据上帝的旨意确定的这个说法的彻底否定,这也就等于否定了整个犹太教高层对教会统治权的合法性。罗马总督抓获耶稣后,一时不知如何处置,但他知道他所管辖的犹大省是块是非之地,任何可以在民众中煽起强烈感情的人对罗马当局都是危险的,因此最后他决定将耶稣钉死在十字架上,这是当时罗马对最下层民众施行死刑的一种方式。那时为公元30年。然而,耶稣之死并未使耶稣所宣称的学说销声匿迹,他的信徒们相信耶稣死后三天又复活升天了,开始在巴勒斯坦和叙利亚等地继续传教。正是在这一时期,耶稣所创立的新宗教从犹太教的异端开始发展到基督教,最终成为罗马帝国的国教。

早期基督教的"救世主"观念和一神思想显然来自犹太教。犹太教是人类历史上第一个一神教,被视为"人类世界观的革命"①。除犹太教外,基督教还吸收了在埃及、叙利亚、小亚细亚和伊朗等东方地区广为流传的宗教思想,主要是一神教的观念(如波斯把太阳神米特拉奉为最高的神)和神为了拯救众生死而复活、赎罪献祭的思想(如埃及对奥西里斯的信仰)。此外,还有古希腊罗马哲学思想中的忍耐顺从、精神忏悔、禁欲主义、宿命论等成分。

耶稣在很大程度上改变了以前的犹太教。犹太教的教义很简单,可概括为两个断言:"单一的上帝及其对以色列的选择"。"单一的上帝"的意思是指所有的教徒只能信一个上帝,不能再崇拜信奉任何其他神,甚至连自己的祖先也不能跪拜。"上帝对以色列的选择"的意思是,以色列的祖先亚伯拉罕与上帝曾经盟约,只要以色列信奉上帝为唯一的神,上帝就将管理世界上其他各民族的权力授予以色列民族。这也就是"旧约"这个名称的含义所在,旧约就是旧的盟约的意思。从福音书的记载中,我们看到,耶稣承认摩西十诫的重要性,但他加以改造,将十大戒律约减为两大原则,一是人人必须热爱上帝,二是人人必须像爱自己那样爱别人。主要的内容可概括为以下几点:(1)上帝关心更多的是人而不是律法。上帝希望与人建立新型的关系,这种关系是建立在上帝慈爱的基础之上的,人类对这种慈爱的回报,就是对上帝的虔诚信仰。(2)耶稣将自己看作是建立上帝与人之间这种新型关系的纽带和桥梁。他把这种关系称作"上帝的王国"。这一上帝王国同时存在于现实世界和另一个永恒的世界之中。(3)上帝可以宽恕所有犯轻罪之人,只要他承认错误,请求上帝的原谅。人和人之间也可以实现这样的宽恕。

耶稣的门徒将耶稣生前言行和有关他的故事搜集起来,在公元1世纪末逐渐形成了《福音书》。随后这些福音书再加上与使徒的书信和他们的事迹最终编辑成

---

① [以色列]阿巴·埃班:《犹太史》,阎瑞松译,中国社会科学出版社,1986年,第12页。

《圣经·新约》,与原来犹太教的经典《圣经·旧约》一起构成《新旧约全书》,为基督教最重要的典籍。它由四福音书、使徒行传、启示录组成。

基督教的仪式比犹太教简单,有祈祷、唱赞歌、发誓言、洗礼、传教、共同进餐等。基督教的组织最初是由教徒组成的一些小规模公社,以十字架为标志,教徒过着财产共有的生活,公社由长老、执事(管圣餐)主持,以后又设主教,管理活动经费,经费由教徒捐献。在公社内,不分种族和等级,人人一律平等,彼此互相帮助,一个教徒病了有人医治,死了有人埋葬,被捕了有人救助,困难了有人照料。这样,易于下层群众接受的基督教就很快发展起来。初期基督教是以互助的社团形式进行活动的,逐渐地出现了教会组织。"罗马教会不仅接受了罗马在接受基督教以前的各种宗教上的服装及形式——即异教徒的袈裟及法衣、香料和斋戒中用的圣水、圣坛前的蜡烛及长明灯、圣者的祝祷、古希腊式的会堂建筑、罗马式的法典及教皇称号,且到了第4世纪,拉丁文成了加特利仪式所用的语文。最重要的是教会承袭了罗马政府体制,当地上政权衰亡时,它变成了新的统治者"。①

基督教的产生适应了当时罗马的需要。当时的罗马帝国可谓强盛之极,罗马的军团可谓攻无不克,战无不胜。罗马的执政官和总督在庞大的帝国疆域的各地执行法治和维护秩序。但是人们生活在这样的国家里仍然感到不幸,不幸的原因是缺少了道德和信仰。罗马的军事上的胜利加剧了内部矛盾的激化:贵族和平民的矛盾,奴隶主和奴隶的矛盾,征服者和被征服者的矛盾,越演越烈。罗马帝国像是坐在火山口上。单靠武力和法律是不能维持一个国家的稳定的。当公道丧失,道德沉沦,善恶不分的时候,武力和法律只能加剧其不幸。基督教引导人们去恶从善,保护弱者,帮助穷人,以天国的公正的最终审判弥补和纠正尘世的不公正的审判。所以基督教首先在罗马帝国的下层人民中间传播开来,以后也影响到上层。事实上,罗马统治者最初并不太重视基督教,他们只是把它看作犹太教的一个分支。但从公元2世纪起,他们察觉到了基督教与犹太教的区别,发现基督教教导他们的信徒顺从政府。但这一宗教不信奉罗马诸神,不拜罗马皇帝。他们认为拒绝对皇帝神性的承认就是对罗马宗教和法律的挑战,于是加大了对基督教迫害的力度,皈依基督教成了一种罪行,一些基督教徒被没收财产,有一些甚至为此遭到处决。

然而迫害并未阻止这一宗教的继续发展。随着罗马陷入危机,基督教得到了极好的发展机会。在3世纪,罗马不断被内战困扰,原有的国家宗教和信仰遭到空前危机,许多人纷纷皈依基督教。早先由于基督教的倡导者主要来自社会中下层,

---

① [美]威尔·杜兰:《世界文明史》(第三卷),台湾幼狮文化公司译,东方出版社,1999年,第719页。

他们所宣扬的学说,具有朴素的社会平等思想,而且表现出对财富的憎恶。在罗马社会面临危机时,一些城市中的富人感到前途渺茫,为了寻找心灵的慰藉,也加入到基督教徒的行列之中。这些人有文化和组织能力,很快成为基督教的中坚力量,基督教由此也变质了,不再反对富人和统治者,而更强调爱人和顺从。到了3世纪末,信仰基督教的人数已多到统治当局难以镇压的地步,当局只好做出妥协。4世纪初,帝国境内的基督教徒竟多达600万人。260年,法律承认了基督教为宗教的一种。虽然在303至311年间,罗马当局还试图对基督教进行最后的镇压,但结果也是无功而返。在313年,君士坦丁颁布了"米兰敕令",承认基督教的合法地位,教徒信仰自由。君士坦丁本人后来也接受了基督教的洗礼。最后,在公元392年,罗马皇帝狄奥多西一世将基督教定为罗马国教,基督教完成了从一个地方性的非法宗教到整个罗马帝国国教的转变。

而在这一过程中起关键作用的信徒就是保罗(约10—64)。保罗的传教不局限于犹太人,而是面向所有民族。他强调耶稣不仅是犹太人的弥赛亚,而且是全人类的拯救者。只要遵循耶稣的教导,所有的人都可从他们的罪孽中得到拯救,由此这些人可以避免在死后被罚入地狱,而且可以在天堂中享受灵魂被拯救后的极大快乐。正是由于保罗的传教活动,基督教才突破了犹太人的范围,真正成为世界性的宗教。

罗马人的世界性观念传给了基督教,欧洲的文化在基督教中得到了统一与延续。基督教文化终于代替古典文化统治了欧洲。

第八章

古代波斯文化

第一节 概 述

伊朗又称波斯①,是闻名世界的古国,曾经是原始人生活的地区之一。古代伊朗的地理位置大致与自然地理上所谓的伊朗高原相当。古代波斯帝国时期,幅员辽阔,文化发达,历史传统悠久,文明光辉灿烂。伊朗地处亚非欧三洲的交汇地区,战略位置十分重要。亚历山大东征、蒙古人西进、阿拉伯伊斯兰大军征服半个世界,都是先征服伊朗,再将它作为进一步扩张的跳板。"伊朗"这一称谓的意思是雅利安人的土地。"雅利安"本意为"高尚的人"或"贵族",最初可能是部落首领的称号。公元前3千纪初,今伊朗西南部平原地区就形成了由当地居民埃兰人建立的国家。由南俄草原迁徙到伊朗东部地区的印欧语系雅利安部落,大约从公元前2千纪后期开始,逐渐占据了整个伊朗高原地区。公元前7世纪初,伊朗族的居民崛起,他们虽然屡次被两河流域国家征服,但不断重新奋起的埃兰人与伊朗人终于融会为一体,建立了米底王国。这个曾经统一了伊朗地区各个部落的国家,曾一度驱逐了西亚强大的亚述人而盛极一时。

公元前6世纪中叶,处于伊朗西北部的米底王国被生活在伊朗南部、波斯湾东部的另一支印欧语系部落波斯人所灭。"波斯"一词是伊朗主要民族法尔斯族或法尔斯地区的音译。它源于波斯湾东部的一个省,那里的人被希腊人称为波斯人。在他们的鼎盛时期,控制了辽阔的疆域。这是由一个家族的历代国王统治的阿契美尼德王朝,他们的姓氏可能来自公元前7世纪早期统治过波斯人的祖先阿契美尼斯。当居鲁士二世,即居鲁士大帝执政时(前559—前529),伊朗已成为世界上

---

① 1935年,巴列维王朝将国名波斯改为伊朗。

史无前例的最昌盛的帝国,疆域从东方扩展到西方。为了巩固地中海地区的霸权地位,阿契美尼德王朝的数代国王与希腊进行了旷日持久的争战,其中最著名的是希波战争(前492—前449)。这场争斗最终以阿契美尼德王朝彻底衰败而告终。公元前334年,年轻的马其顿王亚历山大大帝率军从希腊东进,横扫摇摇欲坠的波斯帝国。前330年马其顿王亚历山大火烧波斯古都波斯波利斯。阿契美尼德王朝的末代君主大流士三世于公元前330年被一位臣属谋杀,它标志着波斯阿契美尼德王朝的灭亡,伊朗希腊化时代的开始。

亚历山大大帝征服波斯不久,就因热病于公元前323年死在巴比伦。帝国也随之分崩离析,瓦解为诸多希腊化国家。公元前312年,伊朗又成为塞琉古帝国的一部分。公元前238年,伊朗东北部游牧部落首领阿萨息斯占领了塞琉古王朝的帕提亚省,建立了新的王朝。该王朝在西方被称为帕提亚王国,在中国则以阿萨息斯之名称之,即史书上记载的"安息"。安息王朝尽管历时近5个世纪(前247—224),但是在伊朗历史上并未受到足够的重视。究其原因,一方面由于它是在希腊人统治之后建立的王朝,在社会政治文化等方面都留有深厚的希腊文化影响的印迹;另一方面是这一王朝的史料典籍流传下来的不甚丰富。这些原因都影响了学界对它的研究与评价。但是,安息在中国古代并不陌生,著名的丝绸之路正是在安息王朝时期开始兴盛起来的,它在客观上促进了整个古代世界国际性贸易的发展。安息王朝的历代统治者在长期对抗抵御罗马帝国的东侵,以及对付国内的动乱中,大量消耗了自己的力量,最终于224年被来自伊朗腹地的一个新兴的民族萨珊人所灭。

萨珊王朝(224—651)在伊朗辉煌的古代文明的基础上得到进一步发展,代表了古代伊朗政治、经济、文化发展的最高成就。法国著名的考古和历史学家吉尔斯曼曾评价说:"文明世界好像是由萨珊和罗马平分的。"① 这番评论对萨珊王朝而言,尽管有过誉之嫌,但在一定程度上表明萨珊王朝在当时世界政治舞台上的重要性。萨珊王朝继阿契美尼德王朝之后,将伊朗文化推向巅峰的发展阶段。萨珊王朝在政治、军事、经济、文化等诸多领域的长足进步,为继承发扬伊朗文化传统奠定了坚实的基石。萨珊王朝时的伊朗成为沟通东西方文化交流的重要中介与桥梁。它既是东西方商品物资的集散地,也是东西方宗教、哲学与学术荟萃的中枢。正是因为如此重要的地位,所以萨珊王朝统治者既要面对丰富的物产而过着极度奢华的生活,又要面对众多的敌人而不得不连年打仗。最终,在651年被一手拿剑,一手拿《古兰经》的强悍的阿拉伯人彻底打败,萨珊王朝的最后一代国王耶兹德格德

---

① 李铁匠:《伊朗古代历史与文化》,江西人民出版社,1993年版,第3页。

也被杀。伊朗历史文化开始进入一个新的伊斯兰化时期。

第二节　最初的一神教信仰

　　伊朗是个很早就有宗教信仰的国度。自觉成熟的琐罗亚斯德教在阿契美尼德王朝就已占据了人们信仰的统治地位。公元前522年，波斯阿契美尼德王朝的大流士一世执政后，为了统一波斯的需要独尊波斯诸神中的阿胡拉·玛兹达（其意为"智慧之主"）。他的后继者薛西斯也追随大流士的信仰。此后的阿契美尼德诸王都自称是阿胡拉·玛兹达的使者，并有了君权神授的色彩，宣扬神的意志通过君王来宣示人间。这种趋势正适应了当时受大流士之父庇护的琐罗亚斯德教在改革波斯宗教信仰中也独尊阿胡拉·玛兹达的实际需要。从此二者一拍即合，琐罗亚斯德教在阿契美尼德王朝时成为最早的一神教，对后世产生了深远的影响。虽然，直至目前关于这一宗教最初的创始人"扎尔多什特"是否真有其人尚存有争议，但是还有学者认为琐罗亚斯德教是在阿契美尼德王朝以前的信仰基础上发展起来的。琐罗亚斯德教在中国史称"祆教""火祆教""拜火教"等，是流行于古代波斯、中亚等地的宗教。公元前6世纪由琐罗亚斯德在波斯东部正式创立，以后传播到亚洲许多地区。3至7世纪时伊朗萨珊王朝曾奉之为国教。

　　琐罗亚斯德在古阿维斯陀语中读作"查拉图士特拉"，意为"黄色的骆驼"或"骆驼的驾驭者"。他出身于当地贵族骑士家庭，据琐罗亚斯德教传统的说法，他生于公元前628年，死于前551年。并说他20岁时开始弃家过隐遁生涯，30岁受神的启示，对波斯传统的多神教进行改革，创立了信仰一神阿胡拉·玛兹达的琐罗亚斯德教，游走于波斯很多地区。开始时备受官方祭司迫害，后来有了转机，该教逐渐巩固了自己的地位，并从波斯东部发展到西部地区。公元前551年由于部落激战，他被杀于神庙中。

　　琐罗亚斯德教的主要经典是《阿维斯陀》，意思是"知识""谕令"或"经典"，用东伊朗语和西伊朗语写成，通称《波斯古经》。《阿维斯陀》所有的章节都编辑于阿契美尼德王朝建立之前，时间大致在公元前9至前6世纪初，正式编成于公元前4世纪阿契美尼德王朝末期，但在亚历山大征伐波斯时被焚毁，仅存1卷。后经安息王朝的统治者下令重新收集、整理，直至萨珊王朝的沙布尔二世（309—379）执政时，才最后完成21卷的《阿维斯陀》。该经主要记述琐罗亚斯德的生平和教义。琐罗亚斯德宣称，他的教义是阿胡拉·玛兹达授予的。人们一般可以总结为："神学上的一神论和哲学上的二元论"。神学上的一神论即认为只遵从和信仰阿胡拉·玛兹达一神。哲学上的二元论即认为世界分为善恶两极。善恶二元论是波斯原始居民对世界和社会的一种朦胧看法,是恶劣的高原生存环境和残酷的族群争战在人们认识上的曲折反映。原初的居民认为,自然界有光明和黑暗两种力量,社会生活中也有善的文明部落和恶的野蛮部落两种力量。前者崇拜阿胡拉·玛兹达为首的众善神,后者崇拜各种恶灵。

琐罗亚斯德教认为,在元初的时候就存在着善和恶两种神灵,它们都具有创造的力量,并各自有不少的拥护者,因而经常有善和恶的矛盾斗争。火、光明、清净、生命、创造、美德是"善"的一方;黑暗、不净、死亡、破坏、丑行是"恶"的一方。善的最高主神是阿胡拉·玛兹达,恶的最高主神是安哥拉·曼纽。双方进行了长期、艰苦、反复的较量,最终阿胡拉·玛兹达战胜了安哥拉·曼纽,即善战胜了恶,光明代替了黑暗。琐罗亚斯德教认为,在善与恶的对峙中,人们有权自由选择站在哪一方,但是教义劝诫信徒善有善报,恶有恶报,必须弃恶从善,弃暗投明,愚痴受到惩罚,真理引向生命。

琐罗亚斯德教主张善恶有报,在逻辑上必然要承认灵魂转世和末日审判。他们相信人死后,其灵魂在4天之内停留在死者的身上。第4天进入"裁判之桥",进行严肃的审判。审判者根据死者生前的功过,判决其将被送上天堂,或者打入地狱。善的灵魂通过"裁判之桥"后还要权衡其生前"三善"即善思、善行、善言的程度,分别进入星界、月亮、太阳和天堂。恶的灵魂在通过"裁判之桥"时如履尖刀,从桥上坠入地狱。地狱共分四层,根据其罪恶的程度分层惩罚。它们在历尽劫难之后,经过最后审判,除尽罪行的恶灵也和善灵一起复活,共同进入真理和光明之国。琐罗亚斯德教的这些灵魂不灭、末日审判、因果报应、今生来世、天堂地狱等观念对其他宗教,如犹太教、基督教、佛教和伊斯兰教等均产生明显影响。

摩尼教是继琐罗亚斯德教之后,于3世纪在伊朗兴起的世界性宗教。因创始人摩尼(约216—277)而得名。中国译为明教、末尼教、牟尼教等。该教在琐罗亚斯德教的基础上,吸收了基督教、诺斯替教派、佛教等教义思想形成了自己的信仰。摩尼教于3世纪至15世纪一直在亚非欧很多地区流行,约在6至7世纪间传入中国,可见伊朗古代宗教信仰的虔诚和广泛流传。

第三节　文字、韵律与诗歌

伊朗最早的文明产生在伊朗高原之外的胡泽斯坦地区,现代学术界称其为"埃兰"。它的西部与巴比伦为邻,西北部与亚述接壤,南邻波斯湾。埃兰在地理环境上既是伊朗高原的延续,又是美索不达米亚平原的一部分。由于这样的地理位置,埃兰文字受两河流域影响较大。其最早的文字为象形文字,一直沿用到公元前3

千纪。其符号与两河流域象形文字有类似之处。公元前3千纪,埃兰出现由象形文字发展而来的线形文字。学者已证明它大概和苏美尔文字有着某种共同的起源。公元前3千纪末期,埃兰开始采用两河流域的楔形文字,其传播者应该是定居于埃兰的阿卡德人。埃兰楔形文字根据发展又分为古埃兰楔形文字、中埃兰楔形文字和新埃兰楔形文字三个阶段,但始终受到两河流域楔形文字的影响,并一直使用到阿契美尼德王朝时期。

阿契美尼德王朝时期的波斯,为了管理庞大的国家,必须要有发达的文字系统。因此,古波斯楔形文字借用阿卡德和埃兰楔形文字的外形,并进行了重大改革。它比原来的楔形文字要简单得多,只有36个字母符号和1个分字符号。每个字母符号笔画最多不超过6画,词与词之间有分字符号隔开,书写与辨认比其他楔形文字要简单得多。实际上,古波斯楔形文字已经接近于字母文字或半字母文字。这种文字已成为伊朗阿契美尼德王朝时用来发布各种命令、铭刻王室多种重要碑铭的重要工具。现存古波斯楔形文字碑铭最早的是阿里亚拉姆涅斯金版铭文,最有名的则是大流士一世的《贝希斯敦铭文》。公元前330年,阿契美尼德王朝被亚历山大所灭,古波斯楔形文字也随之失去了功用。这种楔形文字在消失了2000余年后,于1845年被英国军官罗林森在前人基础上解读了。随着罗林森研究成果的不断问世,古波斯楔形文字和其他楔形文字之谜也被破解了,并由此奠定了亚述学这一新学科的基础。

安息王朝时期的民歌很发达,非常流行说唱艺术,这些成果都和音乐的发展有密切关系。音乐舞蹈不仅在当时很流行,而且达到很高的水平。这不仅有文字资料,而且有绘画和实物可以佐证。到目前为止虽然尚未发现安息王朝有影响的文学作品问世,但是据《剑桥伊朗史》载,一般认为萨珊王朝的史诗《扎列拉的回忆》、诗歌《母山羊与棕榈树的争吵》、言情传奇《维斯与拉明》等极有可能是安息王朝时期的作品。这些记载无不和当时的音乐实践和音乐理论有关系。

萨珊王朝时期,除表现世俗性的诗体作品长诗《扎列拉的回忆》以外,还有以诗歌形式写成的宗教文献典籍。这些文学形式无疑受到安息王朝和萨珊王朝时期民歌的影响。萨珊王朝时期不仅有诸多种类的乐器,而且出现了较为完善的音乐理论。最近的研究表明,萨珊时期发展的韵律学不仅对古波斯的韵律学进行了总结,而且对中古波斯的韵律学产生了影响,尤其对中古波斯诗歌创作的繁荣起到了很大推动作用。

古波斯是个诗歌的国度,论及波斯文化,离不了波斯诗人所创作的这些丰富多彩的作品。早在波斯阿契美尼德王朝时期,就已出现了琐罗亚斯德教经典《阿维斯陀》中一些用诗歌体裁写成的章节。安息王朝与萨珊王朝也先后出现了抒情诗和

第八章 古代波斯文化

叙事诗。但是波斯诗歌鼎盛时期的真正出现还是在伊斯兰化以后。那些具有强烈民族主义思想的波斯人先是以阿拉伯语,继之以波斯语创作了具有世界影响的诗歌杰作。这一历史时期,波斯民族灾难深重,他们在腥风血雨的千年历程中遭受磨难,动荡不安的社会使他们畏惧和战栗。他们在死亡和悲痛中用诗性的语言、优美的韵律表达了民族的不幸与个人的悲哀。这种悲慨的审美特征充分表达了他们内心的矛盾与纠结、寻觅与无奈,以及对那些可以寄托理想的精神家园的强烈企盼。

代表诗人主要有,历来被人视为中古波斯诗歌奠基者的鲁达基(858—941)。他灵活地运用颂体诗、抒情诗、叙事诗、四行诗等多种波斯诗歌表现形式抒发了种种个人的情感。还有,被国际学界公认的"东方的荷马":菲尔多西(940—1020)。他学习安息王朝时期的民歌风格创作的12万行的长篇英雄史诗《列王记》(又译《王书》),描述了阿拉伯人入侵前伊朗历代王朝的兴衰大事。其中既有雅利安族古老的神话传说,也有历史上统治者的文治武功,在文化史和历史上都有重要的认识价值。另一位诗人欧玛亚·海亚姆(1048—1123)在鲁达基四行诗的基础上使之在韵律上更臻于完美。其基本特点是每首诗四行独立成篇,韵律独特,强调尾韵,每行5个音组成。这种波斯语音译为"柔巴依"的"四行诗"(意即"绝句")将充满韵律美的波斯诗歌推向了世界。

第四节 科学技术与教育

公元前5千纪至4千纪初,由于人类社会经济关系的发展变化,伊朗各地的科学技术有了重要进步。这在5千纪末的达姆甘希萨尔遗址和大部分为4千纪的锡亚尔克Ⅲ期文化层考古发现中都有表现。首先是制陶业的发展。遗址中先后发现了用盘筑法制造的陶器、用高速旋转的陶轮制作的陶器。陶轮的使用说明当时的制陶业已近专业化,而用陶轮制作的陶器得以广泛流传,又证明当时制陶业在伊朗各地已是一种常态的手工艺形式。其次是冶金业的出现。在出土文物中有相当数量和品种的铜器制品(如铜斧等)。由于当时已出现了金属制品作坊,因此,金、银、铜、铅和其他金属已被广泛使用。相继,由于懂得了铜和砷或锡组成的合金技术,所以高质量的青铜器也出现了。这在4千纪末和3千纪初的遗址和墓葬中都已有所发现,这些大部分用于自己生活和对外交换的青铜器物包括器皿和武器。在伊朗许多地区,制陶业和冶金业的出现和两河流域出现的时间相差无几。19世纪前后,法国考古队的第一位领队雅克·德·摩根在伊朗古代苏撒卫城里发现了大量制作精美、有动植物图饰的大瓶和陶罐,被认为是史前伊朗陶器中的杰作。而1903年在苏撒宁布尔萨格神庙发现的皇后纳皮尔—亚苏的铜铸像是公元前14世纪的作品,它代表了伊朗古代金属工艺制作水平的高峰。这座利用熔模铸造工艺铸成的铜像,在青铜内核的外面铸造了纯铜的外壳,然后可能又在铜像的表面附上了金箔,工艺非常复杂。这具庞然大物虽然重达 3760 磅,约合 1700 余公斤,但是她的衣着纹理颇为细腻,甚至手指甲也被细心铸造出来,可见其青铜铸造工艺已达到相当高的水平。

波斯古代对教育的重视与发达的宗教文化有着密不可分的关系。琐罗亚斯德教将"善"的概念和"真"的概念结合起来,"真"成了"善"的核心内容,真诚、正直、善良、谦逊是人格中美的表现。阿契美尼德国王大流士在伊朗西部比斯通山上就刻下这样的文字:"我以后的国王呵,你们应力诫谎言,如若你愿我的国家江山永固,凡说谎者,你应严惩之。"因此,阿契美尼德王朝的历代贵族都十分重视对后代的教育。他们清楚教育的目的并不是简简单单地为了培养生物学意义上的传宗接代的后继者,而是要培养社会学意义上的文化传承的接班人。

在"琐罗亚斯德的忠告"一书中,明确指出教育有 3 个目的:即服务于社会与国家;帮助家庭和减轻父母负担;完善自身和超越他人。具体而言,一个伊朗男孩,从 7 岁到 15 岁要接受教师的授课教育,15 岁成年要履行宗教仪式。然后要将他们送到学堂接受宗教祭司的教育。内容大致可分为 4 个方面:首先是道德教育。内容主要有诵读《阿维斯陀》经文,及达到"三善"的要求。其中包括人的行为举止,人情交往,言谈礼节,学习修养和起居饮食等的规范。其次是文理各种科学的教育。内容包括学习历史、文学、语言、讲演、天文历法、算术等。第三是体育教育。内容有学习骑马射箭、马球、摔跤和游泳等。最后是劳动与艺术教育。内容包括各种技能和音乐棋艺的训练等。另外,比较下层家庭的子弟还要学习继承父辈的劳动技能。通过数年的教育,要将受教育者培养成真诚正直、善良勇敢、洁身自好、尊敬天神、拥戴国王的有用之人。

伊朗古代还有一部代表了古代教育经验、教育内容与教育方法的集大成之作:《卡布斯教诲录》。它形成于 11 世纪,是伊朗古代国王之孙写给自己儿子的家庭教育课本,内容极其丰富。在书中第 31 章提及追求学问者应该做到:"纯正朴实、埋头学问、不求享受、背诵经书、复述圣训、赞美先贤、探索奥秘、求师若渴、敬慕师长、稳重沉着、精神乐观、晚睡早起、贪婪读书、谦虚好学、踏实工作、不耻下问、感恩戴德"①。还应该注意言语要少、思想需深,不应止于模仿他人。只有这样,才能出人头地,成为盖世之才。由此可见,伊朗古代对教育的规定和要求几乎是面面俱到的。

---

① [波斯]昂苏尔·玛阿里:《卡布斯教诲录》,张辉译,宁夏人民出版社,2007 年,第 140 页。

萨珊王朝时期伊朗的科技与教育就已发展到一个高峰期。当时伊朗利用罗马战俘在南部胡泽斯坦省修筑了一座名为"坎迪沙普尔"的科学城。该城开办了世界上最早的医学教育机构(3世纪中期),并附设了医院。在那里不仅有伊朗医生和学者授课,还邀请印度和希腊的医生和教师授课,吸收各国留学生前去学习。该城还组织人员大量翻译希腊、印度的各种学术著作,成为当时名副其实的科学文化中心。6世纪萨珊王朝国王胡司洛一世(531—579在位)统治时期,坎迪沙普尔城的科学活动最为活跃。国王本人非常重视科学与教育的发展,经常在宫廷组织学术研讨,并亲自参加。他执政时与罗马和印度都有学术交流。印度宫廷课本《五卷书》就是当时派赴印度的伊朗医生白尔才外携回并译成中古波斯语(即巴列维语)的。国王胡司洛一世对科学教育的重视,在《卡布斯教诲录》中也得到证实。

第五节　建筑与雕刻艺术

伊朗古代的阿契美尼德王朝存在了200余年。居鲁士二世(即居鲁士大帝前599—前530)和他的继承者冈比西斯二世(前530—前522)以及大流士一世(前522—前486)在一个世纪左右的间期里,完成了一个世界性大帝国的崛起。这个王朝的各个都城都非常重视大规模地建设宫廷建筑。这些建筑吸收了帝国境内诸多民族的建筑特色,并保持了独有的民族传统,是波斯帝国伟大强盛的标志和缩影。

居鲁士大帝是一位智勇双全、才能出众、目光远大的领袖。他领导着波斯人从一个默默无闻的民族变成波斯帝国的主人。他在法尔斯省的北部,波斯首都帕萨尔加德的所在地,建立起最初的宫廷建筑。这是一组四周有墙,内部有花园的综合性建筑物。其中两座庄严的大殿都坐落在有流水、凉亭的美丽花园中。不远处还有一座只剩下残垣断壁,但气势不凡的未完成的宫殿遗址。与这些宫廷遗址的庞大、宏伟相比,也建筑在帕萨尔加德的居鲁士大帝的陵墓却显得相当朴实无华。这座陵墓是一座高10.7米左右(36英尺多)的石块垒起的建筑物。底座是6级下宽上窄的台阶,上面类似一间石头房子,顶部呈拱形,外部没有任何装饰。西面有一个狭窄的小长方形入口。据载居鲁士大帝的遗体就安放在石屋形陵墓里的镀金棺材中。帕萨尔加德遗址地表上唯一的遗存是一块未遭损坏的大型浮雕。浮雕的手法朴拙,浮雕上的人物身着长袍,侧身而立,右手臂向前弯曲,指向通往居鲁士大帝宫殿的牌楼方向。人物的帽顶上方有弯曲的公羊角和竖立的眼镜蛇,身后有两上两下4个翅膀。它既有埃及浮雕风格,又有亚述、巴比伦雕刻的印痕。

阿契美尼德王朝在建筑与雕刻艺术上的最高成就是建在设拉子以北60公里

处山坡上的波斯波利斯王宫建筑群。偌大的建筑群里收藏存放的宝物之多，世上罕见。据史书记载，它的征服者亚历山大大帝曾动用一万对骡子和5千头骆驼来运走这些财富，然后将不能运走的物品付之一炬。那些用黎巴嫩雪松制成的精美圆柱、柱头、檐条和横梁燃起熊熊的大火，只剩下那些石刻的柱子、门框、浮雕和石雕依然屹立。几乎在每块断裂的石柱和残破的宫墙上，都有精湛无比的图案和花纹。那种鬼斧神工的雕凿技艺不知经过了多少年的千锤百炼，才能达到建造宫殿时的高超程度。经过无数考古工作者近百年的发掘、整理和修复、使得埋藏在厚达近8米深土层下面的宫殿遗存重见天日。这处遗址重现了波斯波利斯往日的灿烂和辉煌。

整个王宫建在山坡上的一个人为削平的面积广阔的高台上。众多的单体建筑风格不尽相同，各有各的特色，又组成一个和谐统一的整体。可以说它是波斯帝国辉煌时期各民族优秀建筑艺术的标本与象征。其中除了一座宫廷建筑物是阿塔薛西斯一世时期（前464—前423）建造的之外，其余建筑物都是大流士一世和薛西斯时期（前486—前465）建造的。波斯波利斯建筑群主要包括这三个时期的王宫、会议大厅、觐见大殿、百柱大殿，完成和尚未完成的牌楼和各种防御工事等。觐见大殿的石柱竟然高达近20米，顶部托着雕刻精美的牛头柱冠。这些建筑明显地分为两种类型：一种被称为"塔恰拉"，是国王的寝宫或冬宫，始建于大流士一世；另一种被称为"阿巴丹"，是国王接见来宾的大殿，也始建于大流士一世。后来它经过薛西斯和阿塔薛西斯一世的改建。薛西斯时期建造的百柱大殿也属于这种结构，使用的是石圆柱。这些建筑物台基的立面、台阶的侧面和宫殿的墙面都用浮雕装饰，其雕刻艺术具有庄重肃穆、庞大恢宏的审美特征。这些浮雕明显具有两河流域、尤其是亚述浅浮雕的清晰度，有的还有希腊圆雕的立体感。

萨珊王朝时期的建筑物早期最有名的是国王阿达希尔（224—240在位）在费鲁兹阿巴德的宫廷。这个宫廷建筑有安息时期常见的"艾万"（一种敞开的抛物线拱形房间）与正方形中央圆顶大厅相连。这种半圆形抛物线拱和具有伊朗特色的大跨度三角拱圆顶，是第一次以成熟的造型艺术身份亮相于萨珊王朝早期建筑物中。在萨珊王朝建筑艺术中发现的阿契美尼德王朝时期的传统风格，同样也表现在维赫·沙普尔城的建筑物中。维赫·沙普尔宫殿呈十字形，中央圆顶大厅四周有4个"艾万"。"艾万"造型在泰西封的塔基基斯拉宫得到充分发展。该宫殿的抛物线拱跨度达25.6米，高度达29米，它代表了萨珊王朝时期宫廷建筑的壮丽与辉煌。雕刻艺术与建筑物关系密切。虽然萨珊王朝时期出现了国王的圆形雕像，但是最有影响的还是浮雕。其中3世纪国王的大型摩崖石刻所描绘的凯旋与授封场面颇为有名。这些浮雕与阿契美尼德王朝时期浮雕不同，而以构思和手法简洁见

第八章 古代波斯文化

长,摆脱了神化王权的繁复模式。

综上所述,古代伊朗文化的悠久、璀璨可见一斑。它们表现出的多样性特征和一定的包容性,奠定了古波斯文化的根基。它们的成就足可以证明,波斯古代及中古的文明处于世界文明的前列不为过誉。尽管伊朗的历史上曾有过 600 余年的异族统治的经历,但是伊朗的文化传统始终未间断。随着人们对那些消失或尚在的文明不断加深认知,伊朗文化定会越发放射出耀眼的光芒,成为世界文化宝库中不可或缺的财富。

文化交流的历史和现实使人们进一步加深了对伊朗这一国度的理解与重视,人类命运共同体的观念更给予了伊朗古代文明和现代发展相融合的机遇。由于伊朗从古至今所处的特殊地理位置,位于中国海与地中海、欧亚草原与印度河流域之间,所以从古代文明的发展到现代化的历史进程,都让伊朗不仅成为亚洲大陆的中心,甚至成为世界政治的中心地带。伊朗文明从古至今都与不同时期先进的文明,如古代的印度文明、希腊文明、中国文明;中古的阿拉伯文明、蒙古文明、地中海文明;近现代的诸多文明有着千丝万缕的联系。伊朗人民从这些文明中吸取了不少的精华,而后经过了消化、吸收和发展,不仅丰富了自己的文化传统,而且又以中介者的身份将它们传播到周边国家,从而对世界文化的发展产生了不可小觑的影响作用。

第九章

古代美洲文化

第一节 概　　述

一、印第安人简介

美洲包括北美洲、中美洲和南美洲。面积达 4206.8 万平方公里,占地球陆地面积的 28.4%。

史学界一般认为,美洲大陆最初没有人类居住,大约在 2—3 万年前,印第安人从亚洲经白令海峡在阿拉斯加的岛屿登陆,然后逐渐南移,终于布满整个美洲大陆,包括北美洲、中美洲和南美洲。有的学者认为,"美洲印第安人是远古时代从亚洲迁往美洲,与中华民族同根同源"。北美西部大平原和北美东部的古印第安人以狩猎和采集果实为生,但是也有原始农业技术。1 万多年前,印第安人进入中美洲,耕种技术可追溯到公元前 4500 年。而后第一批北美与中美移民定居在南美的阿根廷、智利南部等地。

公元前 2000 年左右,在墨西哥沿岸地区和墨西哥谷地,先后出现奥尔梅克文明、特奥蒂瓦坎文明和托尔特克文明。在现墨西哥的韦拉克鲁斯州和塔瓦斯科州出现奥尔梅克文化,它得名于奥尔梅克印第安人。是中美洲古印第安文明萌芽阶段,也是已知的最古老的美洲文明。有"印第安文明之母"之称。在持续繁盛大约 300 年后,于公元前 900 年左右毁于暴力。其后奥尔梅克文明的中心迁移到靠近墨西哥湾的拉文塔,又持续到公元前 400 年,莫名其妙地消亡。奥尔梅克文明的象征性文化符号有巨石建筑——金字塔、花岗岩巨石雕像、半人半美洲豹神、羽蛇神、谷神、凤鸟等。在墨西哥的埃尔马纳蒂发现 10 几个公元前 1600 年的皮球,奥尔梅克人极有可能是首创球戏者。

奥尔梅克文化在玛雅文化和阿兹特克文化出现之前曾繁荣一时。奥尔梅克、特奥蒂瓦坎和托尔特克3个文明的影响遍及整个中美洲地区。中美洲其后出现的玛雅文明、阿兹特克文明以及其他各种文明都与奥尔梅克文明有很深的渊源。以玛雅、阿兹特克和印加文明为代表的美洲古代三大文明对人类文明史做出极为重要的贡献。

在欧洲殖民者入侵之前,印第安人世世代代生息于美洲大陆,是开拓这一地区的先驱者和主人。15世纪末西班牙殖民者到达时,美洲印第安人总数估计已达2500万—5000万。印第安文明在世界文明发展史上具有重要地位。印第安人创造了美洲最灿烂的古代文明。1492年意大利航海家哥伦布航行至美洲时,误以为所到之处是印度,因此将此地的土著居民称作"印度人",后称"西印度人",以区别于亚洲的印度人。中文则译成印第安人以示区别。印第安人分为很多分支和部落,讲着多种不同的语言。其身材、外形、肤色、语言、信仰都不一样,文明的发展程度也不尽相同。

哥伦布发现新大陆是对人类发展史的一大贡献,但是对印第安人而言却是毁灭性的灾难。大量印第安人被奴役甚至被屠杀。据统计,殖民时期,西班牙所属的领地有1300万印第安人被杀,巴西地区大约1000万人被杀,美国西进运动中又有100万左右印第安人被杀。巴哈马群岛在短短的12年间几乎没留下一个土著居民,波多黎各和牙买加原有居民约60万人,到1542年只剩下400人。海地岛上的25万人,古巴岛的30万人,也统统被残杀殆尽①。

二、印第安人的贡献

在当今世界的粮食作物中,小麦、稻米和玉米是三大支柱。欧、亚、拉三大洲的主要农作物不同,其文明也不一样:欧洲文明是小麦文明,亚洲是稻米文明,拉丁美洲则是玉米文明。而墨西哥正是玉米的发源地,它是印第安人培育出来的。公元800年,印第安人培育出3个主要农作物:玉米、南瓜和豆类作物,被称为"三姐妹"。玉米传入中国的时间大约是16世纪中叶。

大约1万年前,在墨西哥南部,印第安人中的奥尔梅克人和玛雅人首先培育出玉米,然后由墨西哥传到南美洲。在印第安人培育玉米之前,玉米穗轴长得很小,只有2.5厘米长,而且一株玉米只长一个玉米穗。马铃薯是列在玉米、小麦、稻米之后的世界上第4大粮食作物。在7000—10000年以前,在现在的秘鲁和玻利维亚,马铃薯首先由印第安人培育出来。16世纪下半叶,西班牙人把马铃薯引入到

---

① 林被甸、董经胜:《拉丁美洲史》,人民出版社,2010年,第53页。

欧洲。

西红柿原产于南美西部和中美洲。中美洲的阿兹特克人在烹饪中就使用西红柿。西红柿被培育出来的确切年代不详,但是公元前500年已经在墨西哥南部种植。很可能1493年,哥伦布把西红柿带回欧洲。西班牙人将美洲变成殖民地之后,把西红柿带到加勒比地区的殖民地,然后带到菲律宾,再从菲律宾传到东南亚和亚洲大陆。

人们日常食用的黄瓜、辣椒和花生等,都是印第安人培育出来的。印第安人还培育出菠萝、鳄梨和草莓等水果。可可也是印第安人首先培育出来的。现今可可粉是巧克力糖的主要原料之一。印第安人栽培的橡胶,对人类的贡献是无法估量的。最早使用橡胶的是中美洲的土著人——印第安人。奥尔梅克人使用橡胶制成皮球,用于球戏。而后阿兹特克人除了使用橡胶做成皮球外,还用橡胶制成容器,或者使纺织品浸渍胶乳后使其防水。现在世界上的50—60%的植物食品出自印第安人的双手,大大丰富了人类的食物,为人类的生存提供了物质保证,为人类的文明发展提供物质基础。

印第安人还以图腾文化闻名于世。图腾一词来源于印第安人中的奥吉布瓦人的语言。太平洋东北沿岸的北美,包括现在的华盛顿州、俄勒冈州以及加拿大的不列颠哥伦比亚,那里的印第安人建造许多图腾柱。上面雕刻的图像有动物、植物、昆虫、鱼、雷鸟、人等。图腾柱可分为6种基本类型:(1)屋外图腾,常建在最重要的村落首领的屋外,6—9米高;(2)屋内图腾,高2.4—3米,常用来支撑屋顶横梁。上面刻有给儿童看的故事或家族史;(3)殡葬图腾,是最罕见的图腾,高达15—18米,特别引人注目。逝者多为重要人物,常常把他刻在图腾柱顶端;(4)纪念图腾,通常建在氏族房前,在逝者死后一年建立以示纪念;(5)欢迎图腾,通常立在小溪边,用来欢迎客人或亲近的人;(6)可耻图腾/耻笑图腾,用来嘲笑、羞辱不还账或做错事的人。除此之外,还有学者说是为同一血缘人群避免通婚而建,还有说是为膜拜、禁忌而建,其说不一,尚无定论。但是无论如何,印第安人的图腾文化给世界图腾文化增加了新元素、新视角。

美洲的印第安人还把桦树皮包在木架上做成独木舟,长约4.3米,非常轻便,能载运许多货物。后来的欧洲移民也使用独木舟开发、探索美洲,在当时交通不便的条件下,独木舟显得非常便利快捷,犹如今日使用汽车一般。印第安人对世界的贡献还可见诸于下面的玛雅、印加、阿兹特克三大文明所取得的成就中。

第二节 玛雅文明

一、玛雅文明简介

玛雅文明分布于现今墨西哥东南部、危地马拉、伯利兹、洪都拉斯和萨尔瓦多的西部。玛雅从未形成过一个统一的强大帝国。玛雅文明可分为3个阶段：前古典期(前2000—300)、古典期(300—1200)和后古典期(1200—1500)。"奥尔梅克文明是前古典期中部美洲文化最重要的代表,它在经历了繁荣后走向衰落,玛雅文化成为它的最早继承者。公元前1000年,具有特色的玛雅文化开始形成。"①

公元前4世纪左右建立早期奴隶制国家,3—9世纪为兴盛期。在玛雅的兴盛期,玛雅人建立数百座城市,蒂卡尔(Tikal)是其中最大的一个,估计此城有10万—20万居民。他们还建立城邦式国家,各城邦都有自己的王朝和国王。9世纪开始,玛雅的城邦突然走向衰败。到10世纪,曾经繁荣的玛雅城市被遗弃在丛林之中。此后,犹加敦半岛北部兴起一些玛雅城邦。1224年后,玛雅人建立以玛雅潘为首的城邦联盟。16世纪时,玛雅文化的传承者阿兹特克帝国被西班牙帝国灭亡。

玛雅人笃信宗教,是多神论者,崇拜自然神,包括雨神、五谷神、死神、战神等。玛雅文明与其他中美洲文明一样也崇拜羽蛇神。太阳神伊察姆纳(Itzamna)是众神之首。玛雅人也奉行祖先崇拜。他们相信,两位创造神,即至尊母神和至尊父神,在创造大地和动物之后,又用玉米粉创造成人,先造4男,又造4女,人类于是诞生。

玛雅人视宇宙有严密的组织结构,天堂分为13层,阴间9层,人间处于天堂和阴间两者之间。每层有4个方向,用不同颜色来代表：北方是白色,东方是红色,南方是黄色,西方是黑色。

玛雅人认为血是诸神的营养来源,人作牺牲是人向神灵作最终的献血。一般来讲,地位高的战俘才能作牺牲,而地位低的战俘只能做劳役。敌国的国王作牺牲是对神灵的最珍贵奉献。在后古典时代,人作牺牲的最普通形式是挖心。考古发现,以人的心脏作牺牲早在古典时期就已经实行。

9世纪时玛雅文明为何突然消失,学术界莫衷一是。科学家和考古学家,对玛雅文明湮灭之谜提出许多假设,例如外族入侵、人口爆炸、感染疾病、气候变化、自然灾害等。这个问题至今仍然悬而未决。

---

① 郝名玮、徐世澄：《拉丁美洲文明》,福建教育出版社,2008年,第15页。

二、玛雅文明的成就

玛雅文明是哥伦布发现美洲大陆之前人类取得的惊人成就。它在农业、历法、数学、文字、建筑等方面，都作出了极为重要的贡献。与另外两大文明——阿兹特克文明和印加文明相比，玛雅文明当属最为突出。

玛雅人建立了相当精确的 365 日为周期的太阳历。现代天文观测一年是 365.2422 天，而玛雅人已测出一年是 365.2420 天，两者仅差 0.0002 天，也就是说，5000 年误差仅为一天。日蚀和月蚀被玛雅人认为是特别危险之兆，会给世界带来灾难。他们记录月亮的运行以便能预测月蚀，然后举行一定的仪式以抵挡灾难。玛雅人通常利用庙宇观察星球的运行。庙宇一般都建在高大的金字塔形基座上，顶端有空隙，或在房顶上树立 2 根交叉的木棍以观测天象。

在数学方面，玛雅人使用三个符号：一点、一横与一个代表零的贝形符号来表示任何数字。玛雅人至少在公元前 4 世纪就掌握"0"这个数字概念，比中国人和欧洲人早 800 年。

2000 多年前，玛雅人开始使用独特的象形文字——玛雅文字。他们创造了一种非常复杂的文字系统，是象形文字和声音的联合体，既有象形，也有会意和形声。一个字往往就是一句话：形象在中间，四周有附加连缀和语尾变化，出现了表意符号。玛雅人使用八百余个象形文字，已有约四分之一被语文学家解译出来。玛雅人是美洲唯一留下文字记录的民族，但是至今为止尚未被全部破译。

在建筑方面，玛雅人把庙宇建在金字塔的基座上，有的是 2 或 3 层，有的高 9 层，高大伟岸。庙宇供奉的是最高统治者的神位。庙宇常建在城市中心广场四周，这也是玛雅人宗教和政权合一的佐证。

第三节 印加文明

一、印加文明简介

印加文明是在南美洲西部、安第斯山中部地区发展起来的著名的印第安古代文明。早在公元前 1000 年—公元前 200 年出现神权政治国家，是文明形成阶段。公元前 200 年—450 年是列国兴盛时期。500—600 年左右，印加人建造以的的喀喀湖(Lake Titicaca)为中心的蒂瓦纳科等大型城市。1200 年，建立以库斯科(Cuzco)(在现秘鲁境内)为首都的印加帝国。1438—1533 年，建立起北自哥伦比亚，南到智利的强大帝国，包括现在的秘鲁、厄瓜多尔的大部分、玻利维亚的西部和中南部、阿根廷的西北部、智利的北部和中部以及哥伦比亚的一小部分。印加帝国以有一套完整的国家体系而闻名于世。印加帝国是一个奴隶制国家,印加王拥有至高无上的权力。

印加人口估计在 600 万—1400 万。印加人是多神教者,帝国有国神维拉科查,是创造之神,是其他神灵和天地万物的创造者。印加人特别崇拜太阳,自称为太阳的后代。印加王被尊为"太阳之子",也是最高祭司。印加人仍保持一些图腾崇拜和祖先崇拜。他们相信轮回转世之说,大部分印加人认为,死后的世界就像欧洲人所说的天堂一样。祭典上的牺牲主要是动物,但当印加王出征或发生重大自然灾害时,则以活人为牺牲。1527 年,当印加王去世时,多达 4000 奴仆、官员、妃妾等被杀当作牺牲。

1533 年西班牙人攻下库斯科,生擒印加皇帝。1572 年最后一个要塞被攻破,印加帝国灭亡。

二、印加文明的成就

印加人也创造了高度发展的文化,不论是在农业、医学、数学、建筑艺术,还是在文学等方面,都取得辉煌成就。

印加人重视农业,主要农作物是藜麦、玉米和马铃薯。古印加人的主粮是藜麦,他们认为藜麦是神圣的,是"众粮之母"。根据传统,印加皇帝要每年播下第一批藜麦种子。现在藜麦已经成为世界时尚健康粮食。他们的水利灌溉工程发达,最长的水渠长达 113 千米。印加人的有些水渠至今还在使用。

在医学方面,印加人的成就也令人惊叹。他们的外科手术特别是穿颅术堪称精湛。穿颅术可减轻脑外伤所引起的炎症。手术成功率达到 80—90%。印加人对麻醉术和麻醉药物颇有研究。他们还使用许多草药治病,如奎宁、地黄等。印加人把植物可可看作是神圣的或有魔力的,一定量的可可叶食用后能充饥、解除疲劳。可可叶还用作外科手术的麻醉药物。

印加人的数学采用 10 进位制。他们的计数方法是打绳结,很像中国古代人和夏威夷土著的方法。神秘的绳结被印加人称为奇普(quipu)。一根主绳上串着几根或上千根副绳,每根副绳上都系有一串绳结。用结节表明数字,用不同的颜色和长度代表不同的类别。在所发现的 600 多个奇普中,大多数都是公元前 1400—1500 年间结成的。有许多现在还是谜。

建筑是印加工程艺术中最重要的成就,根据近现代发掘的印加人遗址,可发现印加人在建筑艺术方面有极惊人的奇迹。最著名的例子是由印加工程师所建造的马丘比丘(Machu Picchu)巨石建筑。它是印加帝国建于 15 世纪的城堡,其遗迹在现今的秘鲁境内,距离库斯科 80 公里,位于安第斯山脉两个山峰之间的山脊上,海拔 2430 米,三面是悬崖峭壁,只有南面有两道石墙做屏障。墙内为城区,城区有太阳殿、广场、庙宇和住宅等。建筑物多用石块垒砌,石块之间缝隙严密,薄薄的刀片也插不进。1981 年被联合国教科文组织定为世界文化遗产。

此外,还有伊斯坎瓦亚(Iskanwaya)遗址,是 1977 年在南美玻利维亚的安第斯深山中发现的印加帝国最大城市,建在海拔 6000 米的伊延普山和雷阿尔山脉之间深邃的 V 字形峡谷的谷底,谷底一带共有 95 栋巨大的石造建筑物。整个遗址的面积约为 13 公顷,是古代建筑史上的大手笔。

由于印加人没有完整的文字系统,文学多是口头传说。其中最著名的是一首长诗《奥扬泰》(Ollantay),诗中记述英雄奥扬泰爱上印加王的女儿,但是由于他是平民出身而备受阻挠。他与公主私通后,公主被关进修道院。他起兵反叛而最后与公主终成眷属。这个故事曲折动人,在殖民时代用盖丘亚(Quechuan,南美印第安人的一支)文字写成剧本,在世界古典文学名著中占有重要位置。

第四节 阿兹特克文明

一、阿兹特克文明简介

阿兹特克人原是北方游猎部落奇奇梅克人的一支。他们于 1218 年来到墨西哥谷地,声称来自北方的阿兹特兰,所以他们被称为阿兹特克人。阿兹特克文明主要分布在墨西哥中部和南部,形成于 14 世纪初。阿兹特克文明在印第安文明中是后起之秀。阿兹特克人进入墨西哥盆地后,建立起一个强大的国家。他们的首都特诺奇蒂特兰(Tenochtitlan)成为美洲最大的一个城市。1428 年,特诺奇蒂特兰城邦与墨西哥谷地的特斯科科城邦和特拉科潘城邦结成"三方联盟",即所谓的阿兹特克帝国,至 16 世纪初,其疆域东西两面已抵墨西哥湾和太平洋沿岸,北与奇奇梅克为邻,南至今日之危地马拉,发展到极盛时期。一直到 1521 年被西班牙人打败。阿兹特克人实行集权统治,最高首领为国王。阿兹特克人的社会以氏族为基础,实行公社制,土地属公社。阶级划分已经出现。1521 年 8 月,西班牙人占领特诺奇蒂特兰,在城中大肆屠杀,并将该城彻底毁坏,阿兹特克灭亡,后在特诺奇蒂特兰废墟上建立墨西哥城。

阿兹特克人崇拜自然神,包括主神威济洛波特利(Huitzilopochtli),被视为太阳神和战争之神。根据神话传说,威济洛波特利告诉阿兹特克流浪者们,当他们看到一只鹰吞吃盘卧在仙人掌上的蛇时,那就是他们要建立一座城市的地方。这个地方就是特诺奇蒂特兰,阿兹特克人在此建都。他们还崇拜羽蛇神(feathered serpent)克查尔科阿特尔(Quetzalcóatl)和玉米神希洛内(Xilonen)等。阿兹特克人认为,神创造人时做出自我牺牲,所以人也要牺牲自己祭祀他们。阿兹特克人有特异祭祀礼仪:以活人为祭品,每年有数千人作牺牲献给神灵。武士以献身祭坛为荣。在阿兹特克社会,已经出现专门从事宗教事务的祭司阶层。

二、阿兹特克文明的成就

阿兹特克人在历史发展的长河做出重要贡献,尤其在农业、天文学、建筑艺术等方面其成就尤为突出。

阿兹特克人的农业比较发达,主要作物有玉米、马铃薯、棉花、龙舌兰等,其中龙舌兰是其特产。阿兹特克人利用特斯科科(Texcoco)等湖泊发展人工灌溉系统。在植物研究方面,阿兹特克人有很高水平。他们在帝国境内建立4大植物园,分别建在4个城池:特诺奇蒂特兰、伊斯塔帕拉潘、特斯科科和瓦斯特佩克。他们对各种植物进行研究,其研究成果应用于园艺栽培、食品加工、医疗医药等。

阿兹特克人"测算出了日蚀和月蚀发生的时间,并列出了年表。他们还记录下了水星、土星、金星等一些肉眼能观察到的行星运动周期和轨迹。"①

阿兹特克人的建筑艺术也达到相当高的水平。首都特诺奇蒂特兰的建筑物如金字塔、庙宇和宫殿多以白石砌成,十分宏丽壮观。房屋多用木材和壤土建成,屋顶多用芦苇秆制成。城中心的主庙基部长100米、宽90米,四周有雉堞围墙环绕,塔顶建有供奉主神和雨神的神殿,其祭坛周围有蛇头石雕。

阿兹特克人还是古老的球戏运动员,球戏使用的是实心橡胶球。他们用臀部、膝部、肘部击球,使球穿过一个石头圆圈而获胜。他们这种球戏既有神话和宗教色彩,也是一种体育运动。

---

① 郝名玮、徐世澄:《拉丁美洲文明》,福建教育出版社,2008年,第45页。

第二编

中古文化

第十章

中古欧洲文化

第一节 概 述

4至6世纪是欧洲民族大迁徙时期。在大迁徙之中,西罗马帝国不断遭受日耳曼入侵和奴隶起义的沉重打击,终于在476年灭亡。日耳曼人在西罗马帝国的废墟上建立了一系列日耳曼国家,欧洲开始了封建化的进程,罗马奴隶制宣告终结。

国内史学家一般把476年到1640年英国资产阶级革命爆发,称为欧洲中世纪,即欧洲的封建社会。欧洲中世纪大致可分为三个时期。5世纪到10世纪末是它的初期,即封建社会的形成时期。11至13世纪末是中期,即封建社会的全盛时期。14世纪到17世纪中叶是其后期,是封建社会逐渐衰落和资本主义逐渐产生、成长的时期,即文艺复兴时期。因中世纪后期是封建社会向资本主义社会的过渡时期,这一时期的文化带有资本主义的性质,所以本书把该时期文化归入近代文化这一编中阐述。本章所论述的只是欧洲中世纪初期、中期的文化。

基督教对欧洲中世纪的政治、法律、教育、哲学、科学、文学、艺术乃至全部文化都起着支配作用。中世纪初期,它对封建制度的确立起到了一定的促进作用。日耳曼蛮族国家的国王们,一开始并没有接受基督教。481年,法兰克国王克洛维率先信奉基督教以后,其他国家国王也陆续皈依基督教。罗马教会逐渐成为欧洲西部教会的领袖,并依靠封建政权给予的特权,扩大其政治、经济势力,建立起封建神权统治。罗马教会占有西欧各国约1/3的土地,成为欧洲各国最大的封建领主,也是欧洲封建社会的主要支柱。中世纪中期,基督教教会进入全盛时期,成为封建神权统治的"巨大的国际中心"。它鼓吹君权神授论,竭力控制、削弱甚至扼杀世俗政权的统治;它设立"异端裁判所",镇压人民反抗,迫害进步力量。教会内部的腐化激起群众不满,反对教会的运动如阿尔比派等此起彼伏。中世纪中期发生了两件大事:一是 1054 年发生的东、西教会大分裂,分裂为东正教和罗马公教(中国称为天主教),东正教对斯拉夫文化的发展有重大影响;二是 1096 年至 1291 年,罗马教皇所发动、支持的一系列十字军东征,对欧洲中世纪文化的发展也有一定影响,对此本章将分专节加以阐述。从 14 世纪起,封建制度和基督教会同时开始走向衰落。

提起欧洲中世纪,人们往往认为这是一个黑暗、野蛮、落后、停滞的时代。毋庸讳言,西罗马帝国末期和中世纪初期,由于蛮族的入侵和破坏,基督教实行文化专制主义,推行蒙昧主义与禁欲主义,排斥所谓异端,使古希腊罗马文化受到极大摧残。392 年,西罗马帝国已把基督教奉为国教,禁止一切异教活动。翌年,狄奥多西皇帝下令废止了已进行了 1100 多年的古代奥林匹克运动会。著名基督教神学家奥古斯丁(354—430)把戏剧称为使魔鬼高兴的"破坏力极大的瘟疫",演员因此遭到迫害,戏剧演出也逐渐销声匿迹了。在基督教教会的命令下,著名的亚历山大里亚图书馆和罗马图书馆极其丰富藏书被焚毁。529 年,由柏拉图创办的有上千年历史的雅典学院——当时古代文化的研究中心,被基督教会关闭。许多古希腊、罗马的重要典籍被销毁,羊皮纸上古文献的字迹被下令刮掉或挖去。古希腊、罗马文化遭到一场浩劫,损失难以估量。

但是,古希腊、罗马文化并未消亡,并未绝迹,而是在拜占庭帝国和阿拉伯帝国得到较好保存。虽然基督教对欧洲中世纪文化起支配作用,但古希腊、罗马文化对中世纪文化的影响也是不可忽视的。基督教本身就是希腊哲学和希伯来神学相结合的产物。基督教教父的主要代表奥古斯丁就运用新柏拉图主义来阐明基督教的教义。从 10 世纪起,西塞罗、维吉尔、塞内加,后来还有亚里士多德,受到崇拜和敬爱。中世纪最重要的经院哲学家托马斯·阿奎那还运用亚里士多德哲学来论证基督教的信仰。罗马法长期影响到西方法典,古罗马创立的拉丁文则长期为欧洲上层人士所使用。可见,古希腊、罗马文化尽管曾一度遭到排斥、打击,但它们作为欧洲文化的源头,已深深植根于欧洲中世纪文化的土壤之中,其影响是不可磨灭的。

事物总是一分为二的,欧洲中世纪并不像许多人所说的那样一团漆黑、一无是处、一片混乱。大约 9、10 世纪,欧洲的一些重要民族国家如英国、法国、德国、基辅罗斯、匈牙利等陆续形成,并逐渐形成了本民族的语言——英文、法文、德文、俄文等。这就为欧洲近代国家和近代文化的出现奠定了基础。事实上,基督教会对欧洲中世纪文化的发展起着两种完全相反的作用:一方面,它实行思想和文化专制,成立异端裁判所,唯基督教独尊,迫害有进步思想的科学家、哲学家,阻碍了科学文化的发展;另一方面,它又自觉或不自觉地对文化的保存及发展起到了一定的积极作用。如中世纪教会垄断了教育,教会为培养僧侣举办修道院学校和大教堂学校,而许多中世纪世俗大学正是在这类学校的基础上产生的。又如由于教会明令禁止,世俗的戏剧演出长期绝迹,然而由于宣传教义的需要产生了宗教戏剧,中世纪的世俗戏剧又从宗教戏剧中逐渐脱胎出来。可见,尽管教会的初衷是要垄断教育、文化,但在客观上却帮助打破了这种垄断,从而推动了文化的发展。

第二节　基督教文化的形成

基督教与佛教、伊斯兰教并称为世界三大宗教,它从犹太教的一个派别发展而来,4世纪末叶成为罗马帝国国教,在欧洲中世纪占统治地位,它的经典是《圣经》,包括《旧约全书》和《新约全书》。尽管基督教自诞生以来,产生了许多教派,在教义上也有分歧,但各派有共同信奉的基本教义。主要是:

1. 三位一体说。反对多神教,信仰唯一的神。同时主张圣父、圣子、圣灵三位一体,认为这三位格本质相同、本体相通、神性相同。

2. 创世说。认为上帝创造一切,主宰一切。宇宙万物都是上帝从虚无中创造出来的,在此之前,没有任何物质,没有时间、空间,只有上帝和他的"道"及他的"灵"。

3. 原罪与救赎说。认为上帝创造的人类始祖亚当和夏娃,受了邪恶引诱,违抗神命,偷吃了禁果,对神犯了罪,即人类的原始罪恶。这种原罪由他们传给了人类后裔,于是人一生下来就有罪。为解救人类,上帝圣父派其独生子耶稣基督降世,为人类承受死亡,以赎原罪。

4. 天堂和地狱说。认为现实世界是罪恶的场所,人不能自救,只有相信上帝和耶稣基督,蔑视物质享受,过禁欲的生活,死后才能升入天堂,否则在末日审判时会被投入地狱。

5. 教会使命说。相信教会是耶稣基督建立的,由上帝"选民"组成的团体,经使徒传下来,具有圣洁和普世性。教会在世界上负有宣讲纯真的上帝之道的使命。

另外,基督教还宣扬博爱精神等,要人们彼此相爱,饶恕他人的罪过,甚至爱自己的敌人,不要以恶报恶,而是以善胜恶。

基督教的重要礼仪称为圣事,也称为圣礼。基督教认为圣事是耶稣基督亲自制订的礼仪,举行圣事可以使人得到神恩和保佑。基督教会把圣事当作巩固和发展宗教信仰的手段。天主教和东正教都承认七件事:洗礼、坚振礼、告解礼、圣餐礼、终傅礼、神品礼和婚配礼。洗礼,即领洗,是成为教徒的入教仪式,领受洗礼后可免除入教人的"原罪",能接受上帝的"恩宠"并有权领受其他圣事;坚振礼,也称坚信礼,领受洗礼一定时间后,再接受主教的按手礼,以坚定信仰,振奋心灵;告解礼,由教徒向神职人员告明自己所犯罪过,以示悔改;终傅礼,为教徒临终前敷擦"圣油",以此赦免一生罪过,安心去见上帝;神品礼,即神父受职礼,使任神职者"神圣化";婚配礼,男女信徒成亲时,在教堂内,由神父主持结婚仪式。在七种圣事中最重要的是圣餐礼,天主教称之为"圣体圣事",东正教称之为"圣体血"。这一礼仪来源于耶稣和十二门徒最后的晚餐。据《新约》记载,当时,耶稣拿起吃的饼和喝的酒为门徒们祝福,分给他们,并说:这(饼)是我的身体……,这(酒)是我立约的血,为多人流出来的。尽管基督教各派对圣餐礼中的饼和酒有不同的解释,但在用以纪念耶稣为救赎世人而流血献身这一点上,大致上是相通的。在七种圣事中,新教一般只承认洗礼和圣餐礼,因为它们是由耶稣亲自设立的。

此外,礼拜是基督教的主要宗教活动,相传耶稣基督于星期日复活,故称该日为"圣日",并在这一天上午举行礼拜活动,包括祈祷、读经、唱诗、讲道等,通常在教堂里举行,由牧师主持。

教会通过圣事对基督教徒的精神生活、信仰道德产生重大影响。七项圣事贯穿平民百姓的一生,人的生老病死、婚配嫁娶以及道德修养,无不与圣事紧密相连。教会通过圣事,将上帝的"恩宠"赐给所有的基督教徒,使基督教的信仰深入人心。

基督教的主要节日有复活节、圣诞节、圣灵降临节。复活节定在每年春分月圆后第一个星期日,以纪念耶稣复活。圣灵降临节是纪念所谓"耶稣门徒领受圣灵"的节日,定在每年复活节后的第五十天。圣诞节是基督教世界最重大的节日,每年12月25日是耶稣基督诞生纪念日。经考证,一般认为这个日子是336年罗马教会规定的,另一说是354年规定的。从4到6世纪,经历了两个世纪才被普遍接受。之所以定在这一天,据说是为了同罗马世俗的农神节相一致,因为这天正是"冬至"日,从此白昼便逐渐长起来了。其用意大概是把耶稣的降生与赞颂太阳结合起来。现在,圣诞节已成为基督教徒和非基督教徒普天同庆的世俗节日。世界上有140多个国家和地区欢庆这个节日,节期从12月24日到第二年1月6日。

基督教自产生后1000年间,已传遍整个欧洲及西亚、北非的部分地区。16世纪后,又传播到非洲、美洲、南亚、东亚、大洋洲各国。对欧美、大洋洲各国历史和文化的发展有极其重要的影响。据统计,全世界信奉基督教的人数约有20亿,是世界上信仰人数最多的宗教。

第十章　中古欧洲文化

第三节　经院哲学、教育和科学技术

经院哲学是产生在 11 至 14 世纪欧洲基督教教会学院的一种哲学思潮。它是运用理性形式，通过抽象的、烦琐的辩证方法来论证基督教信仰、为宗教服务的思辨性宗教哲学。经院哲学的任务只是论证基督教教义，因此被称为"神学的婢女"。经院哲学家们盲目崇拜权威，把《圣经》、柏拉图和亚里士多德的著作和言论奉为最高权威和绝对真理，在著作和辩论中大量摘引其中的字句作为研究和论证问题的出发点，作为真理的标准。当这一切同客观实际发生矛盾时，他们宁愿不顾事实而极力维护神学的权威。经院哲学的基本方法是搞形式主义和烦琐论证，论证方法主要是亚里士多德形式逻辑的三段论法，如出生于意大利的安瑟尔谟（约 1033—1109），就用这种方法来证明上帝的存在。他断言，人心目中固有的上帝的概念是最完善的概念，而最完善的东西必然包括存在，否则就不是最完善的，所以上帝必然存在。这样，他在西方哲学史上第一次提出了著名的关于上帝存在的所谓"本体论的证明"。

随着经院哲学的形成，基督教哲学已从中世纪早期单纯对《圣经》及有关信条加以注释、阐述，发展到探讨思维与存在的关系这一哲学中心问题，并围绕一般（共相）和个别（殊相）、信仰和理性的关系等问题展开了长期争论，形成唯名论和实在论（唯实论）两大派别。唯名论和实在论的斗争贯穿整个经院哲学发展过程的始终。

实在论的代表人物有安瑟尔谟和香浦的威廉（1070—1121）等。他们断言共相先于个别事物而存在，共相具有客观实在性，个别事物是从共相这第一实体派生出来的。唯名论的代表人物有法兰西的罗瑟林（1050—1112）和阿贝拉尔（1076—1142）等。他们主张唯有个别事物才是真正的实在。反对共相具有客观实在性，否认共相是独立存在的精神实体，认为共相后于事物，只是个别事物的"名称"，或用以表示事物的相似性和共同性。总之，共相是实在还是名称，是实在论和唯名论两派争论的焦点。实在论属于客观唯心主义，而唯名论具有唯物主义倾向。后者比较接近真理，但它看不到一般与个别的对立统一关系，没有摆脱神学唯心主义的束缚和形而上学的局限。两派还在信仰和理性问题上展开了争论。实在论派安瑟尔谟坚持"先信仰后理解"的主张，认为理性只是对信仰的沉思，没有独立存在的价值，旨在维护正统神学的统治。唯名论派阿贝拉尔则主张通过怀疑、验证而达到真理，做到"理解才能信仰"。这种主张起到了动摇教会权威的作用。两派的争论还涉及许多重大的哲学、神学和政治问题，是当时社会不同阶层、不同思想斗争的

143

反映。

13世纪意大利多米尼克修道会修士托马斯·阿奎那(1225—1274)是欧洲中世纪最重要的经院哲学家。他的著作主要有《反异教大全》(1264)、《神学大全》(未完成)。当时,亚里士多德哲学著作与伊本·路世德(1126—1198)等阿拉伯哲学家的哲学传入西欧,各种异端思想兴起,对基督教信仰是极大的冲击。针对这一情况,为维护封建秩序和教会神权,他运用亚里士多德哲学来论证基督教信仰,力求把这二者调和起来。他把亚里士多德提出的"第一推动者"解释为基督教信仰的上帝,称上帝是"自存、永存的",是"最高存在"和"第一真理",万物是上帝从虚无中创造出来的,并把世界描绘成由下而上顺次依属的等级结构。在信仰与理性的关系上,他把认识过程分为感觉、理性和信仰三个阶段。他认为人可以对感觉作归纳、概括,进行理性思辨,获得某些知识,这样得到的真理是较低级的真理,往往容易出错。而只有靠信仰,靠上帝的启示,才能最后认识上帝的真理。理性虽有自身的领域,但它从属于信仰。尽管他的结论是错误的,但他对认识过程的划分是有一定意义的。而且,他在一定程度上对于理性和认识做了某些让步和确认,这同中世纪基督教宣扬信仰至上的观点相比,不能不说是一个进步。在他生前,他的学说在教会曾受到攻击。1323年,教皇约翰二十二世宣布他为圣徒。1879年,教皇利奥十三世正式把他的哲学定为天主教官方哲学,后称为托马斯主义。它对西方近现代基督教神学也有很大影响。

经院哲学是从古代哲学过渡到近代哲学的桥梁,尤其是其中的非正统派唯名论包含有不少积极成分,如政治上倾向于王权,倾向于宗教怀疑论,主张发展实验科学等,往往反映了王权派、世俗地主和市民阶层的观点,这就为后来欧洲文艺复兴运动时期科学文化的发展和新教改革奠定了基础。此外,经院哲学中两派的论争也促进了形式逻辑,特别是其中的演绎推理方法的发展。

中世纪初期,教育为教会所垄断,教会办学是为了培养神职人员。当时只有僧侣才能读书识字,教育带有明显的宗教性和等级性。教会学校有僧院学校、大教堂学校和教区学校三种。学校教授"七艺",即文法、修辞、逻辑、算术、几何、天文、音乐,课程内容是根据宗教需要制定的。教师由僧侣担任,用拉丁语口授,学生逐字逐句记忆、背诵,教学方法死板。但是教师也往往采用问答法进行教学,有助于提高学生分析、概括问题的能力。

在教会学校之外,世俗封建主阶级的教育还有宫廷学校和骑士教育。宫廷学校是对帝王、王族和大贵族的子弟进行教育,培养他们能担任治理封建国家的各种官职。骑士教育制度随着十字军东征的进行,在11、12世纪形成并盛行。骑士教育可分成侍童、侍从和骑士三个阶段。年满7岁的男孩要送往高一级领主家里当

第十章 中古欧洲文化

侍童。学习上流社会的礼仪和待人处世之道,学会骑马、游泳、投枪、击剑、角力、弈棋、识字、吟诗、唱歌、弹琴以及做领主的侍从。从14岁起做领主的侍从,到21岁成年,举行隆重仪式,授予骑士称号。这种教育旨在培养效忠封建统治者并能勇猛作战的人。它注重礼仪并提倡文雅的举止,对以后欧洲出现的绅士教育有一定影响。

从10世纪起,西欧城市兴起,手工业和商业得到发展,新兴的市民阶层迫切需要打破教会对教育的垄断,培养各方面的人才。于是自发创办了城市世俗学校。这类新型学校的普遍兴起和发展,反映了人们对古典艺术、古典哲学和罗马法的重视。另外,阿拉伯文化、古希腊文化通过西班牙及十字军东征等途径传到了西方,人们见到了古希腊、阿拉伯的自然科学、医学、哲学典籍,扩大了视野。总之,这些经济、政治、文化因素,为欧洲中世纪大学的产生奠定了基础。

欧洲中世纪大学脱胎于城市学校和大教堂学校。欧洲最早的大学是意大利的萨莱诺大学和博洛尼亚大学。萨莱诺大学位于意大利南部。11世纪初,它原是一所著名的医学校。犹太人阿非利加诺曾来这里,编译希腊和阿拉伯医学名著,在他推动下,该校吸引了各国青年前来学习,并于1137年发展成为欧洲最早的医科大学,1231年得到政府承认。腓特烈二世命令,国内医生必须在该校获得毕业证书,否则行医为不合法。11世纪末出现的博洛尼亚法律学校,以研究罗马法著称,1158年得到神圣罗马皇帝腓特烈一世的承认而成为正式大学。巴黎大学是由巴黎圣母院大教堂学校发展而来。这所国际大学始建于12世纪末,1180年为法国国王路易七世所承认。在这三所大学之后,创办的大学有:意大利的帕多瓦大学、巴勒摩大学,英国的牛津大学(1168)、剑桥大学(1209),法国的蒙彼利埃大学(1181)、图卢兹大学(1230),德国的海德堡大学(1386),捷克的布拉格大学(1348),波兰的克拉科夫大学。到1500年,全欧已有80余所大学。

欧洲中世纪大学大多是自治团体,由国王和教皇批准,不受当地教会和封建领主管辖,为保护自身的利益,学生或教师组成行会。拉丁文"大学"一词原意是社团、协会或行会,到14世纪中叶以后,才成为特指大学的专用名词。大学行政领导机构有两类:一类以博洛尼亚大学为代表,由学生掌管学校,担任校长;一类以巴黎大学为代表,学校由教师执掌,担任校长。前一类在南欧各国较普及,后一类在北欧占优势。

当时大学分为文学、法学、医学、神学四个学院。各大学在开办之初,只有一科或两科,后来逐步扩充、完备起来。如巴黎大学原来只有文学院、神学院,后增设法学院和医学院。文学科是普通科。普通科毕业后升入高级科,修法学、医学、神学三科,合格后获硕士学位。学生必须经过公开答辩才能得到学位。

教会通过各种办法企图控制大学,控制与反控制的斗争有时十分激烈,如巴黎大学这所著名的国际大学,曾有法国经院哲学家、唯名论的重要代表人物阿贝拉尔在这里任教,与唯实论进行长期论战,吸引几千学生前来学习,对巴黎大学的创立和发展起到了重要作用。教会对阿贝拉尔进行残酷迫害。到13世纪中叶以后,完全控制了这所大学。

欧洲中世纪大学的产生和发展是欧洲文化史上的重大事件,它突破了教会对教育的垄断局面,有助于世俗文化的发展,推动了各国科学、文化的发展和交流,也对教育事业的发展产生重大影响。它为欧洲文艺复兴、宗教改革的出现做好了准备。

在基督教神学统治下,中世纪科学受到严重摧残和扼制。绝大多数人信仰上帝、迷信《圣经》。人们盲目崇拜亚里士多德和盖伦这两位权威,认为他们已经在所有领域(包括哲学、物理学、医学)内,提供了全部知识和真理。炼金术、占星术、巫术流行,人们误认为金属是由水银、硫磺和盐构成的,它们能借助"点金石"而互相转化。但是,由于工商业和城市的发展,大学的产生,希腊、阿拉伯学术著作的传入,科学也逐渐有了进步。

10至12世纪,大量希腊、阿拉伯学术著作传到欧洲,译成拉丁文,推动了科学的发展。10世纪末,法国欧里亚克的教士吉尔伯特(940—1003)访问西班牙,带回了先进的科学知识。他向西方传入珠算、阿拉伯数字,曾因讲解并倡导希腊-阿拉伯的地圆说而轰动一时。他还用球体、棍棒及带状物制成简单的"天象仪",用来解释宇宙星球的运行情况,他被誉为"即将到来的欧洲觉醒时代的先驱。"① 11世纪,生活在意大利的非洲人康斯坦太因(1018—1084)将希腊罗马的医书译成拉丁文。12世纪,英国巴斯的阿得拉德把欧几里得的《几何原本》以及用阿拉伯数字写成的阿拉伯重要数学著作从阿拉伯文译成拉丁文。西班牙的学者,如科尔多瓦的犹太人迈蒙尼德(1135—1204)和克雷莫纳的杰勒德(1114—1187)等,将大量希腊、阿拉伯的医学、天文学和其他方面的科学著作译成拉丁文。

一些上层人士,特别是国王的支持与赞助也促进了科学的发展。大名鼎鼎的神圣罗马皇帝腓特烈二世(1194—1250)非常重视科学,亲自进行各种试验。他从巴勒摩请来著名学者,翻译阿拉伯著作,并资助当时最优秀的数学家比萨的列昂纳多·斐波那契(1170—1250)。他还使解剖合法化,建立了一套医师考试和允许开业的制度,为提高医疗水平、发展医学学科作出了贡献。西班牙卡斯提尔国王阿尔丰沙十世(1221—1284)广招人才,翻译阿拉伯科学论著。1240年,他召请50名阿

---

① [美]C.沃伦·霍莱斯特:《欧洲中世纪简史》,陶松寿译,商务印书馆,1988年,第125页。

拉伯、犹太教和基督教学者到托莱多参加天文会议。会议把对行星的最新观察结果和托勒密的天文学理论统一起来。会后把会议成果写进《阿尔丰沙星表》出版。此举被称为"欧洲天文学的曙光"。

13世纪的牛津大学是欧洲重要的科学中心，西方近代科学在那里开始萌芽。英国学者罗伯特·格罗斯泰斯特（1168—1253）曾在牛津大学任教，对古希腊及阿拉伯科学遗产有很深造诣。他既强调数学是了解世界的钥匙，又主张通过对现象的观察与实验理解到抽象知识的重要性，融数学和实验这两种因素为一体，并制订出比较严密的实验程序，成为科学方法论的先驱。

格罗斯泰斯特的弟子罗杰·培根（约1214—1294）将他老师的科学方法论发扬光大。主要著作是《大著作》《小著作》和《第三著作》。他的最大贡献是提出了所谓"实验科学"，即指运用实验方法的科学。他反对迷信权威和推理，认为它们都不能提供有用的知识。除非它们为实验所证实。他在光学、天文学、地理学、机械学、化学、数学等广泛的领域，进行了许多有价值的实验、观察。他花了很多时间试验透镜，并知道怎样配置凸凹镜才能看清远方的物体，可见他已懂得望远镜的原理和制造了。他证明光速超过音速，并预言将来会有一种用机械推动的车和船，一种可以在天空飞行的机器。尽管他不可能完全摆脱基督教神学和炼金术的羁绊，但他的科学方法论和科学实验已使他成为中世纪最负盛名的科学家，成为欧洲近代科学的先驱。

比萨的列昂那多在数学领域中起到了先驱作用。他出生于新兴商人家庭，因经商漫游过埃及、叙利亚、希腊、西西里等地。回到意大利后，1202年，他写了《算经》一书，该书共15章，例题主要取自商人的生活。他在书中把印度人用整数、分数、平方根进行计算的方法介绍给欧洲，是第一个在意大利运用阿拉伯数字的人。1220年，他又出版《实用几何学》一书，在解算术和几何方面的问题时使用代数方法。他以自己的数学成就开始了西方数学的复兴。

到12、13世纪，已经有一些科学发明和研究成果在生产和生活中运用了。如1195年欧洲已在航海中开始使用指南针。1280年风车已普遍运用。1284年意大利发明并开始制造眼镜。据推测，在此前后，意大利已有装摆轮的机械钟。玻璃窗也在欧洲逐渐普及。13世纪下半叶，脚踏织布机、生丝纺车和捻丝机等开始出现。总之，中世纪欧洲在理性精神和实验精神指引下，已开始走出信仰时代，迈向文艺复兴这一伟大的新时代。

第四节　文学艺术成就

　　基督教及其教会垄断着欧洲中世纪的文化,文学也染上了浓厚的宗教色彩。当时占统治地位的文学是教会文学,此外还有骑士文学、英雄史诗和城市文学。

　　教会文学多用拉丁文写成,主要内容是宣传宗教教义,其体裁有圣经故事、圣徒传、祷告文、赞美诗、圣者言行录、梦幻故事、奇迹故事以及宗教剧等。艺术上大量采用寓意、梦幻、象征等手法,又颇多劝善惩恶的说教。它所使用的艺术手法对后世欧洲文学有一定影响。

　　骑士文学是封建世俗文学,反映了骑士阶层的生活理想。骑士阶层最初来自中小地主和富裕农民,因替大封建主打仗得到封赏而形成固定的阶层。11世纪末开始的十字军东征提高了骑士的社会地位,并逐渐形成了骑士精神——忠君、护教、行侠、崇拜贵妇人等一系列道德标准。骑士精神带有明显的封建性和宗教色彩,但也在一定程度上表现出追求世俗生活和突破禁欲主义束缚的倾向。骑士文学繁荣于12、13世纪,以法国最为发达。骑士文学又分为骑士抒情诗和骑士传奇两种。骑士抒情诗以法国的普罗旺斯为中心,内容是描写骑士对贵妇人的崇拜和爱,以《破晓歌》最为有名。骑士传奇是一种长篇叙事诗,主要写骑士为了荣誉、宗教或爱情而驱妖除魔的种种冒险事迹,比较有名的是亚瑟王和他的圆桌骑士的故事、《特里斯丹和绮瑟》与《奥卡森和尼柯莱特》等。骑士传奇的情节曲折生动,注重人物的心理描写,是欧洲近代长篇小说的雏形;其内容反映理想化了的骑士生活,富有神秘色彩和浪漫情调,对后世欧洲的浪漫主义文学也有一定影响。

　　英雄史诗主要在各民族民间文学的基础上发展而来。早期史诗多反映氏族社会末期的蛮族部落的生活,重要的有英国的《贝奥武甫》和芬兰的《卡勒瓦拉》(又译《英雄国》)等。前者大约在8世纪前半叶用古英语写成,是继古希腊、罗马史诗之后欧洲最早的一部用本民族语言写成的史诗。后期英雄史诗是封建国家逐渐形成和封建制度发展以后的产物,其中心主题是爱国主义和英雄主义。主要作品有法国的《罗兰之歌》、西班牙的《熙德之歌》、德国的《尼伯龙根之歌》和俄罗斯的《伊戈尔远征记》等。这些史诗大多表现了建立统一强盛的民族国家的强烈愿望.寄希望于开明君主,忠君和爱国思想是紧密联系在一起的,并渗透着歌颂基督教、反对异教徒的思想。

　　城市文学产生于12世纪,大多是民间创作,反映了新兴市民阶层的思想要求。它与教会文学不同,内容富有现实性,讽刺揭露贵族和僧侣,具有反封建、反教会的倾向。其代表作品有长篇故事诗《列那狐传奇》等。城市文学是中世纪最富有生气和独创性的文学,是欧洲近代资产阶级文学的前驱。

欧洲中世纪艺术是为神学服务的,与基督教会有着密切的联系。最有代表性的是罗马式艺术和哥特式艺术,主要体现在教堂建筑中。

罗马式教堂建筑兴起于 10 至 12 世纪。十字军东征、宗教的狂热以及经济的发展,促使新的教堂和修道院大量涌现。罗马式教堂建筑是在融合罗马建筑、拜占庭建筑和早期基督教建筑的风格、形式的基础上,形成了自己的特色。罗马式教堂在主体设计上曾受到早期基督教的"巴西里卡"教堂形式的影响,并把后者的丁字形会堂布局发展成为拉丁十字形,扩大了教堂的容量;同时还模仿古罗马的凯旋门、城堡等建筑式样,采用了古罗马拱顶和梁柱结合的体系,因此而得名。与封建割据状态相适应,罗马式教堂也类似封建城堡,其特点是半圆形穹形的拱顶,厚重坚实的石墙,巨大的支柱,窄小的离地面较高的窗户,并配有碉堡似的高大塔楼。它以其坚实、敦厚、巨大的形体来显示教会的威力。而教堂内部黯淡的光线,又给人一种神秘、幽远的感觉。从总体上看,这类建筑蕴含着强烈的宗教精神。意大利的比萨大教堂(1063)和米兰的圣安布罗斯教堂(1098),法国卡昂的圣艾蒂安教堂(1070)和图卢兹的圣沙宁教堂(1080),英国的达拉姆大教堂(1133)和德国的沃姆斯大教堂等,都是罗马式教堂建筑的典型代表。

12 至 13 世纪,随着财富的增长,文化的进步,城市的繁荣兴旺,哥特式教堂建筑逐渐取代罗马式教堂建筑。这类建筑最早出现在法国,1140 至 1144 年,巴黎北部法兰西岛上圣丹尼修道院院长苏热尔主持该修道院教堂的重建工作,他率先提出教堂建筑要表现出光线、高度等理想。建筑师按此要求在教堂中采用向高处延伸、增大窗户和改变比例等成功尝试,首创了哥特式建筑风格。著名的哥特式教堂有法国的巴黎圣母院、夏特尔大教堂、亚眠大教堂、兰斯大教堂,德国的科隆大教堂等。哥特式教堂建筑采用尖形的拱门、交叉的肋状拱顶和飞拱。这就大大减轻了建筑的负荷,并大大增加了建筑的体积和高度。其中德国的乌尔姆教堂(1377)的尖顶高达 161 米,是世界上最高的教堂。这类教堂往往还有许多高耸的尖顶,如1386 年兴建的意大利米兰大教堂,整个建筑竟有 135 个小尖塔,而且每个尖塔顶上都立着一尊雕像。另外,这类建筑用巨大的花格窗和彩色玻璃镶嵌画替代了墙壁。总之,哥特式教堂建筑以高、直、尖和具有强烈的垂直上升的运动感为特征,体现教会的弃绝尘世、飞向天国的宗教世界;同时,透过彩色玻璃窗色彩斑斓夺目的光线,又造成一种"非人间"的境界,给人一种神秘莫测的感觉。

然而,哥特式教堂建筑的大量出现不仅体现了对基督教信仰的虔诚气氛,而且也是人们追求世俗享受倾向的表现,是这两者的奇妙结合。高大豪华、凌驾于普通建筑之上的教堂建筑,既是教会权力至上的象征,也是富贵和气派的标志。当时的大教堂是宗教活动的中心,也是城市世俗生活的中心。有些大教堂面积巨大,竟能容纳其所在市镇的全部居民。

中世纪的音乐也是同基督教会密不可分的。罗马是当时欧洲最大的音乐中心。早在西罗马帝国末期,在基督教会内部就出现了许多作曲家和音乐理论家。如米兰的僧侣圣·安姆波罗斯(340—397),就以民间曲调为基础写了许多宗教颂歌,利用音乐为基督教服务,成为西方宗教颂歌的开端。590年,教皇格列高利一世改进了当时的教堂音乐,制定了配合宗教仪式的唱经本,作为各地宗教礼拜音乐的范本,被称为"格列高利圣咏",也被称为"平调"。其调子庄严、肃穆、平直、均匀,一律用拉丁文演唱,至今在天主教堂仍作为弥撒礼仪音乐演唱。随着音乐渐趋复杂,记谱法也不断改进。早在7世纪就出现了纽姆记谱法,最初只用一根横线代表F音高。到11世纪,意大利修士、阿雷佐的圭多(约991—1033)对记谱法进行重要改革,完成了四线谱表,使音高记谱更加准确。13世纪又有人使用第五根线,成为五线谱的前身。9、10世纪,欧洲出现复调音乐,13世纪复调音乐盛行,多声部的合唱成为教堂唱诗班的主要歌唱方式。从11世纪起,世俗音乐也开始发展。12世纪,法国最先出现了流浪的吟唱诗人,用乐器伴奏。歌唱骑士业绩、爱情及自然景色。14世纪在法国和意大利又出现了多声部的世俗性合唱。

中世纪教会音乐的影响是极其深远的。"格列高利圣咏"在西方音乐从单调往复调的发展过程中起到了承上启下的作用。欧洲近代著名音乐家莫扎特、圣桑、舒伯特、肖邦、格里格等都曾受到过格列高利圣咏的影响。中世纪教堂音乐对戏剧发展的影响也是显而易见的。由于西罗马帝国末期蛮族的入侵和基督教会下的禁令,剧场被毁坏,演员遭迫害,戏剧演出也就销声匿迹了。中世纪的戏剧几乎是在一片空地上重建的。中世纪最早的戏剧是从教会礼拜仪式中的唱诗孕育和发展起来的。唱诗、合唱中有问有答,由此产生戏剧对话和戏剧情节,进而出现了最早的宗教戏剧,以后演化为宗教奇迹剧和神秘剧。随着社会的发展,演出地点由教堂内移到教堂外,演员也由教士逐渐变为世俗人员,内容也逐渐世俗化,产生了道德剧、傻子剧和笑剧等剧种。可见,中世纪教堂音乐是中世纪宗教戏剧产生的土壤和基础,而后者又为欧洲近代戏剧的发展开辟了道路。

第五节　拜占庭和东西教会大分裂

拜占庭帝国又称东罗马帝国。由于罗马帝国经济、文化重心东移,君士坦丁一世(306—337在位)于330年迁都于古希腊移民城市拜占庭,改名君士坦丁堡。395年罗马帝国分裂为东西两部分。东罗马帝国定都君士坦丁堡。476年西罗马

第十章　中古欧洲文化

帝国灭亡。拜占庭帝国则经受了蛮族入侵等危机,逐步演变为封建制国家。一直到1453年被奥斯曼帝国所灭亡,才结束了其一千多年的历史。拜占庭帝国横跨欧、亚、非三洲,以巴尔干半岛和小亚细亚为中心,包括亚美尼亚、叙利亚、巴勒斯坦、美索不达米亚、埃及和利比亚。在政治经济生活中起决定作用的是希腊人,帝国语言在4至6世纪以拉丁语为主,7至15世纪以希腊语为主。

基督教形成初期,就分为东西两派。自4世纪以来,以君士坦丁堡为中心的东派教会和以罗马为中心的西派教会,因政治、经济、文化上的差异,矛盾渐趋尖锐。6世纪上半叶,拜占庭皇帝查士丁尼自称为教会元首,使东派教会附属于国家政权。东派教会在皇帝支持下,不承认罗马教皇为教会最高首领,并与教皇争夺霸权,斗争愈演愈烈。早在8世纪,拜占庭皇帝利奥三世、君士坦丁五世、利奥四世等都支持圣像破坏运动,把矛头指向罗马教会。5至6世纪间,西派教会未经东派教会同意,将《尼西亚信经》①中,"圣灵""从父出来",改为"从父和子出来",从而引起"和子句纠纷",这一纠纷从6世纪起一直持续到8世纪。9世纪60年代,两派教会为争夺保加利亚教会和巴尔干省的归属问题,发生激烈争吵,互不相让,罗马教皇尼古拉一世和东派主教佛提乌各自宣布开除对方教籍,史称"佛提乌分裂"。1054年,东西两派教会再次因"和子句"引发激烈冲突,东派主教色路拉里乌与教皇利奥九世最后各自宣布开除对方教籍,造成东西教会正式分裂。至此,东西派教会长达700余年的差异、冲突终于以彻底决裂告终。这是基督教的第一次大分裂。此后西派教会自称罗马公教,即天主教;东派教会自称正教,即东正教。实际上,东派教会早在9世纪就开始向东欧及北方传教,对推动斯拉夫一些民族的发展做出了重要贡献。东正教与天主教除了在教义上有分歧以外,还比较拘泥于古代基督教的教义和礼仪,强调与神交往的神秘意义和礼拜活动的神圣气氛。

在欧洲文艺复兴运动以前,由于拜占庭保存了大量古希腊、罗马的文化典籍,所以其文化一直处于欧洲文化的前列。而西罗马帝国的崩溃,连续不断的战乱,以及基督教对"异端"文化的压制和破坏,使得中世纪初期,欧洲的大部分地区,古希腊、罗马的文化几乎绝迹。但是在拜占庭,它基本上保持着一个连续的较强大的政权。基督教虽然也是拜占庭的国教,但这里的基督教会没有成为独立于世俗政权之上的政治势力,而是始终在世俗政权的控制之下从事其宗教活动。再加上拜占庭发达的经济需要有较高文化的人才,因此古代的文化、学术较少受到破坏,得到较好保存。诸如荷马、赫西奥德、埃斯库罗斯、索福克勒斯、欧里庇德斯的作品,柏

---

① 基督教古老信经之一,325年编订于尼西亚公会议,后于381年在第一次君士坦丁堡公会议上修订,成为后世大多数教会所共同承认的基督教信仰准则。

拉图、亚里士多德的哲学著作以及希罗多德的历史著作,还有古罗马的一些著作,都在这里流传。由于拜占庭教育文化比较发达,所以吸引欧洲各地青年前来求学。拜占庭一些学者还到意大利讲学,直接传授古希腊、罗马的文化。拜占庭保存并传播古希腊、罗马文化,促进了欧洲文化的发展,对意大利文艺复兴运动的产生起到了一定作用。

拜占庭地跨欧、亚、非三大洲的交界处,它是东西方文化交流的桥梁,其文化更是东西方文化交流、融合的结晶。拜占庭包括埃及、美索不达米亚、巴勒斯坦和希腊这几个古代东西方的文化中心,所以它既保持了古希腊罗马的文化传统,也吸收作为罗马公教的基督教文化,还汲取了古代东方的文明,三者汇合起来,形成更加丰富多彩、别具一格的文化。

拜占庭的教育、科学、文化相当发达,并取得了较高的成就。拜占庭的教育继承了古典教育的传统。425年创办的君士坦丁堡大学是影响最大、规模较大、存在时间较长的一所大学。教学内容以"七艺"为基础课,还讲授哲学、法律、历史、医学等科目。9世纪时,曾由著名科学家、哲学家利奥担任校长,一度很兴隆,西欧一些青年慕名到这里来接受高等教育。此外,拜占庭各地的各类专科学校,如法律学校、哲学学校、医学学校也比较发达。医学方面,医生奥雷巴西(326—403)继承并发展了古代医学的优秀成果,编写了《医学大会》70卷。7世纪时,爱吉那的保罗写了另一本著名的《医学大全》。这些著作被译成多种文字,在阿拉伯和西欧广泛流传。进入13、14世纪,尼古拉·米列柏卓斯编写的《药物学指南》汲取了医学方面的新成果,对西欧影响很大,法国巴黎的大学医科直到17世纪还以它为教材。拜占庭还涌现出了大批历史学家,其中最著名的是生于巴勒斯坦的凯撒里亚的普罗科匹厄斯。他是皇帝查士丁尼一世的同时代人,著有《查士丁尼战争史》8卷,叙述查士丁尼时期对外战争的经过和国内的情况。严格按照编年顺序,叙事清楚完整。10世纪时,皇帝君士坦丁七世编著了巨型的历史丛书,还编纂了有关国家管理、宫廷礼仪和帝国行省等三部著作,对保存古典文献做出了贡献。

拜占庭在艺术(主要是建筑)、法律等方面取得了突出的成就。圣索菲亚大教堂是拜占庭建筑艺术的最高成就。这座教堂是皇帝不惜重金修建的,由小亚细亚两位建筑师——米利都的伊锡多和特拉列斯的安提缪斯设计。从532到537年,耗时五年零十个月建成。该建筑继承东方建筑传统,改造并发展古罗马建筑中的某些要素,形成独特的风情。它不同于古代长方形内有两排圆柱的形式,采用集中式这一种新的建筑形式。其突出特点是在方形平台上覆盖圆形穹顶的结构体系,并通过帆拱把穹顶支承在若干独立的墩子上。它的体积庞大,其大穹顶直径31米,高15米,穹顶下部有40个小天窗。它的内部装饰极为绚丽多彩,有各种彩色

第十章 中古欧洲文化

玻璃镶嵌的圣经故事和使徒传记的嵌石画,它们同各色大理石所做的贴面交相辉映。教堂里面的光亮看起来似乎不是来自外部,而是发自内部。教堂内部显得富丽堂皇、雄伟庄严,与朴实无华的外表形成鲜明对比。这一高大建筑采用圆形穹隆屋顶,象征上帝君临天下的最高权柄和对人类的庇荫,造成人在上帝怀抱之中的感觉。它突出了基督教(东正教)内在的精神气质,显示了一种神秘气氛,并开了拜占庭建筑之先河,对东西方许多国家,尤其是东正教国家的建筑影响很大。塞尔维亚、俄罗斯建筑都受益于它。

拜占庭在法律方面的主要成就是查士丁尼法典的编订。查士丁尼(527—565在位)统治之前,法律处于极端繁复紊乱和缺乏系统状态。为了巩固帝国内部的统治,他于528年任命以大臣特里波安为首的10人法典编纂委员会(以后又增至16人),大规模地进行罗马法典的编纂工作,到534年完成,历时6年。法典包括《查士丁尼法典》《法学汇纂》和《法学阶梯》三部分。《查士丁尼法典》收集从哈德良(117—138在位)以来罗马历代皇帝所颁布的法令和元老院的决议,删除过时和相互矛盾的部分,529年完成,共12卷,534年修订后再度颁布。《法学汇纂》又名《学说汇编》,530年开始编纂,533年完成。它搜集、整理、摘录了历代罗马著名法学家的著作。《法学阶梯》又名《法学总论》,以公元2世纪罗马著名法学家盖尤斯的同名著作为蓝本,参照其他法学家的著作,由三位法科教授于533年编成,作为法科学生的教科书。因为它是皇帝"钦定"的"私法"教材,所以具有法律效力。在法典编定后,查士丁尼又陆续颁布了168条敕令,到565年他去世后也被汇编成集,称为《新律》,作为查士丁尼法典的补充。以上四部分,到12世纪被统称为《查士丁尼民法大全》(又译《罗马法大全》)。

查士丁尼法典的编纂目的是为了巩固帝国的统治,所以法典极力歌颂君权,宣扬皇帝的意志就是法律,谁反对皇帝就要受到法律惩治。法典把君权同神权结合起来,提出君权神授的思想,使君权神圣化。法典以基督教为支柱,以加强专制统治。规定皇帝有保护基督教的特权,教会的法令必须由皇帝发布。将基督教"三位一体"的教义写进法典,还规定维护教会的财产和权威,严厉惩治和杜绝"异端"派别。法典对逐渐形成的罗马贵族的各个等级予以认可。法典强调奴隶和隶农的依附地位,要求他们必须服从主人,不得有任何反抗。但又规定允许释放奴隶,其中有些条文对奴隶和妇女有一定保护作用。法典还对遗产继承的规定做了重大修改。

《查士丁尼民法大全》是欧洲历史上第一部系统完备的奴隶制成文法典,其卷帙浩繁,内容丰富,标志着罗马法本身已达到最发达、最完备阶段。欧洲大陆各国以及中国、日本的民法都深受其影响,对英美等国法律也有一定影响。

拜占庭文化对西欧、南欧（意大利）有较大影响，而对东欧的影响更大、更直接。塞尔维亚、捷克斯洛伐克和保加利亚在行政制度、宫廷生活、法律、建筑、文学等方面，都仿效拜占庭。斯拉夫文字的创造，同基督教（东正教）的传入是分不开的。863年，拜占庭皇帝米哈尔三世应大摩拉维亚国王罗斯蒂斯拉夫的要求，指派出生于希腊的传教士基里尔与麦托恩两兄弟去那里传教。他们精通斯拉夫语，不但用斯拉夫语替代拉丁语做祈祷，而且创造了古斯拉夫文字，改变了只有斯拉夫语而没有斯拉夫文字的状况，还将《圣经》和希腊法律译成古斯拉夫文。这一创造大大加快了摩拉维亚文化的发展。这一文字的字母现在仍为摩拉维亚、保加利亚、俄罗斯人所使用。至今，斯拉夫各民族，特别是捷克和斯洛伐克民族每年都要为两兄弟举行隆重的纪念活动，以缅怀他们所做出的重大贡献。继大摩拉维亚国之后，保加利亚也皈依东派教会，同拜占庭在政治、文化方面有密切联系。10世纪后期，基辅罗斯公国大公弗拉基米尔不仅自己皈依东派教会，而且把全体基辅居民赶到河里，由拜占庭神父给他们集体施洗礼。随后，基督教成为基辅罗斯的国教。随着东正教的广泛传播，拜占庭在政治制度和科学文化等方面也给俄罗斯以深刻影响。

拜占庭文化对中国文化也有一定影响。从4世纪（魏晋时代）起，中国已与拜占庭有文化、贸易联系。历史学家普罗科匹厄斯在其《查士丁尼战争史》的《哥特战纪》中记载了中国的蚕子传入拜占庭的情形。中国则从拜占庭输入了琉璃、珊瑚、玛瑙等商品。拜占庭的民间幻术，如吞刀吐火等，早在汉武帝期间就由拜占庭地区传入，与中国传统技艺相结合，发展成为中国的杂技艺术。景教是拜占庭帝国时期基督教的一派，唐太宗贞观九年（635）传入中国内地，开欧洲宗教传入中国之先河。

拜占庭文化在欧洲古代文化和中世纪文化之间，起了承前启后的作用，又对欧洲近代文化的产生起了重要作用。拜占庭文化同时也是中世纪东西方文化交流的熔炉和金桥。它对人类文化史的发展所做的贡献是不可磨灭的。

第六节　十字军东侵及其影响

十字军东侵，又称为十字军东征，是1096至1291年西欧天主教会、世俗封建主和意大利富商对中东各国发动的一系列军事远征和侵略扩张。因为战争的发动者罗马教皇赋予它以宗教战争的性质，即基督教徒反对伊斯兰教徒以及犹太教徒，所以参加者的衣服上缝有十字记号，故名十字军。

十字军出征的表面原因是塞尔柱突厥人夺取了拜占庭帝国的大片领土，西方朝圣者去圣地耶路撒冷的旅途受阻，贸易也受到影响。1095年拜占庭皇帝阿历克塞一世向教皇乌尔班二世和西欧君主求援。同年11月，教皇乌尔班二世在法国南

第十章 中古欧洲文化

部克莱芒召开宗教会议,号召西欧基督教徒进行圣战,从异教徒手中夺回"主的陵墓",并宣布参加者可以免除一切罪孽,战死者可以升入天堂。于是,历时近两个世纪的"圣战"就发动起来了。

参加十字军的人的动机是十分复杂的。以教皇为首的罗马教会是想借这场战争煽动信徒们的宗教狂热,并使天主教会势力扩张到东方伊斯兰国家和以东正教为国教的拜占庭帝国,以加强教皇的地位和权力。西欧大、小封建主参加十字军的主要原因是到东方去掠夺土地和财富。当时灾情相当严重,社会动荡不安,为转移心怀不满的农民的视线,引诱他们到东方寻找出路,是教会和世俗封建主发动这场战争的又一原因。而意大利的富商,则企图借此排挤阿拉伯和拜占庭商人,夺取商业控制权。

事物的进程是不以人的意志为转移的。这场旷日持久的战争以失败而告终。战争给交战双方各国人民的生命财产造成无法估量的损失。拜占庭帝国被严重削弱。罗马教会要扩大自己权力和地盘的初衷不但落空了,而且暴露了它的欺骗本质。教会威信下降了,开始走向衰落。这场战争在客观上削弱了西欧的封建割据势力,有利于加强西欧各国的王权。而从中受益最大的是意大利的少数城市——威尼斯和热那亚,它们夺得了地中海东部的商业霸权,扩大了西欧在东方的贸易市场。战争结束后,由东方运到西欧的商品,比以前增加近十倍。十字军东征在客观上促进了东西方文化的交流,东方先进的工、农业生产技术传到西欧,促进了西欧生产水平的提高。西欧人改进了造船技术,学到布匹和绸缎的精织、印染技术,学会水稻、西瓜、柠檬等农业生产技术。与此同时,绸缎、稻米、柠檬等阿拉伯词汇也大量传到欧洲,融入西方语言之中。一些封建主和平民的生活方式也受到东方影响,如讲究理发、洗澡,穿轻软的东方织品,食用精美、加有香料的东方佳肴,饮用芳香的东方美酒等。

十字军东征大大提高了骑士的地位,并使骑士们接触到东方的生活和文化,逐渐形成一种理想化的骑士精神,并出现了一些以十字军为题材、背景的史诗、骑士传奇等。更重要的是十字军东征开阔了人们的眼界并增进了人们对地理的兴趣和爱好。

东方灿烂文化的传播,促使欧洲思想文化发生深刻变化,为欧洲中世纪信仰时代的终结和文艺复兴运动的到来开辟了道路。

第十一章

中古阿拉伯文化

第一节 概　　述

中古时期阿拉伯文化,最初指阿拉伯半岛人民的文化,以后主要指阿拉伯帝国时期(7世纪30年代至1258年)的文化,还包括阿拉伯人占领西班牙后所创造的文化,也包括蒙古人和土耳其人统治该地区时期的文化。

阿拉伯半岛位于亚洲西南部,是世界上最大的半岛,阿拉伯人最早居住在这里。它是阿拉伯文化和伊斯兰教的发祥地。6至7世纪,半岛内陆的贝都因人,还过着游牧生活,正处于原始社会瓦解时期,各部落间常因争夺水草、牲畜而互相仇杀。半岛上各部落中的偶像崇拜很盛行,仅汉志地区各部落所尊奉的偶像就多达360余尊。半岛西北部和西南部的汉志和也门地区原来农业、手工业、商业很发达。但由于遭到拜占庭帝国和波斯等大国的频繁入侵和掠夺,经济受到严重破坏,对外贸易也受到很大影响。经济萧条,贫富悬殊,社会动荡不安。当时半岛上的氏族贵族和下层平民都迫切希望将各部落联合起来,改变内外交困的状况,建立一个统一的强大的国家。在这种情况下,反映这种统一要求的一神教——伊斯兰教便应运而生了。

穆罕默德(570—632)是伊斯兰教的创建人,他顺应历史的客观规律,提出了许多改良社会的主张。他树立一神安拉的最高权威。反对多神教和偶像崇拜,下令清除克尔白庙神殿中的一切偶像,禁止异教活动,将麦加定为伊斯兰教的宗教中心;他打破以血缘关系为基础的部落界限,提出"穆斯林都是兄弟"的口号,号召以共同的宗教信仰为基础团结起来。穆罕默德创建的伊斯兰教产生了巨大的号召力和凝聚力,使分散落后的各部落迅速成为统一强盛的阿拉伯国家,成为阿拉伯历史上一个伟大的转折点。

第十一章 中古阿拉伯文化

政教合一的阿拉伯国家崛起之后,在四大哈里发时期(632—661)和倭马亚王朝时期(661—750),迅速向外扩张,征服埃及、叙利亚、巴勒斯坦、波斯、北非及西班牙等地,控制了中亚和印度河流域。到 8 世纪中叶,成为地跨欧、亚、非三大洲的庞大的封建军事帝国。伊斯兰教也随之传播各地,成为世界三大宗教之一。阿拉伯语也相应得到丰富和发展,成为信奉伊斯兰教的各民族的通用语。

阿拔斯王朝(750—1258)建立之初的一百年间,即 8 世纪中叶到 9 世纪中叶,是阿拉伯帝国最兴盛的时期。之后,该王朝进入分裂和衰落时期,各地封建主纷纷割据,建立了一些独立的王朝。其中以法蒂玛王朝(909—1171)和后倭马亚王朝(929—1031)比较著名。前者是由穆罕默德的女儿法蒂玛的后裔在北非突尼斯建立的,后定都开罗。后者是由倭马亚王朝的后裔在西班牙建立的,定都科尔多瓦。阿拔斯王朝和一些封建王朝颇有见识的统治者重视学术,重视教育,尊重人才,对阿拉伯文化的发展作出了贡献。巴格达、开罗和科尔多瓦是中世纪阿拉伯的三大文化中心。

阿拉伯帝国的形成与发展,伊斯兰教的创立与传播,对外贸易的兴旺与繁荣,促进了文化的交流与融合,并形成了阿拉伯新文化。它具有后发性、国际性和开放性等特点。阿拉伯人原有的文化是落后的,直到穆罕默德创立伊斯兰教之后,他们才结束了蒙昧时期而进入文明时代,并迅速崛起,迎头赶上,一度在世界上处于领先地位,成为中世纪亚非地区三大文化中心之一。阿拉伯人在征服埃及、叙利亚、巴勒斯坦、两河流域、波斯等地区之后,接受了这些民族先进文化的影响,还吸收希腊、罗马、印度和中国文化的许多成分,并加以发展、创造。这一文化是帝国境内各民族人民共同创造的,又融汇、集中了东、西方诸多民族的智慧,具有多民族性和国际性的特点。它使用阿拉伯语,并以伊斯兰教为纽带,所以又称为阿拉伯—伊斯兰文化。阿拉伯新文化还具有明显的开放性,是东西方文化交流的重要桥梁,也是联结欧洲古代文化和近代文化的一大枢纽。它以各种方式传到欧洲,成为还处在停滞、落后状态中的欧洲的学习对象与榜样,对欧洲文化的发展和文艺复兴运动的兴起,产生重大促进作用。

第二节 伊斯兰教和《古兰经》

伊斯兰教与佛教、基督教并称世界三大宗教。7 世纪初由穆罕默德在阿拉伯半岛创立。"伊斯兰"的原意为"顺服",由此派生的"穆斯林"意为"顺服者"。在穆斯林看来,伊斯兰教就是服从真主的宗教。

《古兰经》是伊斯兰教的根本经典,是穆罕默德在创立伊斯兰教和传教的 23 年

(610—632)期间的言论汇集。穆斯林认为,《古兰经》是真主安拉的言论,是安拉通过天使吉卜利勒降给先知穆罕默德的一部天启经典。"古兰"一词,阿拉伯语的原意为宣读、诵读或读物。穆罕默德去世后,第一任哈里发伯克尔(632—634在位),下令将散存多处的言论搜集整理,汇编成册;到第三任哈里发奥斯曼(644—656在位)时又对已汇集的本子统一加工,约于651年修订成为定本,称为"标准汇编本",也称为"奥斯曼定本"。至今,全世界穆斯林仍通用这个定本。《古兰经》共30卷,114章,6236节,其篇幅约等于基督教的《新约》阿拉伯语译本的4/5。

穆罕默德这位伊斯兰教的创始人具有重实践讲效率的精神,因此伊斯兰教的信仰、教义是简明易行的。《古兰经》明确阐述了伊斯兰教的五大信仰:信安拉、信天使、信经典、信先知、信后世;还规定了五大宗教义务:信仰的表白、礼拜、斋戒、施舍和朝觐,在中国通称为"五功",即念功、礼功、斋功、课功、朝功。

五大信仰中最重要的是信仰安拉,这是信仰的核心和基础。即相信安拉是最高的存在,唯一的主宰,全能全知,无所在又无所不在,无始无终、所向无敌,永自生存,独一无二,时刻并永远和信徒们在一起。信经典,相信所有的经典全部是"安拉的言语",是通过天使降示给使者的,而《古兰经》是通过穆罕默德"降示"的最后一部经典。将受到安拉的保护,不会变更。信先知,相信安拉曾派遣过许多先知或使者,向人们传布"安拉之道",穆罕默德则是众先知中最后一位先知,也是最伟大的一位先知。在五大信仰中,信安拉、信经典和信先知穆罕默德是伊斯兰神学思想的核心。

在"五功"之中,信仰的表白即念功居于首位。念功要以诚信严肃的态度用阿拉伯语念"作证词":"除真主外,别无神灵;穆罕默德是真主的使者。"这是穆斯林一生念得最多的话。礼拜,穆斯林每天要面向麦加克尔白礼拜五次,每周五在清真寺参加公众聚礼;每年开斋节和古尔邦节要举行会礼。礼拜前要用清水作部分清洗(小净)或全身清洗(大净),以做到身心、衣服洁净。斋戒,每天日出前一个半小时到日落,禁止饮食,时间为每年"莱麦丹月"(即伊斯兰教历9月),斋戒一月。按规定,未成年儿童、病人、孕妇等可以免去斋戒。施舍,即天课,又称"济贫税"。它不是政府征收的税款,而是穆斯林交纳的一种宗教税,按财产的不同种类以一定比例征收。朝觐,每个穆斯林,不分性别,只要身体健康、旅途安全,能备足旅费,一生必须到麦加去集体朝觐一次。时间规定在伊斯兰教历的12月8日至10日。

伊斯兰教有三大节日:一是伊斯兰教历10月1日为开斋节;二是古尔邦节,又称宰牲节,在伊斯兰教历12月10日;三是圣纪,即穆罕默德诞辰,伊斯兰教历3月12日。伊斯兰教的三大圣地是麦加、麦地那和耶路撒冷。

伊斯兰教在《古兰经》中规定了严格的饮食戒律,规定教徒要食清洁食物,戒食自死物、溢流的血和猪肉。

《古兰经》是阿拉伯—伊斯兰思想文化体系的基础和核心,是阿拉伯人文学科和宗教学科的基础,是"阿拉伯文化和学术的源泉"。① 为了正确理解和深入领会《古兰经》,阿拉伯人创建了圣训学、教律学、教义学、法理学,创立了语音学、文字学、语法学、修辞学,并促进了历史学、哲学的发展。《古兰经》对阿拉伯文学的影响是难以估量的。《古兰经》还对阿拉伯语言的统一和规范化作出重大贡献。随着伊斯兰教和《古兰经》的广泛传播,阿拉伯语逐渐成为一种世界性的语言。直到今天,阿拉伯各国还在使用这种由《古兰经》所规范化的标准的阿拉伯语。

伊斯兰教在创建过程中深受犹太教和基督教的影响,但又植根于阿拉伯本民族的土壤之中,与"哈尼夫"一神论思想有着密切的联系。伊斯兰教与犹太教、基督教既有不少相同之处,又有一些不同之点。

伊斯兰教、犹太教、基督教都是一神教,安拉与上帝分别被奉为至高无上的唯一的神,是创世主、宇宙主宰,万物的养育者和保护者;伊斯兰教的《古兰经》、犹太教的《旧约》、基督教的《新约》与《旧约》都是真主、上帝降示给人们的"天启经典"。但是,伊斯兰教和基督教也有一些明显的不同之处,主要有以下几点:

1. 伊斯兰教是严格的一神教,严禁偶像崇拜包括禁止图像,认为真主是"不可见"的,绘制真主形象是向偶像崇拜倒退,而偶像崇拜是最恶劣、最不可饶恕的罪恶。

2. 相信安拉没有配偶,不生育也不被生,和人类没有任何血缘关系。

3. 不同意"三位一体"说,认为耶稣不是上帝的化身,也不是上帝的儿子。

4. 认为安拉曾向人间派遣过许多先知或使者,尔撒(耶稣)被列为六大先知之一;但又认为穆罕默德是众先知中最后的、最伟大的一位先知。伊斯兰教认为安拉先后有许多经典降示给众使者,其中有《讨拉特》(即《摩西律法》《引支勒》(即《福音书》),而最尊贵的是《古兰经》,是安拉降示给人类的最后一部经典。

5. 伊斯兰教没有游离于政权之外或高居于政权之上的教皇,也没有教会等级制度。伊斯兰国家,哈里发集宗教领袖、政治领袖、军事指挥员与立法者于一身。

6. 伊斯兰教不像基督教那样推行禁欲主义与苦行主义,建立修道院,实行封闭式修行,伊斯兰教在这方面要缓和得多。

伊斯兰教自7世纪初创立以来,保持着旺盛的活力,主要传播于亚洲、非洲、东南欧,以西亚、北非、南亚、东南亚一带最为盛行。目前大约拥有12亿多信徒,约占

---

① [埃及]艾哈迈德·爱敏:《阿拉伯—伊斯兰文化史》第二册,朱凯、史希同译,商务印书馆,1990年,第288页。

世界人口 1/5,对国际政治和文化均有重大影响。

第三节　教育和学术

　　重视学术,重视教育,尊重知识,尊重人才,是阿拉伯人的优良传统。中世纪的阿拉伯国家,是政教合一的政体,以伊斯兰教为国教。但阿拉伯—伊斯兰国家并不像欧洲基督教国家那样把对宗教的信仰"提高到绝对的地位",不像基督教教会那样轻视知识,实行蒙昧主义,并敌视、破坏希腊、罗马的文化。阿拉伯人原有的文化是落后的,他们在征服了全世界最古老的文明的发祥地之后,表现出旺盛的求知欲和敏锐的好奇心,"在他们所管辖的人民的合作和帮助之下,开始消化、采用和复制这些人民的文化和美学遗产。"①

　　阿拉伯人意识到自己文化落后的状况,为了统治庞大的帝国,为了发展工农业生产和海外的贸易事业,为了传播伊斯兰教,扩大穆斯林的阵营,他们如饥似渴地吸收周边文明国家高度发达的文明,并对异教的学术和意识形态持宽容态度。重视学术和教育的优良传统,来源于《古兰经》和穆罕默德的言论《圣训》的教诲。《圣训》强调:"你们应当自摇篮起而学习到墓穴","学问虽远在中国,也当求之","学者的品级居于第三;学者以上,唯有上帝与天使"。重视学术和教育是阿拉伯的一条重要国策,也是阿拉伯文化迅速崛起的重要原因。

　　阿拉伯人学习外国先进文化的一个重要途径就是重视翻译工作。早在倭马亚王朝时期,他们就开始从古叙利亚语翻译希腊的史学、医学和天文学的典籍。8 世纪中叶,进入阿拔斯王朝时期之后,翻译事业更得到进一步发展。在曼苏尔(754—775 年在位)、拉希德(786—809 年在位)、麦蒙(813—833 年在位)等几位著名哈里发的提倡、支持和鼓励下,达到顶峰,出现了著名的"百年翻译运动"(750—850)。

　　哈里发麦蒙本人是一位博学多才的学者。他主张思想自由、讲学自由。他不仅经常和各方学者讨论学术问题,有时还亲自主持一些学术讨论会。他不问宗教信仰和民族,广收各方人才,并给予优厚的待遇。他的宫廷里有基督教徒、犹太教徒以及袄教徒等,为他主持翻译工作的大臣侯奈因(809—877)就是一位基督教徒。他当政时,出现了一些著名的学者,如大哲学家肯迪、大数学家穆罕默德·伊本·穆萨(即花拉子密)等,都受到他的尊重。830 年,他耗资 20 万第纳尔巨款,在原来巴格达图书馆的基础上建成了著名的"智慧宫",这是一个由政府直接领导和控制的全国性学术机构,集翻译馆、科学院和公共图书馆的功能于一身,集中各地学者、

---

① [美]希提:《阿拉伯通史》(上册),马坚译,商务印书馆,1990 年,第 202—203 页。

第十一章　中古阿拉伯文化

翻译家,从事翻译、注释、校勘以及著述等项工作。在麦蒙支持下,学者争往君士坦丁堡等地搜集古籍。他还亲自写信给拜占庭皇帝利奥,要求派代表团到君士坦丁堡去搜寻希腊古籍。得到允许后,曾先后派出几个代表团,带回大批稀世珍本,收藏在"智慧宫"内,极大地推动了翻译运动。侯奈因是当时最著名的翻译家,麦蒙对他极其启重,并给予重奖,据记载,"他所译的名著,麦蒙依译稿的重量,以等量的黄金报酬他"①。

"百年翻译运动"取得了辉煌成就。在这期间,希腊的哲学、自然科学著作,罗马的政治、法律著作,波斯的历史、文学著作,印度的数学、天文学著作等被大量地翻译成阿拉伯文,这就为阿拉伯文化的进一步繁荣和发展打下了坚实基础,也为阿拉伯人的思想从一神信仰阶段向理性阶段过渡创造了良好条件。阿拉伯文化也逐渐从学习、融化外来文化阶段进入独立研究、创造的阶段,并取得了举世瞩目的成就。

阿拉伯对学术的重视,还表现在图书馆的兴盛和书店的发达上。据统计,麦蒙在位时,巴格达有 30 多座图书馆和 100 多家书商。大马士革、开罗、巴士拉、木鹿等地,都有许多图书馆。到 11 世纪初,开罗各图书馆藏书总量已超过 120 万册。此外,一些有钱的文人、学者,也建立了私人图书馆,藏书也很丰富。据传,巴格达学者伊本·阿巴德的私人藏书竟要用 400 头骆驼搬运。中国造纸术的传入和普及,促进了书商、书店的出现与发展。9 世纪初,巴格达的书店已经多达百家,对文化传播与学术交流起到了积极作用。

阿拉伯帝国时期,教育得到迅速发展。阿拉伯商业发展较早,因贸易往来需要文字与计算,所以初等学校便应运而生。阿拉伯的教育与伊斯兰教的提倡有密切关系。伊斯兰教的创始人穆罕默德就十分重视教育。由于上述因素,阿拉伯教育得以发展、繁荣。

阿拉伯儿童刚会说话,就要在家里接受宗教信仰教育,教他说:"除真主外,别无神灵。"小学设在清真寺或清真寺的附属建筑物里。儿童一般到六七岁就进小学学习,以学习和背诵《古兰经》为主,还学习算术、书法、语法、诗歌等。对成绩优异者给予奖励,让他们骑着骆驼在大街上游行,两旁观众为他们喝彩、庆贺。女孩子也接受初等的宗教教育。

大的清真寺里,往往设有各种学术讲座。有法学讲座、语法学讲座、历史学讲座、圣训学讲座等等。教师站在或坐在清真寺的廊下或院中,学生环绕教师坐成半圆形,叫做教学圈。为鼓励学术交流,还特地为外地来访的学者设立专座。学员可

---

① [美]希提:《阿拉伯通史》(上册),马坚译,商务印书馆,1990 年,第 365 页。

以自己选择,跟随某位学者学习一段后,再改学其他学科,拜其他学者为师。

当时的教育大多是民办的,国家不拨给教育经费。教育要求、课程设置均由学校或教师自行决定。但是,学校的大门是向每个愿意学习的人敞开的,有很多家境贫寒的青年,因刻苦学习成为著名学者、文人,如著名大法官艾布·优素福曾当过漂布工人,知名作家贾希兹曾卖过大饼。阿拉伯的世俗教育也很发达,君主为王公贵族举办宫廷学校或聘请家庭教师,旨在培养封建帝国的统治者。

当时,阿拉伯帝国境内的高等教育很发达。830 年,哈里发麦蒙在巴格达建立的智慧宫,既是一个学术机构,有图书馆、天文台和翻译馆,又是阿拉伯第一所高等学校。曾请东西方著名学者任教,讲授数学、天文学、医学和哲学等课程,培养出一批精通数学、天文学以及辩论术的学者。9 世纪初在巴格达建立的第一所医院,就附设有医学院,曾培养出大批职业医生。

1065—1067 年,由塞尔柱王朝波斯籍大臣尼采木·木勒克创建的尼采米亚大学在巴格达诞生了,名叫"迈德赖赛"。这是中世纪阿拉伯第一所宗教大学,也是第一所真正的高等学校。这是一所由政府提供经费并派人管理的大学,其主要任务是培养政府官吏和军事人才。该校组织管理比较严密,聘任教师需经哈里发批准。学生享受奖学金,并可在学校食宿。学校有浓厚的宗教气氛,以讲授《古兰经》《圣训》为主,兼学文学、语法、法律、算术和伦理学。这所大学的办学模式和规章制度,后来成为早期欧洲大学仿效的榜样。尼采木·木勒克还在伊斯法罕、巴士拉、木鹿、摩苏尔等地建立了大学。据记载,到 12、13 世纪,塞尔柱王朝中这类高等学校已有 200 多所,其中巴格达 40 所,开罗 24 所,大马士革 73 所,耶路撒冷 41 所。①

阿拉伯统治西班牙时期,教育事业有长足发展。哈里发哈康二世(961—976 在位)在首都科尔多瓦创办了 27 所免费学校。阿卜杜勒·拉赫曼三世(929—961 在位)创办的科尔多瓦大学,比后来建立的巴格达的尼采米亚大学和开罗的爱资哈尔大学还优越,除教义学、法学外,还有天文学、数学、医学等课程,学校从东方聘请了许多知名学者任教,并吸引了西班牙各地及欧、亚、非三大洲的学生,其中有基督教徒、穆斯林,也有犹太人。

由于阿拉伯国家注重学术和教育事业,尊重知识,尊重人才,兴办各级各类学校,传授宗教和科学文化知识,开展翻译和研究,极大地提高了民族的文化素质。一大批学者、科学家脱颖而出,其中有一些是百科全书式的学者。由于阿拉伯人既善于学习和继承,又善于创新和发展,所以他们创造了光彩夺目的阿拉伯文化,在颇多领域内,为丰富世界文化宝库作出了卓越贡献。

---

① 戴本博:《外国教育史》(上),人民教育出版社,1989 年,第 217 页。

第十一章　中古阿拉伯文化

第四节　自然科学

阿拉伯人在翻译希腊罗马和印度典籍的基础上,创造并发展了自然科学,在天文学、数学、物理学、化学和医学等方面都取得了丰硕成果。

天文学的研究是在古罗马科学家托勒密的《天文学大成》和印度天文学著作《西德罕塔》(771年传到巴格达)的影响下开始的。在哈里发麦蒙的时代,阿拉伯人在巴格达、大马士革等地建立了天文台,制作了象限仪、星盘、日晷仪、天球仪和地球仪等天文仪器,并通过系统的、精确的观测,校正了托勒密《天文学大成》里有关二分点①的岁差和岁实的错误。塞尔柱王朝的苏丹哲拉勒丁・麦里克沙十分重视天文学研究,大约在1074至1075年,他在赖伊建立了一所天文台,并聘请著名学者、诗人欧麦尔・海亚姆(1048—1122)到这里工作。海亚姆等人精密地测定了回归年的长度,并根据这种测定,对历法进行重要改革,创立了哲拉里历,这种历法要积5000年才相差一天,比现在通用的公历还要精确。

白塔尼(约858—929)是阿拉伯著名天文学家,他通过富有独创性的研究,纠正了托勒密的许多错误,修正了太阳轨道和某些行星轨道计算的方法,证明了太阳环食的可能性,他编制的"萨比天文历表"传到欧洲,被译成拉丁文和西班牙文。另一位著名的天文学家是比鲁尼(973—1050),主要著作是《麦斯欧迪天文学和占星学原理》和《古代遗迹》。他探讨了地球以地轴为轴自转的理论,提出地球绕太阳运转的学说,还精密地测定了地球的经度和纬度。宰尔嘎里(约1029—1087)是西班牙著名的穆斯林天文学家,他首先证明了太阳对众星辰的最远点的运动,并测出较准确的数据。

阿拉伯的天文学对欧洲天文学的发展产生重要影响。哥白尼在他的名著《天体运行论》中曾引用过白塔尼和宰尔嘎里的著作。

阿拉伯人在数学方面的最大贡献是将印度数字和十进位法传到了欧洲,极大地推动了数学的发展。相传,771年,一位印度学者将一篇数学论文带到了阿拉伯,从此,印度数字,即人们所谓的阿拉伯数字传入了阿拉伯世界。首先推广用这一套数字和零号的,是出生于花拉子密的阿拉伯最著名的数学家穆罕默德・伊本・穆萨(约780—850)。他著有代数学著作《积分和方程计算法》。此书于12世纪由克利摩拿人热拉尔译成拉丁语,这个译本一直到16世纪都是欧洲各主要大学的数学教科书。阿拉伯数字也是凭借他的著作传到西方的。著名学者诗人海亚姆

---

①　即春分和秋分的分日点。

在代数学方面有明显的进展,他著有《代数问题的证明》一书。其中包括二次方程的几何学解法和代数学解法,以及各种方程式的分类法。

在物理和化学等方面,阿拉伯人也有许多新贡献。著名哲学家肯迪(约801—873),也是一位有见地的光学家。他的光学著作是以欧几里得的《光学书》为基础而写成的,该书将几何光学和生理光学结合起来,曾被译成拉丁语,在东西方产生过一定影响。在他之后,出生于巴士拉的伊本·海赛木(965—1038)取得了更大成就。它的主要著作是《论光学》,他反对欧几里得和托勒密认为光线是从眼中射出的看法,首先提出视觉是由物体发生的光辐射线引起的。他提出各种实验方法,来试验光的反射和折射问题。他的《论光学》被译成拉丁语后,对中世纪欧洲光学的发展,产生重大影响,罗杰·培根、达·芬奇、约翰那·开普勒等人都从中获益。查比尔·伊本·哈彦(815年卒)是阿拉伯炼金术的鼻祖。他清楚地认识而且论述了实验的重要性,他科学地叙述了化学上的燃烧和还原这两种操作过程,改进了蒸馏、升华、熔化、结晶等方法。他的一些著作被译成拉丁语,在东西方均有很大影响。名医拉齐(865—925),也是一位著名的化学家。他有一本关于炼金术的著作《秘典》,于12世纪被译成拉丁语,一度成为欧洲化学知识的一个主要来源,一直用到14世纪。人们今天使用的一些化学用品的名称及化学术语,如苏打、酒精等都出自阿拉伯语。

阿拉伯人非常重视医学。相传先知说过,学问有两类:一类是教义学,一类是医学。阿拉伯人从希腊、波斯、印度的医学遗产中汲取了丰富的营养,使医学得以普及和大发展。

阿拔斯王朝的当政者十分关心医疗事业,早在麦蒙和穆耳台绥木时代,就要对药剂师和医生进行考试,不及格者,不准营业。931年,为杜绝庸医杀人,哈里发穆格台迪尔下令对巴格达所有营业的医生进行考试,结果860多位医生获准行医,而庸医都被淘汰了。当时,有一位贤明的大臣阿里·阿本·伊萨还下令巴格达医院院长组织医生,带着药品,到帝国各地对人民进行巡回医疗。据记载,到10世纪中叶,帝国各地建立了34座医院。各医院都有药房,并为妇女特设病房。当时,世界上找不到其他国家,能像阿拉伯人那样关心公共卫生事业的。

阿拉伯人的医学观念和临床医疗技术达到了很高的水平。阿拉伯人对眼科病症有独到的研究,产生了许多名医。其中阿里·伊本·伊萨是阿拉伯最著名的眼科医生,于11世纪前半期在巴格达享有盛名,他著有《眼科医生手册》,认真地叙述了130种眼科症状,是完整地流传至今的最古老、最有价值的眼科学文献。另一位著名的眼科医生是阿勒颇人哈里发·伊本·艾比·麦克西尼,活跃于1256年前后,著有《眼药水全书》,他的眼科手术十分高明,曾果断地给一个独眼人割除了白内障。西班牙的阿拉伯人宰海拉威(约卒于 1013 年),是著名的外科医生,著有《医学宝鉴》一书,其中介绍了伤口烧灼术和膀胱截石术等新观念。该书为欧洲一些早期医科学校沿用了几百年,帮助欧洲外科学奠定了基础。阿拉伯人对于伤寒、霍乱、天花、麻疹等疾病,也有比较有效的治疗方法。当欧洲人还认为瘟疫是天灾,对此束手无策的时候,阿拉伯人已经认识到瘟疫是通过与病人接触等媒介传染的。阿拉伯医生还曾采取措施,帮助威尼斯人制止瘟疫的蔓延。

阿拉伯最著名的医生是拉齐和伊本·西那。

拉齐(865—925),出生于伊朗德黑兰附近的赖伊,欧洲人称他为拉齐斯。他被公认为阿拉伯中世纪最伟大的临床医生。他是巴格达医院的院长,为了给医院选择一个合适的新址,他曾把几条肉分别挂在城内各个地区,看哪个地区的肉条腐烂的迹象最少,就知道那个地区的气候、环境最适合做医院的新址。著有《曼苏尔医书》《天花和麻疹》《医学集成》等。《天花和麻疹》是他对天花临床治疗经验的总结,译成拉丁文和几种欧洲文字后,他的名声大振。《医学集成》是他最重要的医学著作,是一部医学百科全书,内容丰富,既总结了阿拉伯人从希腊、波斯和印度等国学会的医学知识,又增加了许多他临床治病的宝贵经验。该书自 1279 年被译成拉丁文后,多次再版,在 400 年内,成为欧洲医学界的必读参考书。

伊本·西那(980—1037),拉丁文译名阿维森纳,是拉齐之后阿拉伯最著名的医学家。他生于布哈拉附近,年轻时曾治好过萨曼王朝国王曼苏尔的病。他是一位知识渊博的医学理论家和临床医生。他对人体生理和病理进行深入研究,他第一个发现了脑膜炎,指出了胸膜炎与肋骨间神经痛的区别,确认了肺结核病的传染性以及水流、土壤对传染疾病的作用。他对钩虫病作出科学的诊断,认为是由肠寄生虫造成的。他主张用心理疗法配合药物治疗。相传,他曾为一个得相思病的青年摸清了病因,并帮他治好了病。他还介绍了 760 多种药物的性能。著有《治疗论》《医典》等书。《医典》集希腊和阿拉伯医学成果之大成,12 世纪被译成拉丁文。从此,它取代了古罗马名医盖伦及拉齐等人的著作,被欧洲各大学采用为医学教科书,而且一直到 17 世纪都是西方医学的指南。

第五节　社　会　科　学

阿拉伯在社会科学方面也作出了卓越的贡献,他们以求实的态度和理性分析的方法把哲学、历史学、地理学推进了一大步。

在哲学方面,阿拉伯哲学家的主要贡献是把希腊哲学与伊斯兰教的观念互相融合在一起。这些哲学家都推崇亚里士多德,并注释其哲学或科学著作。他们大多是自然科学家或医生，强调理性，重视经验知识，具有强烈的世俗倾向。他们没有完全摆脱伊斯兰教神学的束缚，但在一些具体哲学问题上，努力排除神学，向伊斯兰教正统派经院哲学挑战，得出了某些泛神论或唯物论的结论。西方学者一般称他们为阿拉伯亚里士多德学派，其代表人物有肯迪、法拉比、伊本·西那、伊本·路世德等。

肯迪出生于库法，在巴格达享有盛名，被称为"阿拉伯哲学家"。他深受亚里士多德、新柏拉图主义和新毕达哥拉斯主义哲学的影响。他认为宇宙万物是真主创造的，但真主对万物的作用是间接的。他又认为物质先于形式，物体借助形式而各异。他还认为哲学是依人的能力认识事物真实性的知识，在一定程度上把神学排除在外。正统派把他视为叛教者。他的著作几乎全部被毁，仅存一些拉丁文译本。

伊本·西那出生在中亚布哈拉附近。他认为物质世界是永恒的，不是真主直接创造的，但又主张真主流溢出万物。他认为共相既存在于事物之前，又存在于事物之中和事物之后。他还提出宗教神学和哲学的理性并行不悖的"双重真理论"。他的哲学思想中具有一些泛神论和唯物主义因素，对中世纪阿拉伯和欧洲的科学与哲学的发展有较大影响，但也受到伊斯兰教正统派神学家的敌视。

伊本·路世德(1126—1198)，拉丁名阿威罗伊，生于伊斯兰教徒统治下的西班牙的科尔多瓦，是著名哲学家、自然科学家、医学家、法学家，又以"亚里士多德注释者"著称，著有《哲学家的矛盾的矛盾》。他对亚里士多德的著作写注释、提要和注疏时，注意突出其积极的和唯物主义的内容。他坚持物质和精神的统一，质料和形式的统一，但又把形式看成实体，主张形式、精神决定物质。他认为灵魂是同肉体联在一起的，否定人的灵魂不死和死后复活之说。他系统地提出"双重真理"的主张，即哲学真理和宗教真理的并存。他承认信仰和神学对提高人的道德水平有作用，但不及哲学能够掌握真理。因此，哲学高于神学，哲学家高于神学家。他的进步思想和唯物主义观点一直是中世纪天主教会激烈攻击的目标。他本人也因统治者认为有异端倾向而被放逐，他的著作被焚毁。但有的神学家后来把他的著作改头换面，作为巴黎大学的教科书。

阿拉伯亚里士多德学派的大批著作传到西方，被翻成拉丁文，这些著作在信仰和宗教之中注入了理性和科学的因素，对基督教神学和经院哲学产生了巨大的冲击作用。尤其是伊本·路世德，他的思想观点影响深远，在12至16世纪中掀起了阿威罗伊主义思想运动的浪涛，推动了异端运动的发展，对以后欧洲的文艺复兴也起到了积极作用。

阿拉伯真正的历史著作，开始于8、9世纪，以瓦吉迪、伊本·希沙姆和拜拉祖里为代表。阿拔斯王朝后期，历史研究更加广泛、深入，出现了编年史和人物传记。

第十一章 中古阿拉伯文化

塔巴里(838—923)是阿拉伯编年史的鼻祖,出生于波斯北部塔巴里斯坦。代表作是《历代先知和帝王史》,共13卷,从创造世界的传记时代起,一直写到回历302年(公元915年)。他足迹遍及波斯、伊拉克、叙利亚、埃及和阿拉伯半岛等地。他的著作利用了当时保存的历史资料,如伊本·易司哈格的历史著作和几种波斯历史的阿拉伯语译本,利用了在各地旅行时搜集到的大量轶闻、传说,以及自己在巴格达和其他文化中心求学时期从各位学者那里听到的演讲。该书内容十分丰富,包括古代东方各国史、阿拉伯古代史及阿拉伯帝国产生、发展、兴盛的历史,对阿拉伯史学家有很大影响。

麦斯欧迪(？—957),被称为阿拉伯的希罗多德。他是首先用纪事体编写历史的阿拉伯人。他从事学术旅行,几乎走遍亚洲各国,晚年在叙利亚和埃及度过。著有百科全书式的历史巨著《黄金草原和珠玑宝藏》,共30卷,现仅存一部摘要。除阿拉伯历史外,该书还涉及亚洲各国和希腊、罗马、拜占庭等国的历史,记载了中国唐代黄巢起义攻占广州的史实,对政治、社会、经济、宗教、文化等方面均有叙述,并有一些独到的见解。

伊本·赫勒敦(1332—1406),生于突尼斯,他曾在北非和西班牙的政治舞台上扮演过重要角色。著有《阿拉伯人、波斯人、柏柏尔人历史的殷鉴和原委》,全书共7册,分三编。正文,是全书的主干,介绍阿拉伯人及其四邻各民族的历史。绪论,是全书的精华,提出一种历史发展的理论,致力于探讨民族盛衰的规律,阐述人类社会与地理环境的关系,经济与文化的关系,科学和历史发展的关系。正因为他以渊博而又富于哲学卓见的眼光来观察历史,所以人们公认他是"伊斯兰教所产生的最伟大的历史哲学家"。①

朝觐和出外经商的需要,促进了阿拉伯地理学的发展。著名天文学家、数学家花拉子密的穆罕默德·伊本·穆萨,以古罗马托勒密的《地理学》译本为蓝本,进行了深入研究,编写《地形》一书,绘制一幅有详细文字说明的全球地图,比托勒密更加精确。他对阿拉伯地理学家的影响一直持续到14世纪。西班牙的易德里西(1100—1166)是阿拉伯著名的地理学家和制图家。他曾受西西里国王罗吉尔二世的指派,在明确地球浑圆这一点的基础上,用银子制造了一个天球仪和一张盘子形的世界地图。他曾派人勘探尼罗河的发源地,并在地图上标出来,在制图方面作出很大贡献。雅古特(1179—1229)是阿拔斯王朝末期的著名地理学家。著有《文学家词典》和《地名词典》。后一本书的地名是按字母次序排列的,它包含地理学、历史学、人种志和自然科学方面的许多宝贵资料,是一部百科全

---

① [美]希提:《阿拉伯通史》(下册),马坚译,商务印书馆,1990年,第679页。

书式的巨著。此外,出生于摩洛哥的伊本·白图泰(1304—1377),是阿拉伯伟大的旅行家,曾游历非洲、西亚、印度等地,1346年到过中国的北京、泉州、广州等地,著有《白图泰游记》。

第六节 文学艺术

一、文学

阿拉伯文学丰富多彩,主要在诗歌、散文方面取得了突出成就。

在伊斯兰教产生之前,诗歌是阿拉伯文学的主要形式,其中最著名的是7首"悬诗",是7位著名诗人的作品。乌姆鲁勒·盖斯(约497—545)是其中佼佼者,被公认为阿拉伯诗歌的开创者,他的格律长诗对后世诗歌产生深远影响。在阿拔斯王朝时期又先后出现了艾布·努瓦斯(762—814)、穆太奈比(915—965)、艾布·阿拉·麦阿里(973—1057)和蒲绥里(1211—1296)等著名诗人。埃及诗人蒲绥里的《斗篷颂》是颂扬穆罕默德的宗教长诗,1890年被译成中文,名为《天方诗经》。

7世纪中叶编定的《古兰经》不仅是伊斯兰教的经典,而且还是阿拉伯文学史上第一部散文巨著。它对阿拉伯乃至整个伊斯兰世界的政治思想、宗教信仰、社会生活、文学艺术、语言文字都产生了非常深远的影响。

伊本·穆格发(724—759),是阿拔斯王朝初期著名散文家,生于波斯,曾任巴士拉总督的文书,代表作是寓言故事集《卡里来和笛木乃》。作者想通过动物寓言故事劝诫统治者,阐发自己治理国家的主张。该书是阿拉伯文学与印度文学、波斯文学交流的重要结晶。它是在印度《五卷书》的波斯巴列维语译本的基础上,大胆增删和再创作,并翻译成阿拉伯文。它是第一部被译成阿拉伯文字的世俗散文作品,在阿拉伯文学史上开了译介其他民族文学的先河,它在世界上传播甚广,影响巨大。

贾希兹(775—868),也是著名散文作家,本名阿慕尔·本·巴哈尔,贾希兹是别名,意为"凸眼"。他的《吝人传》刻画了各种吝啬鬼的形象,讽刺性强。《动物志》是他的代表作,共7卷,描写各种动物的特征、习性,记录了大量动物故事和传说,还穿插了许多诗歌、格言和逸事,是一部文学性很强的科学著作。他被认为是百科全书式的作家,善于将各种文化有机地融合在一起。埃及现代著名学者艾哈迈德·爱敏指出:"《动物志》一书是展现阿拉伯文化、希腊文化、波斯文化和印度文化的陈列室。"①他继伊本·穆格发之后开创了一种叫"艾达卜"的新文体。"艾达卜"的意思是离开宗教,用生动活泼、富有风趣的形式传授知识、进行教育的文学。这种文体对后世影响较大。

艾布·阿拉·麦阿里的著名散文作品《宽恕书》是用书信形式写成的,内容是写学者伊本·格利哈游历天堂、地狱的故事,并借此批评社会现实,指责统治阶级,对宗教、对天堂地狱等传统观念提出大胆怀疑。它的构思新颖,思想深刻。有的学者认为,《宽恕书》"对于但丁的《神曲》,发生了决定性的影响"②。

阿拔斯王朝中期出现了玛卡梅体散文作品,即用带韵的散文写的故事。"玛卡梅"原意为"集会""聚会",引申为在聚会场所讲述的故事,类似中国古代的"话本"和近代的"评书"。白迪阿·宰曼·赫迈扎尼(969—1007)是玛卡梅体故事的奠基人。他流传下来的玛卡梅体故事有52篇。各篇故事内容虽各自独立,但都有一个共同的主人公——聪明的流浪汉艾布·法特哈·伊斯坎德里,类似系列短篇故事。因其情节幽默风趣,富有戏剧性,并流露出对社会的不满,颇受平民百姓欢迎。继赫迈扎尼之后,哈里里(1054—1122)也创作了50篇玛卡梅体故事。玛卡梅体故事是阿拉伯古典小说的雏形,历来有不少阿拉伯作家模仿这类体裁进行创作。玛卡梅体故事很早就传到欧洲,产生很大影响。有的学者认为"西班牙流浪汉小说,如《小癞子》,实际是受阿拉伯"玛卡梅体故事"影响的产物。"③

《一千零一夜》,又名《天方夜谭》,是中世纪阿拉伯最重要的文学作品,是一本享誉世界的民间故事集。其故事开始流传于8、9世纪之交,到16世纪才在埃及基本定型。它是阿拉伯帝国境内各族人民共同智慧的结晶,也是阿拉伯文化吸收融合波斯、印度等民族文化所取得的重大收获。其故事的基础和核心是波斯故事集《赫左尔·艾夫萨乃》(意为"一千个故事"),据考证,它最初可能来自印度,后辗转译成阿拉伯文。《一千零一夜》中的第一个故事《山鲁亚尔及其兄弟的故事》来自印度,为全书建立了总的框架。这部具有浓郁的浪漫主义色彩的作品在世界各国广泛流传。意大利薄伽丘的名著《十日谈》在题材和结构方法上都深受其影响。莎士比亚、莫里哀、斯威夫特等人的一些作品也都直接或间接地受到它的影响。欧美各国的音乐、绘画、雕塑、电影等也经常从中选取题材。

---

① [埃及]艾哈迈德·爱敏:《阿拉伯—伊斯兰文化史》第二册,朱凯、史希同译,商务印书馆,1990年,第376页。
② 郅溥浩:《登宵传说和世界文学》,载《阿拉伯世界》,1982年第3期。
③ 同上。

二、艺术

阿拉伯的音乐也很发达,商队歌曲是阿拉伯早期歌曲之一,是按照商队骆驼行进步调形成的节拍吟唱的。阿拉伯人对音乐有特殊的爱好,有一句俗语表达了人们的意愿:"酒是肉体,音乐是灵魂,快乐是二者的产物。"人们特别爱听麦加的歌唱家谢雅图的歌,赞誉说:"谢雅图的歌曲,比一个热水澡更能使发冷的人感到温暖。"相传在哈里发拉希德当政的年代,有一位杰出的歌手穆哈里格(约卒于845年)。一天晚上,他在底格里斯河畔散步,一时兴起,引吭高歌,巴格达的大街小巷,立刻点起无数火炬,人们闻声而来,争听这位歌手的演唱,因而把巴格达照得如同白昼一般。阿拔斯王朝的一些哈里发曾对音乐和歌唱加以庇护,如在著名的哈里发拉希德的庇护下,曾举办了一次约有两千名歌手参加的音乐节。

阿拉伯音乐受到希腊、波斯音乐影响。加萨尼的王子们曾雇用过由希腊歌女组成的合唱队。希拉城的莱赫米人,已经使用波斯的琵琶和竖笛。8世纪中叶,希腊许多音乐理论著作被译成阿拉伯文。阿拉伯学者在此基础上,创立了自己的音乐理论。著名哲学家肯迪发表了阿拉伯最早的音乐论文,其中有一篇谈及节奏是阿拉伯音乐的组成部分。另一位哲学家法拉比(约878—约950),被视为阿拉伯音乐史上最伟大的理论家。他最重要的音乐理论著作《音乐大全》,对古希腊音乐理论和阿拉伯乐律、乐器和演奏技法有较为详尽的论述。他的音乐论著被译成拉丁文,对西方影响较大。此外,著名哲学家伊本·西那曾对古代有关乐理的著作加以摘要,汇编入他所著的《治疗论》中,对阿拉伯音乐体系的发展作出了贡献。

阿拉伯蓬勃发展的音乐,给沉寂的中世纪欧洲音乐界带来了生机。阿拉伯的琵琶、无弦琴、吉他等乐器传到西欧、西班牙等地,还传入了有量音乐和有量记谱法等,推动欧洲音乐向近代音乐发展。

阿拉伯大型建筑主要是清真寺和宫殿两类,以宏伟、壮丽著称。圆屋顶、尖塔和精巧的穹形结构已成为伊斯兰教建筑艺术的象征。倭马亚王朝建造的耶路撒冷的磐石上的圆顶寺(691)和大马士革的清真寺(705),是伊斯兰教早期建筑的代表,受拜占庭—叙利亚建筑式样的影响。萨马拉清真寺(9世纪中叶)则是伊斯兰教晚期建筑的代表,其建筑风格受到印度建筑的影响。伊斯兰教反对偶像崇拜,禁止表现人物和动物,限制了绘画和雕塑的发展。但聪明的工匠们往往用阿拉伯字母、几何图形和植物图案组成精美复杂的花纹,给人以赏心悦目的感觉。

在阿拉伯,书法是一种特别受到重视的艺术形式。书法是随着伊斯兰教的发展而成熟起来的。穆斯林认为,文字是促成人、神之间交流思想的一种媒介和手段。能写得一手好字被认为是一种重要的美德。为了表示对真主安拉的虔诚和崇敬，人们常常聘请第一流的书法家抄写经文，所以书法家在当时享有崇高的声誉和地位。伊斯兰书法家们还把书法应用到建筑、绘画、雕塑、彩陶、编织之中去，促进了上述造型艺术的发展。

第七节 阿拉伯文化对世界的贡献

中世纪阿拉伯文化在世界文化史上占有突出的地位。当时，阿拉伯民族对人类进步的贡献，超过了世界上任何一个民族。著名学者希提指出"在8世纪中叶到13世纪初这一时期，说阿拉伯话的人民，是全世界文化和文明的火炬主要的举起者。古代科学和哲学的重新发现，修订增补，承先启后，这些工作都要归功于他们，有了他们的努力，西欧的文艺复兴才有可能"[1]，"在中世纪时代，任何民族对于人类的贡献，都比不上阿拉伯人和说阿拉伯语的各族人民"[2]。

中世纪阿拉伯民族是古代东、西方先进文化（希腊、罗马文化，希伯来文化，埃及和两河流域文化，印度文化，中国文化）的集大成者，又是闪耀着理性与科学光辉的中世纪进步文化的开拓者与创造者。他们承前启后，继往开来，唤醒了西方世界，推动了文艺复兴这一"人类从来没有经历过的最伟大的、进步的变革"的爆发。

中世纪阿拉伯文化对欧洲、亚洲、非洲及中国文化的发展都产生了深远的影响，而其中受益最大、最全面的还是欧洲。当时，欧洲正处于基督教统治之下，正处在信仰至上的时代，蒙昧主义盛行，科学文化十分落后。阿拉伯文化传入欧洲，对欧洲的社会科学、自然科学和文学艺术的发展起到了极大的促进作用。

阿拉伯文化最伟大的贡献是把希腊哲学和伊斯兰教结合起来，在调和理性与信仰、科学与宗教等方面取得了显著的成就，给欧洲中世纪基督教信仰至上的时代，注入了理性和科学的因素，为欧洲人冲破神学的束缚，迅速走上科学的发展道路起了引领作用。阿拉伯亚里士多德学派的哲学家们的观点，尤其是伊本·路世德的"双重真理"论，引起了欧洲思想界的极大震动，促使欧洲哲学从神学的婢女地位解脱出来，推动了欧洲中世纪后期哲学思想的发展，为欧洲思想的大解放奠定了基础。

阿拉伯人在自然科学方面，尤其在代数学、天文学、医学、化学、光学和实验科学方面做出了突出贡献，给欧洲以巨大的影响。阿拉伯学者的大量著作被翻译传入欧洲，成为欧洲各大学的主要教科书。例如著名数学家穆罕默德·伊本·穆萨（即花拉子密）的代数学著作，著名医学家拉齐的《医学集成》和伊本·西那的《医

---

[1] [美]希提：《阿拉伯通史》，马坚译，商务印书馆，1990年，第664页。
[2] 同上书，第2页。

典》等。哥白尼在他的《天体运行论》中,为论证其太阳中心说,多次引用了阿拉伯著名天文学家白塔尼的观测数据。阿拉伯学者在自然科学研究中重视采用观察、实验、归纳、推理的方法,给欧洲科学家以很大的启发,欧洲中世纪著名科学家罗杰·培根赞誉伊本·路世德是可以同亚里士多德并列的实证科学大师。

阿拉伯文学对欧洲文学的影响是很大的,对欧洲的小说、诗歌、戏剧、寓言等均有影响。前面提到,麦阿里的《宽恕书》对但丁的《神曲》有重大影响;西班牙流浪汉小说是在玛卡梅体故事的影响下产生的;薄伽丘的《十日谈》,乔叟的《坎特伯雷故事集》,莎士比亚的戏剧,在题材或结构上深受《一千零一夜》的影响。

阿拉伯的语汇也被汇入欧洲各国的语言之中。现在,欧美使用的有关天文学、数学、医学、化学等方面的术语,有很多来自阿拉伯语。在各种欧洲语言中,大多数星宿的名称都来自阿拉伯语。天文学术语,如地平经度、天底等;数学术语,如代数学、零号等;化学术语,如酒精、蒸馏器等,也都来自阿拉伯语。其中以西班牙语所受影响为最大,它与阿拉伯语有关联的词竟多达4000个以上。

阿拉伯文化向欧洲传播的最主要渠道是西班牙,其次是西西里,再次是长达近2个世纪的十字军东征。阿拉伯人从711年至1492年,在西班牙统治了将近8个世纪。其间该地区文化繁荣发达,远远高于欧洲的其他国家和地区,吸引了欧洲各地的学子前往科尔多瓦等地留学,他们又把阿拉伯文化传播到欧洲各国。在西班牙的托莱多,雷蒙大主教(1126—1152在位)建立了一所翻译学校,该校从1135年至1284年开展了持续近一个半世纪的翻译工作,并涌现出了像克利摩拿人热拉尔(1114—1187)这样的著名翻译家,他将71部阿拉伯文著作或译著译成了拉丁文。在这一时期,大批阿拉伯学者撰写的著作被译成拉丁文,还将大批希腊经典作家名著的阿拉伯文译本译成拉丁文。这样,不仅使埋没已久的希腊古典文明重见天日,而且还吸收到了阿拉伯科学文化的新成果,这就为欧洲新时代的到来做好了思想上、学术上的准备。

阿拉伯在文化上的另一重大贡献,是在东西方文化交流方面起到了枢纽和桥梁作用。众所周知,阿拉伯人最突出的贡献之一是把印度数字和十进位法传到了欧洲,推动了欧洲数学的发展。阿拉伯人与中国也有密切的交往。阿拉伯的天文学、医学均对中国有一定影响。阿拉伯人也接受了中国文化的影响。他们的另一个最突出的贡献就是把中国的四大发明传入欧洲,有力地推动了西方经济文化的发展。

由于蒙古人、土耳其人的入侵和统治以及其他原因,一度繁荣发达的阿拉伯文化逐渐停滞、落后了,但它对于世界文化,尤其是欧洲文化的巨大贡献和影响,是不可磨灭的。

第十二章

中古东亚和南亚文化

第一节 概 述

东方文化的源头是上古四大文明：古埃及、古巴比伦、古印度和中国文明，它们原是各自独立，齐头并进的。进入中古，各地区、国家或民族内部的文化在继续发展，同时，文化交流也因交通的日益发达、贸易交往的愈加繁盛、战争与殖民的加剧，各种宗教的急速传播而步入了空前繁荣的阶段。一个最突出的特色和成果就是：在几个发达强盛的古老文明带动之下，经过地区内各民族文化的交融互动，形成了东亚、南亚和西亚北非三大文化圈。文化圈是超越民族、地区或国家的界限而形成的一个更为庞大的文化共同体，是各种族及其文化在宗教和政治思想的旗帜下走向进一步融合的产物，是人类文明与文化走向成熟的体现。

一、东亚文化

"东亚"不仅仅是地理上的存在，同时也是一种文化上的存在，具有自身特定的文化内涵与文化传统，是一个随着历史而演进的范畴，有其产生和发展的轨迹。

根据现有的历史资料，东亚地区的人类文化（特别是文明）最早源于中国大陆，由大陆向周边地区、岛屿扩展。最初至少呈现为三条平行的生长带：产生于黄河流域以华夏族为代表的中原文化；产生于长江和长江以南地区以百越族为代表的南方文化；产生于蒙古大草原及其周围以游牧民族为代表的塞北文化，它们共同构成了东亚文化的缘起。但是这三者的发展走向并不相同，发端于中原的华夏文化率先建立起自己的文明形态，并逐步向长江流域和长江以南地区拓展，进而以中国本土为基地向越南、朝鲜（包括韩国）、日本乃至东南亚其他地区辐射，终于演变为东亚地区的主导性文化。以百越为代表的南方文化虽然起源上并不晚，向文明的演进却比较迟缓,后来出现了分化:一部分被整合到华夏文明之中;一部分退缩到南部山区和西南边陲,形成若干种少数民族的文化;再一部分播散于朝鲜、日本、东南亚,对整个地区产生了广泛的影响。百越等南方文化和华夏文化共同组合成为东亚文化的主体。而塞北游牧文化,由于受草原地理条件和游牧生活方式的限制未能融入主体文化,倒是经常随着草原游牧民族的西迁,与中亚、西亚的游牧文化汇通,为东亚打开了对外交流的渠道,而它自身则始终停留于东亚文化的外围①。

中国文化很早就向东亚各国传播。在远古时代中国的一些陶器、水稻等就开始向周边各国传播;商周之交,箕子去朝鲜,教其礼仪、田耕蚕织,朝鲜已开始进入东亚文化圈;徐福去日本也带去了中国的科技及文化;越南晚至2世纪也已接受了汉文化。在汉代,朝鲜、越南被纳入中国的政治体系,设置郡县;日本也正式与中国建立了藩属关系。因此,由于东亚各国这种特殊的历史交往与关系,有学者②主张到汉朝东亚文化圈已基本形成,东亚文化圈的鼎盛期是两晋到隋唐。这是东亚文化圈各国文化全面交流时期,也是东亚文化发展最为繁荣的时期,东亚各国共同参与缔造了古代东亚世界的繁荣与发展,形成了一个稳定、和平与持久的囊括政治、经济、文化的区域共同体。

一个文化圈的形成,以具备共同的文化要素为前提。促使东亚文化圈构成的共同文化要素是:汉字、儒学、律令、中国的科技、中国式的佛教、中国式的教育制度、中国式的文学艺术、中国式的民俗等等,它们促进了东亚文化圈的发展。东亚文化圈虽以中国文化为主体,但也包含了东亚其他各国的文化。费正清在《东亚文明传统与变革》中提出:"对东亚文化圈的四个国家——中国、越南、朝鲜、日本——的比较研究……某些共同的特征使它们与其他文明,特别是南亚和邻邦的文明不一样……它们各自形成了三种明显不同的历史发展和组织结构模式:第一种是中国本身——唯我独尊和自给自足的模式;第二种是越南和朝鲜,这两个国家在很大的范围内借用了汉政治和社会模式,但或多或少存在地缘和文化背景上的差异,结果形成既相近又相异的特征;第三种模式就是日本,它在整体上都沿用了汉文明的模式,但是由于它与中国发生长久联系的距离较远和环境迥异,因而造成与汉模式背道而驰。"③费正清的这个概括是比较客观中肯的。

从主导方面说,东亚文化圈的形成以华夏文明的播散为基本动力,但因时间、

---

① 参见上海社会科学院东亚文化研究中心编:《东亚文化论谭》,上海文艺出版社,1998年,第2页。

② 孙泓:《东亚文化圈的形成与发展》,见石源华编《东亚汉文化圈与中国关系》,中国社会科学出版社,2005年,第85—98页。

③ [美]费正清等:《东亚文明传统与变革》,黎鸣等译,天津人民出版社,1992年,第262页。

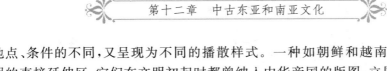

地点、条件的不同,又呈现为不同的播散样式。一种如朝鲜和越南,原本为中国文明的直接延伸区,它们在文明初起时都曾纳入中华帝国的版图,立国后也长期维持臣民关系,并有意仿效中国典章制度,其文化传统带有华夏文明的深刻印记。但不能把它们简单归入中国文化的分支,它们有自身独特的演进。日本的现象稍有不同,它从未成为中国社会的一部分,也并不甘心充当后者的藩属。更为重要的是,日本在广泛输入华夏文明之前,已经有了自己原初的文化传统。不仅有原始时期的绳纹文化,而且至迟于弥生时代(约当我国秦汉、三国期间),中国南方的稻作经济连同越族的文化习俗,便经由朝鲜传入日本、与当地原始文化结合成为大和民族的文化底基。虽说中国的宗教、政治、思想、文化、文学都曾给予日本文明以重要推动,但透视其文化的深层,可以发现,日本民族的深层心理习俗、价值观念实有大异于华夏之处,即便是吸收过去的华夏文明,也常根据其实际需要加以变换调整,日本文明实乃自具一格的东亚文化。

由上可知,由华夏文明的播散而出现的东亚文化圈,实际上是一个有层次、分先后的时空结构:中国本土文明是其主干,朝鲜、越南文化为其两翼,日本文化在其边线,而东南亚华人社会则成为它伸向外部的触须。而且这一历史形成的结构也是变化的,今天人们更多将越南与泰国、菲律宾、新加坡、马来西亚一起称为"东南亚"。

中古朝鲜文化　　位于亚洲东北部的朝鲜半岛,北面与中国山水相连,唇齿相依;南面与日本隔海相望,是东亚中古文明的重要区域之一。自远古旧石器时代以来,朝鲜半岛就与大陆有密切联系。半岛出现的新石器时代巨石文化与大陆辽东、山东等地同类文化基本一致。朝鲜半岛很早就出现了定居农耕文化,五谷、杂果、蔬菜的种类与大陆相同。公元前5世纪朝鲜出现铜器,不久又出现了铁器,开始了金石并用时代。最迟于公元前3世纪时,出现了稻米种植。西汉初年(公元前195年),中国燕人卫满率部属千余人徙至古朝鲜。公元前后,朝鲜半岛南部地区分别兴起了百济与新罗两个奴隶制国家政权。4至7世纪,古朝鲜国与其他一些部落集团互相兼并,形成高句丽、百济、新罗"三足鼎立"。676年,新罗统一了朝鲜半岛,大规模引进、吸收大陆先进的政治、文化和经济体制,使封建制度在朝鲜全面确立。

朝鲜最初没有自己的文字,借用汉字作为书面官方语言和记载工具,开科取士也以做汉语诗赋为主。相传新罗时代薛聪发明了利用汉字作为朝鲜音符的"吏读"方法。"吏读"使用了700年左右,对朝鲜文化的发展起了重要作用。但"吏读"不易普及,只在士大夫阶层通行。1419年李朝第四代王世宗李祹即位后,进行文字改革,设立"谚文局",制定自己的文字,于1446年左右公布了"训民正音",即"谚文"。李祹也就被尊为朝鲜文字之父。民族文字的创制对推动朝鲜民族文化发展具有深远的意义。

古代朝鲜的文学受中国文学影响很深。朝鲜最早的文学作品约出现于公元前1世纪左右,是用汉字书写的诗歌,有四言诗《箜篌引》《迎神歌》等。新罗统一后与中国唐朝有频繁的文化交往,儒家思想广为流传。朝鲜曾派遣留学生来中国,有的留学生还在中国参加科举考试,甚至及第为官。新罗时著名诗人崔致远(857—?),12岁时来我国学习,18岁在唐登科,曾任宣州溧水县尉,有很高的汉诗文造诣,流传下来的作品有文集《桂苑笔耕》20卷和一些诗歌。《桂苑笔耕》是朝鲜流传至今的最早的文学作品集,崔致远被公认为朝鲜汉文文学的奠基人。《桂苑笔耕》曾被收入我国的《四库全书》。

高丽王朝(918—1392)时期由于受到中国唐代诗歌的影响,汉文诗歌成为朝鲜文学的主流。这一时期最有影响的诗人是李奎报(1169—1241),他一生创作了近万首诗,但流传下来的只有两千首左右,收在《东国李相国集》中。他诗歌的内容与风格受杜甫影响很深,是朝鲜现实主义诗歌的奠基人。

李朝时期(14世纪末之后)是朝鲜文学繁荣时期,这时汉文诗歌仍是文学的重要形式,其成就也超过了前代。随着朝鲜本民族文字"训民正音"的创制,国语文学得到了很大发展,在诗歌和小说方面都取得了重大成就。诗歌的主要形式是时调和歌辞,两者都是由新罗乡歌、高丽歌谣发展起来,作者也由士大夫而扩展为平民、艺人、军人、妓女等各阶层人士。著名的时调作家有名将金宗瑞(1390—1453)、将军南怡(1441—1468)、尹善道(1587—1671)、名妓黄真伊(1506—1544)等。歌辞体的新诗歌摆脱了汉文诗歌格律、音韵等的限制,更自由地反映现实生活,抒发感情。歌辞体诗歌的代表作家是郑澈(1537—1594)、朴仁老(1561—1642)。郑澈的歌辞以描写山河的壮丽和感情的真切取胜;朴仁老则用歌辞揭露了日本对朝鲜的侵略战争(壬辰战争),歌颂了并肩抗击日本侵略的朝鲜人民与中国人民,抒发了保卫祖国的意志,有《芦溪集》传世。朴仁老在文学史上占有重要地位,1961年在他诞生四百周年时曾被列为世界文化名人,受到各国人民的纪念和崇敬。

李朝时期朝鲜的手工业、商业有了一定发展,城市较繁荣,与中国、日本有频繁的贸易往来。反映新兴市民阶级的小说应运而生,成为文学的重要体裁,涌现了许多长篇小说,许筠(1569—1618)、金万重(1637—1692)是16、17世纪时国语文学的著名作家。许筠的《洪吉童传》,金万重的《谢氏南征记》《九云梦》等,都是走向成熟的国语小说的重大收获。18世纪以后,在国语小说进一步繁荣的基础上出现了《兴夫传》《沈清传》《春香传》等杰出作品。这些小说都是在民间口头创作的基础上经过加工而成。其中《春香传》是朝鲜古典文学的优秀代表,产生了深远的影响。

《春香传》也获得了中国人民的珍爱,《春香传》电影曾在中国上映,它还被改编为京剧、越剧、评剧在中国上演。南永鲁(1810—1858)的《玉楼梦》被认为是朝鲜古典小说中的上乘之作,以其内容的丰富和涵盖面的广阔,成为当时朝鲜文坛流行的各类小说的代表作。

古代朝鲜在思想上深受中国的影响,早在新罗时期,儒、释、道等都已传入朝鲜,但以儒家思想影响最大。新罗曾设立国学,讲授儒家经典,8世纪时仿唐代制度开科取士,儒家经典被列为考试的主要科目。李朝时实行"斥佛尊儒"的政策,程朱理学超越佛教,成为朝鲜社会占统治地位的思想。著名儒家学者郑道传(?—1398)、权近(1352—1409)等人积极主张尊儒排佛,奠定了李氏朝鲜儒学繁荣的基础。在他们的影响之下,理学成为李氏朝鲜的官方哲学,李朝也完全成了一个儒教国家。16世纪时,儒学在朝鲜半岛出现了繁荣的局面,出现了徐敬德(1489—1546)、李滉(号退溪,1501—1570)、李珥(号栗谷,1536—1584)等一些理学大家。徐敬德是第一个把程朱理学作为思想体系进行系统研究的朝鲜学者,在朝鲜确立起了与程颐的道德哲学及朱熹的方法论相配合的宇宙论和本体论框架,为朝鲜程朱理学体系的建立准备了理论和哲学基础。李滉与李珥在朝鲜儒学界都影响巨大,形成了朝鲜儒学上的两大学派,即重"理"的退溪学派(唯心)和重"气"的栗谷学派(唯物),这两个学派之间的争论从15世纪开始,一直持续到20世纪早期。

从16世纪末起,朝鲜的封建统治日益腐败,手工业、商业开始发展起来,反对日本侵略的壬辰卫国战争(1592—1598)促使一些知识分子觉醒。他们接触到了一些欧洲的先进思想和科学文化。在这种形势下产生了朴趾源(1737—1805)、丁若镛(1762—1836)等为代表的实学派哲学家。他们反对盲目崇拜儒家经典,反对"空理空谈""浮文虚礼"的学风,提倡结合实际研究学问,以达到"利用厚生"的目的,因此称为实学派。在政治上,实学派提出了改变锁国政策,吸收西方文明,发展海外通商,均分土地,重视工商等改革主张。反映了先进的知识分子要求对腐朽的封建制度进行局部改革以振兴国家的愿望,但是他们的愿望没有实现。

在科学技术方面,古代朝鲜在天文学上有较高成就,早在7世纪初在庆州修筑了瞻星台。8世纪起,中国唐朝的先进科学技术传入朝鲜,朝鲜设置了专门机构,进行天文观测和研究,制造了许多天文观测仪器。15世纪时发明了利用水力计时的自击漏,不仅能准确地标出时间刻度,而且有报时装置。1442年朝鲜发明了世界上第一个测雨器,这比意大利人发明测雨器早两个世纪。

朝鲜的造纸和印刷术自中国传入后不断创新,对丰富人类文化宝库作出了重大贡献。中国的造纸术约在4世纪末传入朝鲜。在高句丽的遗址中曾出土麻制造的纸,这种纸虽经历了一千多年,依然洁白、细密。在庆州佛国寺释迦塔中曾发现

8世纪初雕版印刷的佛经,这是世界上现存最早的雕版印刷品,纸张保存完好,字迹清晰,说明新罗时期已能制造高质量的纸张。高丽王朝和李朝时期,造纸业有了巨大进步,政府设立"造纸所",专营造纸业,纸张种类多,质量高,产量大,原料多样。自宋朝至清朝一直向中国出口,历久不衰。

朝鲜是世界上最早使用金属活字的国家之一。13世纪时期朝鲜半岛的人民在中国活字印刷的基础上,创造了铜活字,15世纪时又开始以铅铸活字。这比欧洲谷登堡使用活字印刷要早二百年。金属活字的创造使人类文化的传播和保存大大前进了一步。

中古日本文化　日本是一个历史比较悠久的海岛国家。大约在公历纪元前后,原始公社制解体,开始向奴隶社会过渡。5世纪时,建立了第一个统一的奴隶制国家——大和国。645年,由新兴的上层统治阶级效仿中国隋唐制度进行了一次政治改革——"大化革新",由此逐渐建立起封建的生产关系。

日本古代文化深受中国的影响。日本最初没有自己的文字,大约从4、5世纪起,开始用汉字和汉文作为记载工具。8世纪的奈良时期出现了用汉字作音符拼写日语的方法,这种用汉字写日语的文字被称为"万叶假名"。平安初期(8、9世纪之交),利用汉字的偏旁作为表音符号,创造了日文的"假名"文字。民族文字的创造对促进文化发展起了重要作用。(关于日本的文学与艺术下有专节介绍)

日本哲学深受中国的影响,儒学是日本封建时代占统治地位的思想,其他思想遭到禁止,被称为"异学""谋叛之学"。当时日本的儒学哲学主要分为两派,一派是以朱熹的客观唯心主义为核心的朱子学派,其代表人物有藤原惺窝(1561—1619)、林罗山(1583—1657)、宝鸠巢(1658—1734)等,这一派继承了朱熹的"理(精神)在先,气(物质)在后"的客观唯心主义观点,并从中国的三纲五常引申出一套封建伦理思想,成为正统的哲学思想。另一派是阳明学派,代表了一部分主张对现存的幕藩体制进行局部改革的封建主的利益,其代表人物有中江藤树(1608—1648)、贝原益轩(1630—1714)等,这一派继承了王阳明的主观唯心主义哲学思想,认为"天地万物皆在我本心孝德中也",也就是说世界上一切事物都来源于人的"心"(人的主观精神)。

幕府政治后期,随着手工业、商业的发展,出现了一批聚居于城镇的手工业者和商人,这些新兴的市民阶层在日本历史上称为"町人"。江户时期,出现了一批新兴市民阶层的思想家,他们多少接触到了一些西方资本主义思想,对封建思想体系作了一定的批判,提出了朴素唯物主义观点,在政治上主张进行社会改革,代表人物有石田梅岩(1685—1748)、山片蟠桃(1748—1821)等。

大约从17世纪开始,由于封建制的危机和资本主义萌芽的产生,西方近代科

学技术和思想也通过各种途径悄悄传入日本(初称"兰学"),对日本社会产生了巨大影响。1695年西川如见(1648—1724)的《华夷通商考》刊行,这本书介绍了中国、亚洲其他国家、欧洲的交通、物产、风俗。不久新井白石(1657—1725)的《西洋纪闻》《采览异言》也相继刊行,介绍了世界历史、地理和风俗。这些作品开阔了日本人民的眼界。18世纪时,以医学为先导,军事、自然科学、哲学、社会科学等也相继传入日本。"西学"的传入对日本社会产生了强烈影响,为明治维新准备了思想条件。

日本民族宗教是神道教,简称"神道"。它是从原始宗教发展而来的,最初以自然、精灵崇拜和祖先崇拜为主要内容。中国儒家学说和佛教传入后,又吸收了儒家的封建伦理道德观念和佛教的教义,形成了比较完整的宗教体系。神道教是多神教,信奉天照大神为主神。天照大神以太阳为象征,被奉为日本民族的祖神,天皇被看做是天照大神的后裔和在人间的代表。佛教传入后,神道教处于依附于佛教的地位,但又融合了佛教的教义,把许多神解释为佛或菩萨的化身。德川幕府时期,为了加强皇权,神道学者又把神道教教义和朱熹理学相结合,强调尊皇忠君,鼓吹建立以日本为中心,以神道教为思想基础的世界秩序。近代神道教成为日本天皇制的精神核心。

6世纪初,佛教自中国传入日本,逐渐成为日本占主要地位的宗教,8世纪时臻于全盛,在全国各地广修寺院,中国流行的佛教各宗通过遣唐使中的日本僧人和东渡的中国僧人相继传入日本。754年,中国唐代高僧鉴真(688—763)东渡日本,在首都奈良为天皇、皇后、皇太子及僧俗四百余人受戒,以后又仿唐制修建了唐招提寺作为弘扬佛教的基础。鉴真传去了中国佛教的律宗,被奉为日本律宗的初祖。他在中日文化交流中作出了杰出的贡献。日僧最澄(767—822)入唐求法,在天台山学天台宗教义,回国后弘布天台宗。空海(774—835)在长安青龙寺学密宗,回国后在平安(今京都)传布密宗,在日本称为真言宗。以后净土宗和禅宗也相继传入日本,因这两派教义通俗,仪式简单,在日本流传甚广。

13世纪时,日本形成了自己的佛教宗派,其中主要是一向宗和日莲宗。一向宗为只要坚定信念,一向(专心)念佛,即可成佛,还允许僧人娶妻食肉。日莲宗为日莲(1222—1282)所创。日莲出身庶民,因反对幕府政治遭放逐。他独尊《法华经》,因此又称为法华宗。他认为只要皈依本尊(即《法华经》),口念《法华经》,就能国泰民安,"即身成佛"。这两个教派不重仪式和施舍,只重信念,因此在农民、手工业者、下层武士中广泛流行。

8至19世纪明治维新前夕的一千多年是日本佛教的全盛时期。佛教的传播对日本的思想、文化、建筑、艺术等有很大影响。明治维新后,神道教又重新被尊为国教,佛教也就失去了原有的地位。

二、南亚文化

中古时期的南亚次大陆包括了今天的印度、巴基斯坦、孟加拉、斯里兰卡、尼泊尔等国,但巴基斯坦和孟加拉是20世纪中期从印度独立出来的国家。尼泊尔旧称"泥婆罗",那时南亚次大陆主要是印度的舞台,其文化主体就是印度文化圈。公元前1、2世纪,印度就已经出现封建主义的因素,奴隶社会开始衰落。印度次大陆土地辽阔,各地经济、文化和社会发展水平极不一致,尤其是不断的战争,经历了长期而缓慢的封建化过程,大约到戒日王统治时期封建关系开始居于支配地位。

从公元3世纪起,印度先后建立了几个强大的王朝。4世纪时笈多王朝(320—540)兴起,统一了印度北部广大地区,开始了印度的古典时期,经济、文化空前繁荣,国势臻于鼎盛,成为中世纪印度第一个封建大帝国。5世纪中叶,中亚嚈哒人(西方史学家称之为"白匈奴")入侵并一度统治过北印度。606年普西亚蒂王朝的戒日王(606—647在位)继位,他经过30多年征战,再次统一北印度,定都曲女城,建立了戒日帝国。版图包括西从孟加拉湾、东至东旁遮普的几乎整个北印度,领土范围大约相当于强盛时期的笈多帝国。由于戒日王重视宗教与文化,实行兼容并包的宗教政策,尤其提倡大乘佛教,资助那烂陀寺,推行佛教"不杀生"的戒律,印度出现文化的新繁荣,社会生产力得到很大发展。他身后,印度又陷入分崩离析的状态,外族乘机入侵。

7世纪末8世纪初,阿拉伯人开始侵入印度。11世纪之后,阿富汗的突厥人多次侵犯印度。12世纪,阿富汗的古尔王朝兴兵占据孟加拉、比哈尔和印度北部,以德里为中心,建立了德里苏丹国。古尔王朝是伊斯兰的封建王朝,从此伊斯兰势力侵入印度,许多印度教封建主改宗伊斯兰。13世纪,阿拉乌丁苏丹在位时,进一步扩张,几乎统一了印度全境。14世纪末,蒙古贵族帖木儿率军入侵,又建立了外族统治的帖木儿王朝。

16世纪之后,信仰伊斯兰教的莫卧儿王朝统一了印度领土的大部分地区,形成了一个强大的封建帝国,一直延续到19世纪中期。

在10世纪前期,南印度的封建分裂割据局面尤甚于北印度。在安达罗国的萨塔瓦哈纳王朝及伐卡塔卡斯王国衰亡之后,6—9世纪,在德干南部以建志为中心,兴起了经济和文化发达的印度教帕拉瓦王国,称雄南印度数百年。德干北部的遮娄其王国在南印度政治史上扮演过重要角色达几百年之久。在其全盛时期,国王补罗稽舍二世(609—642)打败过戒日王对南印度的远征,并把势力扩张至建志,称

雄南印度。8—10世纪的拉什特拉库塔王朝称雄德干二百余年,并北上争霸北印度。在南印度最南端的泰米尔地区,在孔雀王朝时代就有处于阿育王帝国版图之外的土著朱罗王国、哲罗王国和潘地亚国。9—13世纪朱罗王国成为南印度强大的地区王国,拥有强大的海军,征服了哲罗和潘地亚,并向北印度扩张,战胜巴拉王朝,占领孟加拉,与苏门答腊的室利佛逝王国争夺印度洋海上霸权达一百年之久,曾控制了东西方海上交通要道,扩大了印度与东南亚各国的贸易及印度文化的传播。

中古的印度,处在一个战乱频仍的动荡时代,一方面割据、分散的小国统治者为了争夺土地,互相不断征战;一方面外族入侵,异族压迫和异教威胁不断,这也是构成战乱的基本原因。动乱的时世引起了人民的不满和反抗,14世纪初出现了著名的毛拉领导的人民起义;15世纪初爆发了由赛林领导的大规模农民起义。同时,各个地区以不同教派的名义起义的民众骚乱时有发生。

社会的不安定并没有使印度的经济、文化停止不前。在经济上虽然发展缓慢,但也有明显的进步和提高。农村公社解体,公社社员分化,出现租赁式的农村封建土地关系。尤其是在几个强大的王朝统治时期,比如在笈多王朝的时代,社会安定,国家重视农业生产,积极兴修水利,耕地增加,精耕细作的农业技术得到推广,出现了法显在《佛国记》中所描述的"人民殷乐"的社会经济繁荣景象。商业贸易发达,与拜占庭、埃及、阿拉伯世界、希腊、中亚、东南亚及中国的国际贸易十分兴盛。戒日王时代不仅农业发达,城市手工业生产尤以纺织业最为发达,沿海港口城市的工商业呈现一片繁荣兴盛的局面。德里苏丹国统治时期,由于政治上长期的统一,北印度和南印度的社会经济都有巨大的发展。农业上推广使用革新的波斯式水车和多种多样的灌溉工具,使许多原来的不毛之地成为富庶之乡。经济作物如棉花、香料、甘蔗、蓝靛的种植面积扩大,14世纪形成了专门种植棉花、甘蔗的农业区域。在孟加拉、西印度的胡茶辣(古吉拉特)、印度南部、德里等地出现了四个巨大的工商业贸易中心,整个次大陆都卷入了日益活跃的货币交换关系之中,促使了村社自然经济的解体。出现了像德里这样的城市,它不仅是工商业中心,而且也是行政、文化中心。16、17世纪,孟加拉、古吉拉特、马拉巴沿海以及西印度的拉合尔是最大的对外贸易中心,与中亚、中东、东非、西欧、南欧和海湾地区,中国以及东南亚各国有着密切的贸易往来。主要出口棉织品、香料、蔗糖、丝绸、靛蓝、药材、粮食等,输入的商品有军马、铅、水银、中国丝绸和瓷器。印度的对外贸易在扩大世界市场中起着一定的作用。

在精神文化方面,这个时期印度文化呈现多样性的色彩,尤其是外族势力不断侵入南亚次大陆,外来的宗教和文化也不断给其原有的文化形态带来了极大的冲击。随着伊斯兰教的传布,穆斯林将中亚、波斯的语言、文化、生活方式和社会风尚带入印度,奠定了现代南亚次大陆的宗教和文化基础。在人民中间,把伊斯兰教徒和印度教徒汇合在一起的巴克提教派运动,吸收了伊斯兰教的无种姓差别的社会观及一神论的宗教思想。伊斯兰教在南亚次大陆的传布对于印度中世纪后半期的历史和文化的发展产生了深刻影响。

第二节　日本宗教、艺道与文学

日本位于亚洲的最东部,日本人认为这里是太阳升起的地方,所以有"日出之国"的称呼。日本与中国隔海相望,是中国一衣带水的近邻,在史前阶段曾与亚洲大陆相连,经过激烈的地壳运动,逐渐与大陆分离,在经历了漫长的年代之后,形成了由九州、四国、本州、北海道四大主岛和众多小岛组成的弧形列岛,即日本国土,总面积37万多平方公里,同德国面积相当。

一、宗教

日本人是世界上多信仰民族中的一员。日本人结婚是基督教式的,葬礼仪式是佛教式的,而平常的生活习俗又多是神道教式的。日本人的宗教信仰大致上有神道教、佛教、基督教等。神道教是日本最古老的民族宗教,是在民间信仰的基础上逐渐形成的,并随着日本文化的变化而发展。此后,无论外来的宗教怎样受到青睐,日本的神道教一直没有受到冲击,神道教的性质也没有发生改变。原始神道教将宇宙分为三个世界,一是天上,称高天原(天国),是诸神居住的光明世界;二是地下,称夜见(黄泉),是死灵居住的黑暗世界;三是居于两者之间的地上,称苇原中国,是光明与黑暗、昼与夜、吉与凶、善与恶交错的人间世界。原始神道教思想的核心就是被禊。所谓被禊,是被秽而行禊的意思。关于被禊一事的最早文字记载就是《古事记》,其中提到伊邪那歧神从黄泉探妻回到人间后在河边洗涤身上带来的污秽之物,并生下诸神。这是原始神道教被禊的最早记录,说明日本原始神道将污秽作为"原罪"。神道教举行祭祀的祭坛大多数设在森林中,以树作为神体,因为原始日本人认为高山、巨岩、大树拥有巨大的生命力,他们的精灵是生命的象征,于是便产生了对自然精灵的信仰。而流传至今的最有代表性的就是树神信仰。

在6世纪中叶佛教从大陆传入之前,原始神道占据着日本上古文化的中心位置。佛教是印度民族的宗教,在东汉末年传到中国,又在6世纪经由朝鲜半岛传入日本。但是佛教在传入之初,以天皇为代表的拥佛派与地方豪族组成的反佛派之间的斗争相当激烈。后经圣德太子的大力倡导,佛教才在皇室贵族和臣民中普及。

日本朝廷选派多批遣唐使来华的目的,除学习政治法律外,更注重的是引进唐代儒家和佛教的新思想。日本僧人玄昉、道慈、吉备真备、阿倍仲麻吕等被派遣入唐留学,与唐代僧人交流,结成亲密的关系。留学僧最澄、空海在回国时带走了大批的密教经典。唐代高僧鉴真曾 6 次东渡,在双目失明的情况下于 754 年成功赴日,广泛传播佛教戒律,并创建了日本第一律寺唐招提寺。这时佛教思想已经渗透到民间的信仰中,为以后建立民间佛教奠定了基础。

大化革新后直到平安时代,日本进入佛教文化的黄金时代,佛教成为国家宗教。特别是奈良时代,政府制定《僧尼令》,严禁僧尼离开寺院到民间布教,使佛教具有浓厚的御用色彩。政府还对全国的寺院和僧侣进行统一管制和保护,僧侣不但可以免除各种租税和杂役,还可以受到保护,甚至进入政界,有的还进入了中央机构,这样,佛教与政治紧密地连接在一起。从镰仓时代开始,佛教从贵族手中解放出来,成为广大民众所信仰的宗教。镰仓佛教信奉禅宗,这是一种派别众多但与旧日佛教迥然有别的新宗教,此后,禅宗开始受到推崇,占有独尊地位。它是现代日本佛教的原型。

16 世纪,伴随着西方与日本的贸易往来,天主教作为一个新的外来宗教传入日本,尤其是天主教所主张的平等、博爱思想很快吸引了大批信徒,其中既有平民百姓,也有武士乃至大名。天主教为扩大在日本的势力,开始猛烈攻击佛教和日本的神道,并进而对日本的主权产生了威胁,因为信教的日本人可以无视日本道德而遵守教义。面对日益严重的天主教威胁,德川幕府宣布禁教,驱逐教徒,毁坏教堂,实行全面锁国政策,同时弃佛扬儒,把儒家思想提升到统治地位。

儒学虽然很早就传入日本并作为伦理道德的一部分而进入日本人的意识形态之中,但由于佛教一直受到各代政府的推崇和保护,因而儒学在日本江户时代之前,一直没有像在中国那样,成为统治者治国的根本思想。德川幕府推崇儒教,用儒教作为治国思想,但并不排斥本国的神道,而是把二者结合起来,前者被作为治国纲领,后者则被看做民族信仰,这种"神儒一致"的观点与"神佛合一"的思想,都显示出日本民族将外来思想与本民族文化融合的努力。

二、艺道

日本的传统文化包括武士道、茶道、花道、书道以及与文学艺术有关的歌道,简称为艺道。古时候,以上传统艺术曾是日本艺伎必不可少的修身教养之一,后来逐渐蔓延到一般妇女阶层。在日本江户时代,日本男性把一个女性是否掌握茶道、花道技艺作为择妻的必要条件。可见掌握这些"道"实际上已经成为日本人一般教养的一个组成部分,特别是作为女性家庭教养的衡量标准。传统文化在社会与家庭的结合方面发挥着巨大作用。如今参加工作的职业妇女不断增加,而对于家庭主妇来说,传统文化也是年老后的一种生活保障。

武士道是武士们严格遵守的规则。武士在日语中是"侍"的意思,指以最大的努力来表达对主人最大的忠心。关键时刻武士要以死来捍卫主人或自己的荣誉,通常采用的方式是剖腹自杀。武士道作为一种不成文的规范,在镰仓时代就已初露端倪。到了江户时代,武士道精神巩固了幕府的统治,使由武士、农民、工匠和商人组成的封建体制得以完善。直到农业经济逐渐被商业经济取代,武士才逐渐走向衰败。但武士道精神却一直延续了下来。

茶道是日本文化中一株独放异彩的素雅之花。茶道是以沏茶、品茶为手段,用以联络情感、陶冶性情的一种艺术性、礼节性活动,然而饮茶风俗及茶树的种植方法却是从中国传过去的。最早将茶带回日本的是奈良时代的僧人。文献中最早的记载,是729年的《奥义抄》。815年4月,嵯峨天皇行幸近江国,在梵释寺停留,大僧都永忠亲自煎茶奉献。永忠系随第十七次遣唐使赴华留学的学问僧。天皇饮用后大概很满意,6月便令畿内、近江、播磨等国植茶,每年进献。此后饮茶之风大盛,有些贵族还在自己的宅院中种植茶树。嵯峨天皇曾在诗中写道:"萧然幽兴处,院里满茶烟。""吟诗不厌捣香茗,乘兴偏宜听雅弹。"可见茶在当时已逐渐成为欣赏的对象。当时日本人所用的是唐代砖茶煮法,即把茶叶碾碎,加甘葛、生姜,做成团块,投入开水煎服。

茶道除了讲究特殊的手法以外,还特别强调人与人之间的关系。茶道的核心是茶的聚会,所有参加茶会的与会者通过茶道的途径,可以摆脱形式社会的约束,使人与人之间从内心深处变的融洽起来。所以茶会是茶道的主要组成部分,一般来说必须具备三个条件才能举行。一、茶会首先是人的聚会。人们一边品茗,一边开诚布公地把自己的心声透露出来,以求心境的统一。对谈的感觉往往决定茶会的成败与否。二、茶会十分讲究搭配。主人与客人通过茶道用具与茶具的合理搭配,将自己置身于协调的茶室空间之中。三、茶道的具体礼法。主人接客时娴熟、麻利的动作往往使茶会的气氛达到高潮。每一份茶都包含着主人的心意。

日本传统文化的季节感特别强。日本人也根据不同的季节,举办应时茶会。此外,正如有的茶会称"朝茶",有的称作"夜咄"一样,这些都是根据举行茶会的时间命名的。

茶道的茶会有正式茶会和薄茶会之分。正式茶会又分为初座、后座,有浓茶、薄茶、添炭等层次,其间还有简单的饭食、点心。浓茶是茶道中最隆重的一项仪式,主人必须穿黑色的带白色纹饰的和服。按照茶道的规矩,浓茶必须在吃过饭以后才能喝,这样茶有可能更加美味。而且由于浓茶必须轮流喝,因此必须郑重其事地

第十二章 中古东亚和南亚文化

进行，其间主人与客人之间几乎不进行对话；薄茶则作为一种弥补，人们喝茶时可以畅所欲言，使茶会充满快乐气氛。薄茶是茶道最基本的礼法，学习茶道一般先从普通茶和薄茶的学习开始。比起薄茶会来，日本人更习惯将正式茶会称为茶道。

日本的茶道不仅包括一种精神，即强调清、静、和、寂，也就是把发现闲寂、幽雅之中的美作为一种精神境界的追求，同时，日本茶道也具备趣味性，具有游乐的性质。日本的茶道分几个流派，它们分别以各自的家园为中心，使自家的传统得以继承。

日本的花道很诱人：日本列岛气候温和，四季变化明显，为花草树木生长提供了优惠的条件。春、夏、秋、冬都有大量应季的鲜花开放，为美丽的大自然增辉，所以对日本人来说，他们早就与鲜花结下了不解之缘。花草有时是作为欣赏的对象，有时则是作为信仰的对象。而且日本人对花草的认识随时代的发展而不断变化。日本人的祖先对充满生命力的花儿抱着一种恐惧感，似乎花儿是神灵的再现。对花儿的这种认识至今仍然反映在日本的祭祀仪式当中。

插花法是由中国经朝鲜半岛传入日本的，最初只在寺院内流传。随着日本净土信仰的出现，供花的习俗也传入民间，而莲花被作为供花的主要材料。因为据说莲花可同时体现过去、现在和未来，与此形成对应的就是莲花的结果实、开花和蓓蕾。当然，鲜花除了作为神圣的供花以外，也是人们喜爱的欣赏之物。日本最早的插花法有两种，一种称为"立花"，一种称为"挂花"，前者以矫正花枝的形状为主，后者以装饰房间的柱子为主，形成于日本的室町时期。这些鲜花都摆放在日本人认为十分神圣的地方，一瓶鲜花形成一个整体，这个整体再现了大自然的风情，因此，阴阳和季节的感觉十分重要。

日本室町时期的挂花、吊花瓶插花法以及使用日常生活用具插花的技法曾风行一时。在这个基础上，日本元禄时代又推出了一种新的插花法——"投入花"，这也是一种花道流派，提倡尽量保持花的自然样式。随着花道的兴起，茶室内也开始讲究用鲜花装饰。由于投入花比较省工、省时、省钱，所以很快在中下层町人中间普及开来，并很快从茶道中分离出来，自成一体。此后日本在各个时代相继涌现出不少插花流派，如15世纪由立花名家专庆创造的池坊花是当今日本花道界最古老的流派，所以池坊又是花道的代名词。再如日本明治末年由小原云心创立的小原流派至今仍然是日本有代表性的花道流派之一。小原云心自幼随父学习池坊派的插花技术，后来他发现池坊派插花术重心过高，不够安稳，便创立了有重心感、重心偏低的插花术，他以自然而新颖的花型为插花技艺增添了时代感。小原插花术是日本人学习西方文化的反映，至今这种插花术仍受到不少日本人的喜爱。

书道也是日本艺道之一。书法是东方艺术中时间最为悠久、空间最为辽阔、内

外国文化史

涵最为丰富、影响最为深远的一种艺术。书法艺术在日本被称为"书道",与"茶道""花道"鼎足而立。日本书法家今井凌雪曾指出,书法是以中国和日本为中心发展起来的东方独特的艺术。两国的书法有兄弟的关系,当然中国是兄,日本是弟。日本直接引进中国书法,是在隋朝时期由使者通过朝鲜百济带过去的。当时的天皇圣德太子立刻被大陆的墨香所吸引。他以感受特别丰富、格调优美而和谐的《法华义疏》,筑成了日本书法历史上的第一块里程碑。所以,现存日本最早的书迹,是圣德太子在 615 年写的《法华义疏》。圣德太子是日本历史上一位非常重要的人物。他在 593 年被立为太子执政后,着手进行了一系列引人注目的国政改革,大力推行新政,为日本走向中央集权奠定了基础。圣德太子的一项重要事业就是积极开展与中国隋朝的交通关系,即几次派出遣隋使,恢复了自 5 世纪末以来中断了的中日政府间往来。

唐朝和尚鉴真东渡时,曾带有王羲之真迹行书一帖,王献之真迹行书 3 帖,另有其他杂体书 50 帖。日本留学生和学问僧也带回不少碑帖和真迹,如最澄带回就有 17 种,其中包括王羲之父子、欧阳询、褚遂良等名家作品的拓本。奈良时代,日本人学习书法蔚然成风,"二王"的书法影响最大,在当时日本书法艺术中起着主导作用。唐代书法家欧阳询、颜真卿、柳公权、虞世南等书法名家的墨迹也受到高度重视。

平安时代,空海、橘逸势和嵯峨天皇并称为日本"三笔",完全学习中国书风,并深得其昧,把日本的书法艺术推向了一个高峰。空海留唐时,曾以书法家韩方明等为师,钻研各种笔体流派,能写篆、隶、楷书、行书、草书等五种笔体,被誉为"五笔和尚"。他采用王羲之的风格,颜真卿的笔法,加上自己的独创,形成独特的书法笔法,被奉为日本入木道(书道)的开山祖。据传空海留唐归国前不久,唐宪宗听说他的书道精湛,曾命他补写宫廷屏风上的王羲之书法阙字,竟和原书一模一样,可见他对王羲之书法有过深入研究,得其真韵。空海的字强韧雄劲,变化自如,博采晋唐名家之长。在书法艺术盛兴日本之时,中国的制笔和制墨技术也传播到日本。

下面谈日本的歌道。唐代是中国音乐的繁盛时期,既有日本音乐家来唐学习,又有唐音乐家东渡执教,推动了中国音乐在日本的流传。701 年,日本仿唐设立了雅乐寮,这是专门掌管音乐的机关,里面有舞师、乐师、笛师等专家分别教授学生。日本贵族中有不少人都喜爱唐乐,如嵯峨天皇不仅喜好琴、筝、笛子、琵琶,也能作曲。奈良时代宫廷中出现了受唐乐影响的"舞乐",造就了一批技艺高超的舞人和乐师。这批专业艺人的出现,对丰富日本民族舞蹈的创作,完善日本民族舞蹈的技巧并提高其表演艺术,起了很大的推动作用。

日本人称中医中药为汉方医学,也有人称皇汉医学或东洋医学。从 7 世纪的唐代开始直到 19 世纪 70 年代，整整 12 个世纪，中医中药一直是日本医学的主流。1868 年明治维新以后，西方医药大量传入日本，并占领了日本的医院和诊所。近年来，由于中国针灸医疗技术的发展，特别是针麻手术的成功，使日本认为中医中药是具有魔术性的"奇术"，是使人"惊异的医学"，于是又掀起了中医中药热，有不少人非中药不服。正因为如此，日本很多药店出售中药，也有的开设中药专柜。在日本，如果医师会针灸，就诊者会络绎不绝。

奈良时代，日本完全使用中国的医术及医疗制度。到平安时代，日本开始建设有本国特点的医学。唐宋时代就有中国名医赴日本传授中国医学，也学到了不少日本的医术。日本的不少医生，将中国的医术与日本的医术相结合，发展了日本的医疗技术。公元 808 年出云广贞等医生，到日本各地搜集民间处方，再结合自己的医疗经验，撰写了长达百卷的《大同类聚方》，成为中日两国取长补短、相辅相成的代表作。982 年，日本人丹波康赖参考了隋唐两代百余部医学书籍，于 984 年完成了医学专著《医心方》，后来中国有些失传了的医学书籍只有在《医心方》中才能找到。

进入 15 世纪以后，中日两国的医学交流更加频繁。中国医师林道春于 1606 年东渡日本，将刚刚出版不久的李时珍的《本草纲目》带到日本，轰动了日本的医学界。以贝原益轩为首的日本本草学者，参考《本草纲目》，结合日本的实际，编撰了长达 16 卷的《大和本草》，内容极为丰富。日本医生竹田昌庆在明朝时到中国留学期间，明太祖的皇后难产，危及生命，竹田昌庆被请去为皇后助产。皇后服用了竹田调制的药后，安全生下皇太子。明太祖非常感谢这位日本医生，让他在明朝做官，并封他为安国公。

日本有不少人研究中医中药，因此形成很多派别，主要有古方派和后世派。古方派以研究汉代处方为主，研究对象也是汉代驰名中外的医师张仲景，日本对他的著作《伤寒论》《金匮要略》很有研究，并有独特的建树。古方派代表人物吉益东洞，著有《类聚方》《药征》等。

三、文学

奈良时期是日本文学的草创时期。8 世纪出现的《古事记》是日本的第一部书面文学作品，它与随后产生的《日本书纪》一起，合称"记纪文学"，对后代日本文学产生了重大影响。日本的第一部抒情诗集《万叶集》是一部和歌总集，共收集和歌 4500 多首，作者上自天皇贵族，下至平民百姓，其内容分为相闻、挽歌和杂歌三类，主要吟谈叹人生的苦闷悲哀，抒发对自然景物的细腻感受，初步奠定了日本诗歌重主观情绪和内心感受以及宣泄苦闷悲哀的审美基调。与《万叶集》同时出现的还有

《怀风藻》等汉诗集。这些由日本人写的汉诗被认为是当时代表官方的正统的高雅文学，是受汉文化影响的重要表现。

日本除了汉文学，和文学也直接或间接受到唐文学的影响。9世纪初由长安回国的空海根据沈约的四声八病说和唐人的诗论，对唐诗的格律做了深入系统的研究，写出了《文镜秘府论》6卷，把格律诗的写法介绍到日本，推动了日本汉文学的进一步发展。平安初期的嵯峨天皇是一位唐文化修养很高的天皇，根据他的敕命编纂了《凌云集》和《文华秀丽集》两部汉诗集。平安朝初期是汉诗、汉文的全盛时代，和歌居于次要地位。到9世纪后半期，歌坛上出现了在原业平等"六歌仙"，迎来了和歌创作的繁荣时期。905年，根据醍醐天皇的敕令，由纪贯之等人选遍了《古今和歌集》，共收集了继《万叶集》之后的和歌1500多首。它的完成，标志着和歌再次恢复了在诗歌创作中的主导地位。这些和歌大都表现了一种汉诗难以包容和表现的心情，并且以艳丽纤弱、幽雅缠绵的歌风为主。但《古今和歌集》的序言仍带有中国文学的色彩。在散文方面出现了日记文学，平安朝时期的日记文学多出于女性，她们自由地驱使假名文字，从心灵深处唱出了阴郁哀婉之歌。物语文学的出现是这一时期最突出的成就。物语即小说。平安时代共写出10多部小说，包括《竹取物语》《伊势物语》《落洼物语》《宇津保物语》《源氏物语》等，其中《源氏物语》代表了日本古典文学的高峰，在世界小说史上也是最早的长篇杰作。

日本物语文学是以假名写作的日本风格作品，但也时常显露出中国文学的影响。《竹取物语》是第一部用假名写成的物语，据现代学者考证，它的原型即是中国的民间故事《斑竹姑娘》，因为二者的故事情节几乎完全一致，甚至连许多细节都很相似，只不过《竹取物语》是作为流传在日本的一个民间故事整理加工而成。《源氏物语》与中国文学的关系更是十分明显。《源氏物语》的作者紫式部对中国文学有很深的造诣，她在书中创造性地引用了大量中国典籍，加强了故事情节的凝练和人物的力度，提高了作品的艺术魅力。可以说，《源氏物语》是平安时代日本知识分子接受中国文化的最具成就的典范。镰仓时代，随着武士力量的壮大，以贵族为代表的纤细、优雅的平安文化逐渐不能适应时代的发展，而以反映武士生活为主要内容的"战纪"文学适时而起，如描写平氏与源氏之间战争的《平家物语》等，其中也能发现《三国演义》的身影。

能是形成于14至15世纪的一种日本剧，也称"能乐"，是由奈良时代传入的中国散乐和日本的传统歌舞结合演变成的猿乐发展而来。能乐内容严肃、庄重，多以宣传佛教的因果报应、儒家的伦理道德及武士道精神为主。狂言是由穿插在能与能之间的独幕讽刺喜剧演化而来，作为一种大众艺术，主要描写平民百姓与武士和大名之间的矛盾。世阿弥对能乐的发展作出了巨大贡献。

第三节 印度宗教、哲学、文学与艺术

一、宗教与哲学

印度古代的婆罗门教,由于宣扬种姓观念并大行宗教仪式,脱离了群众,成为上层宗教,因而在佛教、耆那教兴起之后,逐渐衰落了。4世纪前后,婆罗门教开始注意吸收佛教教义和民间信仰,争取群众,渐渐演变成新婆罗门教,即印度教。尤其在8世纪时,经过商羯罗的改革,逐渐形成印度教的雏形。印度教的主要经典有《吠陀》《奥义书》《往世书》《罗摩衍那》《摩诃婆罗多》等。印度教也是多神教,它突出了三大神,即创造神大梵天、保护神毗湿奴和破坏神湿婆,把他们拜为主神,构成宇宙万物的主宰。印度教利用两大史诗和《往世书》进行的宣传以及民间的三大神的神话故事迅速流传,广及民间,形成毗湿奴教、湿婆教、性力教(舍格提教)三派,遍及印度各地。在4世纪时,由于笈多王朝宫廷的支持,又加速了发展。印度教的兴起与发展,促成佛教的衰落。

印度教与婆罗门教一样,也宣传"业报"与轮回的思想,主张摆脱轮回,达到"梵我合一"的超脱。为此,必须修炼三道:知识之道,即对世界与精神的宗教哲学的探讨;行为之道,即采取规定的宗教活动;虔诚之道,即对神的虔诚信仰,以得到神的宠爱,从而获得解脱。因此,印度教强调教徒不分种姓对神的虔诚崇拜。同时,出现各种神学探讨,与婆罗门教联系密切的六大宗教哲学派别——正理、胜论、数论、瑜伽、弥曼差与吠檀多等理论也有所发展。

商羯罗(约788—820),吠檀多派哲学家、印度教的改革家。生在南印度,成人后漫游印度各地,进行宗教活动。他吸取了佛教和耆那教的教义,以注释《吠陀》等经典的方式,提出"不二论"的完整宗教思想体系,认为世界不过是"梵"的演化,是幻现,不是真实存在;只有个人精神的"我"和宇宙精神的"梵"才是同一的、绝对"不二"的真正存在。他提倡内心的修炼,著有《梵经注》《薄伽梵歌注》等。他改革了婆罗门教,完成了印度教的基本教义。

8世纪后,外族入侵,异教传播,使印度陷入民族、宗教危机之中。印度教开始衰落,佛教遭到伊斯兰教统治者的反对,寺院被毁,佛像被拆,几乎在印度绝迹。然而,以佛教为主,吸收印度教和民间信仰的密教悄然兴起。它是神秘主义宗教,起源于印度南部,以咒术、仪礼民间信仰活动为特点,是一种对抗外族、异教入侵的宗教。

10世纪后,印度各地掀起一系列反封建的宗教活动,被视为异端,影响最大的是

虔诚教派运动。它的先驱者、理论奠基人是罗摩奴阇（约 1017—1127）。他早年求学于商羯罗学派，后从事宣传活动。他认为神、世界和"我"，都是真实的存在，世界和"我"都存在于神，是神的身体。神就是永恒的、完善的"梵"。神的化身就是显示神的仁慈。他崇尚毗湿奴大神，认为宗教解脱不是"梵我合一"，而是对神的崇拜与屈从。

在虔诚教派运动中，北方宗教思想家、改革家、诗人格比尔达斯（约 1440—1518）影响最大。他出生下层，体察民间疾苦。他把印度教教义与伊斯兰教苏菲教派的一神论予以融合，提出宇宙万物最高的实在即是神，"梵"；只有虔诚信仰才能获得"神思"。他反对偶像崇拜、种姓制度和对妇女的歧视，提倡不同教派之间的和睦与团结，用"神"的仁爱来消除宗教隔阂与种姓压迫。

在格比尔达斯虔诚教派的宗教思想影响下，锡克教于 16 世纪在印度北方兴起。锡克意为门徒。其创始人为第一代祖师那纳克（1469—1539），他接受了伊斯兰教的影响，主张一神论，反对印度教的繁冗仪式、种姓区别以及对女性的歧视；主张在神的面前人人平等，个人的精神与神结合才是最后的解脱。一开始实行祖师崇拜制，传至第十代进行改革，组成宗教社团。男教徒加名辛格（狮子），女教徒加名考儿（公主）。男性教徒蓄发梳辫，佩剑习武。锡克教曾多次抗击莫卧儿王朝与印度教联军的迫害。现今印度旁遮普省为锡克教徒的主要居住地。

二、文学与艺术

随着生产、经济的发展，印度中世纪的教育、文学与建筑艺术也有较大发展。

中世纪印度的教育继承古代教育方式：口传和教书。学习场所主要集中在寺院，后出现民间私塾和学校。6 世纪时，开始出现法律学校、语法学校、天文学校、哲学学校等，摆脱了寺院学校以学习宗教经文为主的束缚。中国高僧玄奘于 7 世纪时，曾在印度最大的佛教寺院那烂陀寺学习 6 年。据他记载该寺有僧徒万名，僧师 1510 人，不仅有本国学僧，还有外国僧徒。学生中有少数非佛教徒。学习内容除经文外，还有哲学、科学、文艺等世俗性内容，经常举行学术演讲会和辩论会，学术风气十分浓厚。

中世纪印度文学同古代印度文学有许多不同的特点。首先，除了 15 世纪虔诚教派文学之外，文学开始摆脱宗教的控制，走上自觉的道路，文学从祭司（婆罗门）手中，转向由帝王（刹帝利）掌管的宫廷和城市，呈现明显的世俗化趋势；其次，结束了以民间文学为主的倾向，文人文学逐渐抬头，渐渐取得文坛主导地位；再次，各种文学体裁趋于完备，诗歌、戏剧、小说以及文论等各种文学形式出现，并走向繁荣。

印度梵文古典戏剧取得了突出成就，除迦梨陀娑的戏剧《沙恭达罗》和首陀罗迦的《小泥车》外，有与迦梨陀娑齐名的剧作家薄婆菩提（8 世纪）的三个剧本《茉莉和青春》《大雄传》和《罗摩传后篇》，其中最主要的是前者，内容是反对封建婚姻的。

印度梵文古典文学中，寓言故事很发达。《五卷书》是由婆罗门文人编订的著名作品。其中一些故事的"母题"和框架结构形式在东西方都产生了广泛影响。通过8世纪阿拉伯文译本《卡里来与笛木乃》，流行欧洲，广为传播。《故事海》是一部诗体的故事总集，是11世纪时由月天（音译"苏摩提婆"）根据《伟大的故事》改写而成的。古典长篇小说著名的有波那（7世纪）的《迦丹波利》《戒日王传》和檀丁（7世纪）的《十公子传》。

印度古典文艺理论著作除《舞论》外，还有檀丁的《诗镜》、欢增（9世纪）的《韵光》等。

10世纪后，梵文文学开始衰落，代之而起的是各种地方语文学，其中印地语文学成就比较高。13世纪写成的长篇英雄史诗《地王颂》，相传为诗人金德·伯勒达伊所作，他歌颂了封建主地王抵抗伊斯兰民族入侵的斗争，是印地语文学早期代表作。虔诚派文学大师有用印地语的格比尔达斯、苏尔达斯、杜勒西达斯，用孟加拉语的钱迪达斯。杜勒西达斯（1532—1623）的代表作长篇叙事诗《罗摩功行录》，是以史诗《罗摩衍那》为基础写成的，它突出了史诗的中心故事，因而比史诗更集中、更精炼。长诗中罗摩的形象也比史诗中的更为完美高大。

在建筑工艺方面，除阿旃陀石窟外，稍晚的埃洛拉石窟也是著名的寺院。它兼有佛教、印度教的特色。它的庙宇、石刻神像等都是稀世之瑰宝。除石窟艺术外，莫卧儿王朝建立后，融合伊斯兰教和印度教风格的清真寺和陵园式建筑也闻名于世。最著名的是耸立于德里郊外的库特伯·米那儿尖塔和17世纪由帝国君主沙·贾汗为已故皇后姬蔓·芭奴营建的泰姬·玛哈尔陵。后者耗时20年，广招印度、伊朗、土耳其的建筑技师与工人，工艺精湛。可以称之为建筑、雕刻和园林艺术的完美融合。

印度古代和中世纪的文学对中国传奇志怪小说、变文、说唱文学都有不少影响。印度语法学、词汇学、音韵学也有较大成就，对中国古代音韵学有很大影响。印度的语言学著作于近代传到欧洲，促成比较语言学学科的产生。

第四节　东南亚的文学艺术与宗教

东南亚地区包括菲律宾、印度尼西亚、马来西亚、文莱、新加坡、越南、老挝、柬埔寨、泰国、缅甸10个国家。由于地理、历史、文化等原因，这一地区是中国文化体系、印度文化体系、阿拉伯伊斯兰文化体系以及古希腊、罗马文化体系的交汇地，受到东西方文化的综合影响。在不同历史时期，四大文化体系中的一个或若干个文化体系直接或间接地对东南亚地区的文化产生影响,其结果是东南亚文化包括文学艺术与宗教别具一格,呈现出一派五彩缤纷的形态。

从古代到中古,东方三大文化体系对东南亚文化产生了非常直接地影响,原因是多方面的。首先,地缘结构的原因。东南亚地区处于中国和印度之间的海陆结合部,又是中国和阿拉伯地区海上交通的必经之路,东方三大文化体系在该地区捷足先登,得地利之便。其次,民族渊源的原因。东南亚的许多民族都来源于亚洲大陆的南部地区,如泰国和越、老、柬、印支三国的民族与中国广西、云南的少数民族同根同族,缅甸境内的民族有不少是中国大陆分批迁徙过去的蒙古人种。至于马来群岛的马来族,也属蒙古人种,由亚洲大陆南部迁徙而去,后形成混合族群。再次,历史文化的原因。中国和印度都是人文历史悠久、文化积淀深厚的大国,而阿拉伯则是宗教文化强盛的后起之秀,三者文化势能高,发展水平快,而东南亚地区的文化势能低,发展水平慢,在相互学习、交流的过程中,东南亚地区必然处于接受影响的地位,这种不平衡、不对等的状态是自然而然形成的。

东南亚地区的宗教文化就在这样的情势下发展起来。中国的儒家思想文化虽然不属于宗教文化,没有像僧侣或传教士那样有具体传播目的和手段以及职业性的传播者,但还是通过政治、经济、文化相互交流的渠道,潜移默化地影响到该地区的方方面面,其中越南受中国文化的影响最直接、也最深刻。这种影响甚至使儒家的思想文化如同宗教一样,随着移民四处流散,根深蒂固地植根于东南亚地区的文化土壤之中。

印度文化明显属于宗教文化,宗教利用文化的外衣进行传播,文化借助宗教的力量而深入人心。宗教所到之处,文化无孔不入,东南亚地区成为印度教和佛教的一个大道场。而东南亚地区各国的统治者需要印度宗教作为精神支柱维护统治,因此,印度宗教文化对除越南以外的东南亚地区的影响,无论是深度还是广度都远远超过了中国儒家文化。

阿拉伯伊斯兰的宗教文化对东南亚地区的影响在时间上比较晚近,大约在13世纪以后才逐渐表现出来,伊斯兰教的教旨随着区域性贸易传播到东南亚南半部的马来群岛地区,并以其强大的生命力和比较简化的信仰方式取代了印度宗教文化在该地区的统治地位。而东南亚北部的缅甸、泰国和印支三国却始终信仰佛教,伊斯兰教文化几乎无甚影响。

13世纪前后,东南亚地区各国封建王朝的发展进入鼎盛时期。泰国1257年建立了统一的素可泰王朝;缅甸的蒲甘王朝1287年解体,进入掸族统治阶段;印度尼西亚1293年建立了历史上最强大的麻喏巴歇王朝;老挝14世纪中叶建立了第一个统一国家澜沧王朝;柬埔寨正处于吴哥王朝的昌盛期。以后经过几百年的发展,东南亚地区的封建统治由盛及衰。16世纪,西方列强开始染指东南亚地区,首先菲律宾被西班牙统治,到了19世纪中期,除泰国外,几乎所有东南亚国家都沦为西方列强的殖民地。在这种历史文化背景下,东南亚文学从内容上区分,主要表现为宫廷文学、宗教文学和民间文学三种。

宫廷文学虽有各自民族文学的艺术特色,但主要为统治者服务,歌颂王者的丰功伟业,美化歌舞升平的世界。如老挝的诗体小说邦坎的《信赛》(17世纪)、泰国的古典宫廷戏剧《伊瑙》(18、19世纪之交)①、马来西亚的史传文学《马来由史话》(1615)。宗教文学在东南亚地区主要表现为以传播佛教为目的的佛教文学,主要内容是讲述佛祖智慧、宣扬因果报应等。如:泰国的《三界经》(1345)、《大世赋》(1482)、缅甸的《九章》(1523)等,都是佛教文学的经典作品。柬埔寨曾流行"解经文学",老挝曾流行"讲经文学",其性质基本相同。因为佛教的流行,源于老挝的《佛本生经》改写本《佛本生故事》在东南亚地区信奉佛教的国家里几乎家喻户晓。马来西亚和印度尼西亚因海上交通之便于13世纪传入伊斯兰教,其宗教文学主要表现为赞扬先知穆罕默德的"先知英雄传"一类的作品。民间文学在这一时期成就最大,为广大人民所喜闻乐见。其文学表现形式通俗易懂,主要内容为表达各族人民的喜怒哀乐,爱憎情感鲜明,主要有故事诗、长篇叙事诗和传奇小说等。如:爪哇的《班基的故事》、泰国的《昆昌与昆平》、马来西亚的《杭·杜亚传》、老挝的《芗茗故事集》和柬埔寨的《阿勒沃的故事》等。

东南亚地区各国的艺术具有鲜明民族特色,由于宗教的影响更显出与众不同的表现形式。印度教的魔鬼卡拉的形象在广大东南亚地区从绘画到雕塑得到了广泛的表现,甚至比在印度本国还要多。散见于东南亚各地的创造之神湿婆和守护之神毗湿奴等艺术形象,表明印度教的巨大穿透力。柬埔寨的吴哥古城遗址是世界难得的艺术宝藏,被西方人称赞为东方的"所罗门神庙"。缅甸蒲甘平原上的神殿寺庙和佛塔,是著名的蒲甘古城遗址,至今仍巍然矗立。缅甸克延奇塔统治时期(1084—1113)修建的阿难陀神庙,外形深受印度神庙造型影响,内部装有色彩艳丽的壁画。泰国素可泰青铜铸像精品"行步佛"(14世纪)动感十足,至今神采不减。印度尼西亚的爪哇岛上耸立着世界著名的庞大佛教建筑群婆罗浮屠,也是一座传统的陵墓建筑。还有遍布爪哇、苏门答腊等地的大小佛塔;皮影戏里印度两大史诗的故事情节和人物造型;巴厘岛的佛教仪式;贝叶经书上的阿拉伯字母;林立于印度尼西亚各地的清真寺等。这些艺术精品都是东南亚地区各国人民智慧的结晶,

---

① 波隆葛国王时代(1732—1767),蒙谷公主和恭吞公主根据一个马来亚女俘房讲述的爪哇班基故事写成,由曼谷王朝二世王帕普塔勒腊·纳帕莱改编成诗剧。

可以促使当今世界重新发现和找回历史。

在东南亚地区,越南的文化最发达,其特征也较明显。

越南,古时被称为交趾,居民以渔猎为生。在公元前2世纪时纳入中国汉朝版图,从此受中国封建王朝统治1000多年,越南史书称之为"北属时期"。这一时期,中国封建王朝实行"书同文""车同轨"的政策,因此中国文化也随之传播到越南。汉朝几位开明太守如锡光教民礼仪;任延教民嫁娶;士燮为民办学,同时还派交州士子如张重、李进、李琴(阮琴)等到中原学习汉语;后来李进代贾琮为刺史、李琴以文辞入仕中原等。此外,由于当时中原战乱频仍,许多知名之士避难到交州,这也促进了中国文化的传播。所以汉文在那里早已流行,汉文造诣高者不乏其人。到了唐代,交趾派往中原学习者更多,不少人为唐朝命官,如姜公辅被誉为名相;诗人廖有方曾中进士,任唐朝校书郎。他们对汉文和汉文学颇为精通,与唐代的一些名士、诗人有交往,自己也创作了不少汉语文学作品。

越南在10世纪以前一直是中国的藩属,939年吴权起义称王,建吴朝,越南开始独立。10世纪中,大封建主据地称雄,互相混战。此后相继由黎桓建前黎朝(980—1009),李公蕴建李朝(1010—1225)。李朝时期国势强盛,疆域包括今天越南北部和中部,国号大越。后为陈氏家族所取代,开始了陈朝统治(1226—1400)。即使在吴朝建立之后,很长一段时期里汉字仍为全国通用的文字,公私文牍皆用汉文。13世纪越南本民族的文字——字喃出现之后,汉文也没有被取代,文坛上形成汉语文学和字喃文学二者并存的局面。从表面上看,13世纪以前越南的汉语文学与中国文学作品形式上几乎没有差异,但内容和格调明显不同,后者直接反映了越南民族的特性。姜公辅、廖有方、李公蕴、李佛玛、万幸法师、满觉大师等是这一时期越南汉语文学的代表人物。字喃的出现,消除了越南语言与文字(汉字)脱离的现象,但越南文学仍未能与汉文学割断联系,其间出现大量汉语作品,在越南文坛有重大影响,如16世纪作家阮屿写的越南第一部汉语小说《传奇漫录》,全书四卷共20个故事。该书写的是灵怪和闺阁的故事,揭露的却是社会黑暗,鞭笞统治阶级的骄奢淫逸,歌颂善良百姓,人们称它为越南的《聊斋志异》。创作者继续使用汉语写作的同时,在运用字喃进行创作方面也获得了成功。据传,陈朝的阮诠就是第一个用字喃写诗的人。后来,人们借用汉诗的韵律,结合越南民歌的格调,创造了新诗体——六八诗体,进而又创造出双七六八诗体,这种诗体格律简单,更符合越南语言习惯。到西山王朝时期,字喃被定为全国通用文字,此后字喃文学得到了进一步繁荣。这时有些作家把大量中国文学作品(主要是通俗小说)改写成越南字喃作品。其中以《金云翘传》最为成功,备受推崇,被认为是"越南诗歌艺术的高峰,是使用民族语言的卓越范例"。法国侵占越南后,越南文字实行拉丁化,但越南人民偏爱中国作品的情绪还是很明显的。大量中国作品被翻译介绍给越南读者,《三国演义》《水浒》《西游记》等故事,在越南无人不晓。

与汉语汉字同时传入越南的是以儒家学说为代表的中国文化。郡县时期(秦至隋唐)是儒家学说在交趾——安南的初传阶段。越南独立建国初期,佛教势力颇盛。李仁宗登基(1072)后开科举,促进了儒佛势力的此消彼长。陈朝科举制的渐臻完善及陈圣宗朝(1258即位)开始重用儒生,使儒士阶层的社会地位、作用和影响远远大于佛门僧侣。后黎朝(创建于1428)是儒家思想在越南的鼎盛时期。自此,独尊儒术的局面一直持续到阮朝,至越南完全沦为法国殖民地时为止。在中国文化和儒家思想的影响下,三纲五常、忠孝节义等观念成为规范社会生活、衡量社会道德的准则;仁政、德教与法治是越南封建统治阶级的治国信条;"修""齐""治""平"被越南儒生视为人生的追求目标。从越南的官制、法律、科举、教育、科学、哲学、史学、历法、语言、文学、艺术、医学、建筑到婚嫁丧祭等社会习俗中,都能看到中国文化的投影。

第三编

近代文化

第十三章

欧洲文艺复兴时期文化

第一节 概 述

文艺复兴作为西欧文明的一个历史时期,它是西欧从封建社会向资本主义社会过渡的重要阶段,从14世纪初到17世纪中期,达300年之久。文艺复兴是新兴资产阶级思想家以恢复古希腊罗马文化为旗帜,在思想文化领域进行的一次规模巨大、影响空前的反封建、反教会的思想文化解放运动。文艺复兴的指导思想是资产阶级的人文主义,其目的是为资产阶级登上政治舞台作舆论准备。

一、文艺复兴产生

从13世纪开始,欧洲封建主义的主要支柱——庄园制度、骑士制度、罗马教皇普遍权力、中世纪的封建行会制度——已经开始动摇。处于地中海沿岸的一些城市,由于社会生产力的发展和科学技术的进步,在封建社会内部开始陆续出现了资本主义生产关系的萌芽。如意大利北部和沿海的一些城市已有初具规模的手工业和较为发达的商业贸易。在这种发展基础上,从市民等级中产生出最初的资产阶级知识分子。15世纪末,地理大发现和环球航行的成功,进一步促进了资本主义生产关系的发展。经过对内残酷压榨和对外血腥掠夺所进行的资本原始积累活动,资产阶级很快发展成为一支富于经济实力的社会力量。为了自身的发展,新兴的资产阶级不仅要用商品经济取代自然经济,而且还需用一种新的思想文化体系来反对封建的和宗教的精神禁锢,这从根本上导致了文艺复兴的发生和发展。中国造纸术和印刷术经阿拉伯人西传,在西欧诸国广泛使用,也为西欧文艺复兴运动起到了推波助澜的作用。

文艺复兴的起因除了社会历史的动力外,也有文化上的深刻影响。在中世纪,虽然宗教文化占主导地位,但是民间文学中的进步作品、骑士文学中的非宗教因素以及某些下层僧侣创作中的异端思想都为文艺复兴时期文化精神的变革提供了一定的营养。另外,在封建社会内部出现的城市市民的文化也起了一定的促进作用。文艺复兴运动的直接文化动因是古代希腊罗马文化重新被发现。一些新兴资产阶级的代表人物打出"回到希腊去"的旗号,声称要把久被湮没的古代文化"复兴"起来,使之"再生","文艺复兴"由此得名。文艺复兴最初在意大利萌发,最后发展到欧洲各国。

欧洲的文艺复兴运动兴起于14世纪初期,止于17世纪中期。一般认为,它肇始于意大利早期文艺复兴的始祖阿利格里·但丁(也有人认为产生于12世纪),结束于意大利天文学家伽利略。文艺复兴在欧洲各国发生、发展和衰落的时间不尽相同,大致可以分为三个阶段。

14世纪初至15世纪中叶为文学艺术萌发时期,这是文艺复兴运动的早期。这一时期首先在意大利的佛罗伦萨文坛上涌现出了但丁、彼特拉克、薄伽丘等"文学三杰",标志着文艺复兴运动的开始。意大利陆续出现现实主义的艺术作品和历史著作,涌现了乔托、马萨乔、多纳太罗、布鲁涅列斯奇等艺术大师。在史学领域发表了布鲁尼的《佛罗伦萨人民史》、布拉肖利尼的《佛罗伦萨史》和比昂多的《罗马衰亡以来的千年史》等著作。这些构成了早期文艺复兴运动的重要特点之一,即人文主义作品和现实主义历史创作方法的结合。

15世纪中叶至16世纪末叶,是文艺复兴运动的全盛时期,绘画艺术、新的文学戏剧和新的哲学思想呈现出繁荣的局面。文艺复兴运动也越出意大利而扩展至欧洲各国,在英、法、德、荷兰和西班牙等国先后出现了波澜壮阔的文艺复兴高潮。在艺术领域出现了达·芬奇、米开朗基罗、拉斐尔"艺术三杰"和提香等艺术大师。新兴文学戏剧方面,出现了阿里奥斯托、塔索等诗人,小说家有拉伯雷、塞万提斯、乔叟等。拉伯雷(1494—1553)是法国文艺复兴时期最重要的代表作家。代表作长篇小说《巨人传》以夸张、讽刺手法,叙述了两个巨人国王高康大及其儿子庞大固埃的神奇事迹,广泛地反映了16世纪上半叶的法国社会生活。小说具有强烈的反封建反教会的进步意义,对法国乃至欧洲的黑暗现实进行了大胆而深刻的揭露。小说歌颂开明君主,反对穷兵黩武和掠夺性的战争,抨击腐败的司法和税收制度,辛辣地嘲讽了教皇,痛斥了教会用以毒害人民的经院教育和经院哲学。小说所描写的德廉美修道院,体现了人文主义在政治、社会、宗教和道德等方面的理想,还提出了资产阶级反封建的"个性解放"的口号。小说主张培育"全知全能"的人,表达了新兴资产阶级渴求知识、开拓进取的强烈愿望。拉伯雷卓越的讽刺艺术对后世作家产生了积极影响。蒙田(1533—1592)是法国思想家、散文家,法国文艺复兴时期最重要的作家。他是个怀疑论者,座右铭是"我知道什么?"代表作是《随笔集》3 卷(1580—1595)。他在作品中对传统思想进行挑战与否定,主张宗教容忍,强烈谴责天主教的酷刑。他的散文平易流畅,开创了自我解剖的风气,对同时代作家和后世启蒙作家均有影响。英国最早的人文主义作家乔叟(约 1340—1400),曾两度访问意大利,深受但丁、彼特拉克和薄伽丘等人作品的影响。他的代表作《坎特伯雷故事集》(1387—1400)共写了 24 个故事,在结构和题材上借鉴了薄伽丘的《十日谈》,以幽默讽刺的手法塑造了当时英国社会各阶层的人物,揭露教会僧侣对人民的压迫、欺骗以及金钱的罪恶。在爱情和婚姻问题上,也表现了反对教会的禁欲主义,追求爱情自由和幸福的倾向。他丰富了英语的表达能力,奠定了英国文学语言的基础。他首创的十音节双韵诗体,对后世英国诗歌有重大影响,因此被誉为"英国诗歌之父"。英国伟大的戏剧家和诗人威廉·莎士比亚(1564—1616),是欧洲文艺复兴时期最有成就的作家之一,他创造了众多富有个性化的艺术形象。在他的作品里,人文主义思想表现得最为充分。他的戏剧大多取材于古希腊、罗马、意大利和古代英国,但反映的却是英国当代的现实。他共改编创作了 37 部戏剧,创作了 154 首十四行诗和 2 首叙事长诗。莎士比亚的创作可分为三个时期。早期写了 9 部历史剧、10 部喜剧和 1 部悲剧。历史剧《亨利四世》等批判封建割据,谴责暴君,歌颂开明君主,宣扬中央集权,颂扬爱国主义精神。《威尼斯商人》和《罗密欧与朱丽叶》是这一时期最著名的喜剧和悲喜剧,剧本的基调乐观明快,充满人文主义理想色彩,歌颂爱情与友谊,宣扬爱战胜一切的思想。中期是莎士比亚创作进入高峰的时期,共创作了 7 部悲剧、4 部喜剧。其中《哈姆雷特》《奥赛罗》《李尔王》和《麦克白》被称为莎士比亚的"四大悲剧",代表了他创作的最高成就。这一时期的悲剧深刻地揭露了资本原始积累时期的社会罪恶,表现了人文主义理想与社会现实之间不可调和的矛盾,情调悲愤沉郁,批判性明显增强。《哈姆雷特》(1601)是莎士比亚的代表作,剧中主人公——丹麦王子哈姆雷特是举世闻名的艺术典型。他是新兴资产阶级和人文主义者的代表。他热情讴歌人是"宇宙的精华,万物的灵长"。他要为父报仇,为国家重整乾坤,却又脱离群众,孤军作战。他要消除宫廷罪恶,却又优柔寡断,在不断试探对方中贻误战机,最后与敌人同归于尽。他的悲剧反映了人文主义的力量和弱点,表现了他们的进步性和局限性,表明了资产阶级暂时还缺乏取得胜利的条件。晚期被称为传奇剧时期,写有《暴风雨》等 3 部传奇剧。莎士比亚的创作深刻地反映了英国新旧交替时期错综复杂的社会矛盾和时代精神。他的作品情节丰富多彩,人物复杂多样,语言优美生动,对世界戏剧和文学都产生了深远影响。这一时期,新的哲学和政治学思想得到蓬勃发展,马基雅弗利和让·布丹的国家学说,居雅斯和格劳秀斯的资产阶级法权思想,托马斯·莫尔和康帕内拉的早期空想社会主义思想是这时期的主要成就。

17世纪初至17世纪中叶是文艺复兴运动的晚期。这一时期的主要成就是近代自然科学的产生和发展,并促使科学领域里发生了巨大的革命。哲学上出现了笛卡尔、斯宾诺莎等大师,科学家哥白尼的太阳中心说揭开了天文学革命的序幕,同时数学和物理学也有不少新发现,获得了巨大突破。

由于各国历史条件不同,文艺复兴在欧洲各国表现出不同特征。恩格斯说:"这个时代,我们德国人……称之为宗教改革,法国人称之为文艺复兴,而意大利人则称之为五百年代,但这些名称没有一个能把这个时代充分地表达出来。"①

二、人文主义思想的主要内容及意义

"文艺复兴"一词原意是指人文学科(studia humana)的"复活"(rebirth),出自意大利语的 rinascenza 或 rinascimento 及"复兴"(revival)。这种"复活"或"复兴"被当时的人文学者认为是中古与近代的分界线,被复活的是非基督教的古希腊罗马古典世俗学科。

历史上通用的文艺复兴一词是法文 Renaissance,意为"再生","复兴"。该词最先由意大利艺术史家乔治奥·瓦萨里在《意大利艺苑名人传》中提出。他认为由于蛮族的入侵和中世纪教会的破坏,古希腊罗马艺术在中世纪衰亡,到14至15世纪才在以佛罗伦萨为中心的地区再生与新生。瓦萨里提出文艺复兴一词,最初只是用来描述一种艺术现象,表达自己对艺术发展的看法。但这一概念却被西方学术界广泛接受和沿用,并用它替代一个历史时期。1756年法国启蒙思想家伏尔泰在《论各族的风尚和精神》一书中,正式把文艺复兴作为一场新文化运动,第一次对文艺复兴予以评价。他认为文艺复兴的重大意义不在于复古,而在于创造。19世纪初,法国学者把文艺复兴定义为:从15至16世纪兴起的文学、艺术和科学运动。1855年法国史学家密什莱在《法兰西史》中首次运用 Renaissance 一词,从此得到欧洲史学界的普遍重视,正式成为概括一个时代的概念。1860年,瑞士学者雅各布·布克哈特在《意大利文艺复兴时期的文化》中提出,文艺复兴不仅仅是古典文化的再生,而是把它的内容引申到人的精神生活和社会生活的变化,其重要意义在于"人的发现"。布克哈特的《意大利文艺复兴时期的文化》可以说是一部较为全面评述文艺复兴的专著。到了近代,研究者们对文艺复兴运动有了新的认识,如英国学者丹尼斯·哈伊在《意大利文艺复兴的历史背景》中指出要结合政治、社会和经济的情况,系统全面地研究文艺复兴等。

---

① [德]恩格斯:《自然辩证法》"导言",《马克思恩格斯选集》第三卷,人民出版社,1972年,第444页。

第十三章 欧洲文艺复兴时期文化

文艺复兴的思想核心是人文主义。人文主义(humanism),又称人本主义或人道主义,该词可能直接源自于18世纪末期的德文组合词(Humanismus),可上溯到14世纪的法文humanité。人文主义是文艺复兴时期表现在文学、艺术、哲学、史学、政治、教育和自然科学等方面的思想内容。它有两方面的基本含义:一是指与中世纪天主教神学相对立的人文学科,即以人为中心的世俗文化;二是指关于"人"的学说。人文主义是新兴资产阶级的思想体系,具有新兴思想的人被称为人文主义者。人文主义者以人和自然为研究对象,其总的目标是,通过对古希腊、罗马文化的研究、复兴和发扬,打破中世纪经院哲学和天主教会的精神专制,并按照古代的典范,确立一种摆脱教会统治的、建立在文化知识和理性基础上的对世界和人的看法。人文主义思想和作品主要表现出以下几个方面特征:(1)提倡以"人"为中心,反对以"神"为中心,用"人权"反对"神权"。人文主义者肯定和注重人、人性,要求在各个文化领域里把人和人性从宗教神学的禁锢中解放出来。(2)反对宗教禁欲主义,强调人有权享受和追求现世幸福的权利。人文主义者反对"天堂"和"来世"的精神寄托,要求"天堂在人间"。他们肯定现实生活,颂扬尘世生活的幸福,歌颂爱情,认为爱情是人最高尚的感情,认为人有追求荣誉和财富的权利。(3)反对封建压迫和世袭等级贵贱观念以及神权思想,宣扬人的个性解放和自由平等。人文主义者提出打破封建贵族阶级的优越感,增强新兴阶级的自信心,要求打破封建等级思想的束缚,实现人人自由平等。(4)反对教会蒙昧主义,崇尚理性知识价值。人文主义反对天主教会的蒙昧愚民政策,批判中世纪教会对科学和文化的摧残,鼓吹理性和智慧,提倡"知识就是力量","知识是快乐的源泉";主张探索自然,发展科学文化,接受新事物,全面地和谐地发展个人的才智。(5)重视科学实验和归纳法。另外在进步的人文主义者中,空想社会主义者看出了社会罪恶的根源是社会财产私有制,提出了建立"人人劳动按需分配"的乌托邦思想。

需要指出的是人文主义者主要是反对日趋腐朽的封建制度和天主教会,他们并非无神论者,并不反对宗教和上帝,也从未否定过基督教信仰和教义。许多人文主义者与教皇或主教们过从甚密,他们大多数在形式上保持着对天主教会的忠诚。人文主义者是在肯定上帝至尊地位的前提下,把研究的重心从神转移到人。他们的思想观点以及作品的题材和内容大多限于宗教领域。同时,人文主义者是资产阶级思想的代表,他们大多活动在城市资产阶级及其知识分子中间,有的人当过官,有的人经商过,同下层人民接触较少,大多在思想和行动上轻视劳动人民。他们心目中的人,主要是资产阶级,追求的是资产阶级的生活方式,所以在思想上具有一定的局限性。

人文主义又是一个历史概念。19世纪资产阶级在欧洲普遍占统治地位以后,当时的历史学家才开始提出"人文主义"这一概念以概括文艺复兴时期人文学者的思想体系和世界观。而19世纪的资产阶级人道主义,在某些方面是文艺复兴时期人文主义的发展,两者既相互区别又有联系。虽然在欧洲文字中,两者大都用同一个词,但词典中往往注明其不同含义。中国的学者一般按时期的不同,把文艺复兴时期新兴资产阶级思想体系称为人文主义,以区别于后来的资产阶级人道主义。①

尽管如此,人文主义者从个性论的观点出发,提出个性发展的要求。他们批判中世纪对科学文化的摧残,反对迷信和蒙昧主义,崇尚理性和智慧,主张探索自然研究科学,追求知识,全面地发展个性,希望国家统一。人文主义者提倡个性自由,人与人之间平等相处,否定以人的出身门第决定社会地位的高低,强调个人的品德和才能决定人的地位。他们肯定现世生活,颂扬尘世的欢乐和幸福,赞美爱情,认为人有追求荣誉和财富的权利。人文主义者把理性、个人自由和个人幸福看作是人类普遍的永恒的本性。人文主义实际上是资本主义萌芽时期阐发新兴资产阶级思想的新世界观,是资产阶级同封建贵族、教会进行激烈斗争的思想武器。它为近代文学、艺术、教育、自然科学的发展开辟了道路,并为近代西方资产阶级文化的兴起和发展提供了理论依据,所以人文主义的积极进步作用是主要的。

三、文艺复兴的历史意义

文艺复兴运动时期正处于欧洲封建社会后期,该时期欧洲社会发生激烈动荡,农民起义、文艺复兴和宗教改革,猛烈地冲击着封建制度和基督教会,给它们以沉重打击。恩格斯曾赞美过文艺复兴运动:"这是一次人类从来没有经历过的最伟大的、进步的变革,是一个需要巨人而且产生了巨人——在思维能力、热情和性格方面,在多才多艺和学识渊博方面的巨人的时代。"②无疑文艺复兴具有深刻的历史意义。

首先,文艺复兴运动是人类历史上一次伟大的思想文化革命运动,它以人文主义作为旗帜,解放了人们的思想,推动了反封建、反教会斗争的高涨,成为西欧历史转折的一个重要标志。文艺复兴之后,欧洲的封建制度、封建精神和教会的愚民政策,再不能辖制广大民众的思想和行为了。过去在神权奴役下的人,自此获得从来没有过的尊严和思想自由,人们不再轻视此生此世的现实生活,也不再对缥缈的来世充满希望。从此教会的权威扫地,封建势力也一蹶不振,资产阶级开始了它的"自由创造"。

---

① 陈小川:《文艺复兴史纲》,中国人民大学出版社,1986年,第42页。
② [德]恩格斯:《自然辩证法》"导言",《马克思恩格斯选集》第三卷,人民出版社,1972年,第445页。

其次,文艺复兴创造了光辉灿烂的文化,开辟了世界文明的新篇章,为近代资产阶级的发展奠定了基础。文艺复兴使文学、艺术获得了空前的发展,许多名篇佳作不断问世。近代现实主义的文学艺术,空想社会主义先驱者的思想,都在这时出现。近代自然科学也诞生于这一时期。唯物主义的新哲学,人文主义的新史学,政治学、教育学也相继问世,文艺复兴促进了科学上的革命,也促进了生产力的发展。

再次,文艺复兴运动是一个需要巨人而且产生了巨人的时代,给人类留下了宝贵的精神财富,产生了但丁、达芬奇、莎士比亚、哥白尼等时代的巨人。他们从新兴资产阶级的思想和利益出发,同封建思想进行了不懈的斗争。他们不受资产阶级的局限,在批判封建旧制度的同时,也无情地批判了自己,批判了资本主义制度,构建了人类的乌托邦追求。

最后,文艺复兴对后世产生了深远影响,它对于后来的启蒙运动以及整个资产阶级文化都有启迪作用。在以后的几个世纪里,它一直是资产阶级的核心观念"自由""平等""博爱"必然要回溯到的精神源泉。文艺复兴时期产生的应用科学技术,直接或间接地推动了后来英国的产业革命,它所倡导的科学精神,也渗透到了自然科学的各个学科。同时文艺复兴时期所产生的新的科学文化,也曾被耶稣会士传到中国,沈毅和、蒋方震、梁启超等中国学者加以宣扬和探讨,推动了中国科学技术的研究并且产生了重要影响。

诚然,文艺复兴毕竟是发生在五六个世纪之前的事件。由于受当时的社会状况,生产力发展水平、社会制度形态等影响,以及对外部世界和人类自然的认识局限,使得当时的科学精神与迷信或神秘主义同在;新时代的观念与旧时代的残余共存。文艺复兴文明既包含中世纪晚期的社会历史要素,同时又孕育了西欧近代经济政治要素和文化精神的萌芽,是一个过渡性的社会历史进步过程和具有特色的文明时代,是继古希腊罗马以来人类文明史上的又一高峰,具有里程碑的意义。

第二节 意大利文艺复兴运动

14世纪初,文艺复兴以资本主义萌芽为前提,最早产生于意大利,而后发展到欧洲各国。文艺复兴在意大利产生有其深刻的历史和文化动因。

一、文艺复兴为何首先在意大利产生

第一,意大利最先出现资本主义萌芽,资产阶级较早地形成,这是意大利成为文艺复兴发源地的根本原因。意大利面临地中海,拥有威尼斯、佛罗伦萨、罗马等重要城市。这些城市大多是亚欧和东西方贸易的枢纽,如威尼斯被称为"亚德里亚

海沿岸各国的首都",工商业很发达。在14世纪初,这些城市出现了资本主义的简单协作和手工工场,出现了新兴的工商业资产阶级和被剥削的雇佣工人。随着意大利资本主义经济的发展,政治上出现了资产阶级。意大利城市能够发展起来,还有一个重要的原因是由于十字军东征的劳而无功,使得教皇的权威和声望大跌,教会的控制权因而削弱。这使得一些意大利城市垄断地中海上的贸易成为可能,新兴资产阶级为了维护其统治和扩大经济实力,必然想要建立自己的思想文化体系。新兴资产阶级为在思想上和政治上反对经院哲学和宗教的束缚,为了获得更多的利润,他们开始关心生产,注意改进技术,也重视发展科学,同时为了开辟新航道,扩大国内外市场,新兴资产阶级对自然科学的许多领域也开始研究。文学艺术既可以发挥舆论作用,又可以满足精神需要,也得到了发展。

第二,从文化史的渊源上来看,意大利具有古罗马遗留下来的古典文化传统。意大利为古罗马的本土,古罗马吸收了希腊和地中海沿岸的文化。中世纪开始时,罗马虽被日耳曼蛮族所灭,但仍留下一大批古典文化。它们被新兴资产阶级人文主义者如饥似渴地接受、整理,并改造吸收为欧洲文艺复兴所需要的养料。9至12世纪,意大利出现过两次复兴古希腊罗马文学、法学的热潮。自12世纪以后,随着城市工商业的发展,自治城市的出现。新兴的市民阶级需要文化知识,世俗的城市大学纷纷兴起,到14世纪意大利已经有大学18所。大学是科学家的摇篮,也是文艺复兴的温床。这些大学里设置"人文学科",有力地促进了人文主义思想的传播。

第三,中世纪晚期的罗马教廷和意大利的一些特别富裕的大商人都有对文化事业的爱好。他们附庸风雅,乐于充当"文化赞助人",这在一定程度上也促成了文艺复兴文化在一些大城市中得以蓬勃发展。在商业城市中,世俗的文化赞助人大多是富有的商人。如佛罗伦萨的梅第奇家族、米兰的斯福尔扎家族等,他们拿出大量的钱财收集艺术作品,聘请著名的艺术人才进入他们的府第,充当他们家族的艺术家,兴建大批图书馆,这大大推动和鼓励了社会上艺术人才的产生。

第四,意大利的复兴产生于政治动乱之中。文艺复兴开始的时候,意大利并不是一个统一的国家。在整个文艺复兴时期,意大利的社会形势一直动荡不安,政治上的分裂使得思想钳制有所放松,有利于各种新思想的产生和发展。尽管建立的城市国家之间有着激烈的斗争,但是在它们内部都程度不同地为新思想发展提供了一定的条件。

第五,意大利文艺复兴的产生,不仅是古希腊罗马文化影响的结果,还是吸收先进的东方文化成就的结果,特别是吸收了阿拉伯、中国和印度文化中有用的因素。阿拉伯人保存、翻译了大量古希腊典籍,又译成拉丁文、希腊文,传到意大利,弥补了战争对文化的破坏,推动了对古希腊文化的研究。阿拉伯人在哲学、文艺、

科学方面的新成就,对意大利人起到了启蒙作用。中国的四大发明,特别是造纸术和印刷术在西欧的广泛传播和使用,推动了西欧文艺复兴运动的兴起和发展。意大利北部的佛罗伦萨、威尼斯、米兰等城市从德国引进印刷术,使古典文化和新文化的著作得到大量的印刷出版,有力地推动了意大利文艺复兴。

综上所述,文艺复兴首先在意大利兴起,有其重要的经济前提和政治条件,此外古典文化传统和东方特别是中国文化的影响也起到了巨大的推动作用。当时意大利资产阶级人文主义者的世俗世界观、世俗现实利益与神学世界观、封建教会的禁欲主义来世思想发生了尖锐的对立。教会把古典文化视为异端。以新的经济关系为基础的城市资产阶级出现后,创办了一些世俗的学校,设置了"人文学科",新兴资产阶级以人文主义为指导,掀起了文艺复兴运动,在世界文化史上写下了光辉的一页。

二、意大利文艺复兴的分期及成就

意大利文艺复兴可分为前后两个时期。14世纪至15世纪中叶为早期,15世纪末叶到16世纪为后期。

第一,早期文艺复兴

14世纪是意大利文艺复兴的开创时期。意大利早期资产阶级思想家,从搜集、研究希腊罗马古籍抄本入手,宣扬人文主义思想,为近代欧洲资产阶级文化奠定了基础。意大利文艺复兴运动的主要表现之一,是具有人文主义特征的新文学的出现。意大利文艺复兴的序幕是由但丁、彼特拉克、薄伽丘这"三颗巨星"拉开的。

但丁(1265—1321),出生于佛罗伦萨一个没落贵族家庭,少年时拜著名学者拉蒂尼为师,对古罗马诗人维吉尔十分崇拜。他因维护佛罗伦萨的独立、自主,反对教皇和外国势力的干涉,而被判处终身流放。他的第一部作品——抒情诗集《新生》(约1292—1293),是献给他少时所爱的女子贝阿特丽采的。诗集讴歌的是精神恋爱,有强烈的神秘色彩。但它歌颂了纯洁的爱情,敢于向读者剖露心迹,对文艺复兴时期的抒情诗有积极影响。他的《帝制论》(约1310,又译《论世界帝国》)是一部政治学论著,提倡政教分离,反对教皇干涉政治,向神权论提出勇敢的挑战。但丁的代表作是被人称为"百科全书"的叙事长诗《神曲》(1307—1321),由《地狱》《炼狱》《天堂》三部组成。长诗采用中世纪惯用的寓意、梦幻、象征手法,描写作者在古罗马诗人维吉尔和恋人贝阿特丽采引导下分别游历地狱、炼狱、天堂三界的故事。诗人在《神曲》中,把许多教皇打入地狱,热情赞美"异教"诗人荷马、维吉尔等人,让恋人贝阿特丽采引导游历天堂,表露他对基督教会的仇恨,对古希腊罗马文化的爱好,对蒙昧主义和禁欲主义的否定。但他又是过渡性的人物,他并未从总体上反对宗教和教会,甚至把神学和信仰放在理性之上。他的思想是互相矛盾的,这种矛盾性明显地体现在《神曲》中。恩格斯对此作了恰如其分的评价,指出:"他是中世纪的最后一位诗人,同时又是新时代的最初一位诗人。"①

彼特拉克(1304—1374),出生于佛罗伦萨一个律师家庭。他曾漫游欧洲各地,广泛搜集和研究古希腊罗马典籍,并用人文主义观点加以解释。他最早突破中世纪神学观念,率先提出"人学"和"神学"相对抗的观点。他在对话体哲学著作《秘密》中说:"我不想变成上帝,或者居住在永恒中,或者把天地抱在怀抱里,属于人的那种光荣对我就够了。这是我所祈求的一切,我自己是凡人,我只要求凡人的幸福"。他反对经院哲学,猛烈抨击罗马教会,称之为"野蛮凶狠的庙堂""黑暗的监狱""充满欺骗的场所"。他对人文主义的传播和文艺复兴运动的开展起了巨大的推动作用,因此被誉为"人文主义之父"。他的代表作抒情诗集《歌集》包括300多首十四行诗,大多是抒发诗人对年轻时所眷恋的少女劳拉的爱情,大胆表现真实的情感和对现世幸福的追求,比但丁的精神恋爱前进了一步。《歌集》中还有少量政治诗,抨击封建统治者和教会的腐败,呼吁和平与统一,充满爱国热情。他使十四行诗体臻于完美,为后来莎士比亚等所仿效,为欧洲抒情诗的发展开辟了新路。

薄伽丘(1313—1375),其父是佛罗伦萨商人。他是彼特拉克的好友,酷爱并研究古典文化。他发掘的珍本包括古罗马塔西佗、瓦罗、阿普列尤斯等人的著作。代表作是短篇小说集《十日谈》(1348—1353)。小说反映14世纪意大利的广阔现实,揭露教会的罪恶、腐朽和僧侣的虚伪、荒淫,称颂商人、平民的聪明机智,讴歌青年男女对爱情自由的追求。小说反对禁欲主义,反对宗教迫害,主张宗教宽容和信仰自由,宣扬自由、平等、个性解放。小说严谨的框式结构和发人深思的幽默、讽刺的风格都产生广泛的影响,既为意大利近代散文奠定了基础,也开了欧洲近代短篇小说的先河。

意大利早期著名的人文主义者还有布鲁尼、瓦拉等。布鲁尼(1369—1444),意大利第一个著名的人文主义历史学家。他最早在史学领域打出人文主义的旗帜。著有《佛罗伦萨史》12卷,上自建城时期,下至1404年,详尽地叙述了该城的发展历程。他以古希腊、罗马历史学家为榜样,注重政治、军事与外交方面的重大事件,努力探求其中的因果关系,以供后人借鉴。他将柏拉图、亚里士多德、普鲁塔克等人的名著译成拉丁文,并用意大利方言为文艺复兴的先驱者但丁、彼特拉克撰写

---

① [德]恩格斯:《〈共产党宣言〉1893年意大利文版序言》,《马克思恩格斯选集》第一卷,人民出版社,1995年,第269页。

传记。

瓦拉(1406—1457),生于罗马,担任过国王、教皇的秘书和罗马大学教授。他在考古学方面取得重大成就。他首次证明一些重要哲学著作是后人伪作。他的最大贡献是,1440年依据历史事实并运用古文字学考证出《君士坦丁的赠与》是罗马教会于9世纪伪造的。而过去历任教皇均根据此文件声称他们对整个西方基督教世界都拥有最高权力,这就沉重打击了罗马教皇的权威。他是伊壁鸠鲁主义者。他在《论快乐》(1431)中指出神学要人追求死亡,而他则号召人们追求生活和快乐。他说:"和整个宇宙的生命相比较,我的生命,对于我来说,是更大的幸福。"①他还激烈地批判了经院哲学,对同时代的和后来的人文主义者产生了巨大影响。

意大利早期文艺复兴的艺术开始打破中世纪宗教艺术的束缚,体现了人文主义思想,具有现实主义倾向。欧洲绘画之父乔托(约1266—1337)是佛罗伦萨画家,意大利文艺复兴时期绘画的一个伟大代表。他以创作壁画为主,代表作有《逃亡埃及》《哀悼基督》和《犹大之吻》等。他一反中世纪艺术的公式化、象征化手法,初步运用了写实技巧,表现真实的生活场景,没有宗教的神秘感。

新时代画风的创始人马萨乔(1401—1428?),继承并发展了乔托的艺术传统。他的作品进一步摆脱禁欲主义的束缚,如壁画《失乐园》中的亚当和夏娃,被表现成现实生活中的男女,他们的痛苦和恼恨情绪被表现得淋漓尽致。他已经把解剖学和透视学的知识运用于绘画。他对米开朗基罗等艺术大师和西方近代绘画有很大影响。画家波提切利的代表作《春》和《维纳斯的诞生》等也很著名。

布鲁涅列斯奇(1377—1446),生于佛罗伦萨,是著名的雕刻家、建筑师和科学家。他的雕塑善于描绘人物的生动姿态和表情,表现故事情节中最富有戏剧性的瞬间,如青铜浮雕《献祭以撒》。他的贡献主要在建筑艺术方面,他运用立体几何原理,表现三维空间,使建筑物造型有立体感和纵深感。他还解决了工程和力学上的一些复杂问题,创造了一种垂直运输机械,提高了施工效率。他最大的成就是建造了佛罗伦萨圣玛丽亚大教堂的穹隆顶。为了解决这一难题,他冲破教会禁忌,大胆采用古罗马建筑的形式和手法。这个圆穹隆顶直径42米,高30多米,上面的亭顶距地面115米,是世界上最大的圆穹隆屋顶之一,对欧洲近代建筑有一定影响。

第二,后期文艺复兴

意大利后期文艺复兴在文学方面的主要代表是诗人阿里奥斯托(1474—1533)和塔索(1544—1595)。前者的代表作是长篇叙事诗《疯狂的罗兰》(1532年),后者的代表作是史诗《被解放的耶路撒冷》(1575年)。

---

① [苏]索柯洛夫:《文艺复兴时期哲学概论》,汤侠生译,北京大学出版社,1983年,第24页。

这时期,意大利在绘画方面取得了更加辉煌的成就。达芬奇、米开朗基罗、拉斐尔被誉为"艺术三杰"。他们以现实生活为源泉,技艺精湛,创作的人物栩栩如生,一扫中世纪那种僵硬、呆滞的画风;他们还打破教会的桎梏,向古希腊、罗马艺术学习,创作了肖像画和裸体画,大胆描绘人体美。

达·芬奇(1452—1519),生于佛罗伦萨。他"不仅是大画家,而且也是大数学家、力学家和工程师,他在物理学的各种不同部门中都有重要的发现"。[①] 他探讨了空气的浮力问题,设计了第一个飞行机。他不顾教会的禁令,亲手解剖过 30 多具尸体,在外科解剖学上做出了杰出贡献。他师从于著名艺术大师委罗基奥,受到了科学的绘画知识和艺术教育的熏陶。后来,他更加注意把绘画艺术和科学研究紧密结合起来,在绘画中成功地运用了明暗法和远近法等艺术手法,为丰富绘画艺术作出了贡献。他创作的壁画《最后的晚餐》、祭坛画《岩间圣母》和肖像画《蒙娜丽莎》,被认为是他一生的三大杰作。《最后的晚餐》(1495—1498),取材于《圣经·新约》中犹大出卖耶稣的故事,作者把耶稣宣布有人出卖他之后每个门徒复杂多样的表情和内心活动,描写得细致入微、活灵活现,歌颂了真理和正气,声讨了可耻的叛徒。这幅画刻意创新,在同一题材的绘画中是空前绝后的。《蒙娜丽莎》(1503—1506)是他创作的最高成就,画中人的脸上看不到中世纪终日忧郁寡欢的神色,在一向严肃拘谨的脸上露出的是自然、含蓄的微笑,从而表现了冲破封建思想牢笼的新女性由衷的喜悦之情,给人以亲切感和现实感。

米开朗基罗(1473—1564)是佛罗伦萨杰出的雕刻家、画家、建筑师。他的作品大多取材于《圣经》,但其中的人物却渗透了人文主义思想,具有无比惊人的体魄和英雄的意志。他虽不得不为教皇和一些权贵所用,但他内心深处却痛恨暴君,向往民主与共和。他雕塑的代表作是《大卫》和《摩西》。《大卫》(1501—1505)石雕高4.1 米,塑造一个手握投石器、横眉冷对敌人的青年裸体巨人,赞扬了为保卫祖国和正义事业而奋不顾身的精神。因该雕像极为成功,佛罗伦萨共和政府经评议将它置于市政厅大门之前。他为梵蒂冈西斯廷教堂所作的天顶画《创世记》(1508—1512)和壁画《末日审判》也是他的代表作。天顶画《创世记》,面积近 300 平方米,距离地面 20 多米,由 9 幅连续性的画组成,它们是《神分光暗》《创造日月》《授福大地》《创造亚当》《创造夏娃》《逐出乐园》《挪亚祭祝》《洪水》《挪亚醉酒》,共有 343 个人物,其中有 100 余个比真人大两倍的巨人形象,显示了他宏伟、雄浑的艺术风格。

拉斐尔(1483—1520),生于乌尔比诺,是著名的画家,建筑师。年少时侯拜著名画家、雕塑家委罗基奥为师。他虽然只活了 37 岁,但却是一个多产的天才画家,

---

① [德]恩格斯:《自然辩证法》"导言",《马克思恩格斯选集》第三卷,人民出版社,1972 年,第 445 页。

一生创作了 300 多幅作品。他以擅长画圣母像而著称,其中最著名的是他一生中最后一幅画,即祭坛画《西斯廷圣母像》,是为西斯廷教堂创作的。同达·芬奇和米开朗基罗相比,他所画的女性更富有女性的温柔和秀美。这幅画把圣母描绘成一个温柔贤淑的世俗母亲,并歌颂了她那深厚、真切的母爱。他的另一个代表作为罗马梵蒂冈大厅的署名室所作的壁画《雅典学院》(1510—1511)。该画采用了当时人文主义者常用的以追忆过去来展望未来的手法。它以古希腊哲学家柏拉图兴办雅典学院为主题,画面以柏拉图和亚里士多德为中心,让他们在当代建筑的环境中进行哲学讨论,画中古希腊罗马和当代意大利的 50 多位哲学家、科学家、艺术家、政治家汇集一堂,气氛热烈。该画表现了作者对古希腊罗马世俗文化的崇拜,对科学、知识和真理的追求。评论家赞扬拉斐尔"确实是一个出色的综合主义者"。①

该时期的著名画家还有威尼斯画派的乔尔乔纳(约 1487—1510)和提香(约 1489—1576),他们的代表作分别是《田园合奏》与《人间的爱和天上的爱》。

三、"政治学之父"——马基雅弗利

马基雅弗利(1469—1527),是意大利政治学方面的杰出代表,他发展了"开明君主专制"的政治思想。恩格斯称他是"政治家、历史家、诗人,同时又是第一个值得一提的近代军事著作家"。② 西方学者称他是近代"政治学之父"。

他出生于佛罗伦萨一个破落贵族家庭,在清贫中自学成才。1494 年起,法国、西班牙侵入意大利,在此争夺领土、霸权。同年,他参加该城市民起义,推翻了梅第奇家族。1498 年起任佛罗伦萨掌管军事外交的秘书,负责起草政府文书和城市防务,多次出使法、德等国和意大利各城邦。统一、强大的法国给他留下强烈印象,他深感祖国统一的重要性。1512 年梅第奇家族在西班牙扶植下于佛罗伦萨复辟。他被捕入狱,获释后,长期隐居庄园,从事写作。1527 年,梅第奇家族再次被驱逐,他希望再次被任用,以实现其政治主张和理想,但未能如愿。同年,因不得志,在贫病交加中去世。其主要著作有《君主论》(1513)、《论战争艺术》(1520)和《佛罗伦萨史》(1525),还著有喜剧《曼陀罗花》(1518)和《克丽齐娅》(1525)。

他的代表作《君主论》是一部政治学名著,他去世后于 1532 年正式出版,此前其手稿已广泛流传。面对意大利长期分裂、战乱不休的局面,他深感到要实现国家的统一,必须要有强有力的领袖人物。《君主论》正是这一思想的集中反映。《君主

---

① 吴泽义等编:《文艺复兴时代的巨人》,人民出版社,1988 年,第 378 页。
② [德]恩格斯:《自然辩证法》"导言",《马克思恩格斯选集》第三卷,人民出版社,1972 年,第 445—446 页。

论》集中阐述了他的政治观点,着重讨论了君主国是什么以及怎样取得政权并治理好国家的方法、手段。他指出,罗马教会是造成意大利分裂的主要根源。他批判君权神授的理论,主张政教分离,认为国家应该摆脱教会的干涉和封建贵族的控制,成为独立自主的民族国家。他极力推崇共和政体,但又认为这一政体无法使意大利统一,因而主张先建立不受罗马教会控制的有无限权力的君主政体。他主张君主要巩固自己的权势就要研究战争,熟悉军事,注重实力。他反对依靠外国雇佣军,而主张培植忠于君主的军队,这支军队要由本国公民组成。他特别主张君主为达到国家统一强大的目的,应当完全摒弃道德,可以不择一切手段。君主要有威严,恩威并施,集狮子狐狸于一身。他断言:"一位君主,……他要保持国家,常常不得不背信弃义,不讲仁慈,悖乎人道,违反神道。"①

《君主论》在总结意大利几百年历史教训和作者十几年从政经验的基础上,最早完整提出资产阶级国家学说。它的贡献在于冲破了神权政治的束缚,并使政治学同宗教、伦理道德彻底分离,用人文主义的理性思维独立地研究政治。马基雅弗利是"中世纪以来第一个以世俗的、人的观点去看待国家的起源的"。②

马基雅弗利是西方近代资产阶级政治学的奠基人。他的《君主论》为历代君主们提出一整套统治策略和政治权术,在世界上引起强烈反响。20世纪80年代初,该书被一些西方国家列为当代最有影响的世界十大名著之一。当然,此书的一些观点也产生过消极影响,被称为"马基雅弗利主义",曾被反动势力和法西斯主义所歪曲、利用。

进入16世纪,由于新大陆的发现和新航线的开辟,欧洲贸易中心从意大利转到大西洋沿岸,促使意大利经济衰落。另一方面,意大利政治上长期分裂,给外国入侵造成机会。到1559年,西班牙控制了意大利大部分领土,极大地影响了其工商业的发展。由于上述经济、政治方面的原因,意大利文艺复兴运动到16世纪中叶逐渐衰落了,但它的影响早已传播到欧洲许多国家。

第三节　德国的宗教改革

15世纪后半期,随着欧洲资本主义的产生和发展,封建主义走向没落,英、法、西班牙等主权国家逐步加强中央集权,开始摆脱罗马教会的控制。作为中世纪封建统治精神支柱的罗马教廷也在衰败。教会上层生活腐化,作风败坏。教会统治

---

① [意]马基雅维里:《君主论》,潘汉典译,商务印书馆,1985年,第85页。
② 张椿年:《从信仰到理性——意大利人文主义研究》,浙江人民出版社,1993年,第140页。

系统本身也十分涣散。许多神职人员和修道士谋教产为私产,所作所为使一些修道院凋零瓦解。教区主教搜刮钱财,欺诈蒙骗。教会的衰颓和教会当权者的堕落引起人们的普遍不满。在这种背景下,宗教改革的暗流汹涌澎湃,即将爆发,成为冲毁一切污秽的大洪水。

一、宗教改革的国际背景

罗马天主教会是西欧最大的封建主,拥有天主教世界地产的三分之一。为了维持教会庞大的经济开支和各地高级教士的奢侈生活,教会设立了名目繁多的税收,如赎罪券、什一税、特别税等。教会腐败成风,贪污受贿、敲诈勒索,出卖神职,为增加收入而不择手段。1520年就有2000余个官职是卖出的。为了兴建罗马圣彼得大教堂,为了对"背教者"、土耳其人、鞑靼人和俄国人进行讨伐,也为了教廷在意大利进行争夺更多领土的战争,需要大量金钱。利奥十世想到了"赎罪券"。"赎罪券"的买卖,导致了西欧社会道德水准的不断下降,人们头脑中原有的宗教道德观念,逐渐为这种可以用金钱购买的东西所冲淡。一种并不虔诚的思想在增长:有罪并不可怕,只要你有钱,就可以犯罪,甚至不断犯罪。这种观点大大降低了基督教会在世俗社会生活中的威信,使得不信教的情绪在蔓延。这种负面影响关系到教会的存亡,成为宗教改革的原因之一。

奥古斯丁是古代罗马帝国末期的基督教神学家和哲学家。奥古斯丁的思想中含有"新柏拉图主义"和希伯来神秘主义的特点。阿奎那的神学占主导地位之时,赋予新涵义的奥古斯丁主义,在宗教改革中发挥了独特的作用。德意志的奥古斯丁大修道院中,都有专职的教士负责民间普通教徒做礼拜。由于奥古斯丁修会的成员生活简朴,有学问,还有深受大众欢迎的传道才能,这些都使得他们成为德意志广大地区最受人们欢迎和尊重的人士。对于教会出售赎罪券的这种胡作非为,奥古斯丁修会的修士们都感到痛心疾首,他们希望改变这种局面。

从教会内部看,由罗马教皇发动的长达200余年的十字军东征的失败以及残忍的宗教裁判所大大动摇了教皇的威信。教会内部早就存在着异端派别,它们把斗争矛头直指罗马教会、教皇的权威和被它神化的封建制度。中世纪的阿尔比派等异端教派是宗教改革的先驱,15世纪捷克的胡斯派对德国的宗教改革也有直接的影响。

实际上,在西欧主张对基督教会进行改革的思想运动,早在14世纪英格兰王室同罗马教廷发生剧烈冲突时期,就已经存在。当时的宗教改革思想家是威克利夫。威克利夫写了不少著作,并多次发表讲演,不断揭露罗马教会与修道院制度的各种弊端。他否认教士拥有赦罪权,并指责教会占有公共财产;他认为国家是上帝在世间的管家,有权没收教会的土地和财产,应恢复早期基督教安贫乐道的精神。威克利夫的思想促进了英格兰民族国家和民族教会的形成和发展。胡斯在任捷克布拉格城的伯利恒教堂神父和布拉格大学文学院院长期间,就大力宣传威克利夫的学说,抨击罗马教会,要求恢复教会的纯洁性。他认为教徒在上帝面前人人平等,世俗信徒在圣餐礼中也可领受圣杯,并提倡用捷克语讲道。威克利夫和胡斯都受到了罗马教会的残酷迫害,但他们的学说却并没有因"迫害"而消失。改革的要求反而逐渐发展成为实际的社会运动,而且势不可挡。"异端"思想逐渐发展为社会大众的强烈呼声,这明显地反映了中世纪教会制度没落的必然命运。

改革的实际背景,不但在于教会制度的腐败,而且在于西欧新兴的资产阶级的出现和发展。资产阶级的反封建斗争,日益要求取消教会在思想领域中的垄断统治地位。而教会的腐败从其性质来说,已经使教会自己远离原初基督教的传统理论和教义,因而对原初的教义进行重新反思,重新解释,进行"拨乱反正",就成为历史的必然。在各种力量的综合作用下,宗教改革首先在德意志开始了。

二、德国文艺复兴及宗教改革背景

15世纪中叶,人文主义思想在德国一些大学首先传播,出现了不少杰出的人文主义者。这些学者开始时是为研究基督教教义是否有错,研究圣经教义语言的纯洁性,努力使圣经的翻译忠实于原文。这种学术研究是从研究古代语言学开始,以后在伦理学、历史学、自然科学和数学研究上逐渐展开。因此,德国重要的人文主义学者几乎都是语言学家。这和意大利著名的人文主义学者主要是文学家有所区别。其中最著名的是伊拉斯谟和罗伊希林。

伊拉斯谟(1467—1536),是德国当时最著名的文学家、语言学家,人文主义的先驱。他生于现在荷兰的鹿特丹,入籍德国,他的作品在德国产生过巨大影响。他的长篇讽刺作品《愚人颂》(1509),通过"愚人"这个聪明女子的自白,揭露教皇、主教、神学家的贪婪、腐败、迷信和不学无术,抨击诸侯争权夺利的战争,指出假如人类不存在愚昧,那宗教是无法存在的。该书虽然没有号召推翻教会,却在客观上毁坏了它的基础,后来成为宗教改革运动中反对教皇的武器,所以被教皇列为禁书。

罗伊希林(1455—1522),是希腊语和犹太语的语言学家。德国人把他和伊拉斯谟誉为"德国的两只眼睛"。1509年,科伦大学的经院哲学家要焚毁希伯来书籍,他挺身而出反对。在论战中,他得到德国以及国外一些人文主义者的支持。1514年,他把支持者写给他的信整理出版,名为《蒙昧者书简》,共两卷。第一卷揭露经院哲学权威的无知和愚蠢。第二卷的主要撰稿人是胡登(1488—1523),该卷对教会进行无情抨击,为以后的宗教改革做了舆论准备。1522年,骑士弗兰茨·冯·济金根在法兰克发动骑士起义,胡登成为济金根最亲密的战友和助手。后来,该书被教皇下令焚毁,他也被迫害致死。

文艺复兴时期德国在绘画和雕刻方面取得了前所未有的成就,产生了像丢勒、荷尔拜因这样具有世界声誉的著名画家。他们深受意大利传统的影响,但和意大利画家相比,他们的作品更贴近生活,更富有现实主义精神。

丢勒(1471—1528),恩格斯在历数文艺复兴时代多才多艺的巨人时,提到了他,称他是"画家、铜板雕刻家、雕刻家、建筑师,此外还发明了一种筑城学体系"。①他曾经三次游访意大利、尼德兰,研究拉斐尔、达·芬奇的绘画技巧,把人体解剖知识、透视法用于版画创作,使德国版画发生了质的飞跃。他的版画、油画均达到当时最高水平,德国美术史称他所处的时代为"丢勒时代"。他是最早描绘农民生活的画家之一,著有《农民和妻》《三个谈话的农民》《农民舞蹈》等铜版画。1513至1514年,他创作了一批优秀的铜版画,轰动了欧洲艺术界,其中最著名的是《骑士、死神与魔鬼》(1513)、《在书斋中的圣哲罗姆》(1514)和《忧郁》(1514)。这三幅画反映了宗教改革和农民战争爆发前夕德国各个阶层的不同情绪和心态。荷尔拜因是德国宗教改革时期的肖像画家、版画家与水粉画家,代表作有《巴塞尔市长迈耶尔像》《巴塞尔市长夫人像》和《僵死的基督》等,体现了庄严而凝重的现实主义风格。

16、17世纪德国民间文学成果丰富,主要内容是民间故事书和民歌。其中民间故事书是用散文写的小说或短篇小说集,实际上是后世德国小说的先驱。代表性的作品有《梯尔·欧伦施皮格尔》《希尔德的市民们》和《约翰·浮士德博士的故事》,浮士德博士的故事得到广泛流传,成为马洛、莱辛、歌德等作家广泛采用的题材。

宗教改革发端于德意志,这是由当时德国的社会和宗教状况决定的。

首先,罗马教会当时在德国的权力很大,德国成为罗马教会剥削的主要对象。因为德意志帝国王权弱小,教会和世俗封建势力以及发展起来的自治城市,各有自己的地盘,各自独立称雄,德意志皇帝形同虚设,根本无法号令天下。德国教会由于历史传承的原因,历来权力很大,不受王权的限制。因而教会在这里可以为所欲为,作恶不断,成为社会各界所痛恨的目标。虚弱的王权没有能力对国家利益进行有效保护,德国成了罗马教皇的"肥肉"和"奶牛"。教廷在这里横征暴敛,大肆搜刮。据统计,16世纪初,罗马教会每年从德国征敛的财富多达30万金币。与这个数字相比,德意志帝国的年税收只有一万四千金币。

---

① [德]恩格斯:《自然辩证法》"导言",《马克思恩格斯选集》第三卷,人民出版社,1972年,第445页。

其次,德意志教会体制内部也发生了重大的利益分化。以教皇为首的高级神职人员和僧侣构成了教会内部的特权阶层,他们中有些人本身就是帝国的诸侯。这些人利用宗教特权,以各种手段搜刮民财,如买卖神职、出售赎罪券、出售圣像和圣徒遗物等。他们还用开除教籍、宗教裁判等手段残酷压制人民的反抗活动。广大的下层教士收入微薄、地位卑微、生活清苦,而许多人信仰虔诚。他们对特权阶层的腐化心存不满,与社会大众有比较密切的联系,他们看到教会的腐败,认为自己责任重大,因而要求改革。他们的呼声得到了教会中上层一些有眼光的洁身自好的教士的同情和支持。他们是教会内部要求改革的主流,并且逐步成为教会内部一种强大的改革势力。

最后,由于德意志王权的薄弱,各种反罗马教会的思想和活动在这里不仅不会被镇压,反而能够得到一些诸侯和自治城市的保护,因此德意志人民的思想比较自由活跃。这为德国的宗教改革提供了土壤。随着人们对教会的不满日益加剧,以买卖赎罪券为导火线,引发了德国的宗教改革运动。

文艺复兴为宗教改革打下了坚实的思想基础,人文主义为宗教改革做了思想理论上的准备,宗教改革是人文主义运动的继续。人文主义运动涉及文化学术界,宗教改革的规模比人文主义运动大的多,其影响遍及德国信仰宗教的90%以上的人民。德国的人文主义者通过对原始基督教的研究,认识到教会的教阶制、神职人员世俗化、经院哲学的烦琐争论等,都背弃了基督教的原始教义。圣经学者威索尔大胆向传统观念挑战,首先提出《圣经》的权威超过罗马教皇的权威,只有上帝才能赦罪,人依靠信仰可以与上帝直接交往而得救。1522年,马丁·路德将威索尔的主张发表,成为宗教改革基本教义的基础。14至15世纪,《圣经》已被译成多种语言。印刷术的应用,使更多的人可以直接阅读《圣经》,改变了过去仅限于少数教会神职人员阅读的状况,客观上助长了宗教改革思想的传播。

三、德国宗教改革及其意义

1517年教皇利奥十世把美因茨大主教的职位卖给勃兰登堡的亚尔贝特。为了帮助亚尔贝特拿出这笔钱以及筹款修建罗马圣彼得大教堂,利奥十世派台彻尔到德国兜售赎罪券。同年10月31日马丁·路德发表了《九十五条论纲》,猛烈抨击教皇销售赎罪券,揭开了宗教改革运动的序幕。1520年,马丁·路德公开号召用武力讨伐教皇,当众烧毁教皇开除他教籍的谕令,并相继发表《致德意志基督教贵族公开书》等3篇文章,运动迅速发展起来。

马丁·路德宗教改革主张的要点是:反对罗马教皇对各国教会的控制,反对教会拥有地产;教皇无权赦免任何罪恶,信徒只要真正悔改,没有赎罪券也能免除罪恶;《圣经》是信仰的最高准则,不承认教会享有解释教义的绝对权威;强调教徒个人直接与上帝相通,不必由神父作中介;认为信仰重于善行,灵魂得救不靠善行和教皇,而是靠自己的虔诚信仰;主张废除教阶制度,在各国建立廉洁、俭朴的教会。他的主张否定了教会和教皇的权威,反映了新兴资产阶级的利益和要求。他先后将圣经从希腊文、希伯来文译成德文。1520年翻译的部分章节在德国农民中广泛流传,成为反抗罗马教会的武器。1534年,他翻译的通俗德语《圣经》全本出版,有力地促进了宗教改革的深入发展,揭穿了罗马教会曲解教义愚弄人民的骗局,动摇了罗马教会的统治,加强了德国的民族意识,表现了德国教会的独立。同时他对德国语言的统一和发展起了很大作用。他根据《圣经》的有关章节所写的赞美诗《我主是坚固堡垒》,表达了路德派教徒的战斗团结和胜利信心,被恩格斯誉为"16世纪的马赛曲"。恩格斯还高度评价他对德国语言、文学的贡献,说他"不但扫清了教会这个奥吉亚斯的牛圈,而且也扫清了德国语言这个奥吉亚斯的牛圈,创造了现代德国散文"。①

宗教改革运动在德意志各地如火如荼地开展着。1522年3月,路德冒险从瓦特堡回到维滕堡,他对发展起来的改革运动的态度发生了变化,他责备那些积极行动起来的拥护改革者"过分"。从此,路德开始在神学和哲学方面渐趋保守,主要表现在他主持制定的礼仪改革中仍保留了一些古老的传统。1529年,路德在马堡与茨温格利等人会谈,拒绝改革派内部和解,和瑞士宗教改革派分裂。1546年路德病逝,结束了他有重要历史贡献的一生。

路德是新教在信仰和制度等方面的主要奠基人之一。他一生写过很多圣诗,其中以1524年写成的维滕堡赞美诗最为有名。由他主持和参加编写的《教理问答》(1524)和《奥格斯堡信纲》有很高的宗教史研究价值。路德一生著述很多,除将《圣经》翻译成德文外,还有论文、讲道稿、圣诗、书信、笔记等。

路德的新教学说影响了千千万万的德意志人。路德死后,其追随者在教义问题上存在很大的争议。为了取得共识,1580年编成了《协同书》,得到了路德新教的86个邦立教会代表和大约8000名路德新教牧师的赞同和接受,教义之争告一段落。《协同书》主要包括《奥格斯堡信纲》《使徒信经》《尼西亚信经》《亚大纳西信经》和路德的《教理问答》以及一些相关文献。新教最重要的教义,就是确认《圣经》的最高权威。路德新教是主张"因信称义"的宗教,它把信仰作为接受《圣经》启示的唯一标准。信仰是首要的、必需的,并且信仰的对象是不可舍弃的,任何一个信仰的对象都是应该被教徒接受的。新教在宗教礼仪方面做了很大的改革,其基本

---

① [德]恩格斯:《自然辩证法》"导言",《马克思恩格斯选集》第三卷,人民出版社,1972年,第446页。

标准是简易而廉价,很显然,这一标准是在和天主教的斗争中确定的。路德的宗教改革就是从反对赎罪券开始的。新教强调信仰的根本对象是《圣经》,必须严守《圣经》,而应该革掉的是罗马教会规定的那些荒谬的宗教仪式。新教认为,信徒皆可成祭司。另外在教会的组织形式上,新教认为组织形式与个人得救无关,所以无论是公理制、长老制还是主教制度都可以,这由各地教会自己决定。路德新教的影响遍及西欧,在英格兰、法国、苏格兰、荷兰和斯堪的纳维亚都能感受到这种影响。

德国的宗教改革迅速波及西欧各国,其中影响最大的是加尔文教的建立。加尔文(1509—1564),出生于法国,后定居瑞士日内瓦。他创立的加尔文教是新教中的激进派。1536年,他出版《基督教原理》,确认《圣经》的绝对权威,否认罗马教皇的权威,提出预定论的主张,认为一个人是否得救是上帝预先就决定了的。1541年,他在日内瓦建立政教合一的共和政权,废除主教制,建立长老制,公民要受法律和加尔文教的双重约束。恩格斯称赞加尔文"以真正法国式的尖锐性突出了宗教改革的资产阶级性质,使教会共和化和民主化"。①

16世纪起源于德国并影响到欧洲许多基督教国家的宗教改革运动,是一场反对罗马天主教会控制的社会运动,在此基础上产生了脱离罗马天主教教会的新教教会。16世纪宗教改革运动沉重地打击了欧洲封建势力的顽固堡垒——罗马天主教会,并造成了基督教会的第二次大分裂,形成了基督教新教,这就动摇了天主教会的神权统治,进一步冲击了神学对科学和自由思想的禁锢,使文学、艺术、科学、哲学、教育等领域发生重大变化。宗教改革所创立的新教成为早期资产阶级革命的旗帜,对16世纪的尼德兰资产阶级革命和17世纪英国资产阶级革命的胜利,产生了重大影响。因此,宗教改革运动是一次欧洲范围内的资产阶级革命运动,是文艺复兴运动的继续与深入,为资本主义的进一步发展开辟了道路,为资产阶级正式登上政治舞台扫除了障碍。

第四节　西班牙的多元文化

西班牙位于欧洲西南部的伊比利亚半岛,海岸线全长二千七百英里,大多数海岸船只都能通行到达。西班牙历史上众多的外族入侵都是从海路打进去的。这无数次的入侵改变了西班牙单一民族的状态。不同种族的多次混合,逐步形成了现

---

①　[德]恩格斯:《路德维希·费尔巴哈和德国古典哲学的终结》,《马克思恩格斯选集》第四卷,人民出版社,1972年,第252页。

第十三章 欧洲文艺复兴时期文化

在的西班牙民族。

一、民族文学的兴起

西班牙文艺复兴时期在西班牙文化史上称为黄金时代,一般认为这一时期是从 16 世纪中叶至 17 世纪初叶。

16 世纪初,西班牙国王卡洛斯一世当选为神圣罗马帝国皇帝,改称查理五世,这时西班牙已成为称霸欧美的强国。在王权鼓励下,国内工商业经济发达,文化也开始向文艺复兴过渡。从 15 世纪开始传入的人文主义思想,到 16 世纪中叶西斯内罗斯红衣主教创建阿尔卡德埃纳雷斯大学时,人文主义在西班牙获得了胜利。西班牙的文艺复兴没有导致新教式的宗教改革,但它在各方面强调了人的价值,荷兰思想家伊拉斯谟对其影响很大,人文主义有一定影响,但某些中世纪的文化潮流继续存在。在文学领域,感伤小说仍在发展,谣曲广泛传播,宗教剧盛行,骑士小说发展到顶峰。文艺复兴时期西班牙文学的发展可分为两个阶段。

第一阶段从 1510 到 1550 年,这一时期宣扬伊拉斯谟主义的议论文盛行,有影响的作家较少。从 16 世纪中叶起进入第二阶段,出现了新的叙事体文学,大体有四类:第一类是源于中世纪以田园牧歌生活为主题的田园小说,如受意大利诗人桑纳扎罗的《阿卡迪亚》影响,西班牙诗人豪尔赫·蒙特马约尔以《迪亚娜》开创了西班牙田园牧歌的先河;第二类是源于古罗马的拜占庭小说,这类作品充满了神奇色彩和异国情调,如塞万提斯《贝雪莱斯和西吉斯蒙达历险记》;第三类是摩尔人小说,这是西班牙本土所特有的叙事体作品,它们主要讲述基督教的骑士与漂亮的摩尔女人之间的恋爱故事;第四类是最具西班牙特色的流浪汉小说,佚名作品《小癞子》可以说是最早的流浪汉小说。这类作品多以第一人称讲述主人公成长过程中的所见所闻,继承了中世纪的现实主义手法,反映了社会阴暗面。

在诗歌方面,胡安·博斯坎·阿莫加维尔和加尔西拉索·德拉·维加两位诗人把意大利诗歌新韵律和分段新格式引进西班牙。其中维加被称为"西班牙的彼特拉克",西班牙意大利流派的奠基人。维加善于用淳朴而精炼的语言表达深刻的感情,其诗作影响了当时不同流派的创作,代表作有《格尼多的花儿》等。传统派的诗人有克里斯托巴耳·德·卡斯蒂耶霍、费尔南多·德·埃雷拉等,埃雷拉的诗歌格式完备、音韵优美、情调深沉,对后世夸饰主义诗歌产生了较大影响,在西班牙的品达体颂歌中堪称独步。神秘主义诗歌到了费利佩二世时,达到鼎盛时期,代表诗人有路易斯·德·莱昂神父,他的诗作格调高超,蕴含着罗马古典诗人的神韵,淳朴自然,形成了萨拉曼卡派。

在西班牙人文主义兴起时,洛佩·费利克斯·德·维加·卡皮奥推出了新型戏剧模式——民族戏剧。在维加之前还有几位剧作家,如生于葡萄牙的希耳·维森提以描绘人物性格见长。巴尔托洛姆·德·托雷斯·纳阿罗的《伊媚奈娅》是后来袍剑剧的先驱,剧中首次出现了西班牙舞台上不可或缺的丑角。洛佩·德·鲁埃达是民间滑稽剧创始人,同时也以短剧著称。维加被誉为"西班牙戏剧之父",出生于马德里的一个宫廷刺绣工匠家庭。14岁就写出第一个剧本,获得"少年剧作家"称号。1588年曾参加对英作战的"无敌舰队",战败后复员从事戏剧创作,维加一生创作的叙事诗和十四行诗近10万行,剧本2000多部,保存下来的近500部。维加的戏剧取材十分广泛,有历史故事、民间歌谣、外国传说、意大利小说,以及当时社会生活的各方面素材。戏剧可大致分为宗教剧、历史剧、神话剧、牧歌剧、袍剑剧以及以意大利小说情节为题材的戏剧。他的剧作内容广泛,反映了西班牙的社会现实,揭露了当时西班牙尖锐的社会矛盾,抨击了封建专制制度的黑暗腐朽,歌颂了西班牙人民的善良、勇敢和不屈不挠的反封建、反侵略的斗争精神,深受广大人民喜爱,开辟了西班牙戏剧的"维加时代"。其中最有名的是取材于1476年西班牙一次农民起义的历史剧《羊泉村》。该剧热情讴歌了农民集体抗暴的斗争精神,表达了明确的反封建、反专制,争取自由的主题。二战期间,西班牙人民还常演此剧,以鼓舞人民进行反法西斯斗争。维加的剧作奠定了西班牙民族戏剧的基础,极大地影响了17至18世纪欧洲其他国家的戏剧。

　　米盖尔·德·塞万提斯·萨阿维德拉是西班牙文艺复兴时期最著名的人文主义作家。他出生于一个没落贵族家庭,曾参加过抗击土耳其人的战争,也曾被海盗掠买,回国后又被诬入狱,经历非常丰富。1584年,他的第一部作品悲剧《奴曼西亚》问世。这部悲剧以奴曼西亚抗击罗马人为内容,歌颂了西班牙人民强烈的爱国热情和大无畏的英雄主义精神。另外还创作了十四行讽刺诗《拜谒塞维利亚吾王费利佩二世陵墓》、长诗《巴尔纳索神山瞻礼记》。1615年塞万提斯推出了《八出喜剧和八出幕间短剧集》,对幕间戏剧的发展起到了推进作用。小说方面,塞万提斯创作了包括《二犬对话》等12篇小说的短篇小说集《训诫小说》,充满了反封建、反压迫、追求个性自由的思想。长篇小说有仿骑士传奇的《伽莱苔亚》和《堂吉诃德》。

　　《堂吉诃德》是塞万提斯的代表作。小说描写西班牙拉曼却地方一个叫堂吉诃德的穷乡绅及其侍从桑丘·潘沙的游侠经历。堂吉诃德因读骑士小说入了迷,决心复活古老的游侠骑士制度,幻想当一名游侠骑士,试图锄强扶弱,铲除社会不平,结果闹出了不少笑话,吃尽苦头,最后才醒悟。作为一部现实主义作品,小说揭露了封建骑士制度和骑士思想的危害,抨击了骑士文学的荒谬,深刻反映了当时西班牙的社会矛盾,集中体现了西班牙文艺复兴时期的人文主义思想。

《堂吉诃德》以仿骑士小说的写作而达到消灭骑士小说的目的,该作品思想内容深刻,艺术手法卓绝,开创了西班牙民族文学的新时代,对欧洲近代文学的发展产生了重要影响。

二、多元文化中的艺术

在前期多元艺术发展的基础上,文艺复兴时期的西班牙迎来了艺术的高峰时期。

西班牙的建筑式样开始从意大利文艺复兴风格转向埃雷拉风格和巴洛克风格。埃雷拉风格得名于它的创始人胡安·德·埃雷拉,其建筑式样有古典风韵,外体庄严宏伟。有"世界第八奇迹"之称的埃斯科里亚尔修道院,全部以灰色花岗石为材料,有1110扇窗户,长眠着许多西班牙国王,院内还收藏大量的古籍抄本和艺术品。巴洛克风格由意大利传入,多采用螺旋型柱子,建筑物表面雕琢繁杂。在此基础上,建筑师阿塞·丘里格拉融哥特式风格、普拉特雷斯科式风格及巴洛克风格于一炉,创造了丘里格拉风格。

黄金时期的雕刻艺术仍然围绕宗教这一主题,在西班牙称为圣像雕塑艺术。这些圣像多为木质,表面上色,有明显的现实主义特色,是典型的民间艺术。米开朗基罗的西班牙弟子阿隆索·贝鲁格特的雕像呈金黄色,闪闪发光,立体感强。格雷戈里奥·埃尔南德斯属卡斯蒂利亚流派,雕工精湛,涂色自然节俭,形象栩栩如生。另外还有塞维利亚派的胡安·马丁内斯·蒙塔涅斯。

16世纪下半叶,西班牙的艺术除宫廷的罗马古典艺术外,由于意大利文艺复兴的影响,出现了矫饰主义艺术,具有浓厚的宗教色彩。路易斯·莫拉莱斯是西班牙最早的一位矫饰主义的艺术家,作品有明显的神秘主义色彩。另外还有画家埃尔·格雷科,其代表作有《穿皮衣的妇女》《托莱的风景》。格雷科的作品凝聚了罗马、西哥特、基督教、阿拉伯及犹太文化的精华,而且以独特的艺术思维与艺术风格描画出了16世纪动荡不安的西班牙社会及没落贵族的苦闷心情,因此有人称他为"西班牙的心灵"。

16世纪亦是西班牙音乐的"黄金时期"。一批杰出的作曲家脱颖而出。安东尼奥·卡韦松被誉为西班牙的巴赫,是位作曲家兼风琴手。托罗斯·路易斯·德·维多利亚被比作音乐界的"格雷科",是优秀的宗教音乐谱曲者。西班牙的民间音乐丰富多彩,其中"坎特翁多"又称弗拉门科民歌,是很有特色的安达卢西亚的民间音乐。由于受阿拉伯和吉卜赛音乐的影响,曲调情趣横生,变调频繁,整个曲子以不谐和音为主。这种民歌以及由它伴唱的弗拉门科舞,在西班牙有60多种形式。弗拉门科舞不仅流行于安达卢西亚地区,在西班牙其他地区都能见到。如今已成为最具代表性的西班牙民间舞蹈。该舞蹈热情奔放，优美刚健，形象地体现了西班牙人民的民族气质。

黄金时期西班牙的文学艺术并没有像其国势那样衰落下来，而是吸取各家之长，逐渐形成了多元的艺术风格。

第五节　近代自然科学和唯物主义哲学勃兴

随着文艺复兴和宗教改革的深入发展，随着资本主义生产方式的普遍确立和劳动生产率的普遍提高，人们的眼界越来越宽，自然科学逐步摆脱宗教的束缚而独立出来。15世纪后半期，欧洲出现了近代自然科学，并在16、17世纪得到快速发展，开始了自然科学的新时代。自然科学的发展又促使近代哲学的兴起。

一、欧洲文艺复兴时期自然科学的发展

近代自然科学是文艺复兴的产物，它是古代科学的继承和发展。近代科学发展的初期，哥白尼、伽利略、开普勒所在的时代是天文学的黄金时代。从伽利略开始，力学（物理学）显示出与天文学同等的地位。牛顿时代建立了力学理论体系。16至17世纪是近代科学的建立时期，在科学知识、科学思想、科学方法上都开创了一个新纪元。

生产技术的发展，为科学提供了丰富的资料和必要的实验工具。14至16世纪的意大利出现了具有资本主义性质的手工工场，劳动者使用专门工具，彼此相互协作，为改进技术，他们开始使用机械，为近代自然科学的诞生创造了条件。航海探险推动了天文学、地理学、生物学等自然科学的发展。由于地理大发现，资产阶级为了获得巨大利益，需要倡导和发展科学技术。再加上人文主义思想兴起冲击了神学，解放了思想，为自然科学的发展创造了发展的空间。资产阶级更加开放地接受外来的先进科学，包括阿拉伯、古希腊和古代中国的科技成果，为西欧近代自然科学的发展创造了条件。培根、笛卡尔等首创的科学方法，对近代科学的兴起和发展提供了方法论基础。文艺复兴时期，天文学、数学、物理学、医学等都有重大发展，自然科学进入了近代发展阶段。

近代自然科学首先在天文学方面取得了突破。波兰天文学家哥白尼，在古希腊天文学家阿利斯塔克的影响下，率先提出了太阳中心说，拉开了天文学革命的序幕。

哥白尼出生于波兰的一个商人家庭，自幼就对天文学感兴趣，长大后四处求学，广泛接触当时许多著名的天文学家。他用自制的四分仪等仪器观测天象，为科

第十三章 欧洲文艺复兴时期文化

学研究提供宝贵的第一手资料。早在1501年,哥白尼就开始写作《天体运行论》,到1536年他才完成。该书科学地阐述天体运动的规律,创立了太阳中心说。提出地球不是宇宙的中心,太阳才是中心,除月亮绕地球运行外,地球及其他行星都以太阳为中心公转。地球则以地轴为中心不停地自转。"日心说"重大的思想突破在于它否定了托勒密的"地心说",把教会历来认为宇宙中最神圣的地球,说成是广大宇宙中围绕太阳运行的一个普通星球。这个结论对教会统治的所谓"神圣性"的宇宙观基础,是个毁灭性打击。恩格斯对日心说评价很高,说哥白尼"向自然事物方面的教会权威挑战。从此自然科学便开始从神学中解放出来,……科学的发展从此便大踏步地前进"。[①],1616年罗马的红衣主教博拉米尼代表教会宣判哥白尼学说为异端,直到1822年,罗马教廷才正式承认地球是围绕太阳活动的,太阳是九大行星的中心。

齐尔丹诺·布鲁诺是意大利伟大的哲学家和天文学家,是哥白尼学说的杰出继承人与捍卫者。为捍卫科学真理,在1600年被烧死在罗马鲜花广场的火刑柱上。布鲁诺写有《论原因、本质和太一》《论无限宇宙和众多世界》等。他接受并发展了哥白尼的学说,把太阳为宇宙中心的观点发展为宇宙无限的思想。他认为宇宙是物质的,无限大,由无数星体组成。他展示了新宇宙图景,确认宇宙的物质统一性和运动变化的客观规律,扫除了经院哲学的容身之地,为科学探索打开了广阔的视域,对哲学与科学的发展有深远的历史影响。丹麦天文学家第谷·布拉赫也是哥白尼的拥护者,他用毕生精力对星体进行定期观测,并精确地记录了行星的运动,是欧洲第一个把行星运动的详细情况精确记录下来的天文学家。他自制了高精度的象限仪,进行天象观测,是欧洲公认的一流天文观测家,也是近代天文观测实验学的奠基人。德国天文学家、物理学家开普勒,继承并发展了第谷的事业。他以第谷遗留下来的精确观测资料为基础,进一步观测分析,发现了闻名世界的行星运动三定律,又一次捍卫发展了哥白尼的太阳中心说。开普勒第三定律,可以推导出牛顿发现的万有引力定律,正因为如此,黑格尔和恩格斯都认为天体力学的真正奠基人是开普勒。

伽利略是意大利天文学家、物理学家和近代实验科学的先驱。17岁时发现了摆的等时性原理,这个原理被应用到钟表制造上。伽利略制成了世界上第一台放大32倍的天体望远镜,成为观测天体取得重大成果的第一位科学家。在观测的基础上他写了《星际使者》,谈到了太阳黑子、木星卫星、金星、月亮圆形山等,打开了人类通向宇宙的第一个天窗。他还发现了自由落体定律。根据这些成果,结合力

---

① [德]恩格斯:《自然辩证法》"导言",《马克思恩格斯选集》第三卷,人民出版社,1972年,第446页。

学原理,他发表了《关于托勒密和哥白尼两大宇宙体系的对话》,批判了地球中心说,有力地论证了地球自转和地球绕太阳公转的学说,维护发展了哥白尼的太阳中心说,再次给经院哲学和教会神权统治以沉重打击。因此他受到宗教法庭的残酷迫害和终身监禁。

与天文学的发展相适应,数学作为理论学科得到了发展,取得了很大成就,天文学能突破托勒密的地心说,是由于哥白尼、开普勒、伽利略等科学家都成功利用了数学成果。

尼可拉·方丹纳是意大利著名数学家,因家贫没有接受多少正规教育,主要靠自学成才。他发明了三次方程的代数解法,这项发明被誉为数学史上的一个新里程碑。他因此被聘为威尼斯教授。他的主要数学成果都收在《关于数和度量的总论文》中。法国数学家韦达在西方被称为"代数学之父"。韦达是拉丁文名,法文名叫弗兰西斯·韦埃特。他提出了求解二、三、四次方程的统一方法。1589年他发表了《数学公式和三角及附录》一书,对于三角学有一定的贡献。韦达在数学上的最大贡献是促进了代数学的符号化。1591年他发表了《分析术入门》,首次在代数学上使用了文字符号,用辅音字母表示已知数,用元音字母表未知数,用一般公式来表示方程及其根的性质。韦达改进了阿基米德的著作,并找到π的九位小数值,把π作一个无穷乘积来表示。韦达的成果对笛卡尔的数学研究有一定影响。

法国著名数学家笛卡尔在1633年写了《论世界》一书,宣传哥白尼的日心说。1637年,该书为回避教会的注意而匿名出版。笛卡尔在数学方面的最大贡献是创立了解析几何,他也是解析几何的奠基人。他把代数方法应用到几何学上,发展了韦达的代数成就,研究出了坐标几何学。他的成功之处在于把几何学数学化了,用代数方程来表示几何图形。这一贡献引发了数学的深刻革命。后来牛顿又运用了笛卡尔的方法,用代表一个几何点的运动代数方程来描述几何图形,创造了微积分。和笛卡尔同时代的还有法国数学家费尔马,他研究了 $ax^2+1=y^2$ 方程整数解的问题,得出求导数所有约数的系统方法。他在阅读古希腊数学家丢番图的《算术》时,作了很多注释,1665年发表后,被人们称为"费尔马大定理"。

文艺复兴时期,随着天文学和数学的发展,物理学也重获生机。开普勒试图从力学、物理学的观点来探究行星世界的运动原因,从而建立自己的天体力学,他的许多猜想如关于太阳行星轨道是椭圆形的,与后来爱因斯坦的许多想法是一致的。荷兰物理学家西蒙·斯特文斯在物理学上的主要成就是分解力的平行四边形原理和进行落体实验,著有《静力学》一书。伽利略在动力学上有卓越的贡献,为近代的动力学奠定了基础,他受斯特文斯落体实验的启发,1589年在比萨斜塔上做了个落体实验,并在此基础上发明了自由落体原理,推翻了亚多士多德关于物体降落的速率与该物体重量成正比关系的理论。

在医学方面,文艺复兴时期也有突破。比利时医学家安德列·维萨留斯创立了科学的解剖学,著有《人体结构论》,俄国的巴甫洛夫称它是"人类近代史上第一部人体的解剖学"。他推翻了盖伦的错误结论,对拥护盖伦的教会是个打击,维萨留斯被教会发配去朝圣,途中劳累致死。西班牙医学家迈克尔·塞尔维特是第一位解释血液流动的医学家,他解释血液是通过肺从右心室流入左心室的,从而彻底否定了盖伦的理论,他还批驳了盖伦的人体的"三位一体"说。由于塞尔维特发现了血液循环原理,被教会判为异端。1553年被判处火刑,活活烤了两小时,著作也被烧毁。英国医学家解剖学家威廉·哈维写了《论心脏与血液的运动》,最早发现人体血液循环系统的规律,创造了生理学这一新的科学。他把遗产捐给了医学院,用于研究发现自然奥秘。后来意大利解剖学家马尔比基用显微镜发现了毛细管,解决了哈维循环理论中关于静脉和动脉血液通过什么组织实现循环流动这一难题。英国人胡克在1665年首次提出细胞的概念。不久荷兰人列文虎克利用显微镜第一次看到了细菌,并首先发现人类精子。

二、欧洲近代唯物哲学的成就

文艺复兴时期,随着西欧封建制度的瓦解和资本主义的产生,新兴资产阶级和早期无产者出现了。在同经院哲学的斗争中,一个体现新时代的具有唯物主义性质的人文主义哲学摆脱神学的束缚,逐步孕育发展起来。这种新哲学一方面表现对古典哲学的复兴,另一方面表现为利用古典哲学形式对新兴自然科学知识进行初步的哲学概括,表现了唯物哲学的兴起。

14至15世纪,在复兴古典文化的浪潮中,西欧出现了复兴古典哲学的倾向。这一类代表人物主要有彼特拉克、曼内蒂、瓦拉、普莱托内、费奇诺等。他们在批判宗教神学世界观的基础上,初步提出唯物主义哲学思想。从哲学上对面向自然、面向人生的人文主义思想作了理论上的阐述。彼特拉克的哲学思想可概括为两个方面,一是他对中世纪以亚里士多德主义为基础的经院哲学的批判;另一方面是对罗马晚期斯多亚主义的提倡。瓦拉的著作《论快乐》的中心思想是宣扬希腊化时期的哲学家伊壁鸠鲁的伦理道德思想,他还有反对经院哲学的著作《对亚里士多德派的辩证驳斥》。拜占庭神学家、哲学家乔治·格米斯托·普莱托内用希腊文写了《论柏拉图和亚里士多德的区别》,表明新柏拉图主义兴起。另一个柏拉图主义者费奇诺在1474年写了《柏拉图的神学》,论述"灵魂不朽"的问题。

15世纪随着自然科学的发展,自然哲学逐渐兴起。德国库萨的尼古拉是文艺复兴时期欧洲著名的人文主义者和宗教活动家、第一个自然哲学家。他掌握拉丁文、希腊文和希伯来文,精通法学、神学和哲学,在数学、物理、天文、地理等自然科学方面也有一定造诣。作为欧洲第一个绘制中欧和东欧地图的学者,他提出了改革儒略历的方案,发明了利用流水量来计时和测量脉搏呼吸次数的方法。先后发表了《论有学问的无知》《论假设》和《为有学问的无知的辩护》等著作,把宇宙的无限性引入到认识领域,还提出了对立统一的辩证法思想。

弗兰西斯·培根是文艺复兴时期英国伟大的哲学家和科学家。马克思称他是"英国唯物主义和整个近代实验科学的真正始祖",他的主要著作有《学术的进展》《新工具》和《论科学的价值与增长》等。在这些著作中他认为科学的目的是用新发明和新发现来改善人类的生活,提出了著名的口号:"知识就是力量,力量就是知识。"他还说"读史使人明智,哲学使人思考,读诗使人灵秀,数学教人周密,科学使人深刻,伦理学使人庄重,逻辑和修辞使人善辩"。培根认为认识事物要用归纳法和实验法。他倡导科学的组织工作,1662年英国成立了皇家学会。在《学术的进展》中,他把知识作了分类。他第一次系统、完备地制订了认识的归纳法,认为归纳、分析、比较、观察和实验是理性方法的主要条件。他还身体力行从事科学实验,严冬在野外试验雪的防腐作用,结果因受寒感冒致死,为他热爱的科学事业献出了自己的生命。尽管他的理论还有不完善的地方,但他把实验和归纳第一次上升到认识论和科学方法论的高度,对推动英国、欧洲的自然科学和哲学的发展作出了重大贡献。

笛卡尔是法国哲学家兼物理学家、数学家、生理学家,也是近代西方理性主义(唯理论)的创始人。主要著作有《方法谈》《形而上学的沉思》《哲学原理》《论世界》《论音乐》等。与培根不同,他采用理性演绎法来反对经院哲学。笛卡尔哲学的主要内容为:在认识论上,他认为凡是从理性角度看得清楚明白的就是真理,一切概念、信仰都要经受理性的界定;复杂的事物看不清楚,应当把它尽可能分成简单的部分,直到看清为止。笛卡尔还提出了"二元论"世界观,他认为灵魂和肉体这两个实体是彼此独立存在的。灵魂的属性是思想,形体的属性是广延,二者通过上帝联系在一起。笛卡尔从怀疑出发,提出著名的"我思想,所以我存在"。[①]

总之,欧洲文艺复兴运动是人类历史上一场前所未有的伟大的文化运动和思想解放运动。它所掀起的反封建、反教会神权的革命浪潮,从根本上动摇了教会的权威和神学世界观的基础,极大地撼动了封建制度的精神支柱。它解放了人们的

---

① 北京大学哲学系外国哲学教研室编译:《十六—十八世纪西欧各国哲学》,商务印书馆,1975年,第148页。

思想,也解放了生产力,揭开了欧洲近代资产阶级文化的光辉序幕。它在文学、艺术、科学、哲学以及政治学等方面都取得了辉煌成就,为近代资产阶级革命做了思想舆论上的准备。它促使欧洲文化走在世界文化发展的前列,对世界各国有重大影响,为加速世界文化发展的进程作出了卓越贡献。

第十四章

17、18 世纪欧洲文化

第一节 概 述

17、18 世纪的欧洲,资本主义蓬勃发展,封建专制制度日薄西山。这一时期的历史是资产阶级早期革命的历史,是资本主义制度形成和完善的历史,是资本主义经济在曲折中发展的历史,也是资产阶级思想文化体系形成、发展和资产阶级文化空前普及的历史。

在日益活跃的商品经济作用下不断壮大起来的资产阶级,经历了文艺复兴、宗教改革等一系列社会政治运动的锤炼,羽翼日渐丰满,终于在 17、18 世纪向封建制度发起了大决战。率先吹起冲锋号角的是尼德兰资产阶级,他们在 16 世纪后半期就发动了反对西班牙反动封建统治的革命斗争。经过长期艰苦卓绝的斗争,尼德兰资产阶级革命终于在 17 世纪初期取得了最后的胜利。这次世界历史上第一次成功的资产阶级革命,为欧洲第一个资产阶级共和国——荷兰的资本主义发展开辟了广阔的道路,并对以后欧洲其他国家的资产阶级革命产生了巨大影响。这次革命后所诞生的荷兰共和国很快发展成为欧洲经济最发达的国家,是举世闻名的商业资本主义强国,也是全球最大的海上霸主和殖民强国。17 世纪的荷兰被马克思称之为早期"标准的资本主义国家"[①]。17 世纪在世界史上被称为"荷兰的世纪"。

革命的胜利不仅促进了经济的繁荣,也促进了科学文化的繁荣。当时的荷兰是欧洲科学文化中心,在自然科学领域出现了一系列的发明;在社会科学方面,出现了著名思想家格劳修斯(1583—1645)和斯宾诺莎(1632—1677)。格劳修斯是自

---

① [德]马克思:《资本论》,《马克思恩格斯选集》第二卷,人民出版社,1972 年,第 256 页。

然法学派的创始人之一、近代国际法理论的奠基人,著有《论战争与和平法》。格劳修斯用"自然状态""社会契约"的观点来阐明国家的产生问题。他认为国家是"社会契约"的产物,国家主权是国家的最高统治权,而主权的具体体现者是君主或少数人。格劳修斯的思想对"君权神授"的封建神学思想作出了有力的批判。斯宾诺莎是唯物主义哲学家,著有《笛卡尔的哲学原理》《神学政治论》《伦理学》等书。他认为财富、享乐、权力和荣誉都是空虚无用的,并探讨一种至善的永远快乐的境界。在政治理论方面,他强调国家要给臣民自由,统治者必须公正、明智,不干涉思想自由。斯宾诺莎的哲学思想对西方近代思想文化产生了重要影响。格劳修斯与斯宾诺莎对后来英法两国的启蒙思想家影响很大。

17、18世纪两次大的资产阶级革命相继发生在英、法两个资本主义发展较为迅猛的国家。在英国,由于长时期、大规模的圈地运动,原来分散的小农耕地被资产阶级化的新贵族集中起来,变成以资本主义方式经营的大农场。这不仅为工业发展提供了大量原料和自由劳动力,而且造成了一个广阔的国内工业品市场。"圈地运动最重要的后果……是它无情地扫除了英国农业中一切传统的关系,为资本主义在农业中的发展创造了前提,并引起英国社会阶级结构的深刻变化。"①圈地运动的盛行、农业资本主义的发展以及资本主义工商业的成熟,使得英国新的社会阶级——资产阶级开始日益成长、壮大起来。随着资本主义的进一步发展以及资产阶级力量的壮大,资本主义生产关系也越来越受到封建专制制度的制约、干扰和破坏。代表资产阶级和大贵族利益的议会与王权之间的冲突越来越频繁和尖锐,最终导致了1640年英国资产阶级革命。1640至1648年的革命,推翻了封建王朝的统治,并于1649年建立了最初的资产阶级共和国。1660年,英国资产阶级与封建贵族妥协,出现了长达二十多年的王政复辟时期。1688年,资产阶级发动"光荣革命",建立了君主立宪制国家,资产阶级统治才最终确立。英国资本主义制度的确立更加速了英国资本主义的发展。资产阶级在国外大规模进行殖民扩张,国内发展工商业。当时英国的大型手工工场发达,在一些生产部门开始采用机器,18世纪中叶发生了工业革命。

在英国资产阶级革命的急风暴雨中所产生的英国资产阶级的社会政治思想体系和唯物主义世界观,对于后来法国启蒙思想的形成,对于美国独立战争和欧美其他国家的资产阶级革命都起到了极大的促进作用。托马斯·霍布斯(1588—1679)与约翰·洛克(1632—1704)是当时英国重要的哲学家、思想家。

霍布斯是英国革命时期著名的机械唯物主义哲学家,著有《论政治体》《论公

---

① 胡景钊、余丽嫦:《十七世纪英国哲学》,商务印书馆,2006年,第6页。

民》《利维坦》等。他肯定君主集权制，代表了新贵族和资产阶级上层的利益。在机械唯物论认识论基础上，霍布斯发展了判断善恶的道德理论以及阐述国家职权和机构的政治理论。他反对君权神授论，反对教会的统治，提出了以人性、自然法为理论基础的较完整的资产阶级"社会契约论"。他强调用道德力量约束社会，主张用司法和国家机器把个人以契约形式聚集在一个人的领导之下，形成共和政体。霍布斯所提出的系统的机械唯物主义的自然观、认识论、人与社会国家学说和无神论，反映了发展科学和反封建的新的时代精神，对18世纪法国启蒙思想家有很大影响。

洛克是英国资产阶级革命后期著名的哲学家和政治思想家，著有《论宗教宽容》《政府论》《人类理智论》等。洛克的一生经历了国内战争、处决国王查理一世、建立共和、克伦威尔军事独裁、王朝复辟、"光荣革命"等一连串震动欧洲的重大历史事件，基本上是在社会大动荡中度过的。他继霍布斯之后发展了经验主义，认为人类的知识来自于后天的经验，推动了18世纪唯物主义和自由思想的传播。他在政治上拥护君主立宪制，主张人们通过议会行使权利。他认为私有财产是人类的天赋权利，国家的主要任务在于保护私有制。洛克提出将国家权力分为立法权、执行权和对外权三种，这是"三权分立"学说的雏形。洛克还第一次从理论上说明了资产阶级"天赋人权"的基本原则，深深地影响了以后的美国独立战争和法国大革命，在西方思想文化史上占有重要地位。

法国资本主义的发展速度和规模仅次于英国。法国在16世纪末结束了长达三十多年的胡格诺战争（1562—1598），建立起中央集权的强大君主专制国家，到17世纪中叶路易十四当政初期，达到鼎盛时期。资产阶级与王权相互妥协。王权保证了民族国家的统一，采取了重商政策、殖民政策和奖励民族工业政策，促进了资本主义的迅猛发展。但资产阶级和封建贵族之间的根本矛盾依然存在，这两个阶级在17世纪势均力敌、互相利用。18世纪的法国虽然工商业非常发达，六七十年代手工工场开始零星使用机器，并出现规模较大的企业，但是它仍然是以封建小农经济为主的国家。由于专制王权对外不断发动战争，外交也一再失败，所以封建统治者不断加重赋税，把宫廷开支和庞大的军费都压在农民身上。处于第一等级的僧侣和第二等级的贵族占有绝大部分土地，享有种种特权，而农民却被迫把绝大部分的收入交给了政府、教会和地主，自身处于赤贫的地位。封建阶级和包括资产阶级、工人、农民在内的广大第三等级之间的矛盾尖锐到了极点，终于酿成了1789年法国资产阶级大革命。这是欧洲资产阶级反对封建制度的一次最彻底的革命。"这是第一次完全抛开了宗教外衣，并在毫不掩饰的政治战线上作战；这也是第一次真正把斗争进行到底，直到交战的一方即贵族被消灭而另一方即资产阶级获得完全胜利。"①

法国1789年资产阶级大革命的思想准备源于18世纪初期诞生于法国的伟大的启蒙运动,具体说来,法国大革命的导火索是具有鲜明而彻底的反封建革命精神的法国启蒙思想家点燃的,"在法国为行将到来的革命启发过人们头脑的那些伟大人物,本身都是非常革命的"②。十八世纪法国重要的启蒙思想家主要有孟德斯鸠、伏尔泰、狄德罗与卢梭。

17、18世纪英法两国爆发的资产阶级革命,其意义远远超出了本国国界,预示了整个欧洲的历史趋势。

17、18世纪,英法两国资本主义发展一直走在欧洲前列,两国相继发生的资产阶级革命更加促进了两国资本主义的发展,而其他欧洲国家的资本主义发展仍很缓慢,有的国家甚至仍然处于极端反动、野蛮的封建专制统治之下。意大利早在地理大发现时期,就已经丧失了商业中心的优越地位,经济急剧衰落。它不断受到外国侵略,政治不稳定,天主教势力十分强大,资本主义发展一直阻力很大。德国在17世纪三十年战争之后,长期处在封建分裂状态,三百多个小诸侯国割据争霸,政治极其腐败,经济上也处于衰退阶段。到了18世纪,资本主义有所发展,但是工商业落后。资产阶级在经济和政治上都依附封建诸侯,具有软弱性和妥协性。西班牙自从1588年"无敌舰队"被歼灭后便丧失了海上霸权,从此经济开始衰落,一蹶不振。而且封建统治者异常腐败,国内进步力量受到宗教裁判所的严重打击,资本主义发展很缓慢。东欧各国长期受异族侵凌,经济落后,农奴制阻碍了资本主义生产关系的发展。17世纪的俄罗斯处于专制的沙皇制度和腐朽的农奴制以及教会势力的重压下,农民起义频繁。到了18世纪,从彼得一世时期开始进行了一系列改革,工商业有所发展,但对农奴的剥削比以前更为残酷。70年代爆发的规模巨大的普加乔夫起义有力地打击了农奴制度,促进了俄国人民的觉醒。

但是,就欧洲整体而言,由于新航路的开辟,伴随着世界地理大发现,海外贸易的开拓以及对海外殖民地掠夺,加速了原始资本的积累进程,促进了欧洲各国商业贸易的发展,因此,商业资本主义的发展远比国内工业资本主义的发展要快得多。经济上贸易往来的频繁,必然带来思想文化上交流的加强,这就为启蒙思想在欧洲其他国家的传播创造了良好的条件。

---

① [德]恩格斯:《社会主义从空想到科学的发展》,《马克思恩格斯选集》第三卷,人民出版社,1972年,第395页。

② 同上书,第404页。

第二节　启蒙运动和启蒙思想家

启蒙运动出现于18世纪。当时,欧洲的封建统治日趋腐朽,各阶层反封建斗争日益坚决,资本主义经济不断成长,自然科学和唯物主义迅猛发展,全社会普遍提出了解放思想、变革现实的要求,启蒙运动由此拉开了序幕。

一、启蒙运动

法语"启蒙"一词原意是"照亮"或"启迪",意味着冲破封建专制和教会蒙蔽所造成的盲从、迷信,用近代科学文化的"理性光辉"照亮民众的头脑,启迪蒙昧的心灵。德国哲学家康德(1724—1804)认为,"启蒙运动就是人类脱离自己所加之于自己的不成熟状态,不成熟状态就是不经别人的引导,就对自己的理智无能为力。当其原因不在于缺乏理智,而在于不经别人的引导就缺乏勇气与决心加以运用时,那么这种不成熟状态就是自己所加之于自己的了。要有勇气运用你自己的理智!这就是启蒙运动的口号。"①

实际上,启蒙思想家正是真诚地想要启发民智,要把潜藏于每个人自身之中的理性召唤出来,使人类走出不成熟的依附和奴役状态,成为敢于运用自己理性的独立的和自由的人。法国启蒙思想家伏尔泰认为,必须要按理性行事,不能让人陷于无知中,挣扎于谬误中,生活在暴政下,过着不幸的日子。因此,要在理性的引导下,用理性来批判专制王权、封建特权和宗教神权,追求和实现人的权利、自由和平等。因此,启蒙运动的核心概念和价值尺度是理性。

启蒙思想家以唯物论动摇了封建统治的思想基础——唯心主义;以自然神论或无神论否定其权力依据——君权神授;以自然法则和天赋人权反对其社会原则——等级特权,并在社会组织、思想意识、文化习俗等各个领域展开了广泛的批判。正如恩格斯所言,"他们不承认任何外界的权威,不管这种权威是什么样的。宗教、自然观、社会、国家制度,一切都受到了最无情的批判;一切必须在理性的法庭面前为自己的存在作辩护或者放弃存在的权利。……以往的一切社会形式和国家形式、一切传统观念,都被当做不合理的东西扔到垃圾堆里去了……"②

启蒙思想家们高举理性主义旗帜,以自然神论或无神论为武器,猛烈抨击中世纪的神学教条,批判封建主义的社会和政治制度,力图以建立在理性原则基础上的

---

① [德]康德:《历史理性批判文集》,何兆武译,商务印书馆,1991年,第22页。
② [德]恩格斯:《反杜林论》,《马克思恩格斯选集》第三卷,人民出版社,1972年,第56—57页。

科学、知识来启迪充满愚昧无知、传统偏见的社会,渴望建立一个合乎理性的社会和国家。启蒙思想家崇尚人类认识自然规律和理性法则的合法性,捍卫天赋人权,提倡用科学、文化和教育来改造社会,显然,这些思想与主宰中世纪的欧洲基督教神学针锋相对。因此,启蒙运动是继文艺复兴之后欧洲反封建、反教会的又一场思想文化运动。

启蒙思想家在思想上也存在很大的局限性。首先,他们提出的唯物论主要限于感性直观的机械论。其次,他们过分强调精神的力量和启蒙教化的作用,把希望寄托于接受了启蒙思想的"开明君主"和少数"天才"身上。再次,他们抽象地理解人,把人性普遍化、永恒化,把理性绝对化。最后,他们有的人高举无神论的旗帜,反对神学,有的人用自然神论的观点否认上帝的存在,却在一定程度上又承认自然本身就是神,还有人提出"自然人"理论来和社会的人对抗,号召人们"返回自然"。

二、启蒙运动兴起与发展

启蒙运动的兴起可以追溯到17世纪的荷兰。荷兰当时是欧洲资本主义经济最发达的国家,也是科学文化中心。著名思想家格劳修斯、斯宾诺莎提出的自然法理论、社会契约的观点和天赋人权的思想,开了启蒙运动之先河。

在启蒙运动的历史上,英国走在了全欧洲的前面,成为法国和德国的先声。早在17世纪后期,英国已经完成政治革命,推翻了君主专制,建立了内阁负责的议会民主制。到18世纪中后期,工业革命蓬勃发展,机器化大生产的工厂逐渐取代了手工作坊,英国成为当时经济最发达的国家。在思想文化界,英国相继出现了培根、洛克、休谟、亚当·斯密等著名思想家,形成了经验主义思想体系。他们提出的社会契约论、政治分权理论、天赋权利学说和经济自由主义等一系列重要的启蒙思想,为后来启蒙运动在法国形成中心并传播至欧美诸国,起到了不可估量的作用。

18世纪初期的法国,资本主义经济取得了明显的发展,但是,封建专制和教会的统治严重妨碍了资本主义经济的进一步发展。代表着资产阶级、城市平民和农民等阶层利益的第三等级,人数虽多,但是没有政治权利,再加上英法连年战争,严重削弱了国内的经济力量,人民群众迫切要求社会变革。于是,在英国工业革命和英国启蒙运动的影响下,掀起了法国的启蒙运动。面对腐朽的封建制度以及宗教迷信等思想禁锢下所造成的蒙昧,法国启蒙思想家们高举理性的大旗,提出一系列理性规范下的资产阶级思想体系,诸如"主权在民""三权分立""永恒真理""永恒正义""自由、平等、博爱"等资产阶级理想化的观念。这些观念后来都演绎成为资产阶级革命的重要指导思想,为法国大革命做了充分的舆论准备。

18世纪法国启蒙思想家群星璀璨，人才辈出。从20年代起，先后出现了孟德斯鸠、伏尔泰、卢梭、狄德罗等一大批思想家，这些启蒙思想家继承和发展了英国启蒙思想家所阐述的政治思想、哲学思想、文艺思想以及经济思想等。

查理·路易·德·瑟贡达·孟德斯鸠(1689—1755)是法国启蒙运动的先驱人物。他对启蒙运动最大的贡献是撰写了《论法的精神》。书中提出了一系列政治、法律理论，其中以政体分类说和三权分立说最为著名。孟德斯鸠对共和、君主和专制三种政体进行了综合比较分析，认为英国的君主立宪制最为优越。他还在英国哲学家洛克的分权说基础上，提出了立法、行政、司法"三权分立"的理论，赋予了法律以最高的权力。他的"三权分立"学说在法国大革命时被许多革命家所接受，并反映在1789年的《人权宣言》和1791年的宪法中。

伏尔泰(1694—1778)吸收了英国经验论哲学思想，把牛顿的万有引力定律引申为一种宇宙观，认为宇宙是一架巨大的机器，形成了"机械唯物论"的思想。他还接受了洛克的认识论，认为人的一切观念都来自感觉，批判了笛卡尔所谓的"天赋观念"，形成了自然神论的观念。伏尔泰的"机械唯物论"和"自然神论"的思想是法国启蒙哲学的核心思想，因为启蒙思想家以此为武器来批判宗教蒙昧主义，宣传科学和理性的启蒙思想，指导了整整一个时代，所以启蒙时代又被称作"伏尔泰时代"。伏尔泰也十分推崇英国的君主立宪制，认为它是比较理想的政治体制模式，他据此倡导一种开明君主制，希望有一个贤明通达的君主执政，以建立国富民强的国家。

德尼·狄德罗(1713—1784)是法国18世纪卓越的启蒙思想家和作家。他以大无畏的精神、坚强的毅力，坚持完成《百科全书》的主编工作，使之成为法国启蒙运动的重要喉舌，为资产阶级进步思想的传播和启蒙运动的发展作出杰出贡献。因此，恩格斯说："如果有谁毕生都为'真理和正义'服务（就这些字眼的正面意思而言），那正好是狄德罗。"[①]哲学思想上狄德罗是个无神论唯物论者，政治思想上他主张开明君主制。以狄德罗为核心的"百科全书派"所代表的唯物主义，从笛卡尔的个体理性出发，发展了英国的经验论，批判了德国理想主义把认识主体看作某种精神性实体的形而上学，强调主体与认识的物质统一性，形成了激进的感觉论思想，并以之作为自由平等、社会革命的理论根据，走向了彻底的无神论。这种彻底的唯物主义思想成为了18世纪启蒙思想家对抗、批判基督教神学的有力武器。

---

① 米海伊尔·里夫希茨编：《马克思恩格斯论艺术》第二卷，曹葆华译，人民文学出版社，1963年，第207页。

第十四章 17、18世纪欧洲文化

让-雅克·卢梭(1712—1778)是法国最富于民主精神、对后世影响最大的启蒙思想家、作家。他在著名的社会政治论著《论科学和艺术》《论人类不平等的起源和基础》《社会契约论》中，猛烈批判了贵族统治阶级的"文明"、私有制度和社会不平等，提出"返回自然"的口号和建立资产阶级民主共和国的学说。卢梭独特的政治观不仅是对英国启蒙思想先驱人物的超越，而且也不同于孟德斯鸠、伏尔泰的启蒙思想观。卢梭在《社会契约论》中提出建立一个以全体人民订立的"社会契约"为基础的政体。这个"契约"代表了全体人民的愿望，因此，它是"人民主权"。卢梭的这种"社会契约论"显然是对霍布斯与洛克主张的把个人以契约形式聚集在一个君主的领导之下的"社会契约论"的超越。同时，卢梭的"人民主权"论，也是对孟德斯鸠坚持的君主立宪制和伏尔泰所倡导的开明君主制的否定，因为它在政体问题上彻底否定了君主的权力。从某种意义上说，卢梭的"社会契约论"对旧制度的批判力度最强，它无疑宣告了旧时代的结束和新时代的来临。

由此看来，在启蒙时代的欧洲，法国启蒙思想家们思想最激进，法国启蒙运动也进行得最彻底。一场轰轰烈烈的思想文化运动，最终酝酿了一场大革命的风暴——1789年法国资产阶级革命。因此，欧洲启蒙运动的中心和高潮都在法国，无怪乎有人称"启蒙时代的欧洲是法国的欧洲"①。

启蒙运动还波及德国、俄国和美国。德国启蒙运动的代表为沃尔夫、莱辛、席勒、歌德等人，俄国启蒙运动的代表人物为拉吉舍夫、赫尔岑等，而在美国托马斯·杰斐逊、本杰明·富兰克林和托马斯·潘恩等都是著名的启蒙思想家。这就使得启蒙运动超出西欧的范围并在一定的程度上成为一种带有世界性的思想解放运动。

追本溯源，启蒙运动的产生、发展有其历史必然性。荷兰、英国的迅速发展，西班牙和葡萄牙的衰落，英法争夺中法国的战败，已用铁的事实证明了资本主义制度较之封建制度的优越性。这种现实的比较，使有识之士更深刻地认识到推翻专制统治，建立资本主义制度的必要。这也才会有伏尔泰、孟德斯鸠等不约而同地先后前往英国考察，又均倡导建立英国式的君主立宪制。可以说，启蒙思想家提出的某些主张和观点，正是对现实存在的理论总结和升华。

因此，资本主义经济的发展和资产阶级革命的要求是启蒙运动产生的历史条件；自然科学和社会科学的发展为启蒙运动提供了物质基础；而早在14至17世纪的文艺复兴运动为启蒙运动奠定了思想基础，因为文艺复兴运动是新兴资产阶级

---

① [法]乔治·勒费弗尔：《拿破仑时代》(上卷)，河北师大外语系《拿破仑时代》翻译组译，商务印书馆，1997年，第63页。

为维护自身经济、政治利益而掀起的一场思想解放运动,它提倡人性解放,追求现世幸福与自由的思想。但是,以反天主教神学来追求现世幸福的人文主义思想,已不能满足时代发展的要求。单纯以"人性反对神性"并没有直接触及封建教权主义及"君权神授"下的专制主义制度,因此,只有以理性来思索和批判世间万物,才能真正驱散笼罩在已蕴涵了资本主义生机的欧洲上空的沉重阴霾,开启人们被蒙蔽的心智。

综上所述,启蒙运动发源于资本主义最发达的荷兰、英国,在封建专制制度达到顶峰的法国获得极大的发展,其影响力波及已受资本主义生产方式冲击和人文主义思潮浸染的欧洲大多数国家。

第三节　文学:古典主义和启蒙主义

一、古典主义文学

古典主义文学是17世纪产生于法国,流行于欧洲的一种文学思潮。由于它在文艺理论和创作实践上都以古希腊罗马文学为典范,故有"古典主义"之称。

古典主义是特定的社会历史环境的产物。17世纪法国中央集权制度下,资产阶级同王权的妥协为它提供了社会政治基础。资产阶级为求得王权支持,除在财力上资助王室外,还通过文艺以及政治舆论赞美王权。王权对资产阶级在经济上施以保护利用的政策,在文化方面也采取了对作家发放奖金、津贴的办法。

在哲学上,笛卡尔的"唯理论"为古典主义的产生提供了思想基础。笛卡尔作为"唯理论"的创始人,把理性作为真理的最高标准和检验一切的尺度,把理性看作知识的唯一源泉,认为只有通过理性才能认识把握世界。

文艺复兴时期研究古代文化的风习为古典主义的产生奠定了文化基础。几个世纪以来,人们模仿借用古代题材、人物和创作方法的倾向日渐成为一种风尚。这一风尚遇到法国特定的政治思想方面适宜的土壤条件,古典主义文学思潮便应运而生,成为主宰法国以及整个欧洲文坛的文学潮流。

古典主义文学的基本特征体现在以下四个方面:

第一,拥护王权,主张国家统一,歌颂贤明君主。17世纪的著名古典主义作家大都和王权有着密切联系,他们或领取年金,受到国王保护;或在宫廷担任重要职务;他们的创作也不同程度地对王权持以歌颂态度。

第二,推崇唯理主义,主张用理性克制个人情欲,履行公民义务。古典主义文学是一种崇尚理性的文学。

第三,尖锐地抨击贵族的奢侈淫逸、腐化堕落,同时也批判资产阶级的愚顽、附庸风雅和想成为贵族的心理。古典主义作家敢于揭露社会上的恶习和弊端,对披着宗教外衣进行罪恶活动的不法分子和团体给予毫不留情的打击。

第四,把古希腊罗马文学作为典范,注重形式格律,要求戏剧创作严格遵守"三一律"。"三一律"要求戏剧创作在时间、空间、情节冲突方面高度集中,有其一定的合理性,但把它作为万古不变的"金科玉律",要求作家不得越雷池一步,这就限制了作家的创作和文艺的发展。

一般认为,法国古典主义的创始人是诗人马雷伯(1555—1628),他最早提出创作要歌颂王权,宣扬国家政策,强调文学创作语言的纯洁、明晰。他的主张迎合了时代的需要,受到宰相黎希留的支持,逐渐成为文学时尚。1635 年,黎希留创建"法兰西学士院"后,制定了一系列文艺政策,制约作家的创作,对古典主义的发展起到很大促进作用。

法国古典主义在戏剧创作方面成就最大。主要代表作家是高乃依、拉辛和莫里哀,他们被称作法国三大古典主义戏剧家。

彼埃尔·高乃依(1606—1684)是古典主义悲剧的创始人,前期古典主义的重要作家。高乃依一生写有 30 多部悲剧、喜剧以及芭蕾剧作品,最著名的是《熙德》《贺拉斯》《西拿》《波利厄克特》四部悲剧。高乃依的悲剧创作多取材于罗马历史,塑造理想的贤明君主和勇敢坚强、富于理智、责任感的英雄,歌颂爱国主义、英雄主义精神,表现了法国王权强盛时期的时代特色。

让·拉辛(1639—1699)是法国古典主义后期的重要代表,也是法国最有代表性的古典主义戏剧家。拉辛的创作时代正值法国专制王权逐渐由盛转衰,因此他的剧作不像高乃依那样塑造正面英雄人物和贤明君主,歌颂英雄主义和爱国主义;而是谴责情欲横流的贵族,揭露社会的黑暗和罪恶。他一生创作了 11 部悲剧和 1 部喜剧,代表作品是《安德洛玛刻》和《费德尔》。剧作主人公大都因丧失理性、放纵情欲,把个人感情置于家族荣誉、国家利益之上而招致毁灭,作者借此对贵族阶级的荒淫堕落进行了批判。

莫里哀(1622—1673)是 17 世纪法国古典主义喜剧的创始人,欧洲最杰出的喜剧大师。他的戏剧创作展现了 17 世纪后期法国鲜活的社会现实,呈现出浓郁的现实主义倾向。他在喜剧创作中淋漓尽致地描绘了那个时代贵族阶级、资产者的丑态,尤其是对资产者的刻画达到了空前的广度和深度。代表作《伪君子》通过塑造答尔丢夫这个身披僧袍、被物欲和虚伪道德双重扭曲的恶棍形象,揭露了教会的伪善和腐朽。莫里哀突破了古典主义只重视悲剧的传统,十分灵活地运用喜剧形式来表现时代的生活。但是,他的作品大都遵循三一律的原则,遵循古典主义简约明晰的审美规则,对不合理的封建习俗、腐朽观念的嘲讽也符合古典主义尊崇理性的精神实质。因此,莫里哀无愧于古典主义喜剧大师的称号。

17世纪的英国处于风云变幻的动荡之中,资产阶级革命与反革命势力反复较量。1688年资产阶级发动宫廷政变,建立了君主立宪政权,史称"光荣革命"。1660至1688年英国有过短暂的王政复辟时期,在此期间,法国古典主义的影响渗透到了英国,德莱顿、蒲柏和约翰生等人立足本国传统对其进行了批判的接受。

约翰·德莱顿(1631—1700)是英国古典主义流派的创始人,王朝复辟时期的"桂冠诗人"和文艺批评家,也是英国文学史上17世纪末向18世纪过渡的承上启下的人物。他大量的古典主义诗歌、戏剧创作和文学评论对18世纪英国古典主义文学产生重大影响。亚历山大·蒲柏(1688—1744)是英国18世纪古典主义诗人、文学评论家。塞缪尔·约翰生(1709—1784)是英国古典主义后期的代表人物,其主要批评著作是《〈莎士比亚剧集〉序言》。

古典主义文学思潮在欧洲各国一直延续到18世纪末、19世纪初浪漫主义兴起,才逐渐退出文坛。

二、启蒙主义文学

古典主义在17世纪的欧洲依然流行一时,但随着封建王权走向没落,它日益显示出保守僵化的一面。17世纪中叶以后,启蒙运动兴起,人们纷纷弃旧图新,抛弃古典主义,投入启蒙主义文学新阵营,启蒙主义文学遂成为文学发展的主流。

启蒙主义文学的基本特征如下:一、鲜明的政论性、民主性、战斗性;二、新题材、新人物、新思想;三、创造启蒙文学新形式,文学体裁多样化。当然,由于启蒙主义作家过分强调文学的哲理和宣教性,使得启蒙文学形象不够丰满感人,缺乏鲜明个性,主人公往往成为作者哲学思想的代言人和"时代精神的单纯的传声筒"。

英国的现实主义小说是启蒙运动文学的重要组成部分。它以理性为武器,扫清封建残余,鼓吹资本主义的进一步发展,同时也批判资本主义制度建立后暴露出来的种种社会问题和弊病。

英国启蒙文学的发展经历了形成、发展和衰退三个阶段。在形成阶段(17世纪末至18世纪30年代末)的主要作家是笛福和斯威夫特。丹尼尔·笛福(1661—1731)是英国现实主义小说的开创者之一,对英国小说的发展产生了重大影响。其代表作《鲁滨孙漂流记》(1719)通过主人公海上遇险后,孤身一人在荒岛生活28年的经历,塑造了"一个真正的'资产者'"鲁滨逊的形象。鲁滨逊首先是一个富于冒险进取精神、劳动热情的资产者形象,反映了资产阶级上升时期的精神面貌。其次,他用火枪、基督教征服土人"星期五"的经过,是欧洲资本主义殖民者用物质、精

第十四章　17、18世纪欧洲文化

神文明征服殖民地的缩影。乔纳森·斯威夫特(1667—1745)是18世纪英国著名的讽刺小说家。《格列佛游记》(1726)是他享誉世界的讽刺名著。小说假托主人公格列佛医生自述他数次航海冒险,先后漂流到小人国、大人国和智马国等几个童话式国家的遭遇和见闻,对18世纪初英国社会的黑暗腐败、统治阶级的残暴腐朽以及资本主义的行政、司法、立法、殖民制度等进行了深刻的讽刺、批判。

英国启蒙运动发展阶段(18世纪四五十年代)的主要作家是理查生、菲尔丁和斯摩莱特三人。撒缪尔·理查生(1689—1761)是一个带有浓厚感伤色彩的现实主义小说家。其名作《克莱丽莎·哈娄》在文学史上影响深远,不仅卢梭的《新爱洛漪斯》模仿借鉴这一小说的形式,歌德的《少年维特的烦恼》亦间接受到它的启迪。亨利·菲尔丁(1707—1754)是18世纪英国文学中最富于民主精神、成就最大的小说家,他与笛福、理查生一起,为英国现代小说奠定了基础。他一生写有20多部喜剧和4部小说。其代表作《汤姆·琼斯》,被作者自称为"散文滑稽史诗"。

启蒙运动衰退时期(18世纪后半叶)的重要作家是斯泰恩、农民诗人彭斯和戏剧家谢立丹等。劳伦斯·斯泰恩(1713—1768)是感伤主义小说的代表作家。罗伯特·彭斯(1759—1796)是18世纪后期英国的杰出诗人。理查·布林斯莱·谢立丹(1751—1816)是18世纪后期英国最有成就的喜剧家。

18世纪初期,古典主义仍然占据法国剧坛,但已衰象毕露。这一时期文学创作成就最大的是小说家、剧作家勒萨日(1668—1747)。他的代表作长篇小说《吉尔·布拉斯》揭露法国贵族统治者荒淫无道、人民生活水深火热的黑暗社会现实,揭示了法国社会封建制度日益崩溃,资本主义关系不断上升的历史趋势,从而拉开了法国启蒙文学新时代的序幕。

20年代后,随着启蒙运动的兴起,启蒙文学汇成潮流。法国启蒙运动的旗帜和主力是"百科全书派"。"百科全书派"主要因编撰《百科全书》(全名是《各门科学、艺术和技艺的据理性制定的词典》)而得名。《百科全书》共32卷,开始由狄德罗与达朗贝尔共同主编,后者辞去编撰职务后,由狄德罗独力坚持完成这一宏大艰难的编撰工作。全书编撰历时20余年,法国各方面的进步学者、启蒙思想家,如孟德斯鸠、伏尔泰、卢梭都曾为之撰写过大量条目。因此,人们把"百科全书派"作为法国启蒙主义者的代称。《百科全书》体现的总精神是反对封建权威以及落后的传统思想观念,追求政治、学术、思想上的自由,提倡科学技术振兴工业,坚信人类物质、精神文明不断进步,要按照资产阶级理性主义改造人类社会,体现了启蒙主义新思想。

在法国启蒙文学发展的初期(18世纪20年代至18世纪中叶),主要代表是老一辈启蒙作家孟德斯鸠和伏尔泰。孟德斯鸠是法国第一个启蒙作家。他在文学方面的代表作是书信体小说《波斯人信札》。作品主要通过叙述两名波斯贵族青年旅居巴黎的见闻,无情地讽刺和揭露了法国以及欧洲封建专制制度的残暴腐败、上流社会的荒淫奢侈和天主教的伪善反动。《波斯人信札》采用书信体小说形式,有意淡化故事情节和人物性格的塑造,把哲学、政治与道德一并纳入其中,富于强烈的反封建、反教会精神,为18世纪法国启蒙文学开辟了道路。它所首创的这种寓哲理于文学之中的艺术形式也开了18世纪哲理小说的先河。伏尔泰是法国18世纪最重要的文学家、史学家和思想家,欧洲启蒙运动的精神领袖。在文学创作方面,伏尔泰有著名的史诗作品《亨利亚特》,悲剧作品《俄狄浦斯王》《穆罕默德》《中国孤儿》等。其中《中国孤儿》是根据中国元曲《赵氏孤儿》改编的五幕悲剧,意欲通过舞台演出宣传儒家道德思想,宣传文明必将战胜野蛮的历史观。伏尔泰在文学方面成就最大的是哲理小说的创作,主要作品有《查第格》《老实人》。

在启蒙文学鼎盛时期(18世纪中叶至1789年大革命),主要代表是年轻一代启蒙作家如狄德罗、卢梭。他们的政治观点比较激进,代表中小资产阶级的政治利益。狄德罗是法国18世纪卓越的启蒙思想家和作家。狄德罗在文学上的重要成就是他死后出版的三部哲理小说:批判教会黑暗内幕的书信体小说《修女》,揭示封建社会丑恶、宗教对人民精神毒害的对话体哲理小说《宿命论者雅克》和《拉摩的侄儿》。卢梭是法国最富于民主精神、对后世影响最大的启蒙思想家、作家。与他政治上"返回自然"的学说相对应,文学上他极力强调崇尚自然、推崇感情、抒发自我。著名书信体长篇小说《新爱洛漪丝》(1761)以贵族姑娘尤丽与家庭教师圣·普乐的爱情悲剧,批判了封建等级制度,歌颂了自由奔放的爱情,表达了法国大革命前人民不满封建统治,要求自由解放的心声。教育小说《爱弥儿》(1762)通过爱弥儿在不同年龄阶段受到的教育,阐发作者的教育思想,主张以合乎儿童自然天性的方式,让儿童在自然中自由成长。自传体小说《忏悔录》,以无比坦率真诚的态度,叙述了作者的半生经历、他的内心情感和种种"过错",表现出作者对封建制度、社会不平等的强烈抗议。卢梭的文学创作,对后世欧洲文学尤其是19世纪浪漫主义文学产生了深远影响。

第四节　文化艺术成就

世界地理的大发现,自然科学的新成就,欧洲国家的海外殖民扩张等,不仅强有力地刺激了欧洲经济的发展,而且在文化艺术上也给17、18世纪的欧洲带来了显著的变化。巴洛克风格和罗可可艺术体现了这一时期文化艺术上的最高成就。

第十四章 17、18世纪欧洲文化

一、巴洛克风格

巴洛克(Baroque)一词源出于葡萄牙语"barroco",意为各种外形不规则而且有瑕疵的珍珠,引申为"不合常规"。17世纪末叶以前最初将巴洛克运用于艺术批评,泛指各种不合常规、稀奇古怪,也就是离经叛道的事物。18世纪用作贬义,一般指称违背自然规律和古典艺术标准的情况。一直到19世纪中叶该词都是用于贬义而非艺术风格的名称。20世纪初,瑞士艺术评论家弗尔夫林撰写了《文艺复兴运动与巴洛克》及《艺术史概要》等书,指称巴洛克为一种对照性的艺术风格,从此巴洛克被公认为欧洲伟大的艺术风格之一。

巴洛克艺术最初产生于16世纪后期的意大利,17世纪普遍流行于欧洲各国。巴洛克的产生与反宗教改革时代的宗教复兴运动密切相关。罗马天主教廷在反新教的斗争中,充分认识到艺术的巨大感染力。他们认为利用艺术的视觉作用和艺术所具有的一种能够展示一切可以造成人们惊奇赞叹东西的能力,通过感官而感动信徒,表现信仰、圣事和对宗教虔诚、激情的颂扬,从而达到吸引信徒和举行礼拜仪式的目的。因此,巴洛克艺术风格最初出现在宗教建筑和雕塑作品中。人们通常把16世纪后期意大利著名建筑师德拉波塔和建筑理论家维尼奥尔于1568至1577年为耶稣会建造的罗马耶稣教堂视作巴洛克艺术的第一个标志。罗马耶稣教堂的设计打破了对古罗马建筑理论家维特鲁威的盲目崇拜,也冲破了文艺复兴晚期古典主义者制定的种种清规戒律,反映了向往自由的世俗思想。它形式上极富动感,自由奔放;突破了文艺复兴的典雅、端庄形态,想象力丰富,具有浓郁的浪漫主义情调。著名的圣彼得大教堂的改建工程更为巴洛克艺术风格提供了一个最佳展示的机会,它的成功改建使得罗马教廷利用艺术来宣传宗教、传播宗教的目的大获成功。后来的艺术史家们对此作出了这样的评价:"古典风格的建筑及其稳重的柱子和精细的比例现在因植物饰纹而获得生气……在罗马圣彼得大教堂……艺术在这儿被用在一场殊死的宗教战中,以拯救被宗教改革搅得神情恍惚的全体天主教徒的灵魂"[①];"它(指巴洛克风格)被赋予了促进集体激情的任务,通过令人眩晕的意义使信徒们得以满足。"[②]法国巴黎的凡尔赛宫也是融入巴洛克风格的建筑艺术的杰出代表。凡尔赛宫那宽敞宏大的厅堂、炫目的镜子、广阔的花园林苑、威严华丽的布局和装饰等无一不显示出巴洛克风格建筑所呈现的金碧辉煌、气势

---

① [美]马德琳·梅因斯通等:《剑桥艺术史》(第二册),钱乘旦译,中国青年出版社,1994年,第175—176页。

② [法]雅克·德比奇等:《西方艺术史》,徐庆平译,海南出版社,2000年,第230页。

雄伟、崇尚华丽与雕琢的特点。与凡尔赛宫相应和的是法王路易十四华丽、绚烂的衣着以及繁琐、周全的礼仪,所有这些都为君主营造出一种凛然生威、莫测高深的氛围。"巴洛克中威严、浮华、装腔作势的精神既适合表达天主教会的权威,也同样适合表达集权君主的盛仪,路易十四成功地把巴洛克风格作为宣传手段使用。"①

巴洛克风格在建筑上的所展示的艺术表现力很快被扩展到绘画、雕塑、文学、音乐等领域。而在不同的艺术表现领域,巴洛克风格所呈现的艺术特点也是复杂的、多元的。

17世纪意大利最伟大的巴洛克风格艺术家无疑是贝尼尼(1598—1680)。他在建筑、雕刻、舞台美术等方面均有卓越的建树,特别是他的雕刻艺术独树一帜,被认为是巴洛克雕刻艺术风格的开拓者和集大成者。他是罗马教皇委任改建圣彼得大教堂的总工程师。最能代表贝尼尼巴洛克风格的雕塑作品是《大卫》《阿波罗和达芙妮》《圣泰瑞莎的恍惚》三件作品。大理石雕像《大卫》表现的是正将石块投向敌人的瞬间动作。人物身躯强烈扭曲,面部极具表情,这种强烈的动感充分表现了巴洛克特有的人物造型风格。

在绘画方面,最能体现巴洛克风格的主要是西班牙绘画、佛兰德斯绘画与荷兰绘画。巴洛克风格的绘画作品主要绘制于教堂内的天花板上。此外具有巴洛克风格的静物画、风景画、肖像画也大为流行。巴洛克绘画追求画面动感,常出现对角线、弧线等构图方式;并运用明暗对比来描写物体和统一画面,产生戏剧性的光影和色彩,如意大利的卡拉瓦乔,法国的拉突尔、普桑,西班牙的维拉斯奎兹,佛兰德斯的鲁本斯、范戴克,荷兰的林布兰、哈尔斯、维梅尔等人的作品,都是典型的巴洛克风格作品。

鲁本斯(1577—1640)是佛兰德斯画派的杰出代表人物,也是巴洛克艺术风格中具有宏伟、雄浑气势的代表。根据战争、神话题材创作的作品代表着鲁本斯的艺术风格。在这些绘画中,他特别注重表现运动感,流动的线条,透明的色彩,以及宏大热烈的场面,画面总是充满勃勃生机和洋溢着欢乐的气氛。《抢劫留西帕斯的女儿》是这一风格的杰出代表,它极好地体现了鲁本斯常用的戏剧性和装饰性相结合的艺术手法,人物的动势、明暗的变化、色块的对比、轮廓的线条都构成一种激动人心的气氛。作品还表现了"鲁本斯式"的裸女形象:丰腴、强健和具有迷人的肉感。奔放的色彩、剧烈的运动和洋溢的激情是巴洛克艺术风格的集中体现,鲁本斯无疑是巴洛克绘画艺术最伟大的人物。

巴洛克文学于17世纪初期兴起于意大利、西班牙,后来逐渐流传、兴盛于英、

---

① 张国刚、吴莉苇:《启蒙时代欧洲的中国观》,上海古籍出版社,2006年,第371页。

德、法等国。巴洛克文风在诗歌、戏剧和小说中都有不同的表现。意大利巴洛克文学的代表是诗人马里诺(1569—1625)，其诗语言华丽、韵律铿锵，以夸饰的词句散布人生的悲哀情绪，形成著名的"马里诺诗体"。西班牙巴洛克文学有两位杰出的代表，一位是宫廷贵族诗人贡戈拉，一位是著名戏剧家、诗人卡尔德隆。贡戈拉(1561—1627)所代表的诗派在西班牙17世纪文学中占有不可忽视的重要地位。该诗派追求诗歌语言的华丽雕凿，喜用冷僻的典故、新奇的比喻、夸张的词汇和对偶的句式。卡尔德隆(1600—1681)是继西班牙戏剧的奠基者维加之后最著名的戏剧家，其代表剧作《人生如梦》结构严谨，辞藻精美，常用象征和隐喻来加强效果。巴洛克文学在德国最著名的代表作品是格里美尔豪森(约1621—1676)的流浪汉小说《痴儿西木传》，作品以其宏大的场面、丰富多彩的情节、框型套句结构和扑朔迷离的叙述风格充分显示了巴洛克文风的影响。在法国，巴洛克诗歌可以说形成了一支与古典主义戏剧相对照的文学流派，有许多代表性诗人，如阿格里帕·多比涅(1552—1630)、马莱布(1555—1628)等。小说方面的代表作品是奥诺雷·德·于尔菲(1568—1625)的巴洛克小说《阿丝特蕾》。法国的巴洛克文学作品大都充分表现自由，描绘自然美景，叙写荒诞的人或事，玩弄文字游戏和俏皮话，精于隐喻和反衬。总体上而言，巴洛克文学反映了文艺复兴衰落之后思想的动荡和复杂。它的艺术手法对19世纪的浪漫主义文学具有深刻的影响。

二、罗可可艺术

罗可可艺术产生于18世纪早期的法国。路易十四时期(1643—1715)的重商主义政策以及多次对外战争的胜利造就了坚实兴旺的经济，也造就了法国新兴的富裕阶层，许多商人、银行家都得以发财致富。路易十四时期体现君主威仪的庄重、典雅的古典主义艺术以及富丽繁华、精雕细琢的巴洛克风格在路易十四后期已开始日渐式微，宫廷礼仪中的拘谨、正规已变得不拘形式，轻松活泼，自由自在。贵族们终日饮宴游乐，极尽奢靡。这些整日无所事事而衣食无虞的法国宫廷贵族们为打发无聊的时光而追求欢乐的艺术，而那些富裕的中产阶级为了获得社会声誉和上流社会的认可也选择了追求享乐的艺术，于是路易十四要求的严肃、宏伟和英雄气概被路易十五时代(1715—1774)追求奢侈、豪华、纤细和轻佻的趣味所代替，以快乐为基本原则的罗可可风格应运而生。

罗可可(Rococo)这个词来源于法语，这是一种用贝壳或鹅卵石做成的常用于17世纪意大利的人造山洞或花园的装饰，后来传入法国。这个词并没有确切的含义，也许只是发音上绕口，咕噜咕噜地像流水。①

　　罗可可风格首先作为一种室内设计、装饰艺术兴起于18世纪早期法国巴黎，因室内设计师、画家和雕刻家为贵族的新宅第设计出一种更轻巧、更舒适怡人的装饰风格而确立，很快通过图版传遍法国。这种装饰风格明显的特征就是由"C"形与"S"形曲线和贝壳形状或其他自然物体形状的线条装饰墙壁、天花板，采用不对称设计，以轻柔的粉彩、象牙白、金色为主导色调，常用镜子做装饰。后来又出现了罗可可风格的建筑、绘画和雕塑。作为一种室内设计、装饰、绘画、建筑和雕刻艺术，罗可可风格的特征是以复杂的波浪纹线条为主要形式，不再遵守对称、均衡等古典法则，格调轻巧、纤细、优雅、精致。这种艺术风格，充分反映了当时法国宫廷极度世俗化的享乐风气，由于法国在欧洲的先进地位，这种风气很快就弥漫于德国、奥地利、意大利和西班牙等国，以致形成了18世纪在欧洲占统治地位的罗可可风格。

　　罗可可建筑艺术一改巴洛克建筑的辉煌、雄伟、华丽与雕琢之风，具有玲珑、细巧、优雅的特点。罗可可风格的艺术魅力与巴洛克艺术一样，"可以把绘画、雕塑和建筑糅合在一起，达到整体效应。……观众的眼睛在复杂的图案中游移彷徨，处处都有一种激荡的情绪，有一种艺术的欢快感觉，这种感觉抓住观众的心，就像巴洛克圣坛画一样使他完全进入此时的情感。"② 不过，罗可可风格艺术又同巴洛克艺术有很大的区别，罗可可艺术是对巴洛克风格所蕴涵的艺术理想和政治理想的对抗和解构，"巴洛克建筑则用简单强制的语言维护政治和宗教信条。罗可可艺术维护的是享乐的原则，无论它是在响应光荣的灵魂得救，还是对现世的感官冲动作出快乐的反应。""在罗可可艺术中有一种真诚的欢乐，这是其他风格所没有的。"③ 由此可见，罗可可风格的最大特点是把快乐原则放在首位，这不仅仅体现在建筑艺术上，还体现在园林设计、绘画、雕刻、音乐等艺术形式上。

　　园林设计往往与建筑联为一体，在18世纪也经历了革命性的变化。人们从绝对对称的传统观念中解放出来，眼光转向更轻松、自然的田园风光。恰在此时传入欧洲的中国园林艺术，正是以这种自然天成、巧夺天工的特殊情调征服了法国和整个欧洲。中国园林艺术和中国工艺品一起，在18世纪的法国和欧洲，掀起了一股崇尚中国艺术的潮流，历史上叫做"中国热"。这种弥漫整个欧洲的"中国热"体现出的中国趣味也恰恰契合了罗可可的艺术追求。

---

　　① ［美］马德琳·梅因斯通等：《剑桥艺术史》（第二册），钱乘旦译，中国青年出版社，1994年，第175页。
　　② 同上书，第183页。
　　③ 同上书，第196、199页。

在绘画上,罗可可风格也有很大的创新,从题材到形式都有了重大变化。绘画主题仍以贵族为主,但不仅限于肖像画,而是越来越多地描绘宫廷与贵族生活,如宴乐和郊游等;笔法已不同于巴洛克时代的豪放,而是柔和纤细,精美中给人以优雅之感;画面形象也不像巴洛克绘画那样夸张,不再使用强烈的明暗对比,而是在日常形象上抹上一层朦胧的色彩,仿佛要在现实生活中创造出某种仙境似的。罗可可绘画特点是注重表现上流社会轻松愉快的享乐生活,表现精美典雅的装饰环境,画风十分纤细和女性化。

罗可可的绘画艺术的典型代表是法国的华托(1684—1721)和布歇(1703—1770)。华托是罗可可绘画的早期代表,人称"敏感的色彩诗人"。他的代表作品有《约会》《法国的爱情戏》《意大利的游戏》《喷泉》《意大利喜剧演员》和《发舟西苔岛》等,作品内容大多是对上流社会生活中求爱、嬉戏、音乐歌舞和一些剧场情景的描绘。布歇是法国罗可可艺术鼎盛时期的代表画家。他是路易十五的宫廷画家,深受路易十五及其情妇蓬巴杜夫人的宠爱。他的作品迎合了当时的宫廷趣味,追求新奇,画风妩媚浮华。内容上完全取材于宫廷生活;在形式上则大胆运用鲜明的色彩,以玫瑰色与天蓝色烘托出人物娇嫩的肉色,使画面极具感官刺激,甚至有点轻佻和色情的意味。最能代表他作品风格的有《浴后的狄安娜》《赫拉克勒斯和翁法勒》《维纳斯梳妆》和《蓬巴杜夫人》等作品。

罗可可雕塑艺术以纤巧见长,给人以美妙优雅之感,略显柔弱无力,体现了当时世俗理想主义文化倾向。罗可可雕塑艺术中心与罗可可绘画中心一样,都在法国。但由于众多的罗可可雕塑仅仅是当时罗可可建筑的一种装饰品,一种附庸,所以罗可可雕塑无法像罗可可绘画一样在艺术殿堂里占尽风流。

此外,18世纪的法国还产生了具有娱乐性质的罗可可音乐。罗可可音乐是由早先的宫廷音乐演化而来的,其特点是小巧精致,清晰流畅,富于节奏感,充满情趣,令人陶醉和欣喜。在法国的罗可可音乐作品中,最有特色的是古钢琴曲,最有名的作曲家是库泊兰(1668—1733)和拉摩(1683—1764)。库泊兰的代表作品有《莫尼克小姐》《收割者》和《蝴蝶》等。拉摩的著名作品有《风笛舞曲》《铃鼓》和《母鸡》等。

第五节　西方文化对东方的接受

东西文化交流具有悠久而曲折的历史。在17、18世纪,欧洲西方世界对东方的接受主要体现在对以中国为代表的东方的接受。

一、传教士对中国文化的传播与接受

15 世纪开始,欧洲人不断开辟出通往世界各大洲的新航路。1553 年,葡萄牙人在澳门登陆。随之,传教士们纷纷踏上中国这块神秘的土地。传教士来华传教,重振天主教声威,同时,他们也肩负着考察中国文物制度、研究中国历史和现状的任务。

西方人撰写的关于中国的最初重要著作当推西班牙传教士门多萨(1487—1537)的《大中华帝国志》。门多萨在这本书里写满了对中华帝国的景仰之情,指出中华帝国不仅有比欧洲更悠久的历史,也有比欧洲更优秀的文明。该书 1585 年于罗马出版,一经问世,便一版再版,7 年之内竟印行了 46 版,并以当时的欧洲七种主要语言广为发行。[①]

1600 年,利玛窦北上北京,谒见中国皇帝,这是中西方交流史上一个标志性的事件。1685 年,法王路易十四派法国耶稣会士白晋、李明、张诚、刘应等人出访中国。他们归国后,向路易十四呈递康熙皇帝赠送的中国典籍 41 部;同时,经他们操办运往法国的中国古籍则多达 4000 余种。

这一时期许多传教士开始翻译、介绍中国的历史、哲学。据统计,17、18 世纪耶稣会士共著成与中国有关的作品 723 件,其中以法国为最多。这些方面重要的著作有:李明《中国现状新志》、白晋《中国现状志》《中国皇帝传》、杜赫德《耶稣会士书简集》《中华帝国全志》和《北京耶稣会士中国纪要》等。此外,还有一批专门介绍儒家学说的著作,主要有:郭纳爵译《大学》、殷铎泽译《中庸》、柏应理译《中国哲学家孔子》、卫方济译编《中华帝国经典》、雷孝思译《易经》、白晋译述《易经大意稿本》和马若瑟译《书经》《诗经》等。这些著作在欧洲各国广为流传,如《中国帝国全志》1735 年在巴黎出版后,1738—1741 年出版了英译本,1747—1749 年出了德译本,1774—1777 年出了俄译本。《中国现状新志》1696 年在巴黎出版后,很快再版了 7 次,还有多种译本出版。《耶稣会士书简集》《中华帝国全志》和《北京耶稣会士中国纪要》等三套巨著,影响尤大,并称为有关中国知识的三大名著。各主要儒家经典,连宋儒理学论著,都有多种译本、版本或研究著作问世,流传也很广。

意大利天主教耶稣会士利玛窦(1552—1610)在中国生活了 27 年。利玛窦的主要著作《利玛窦中国札记》,是他去世后由法国耶稣会士金尼阁编撰的,其准确性与全面性都远远超过门多萨的《大中华帝国志》。利玛窦最善引据中国经典附会基督教义,倡导儒教、基督教同质之说。利玛窦在《二十五言》中以仁义礼智信阐发基

---

① 朱谦之:《中国哲学对欧洲的影响》,河北人民出版社,1999 年,第 28 页。

督教义。他说:"夫仁之大端在于恭爱上帝。上帝者,生物原始宰物本主也。"①耶稣会士多赞同利玛窦的儒教与基督教同质之说。比如殷铎泽、艾儒略、白晋、马若瑟等教士,都努力从儒家经典中找寻其与基督教义相和的思想,互相阐发。他们以极大的热情翻译、介绍中国典籍,传回国内,在传播基督教的同时,将中国文化反馈到欧洲。

耶稣会士为启蒙思想家认识中国文化提供了典籍、思想、习俗、制度等多方面的依据。启蒙思想家对耶稣会士将中国文化介绍给欧洲的业绩也给予了充分肯定。狄德罗在阅读了《耶稣会士书简集》后承认,"看来耶稣会士对中国进行了认真的观察",魁奈也认为,研究中国,"除了依据传教士的回忆录以外,更无其他方法"。②

耶稣会士力主儒学与基督教宗旨一致的文化会通观、不自觉地以中国理性改造宗教神秘主义的文化变易观,也给了启蒙思想家重要启迪。李明在《中国现状新志》中提出"孔子哲学里,理性是遍一切时间和地点",又说,"顺世随俗而不失其庄重和美的孔子态度,其严格的禁欲生活,轻视人世的富贵,尤其是在古圣贤中所罕见的特质,即孔子的礼让和谦卑,认为理性训练所成之纯粹学者,不如谓为领会神旨以改造新大陆的一人"。③ 在这里,李明对孔子和中国文化的礼赞,恰恰可以看作是启蒙思想家中国观的先驱。

众多耶稣会士有关中国的记述不仅对欧洲宗教思想,而且对欧洲政治思想产生了很大影响。④ 17、18 世纪西方传教士将中国文化西传,引起欧洲学术界与政治界的强烈反响,对启蒙思想家产生了重大影响。在某种意义上,它引发了 18 世纪的"中国热",也是导致启蒙运动兴起的诱因。

二、启蒙思想家对中国文化的传播和接受

在 18 世纪西方启蒙运动中,许多启蒙思想家特别是法国启蒙思想家对于耶稣会士所传译的中国文化典籍以及一些探险家、游客所著的游记表现出了异常的兴趣,他们或根据自己的政治观点和哲学思想阐述和评论中国文化,或通过对中国文化的颂扬来论证自己对西方文化的认识,或通过对中国文化的批判来阐述自己对西方文化的观点。接受中国文化并受到中国文化影响较为突出的启蒙思想家主要

---

① 朱谦之:《中国哲学对欧洲的影响》,河北人民出版社,1999 年,第 135 页。
② 同上书,第 78 页。
③ 同上书,第 134—135 页。
④ [英]雷蒙·道森:《中国变色龙》,常绍民,明毅译,中华书局,2006 年,第 71 页。

有：莱布尼茨、伏尔泰、孟德斯鸠、狄德罗等。

虽然他们对中国文化的接受和受到的影响在程度上存在明显的差异,但是,无疑中国文化对于他们成功地开启了欧洲启蒙运动的新时代具有不可替代的作用。

莱布尼茨(1646—1716),德国著名的数学家和哲学家,德国启蒙运动的先驱。他是欧洲第一位醉心于中国文化的伟大思想家,也是第一位规划中西文化交流的宏伟蓝图的欧洲人。他通过与耶稣会士白晋等人的交往,获得了有关中国的大量资料。1697年,他根据在华传教士发回欧洲的报告,编辑出版了一部介绍中国情况的拉丁文著作《中国近事》。在该书的绪言中,莱布尼茨总结了中西两种文明的成就,并构想了未来中西文化交流的远景,他说,"全人类最伟大的文化和最发达的技术文明今天仿佛汇集在我们大陆的两端,即欧洲和位于地球另一端的'东方的欧洲'——中国。或许是天意要达到这样的目的,当这两个文明程度最高(在地球上又相隔最远)的民族携起手来的时候,逐渐把位于它们两者之间的所有民族都引入一种更合乎理性的生活。"① 莱布尼茨还高度赞扬了中国文明中的道德理性。莱布尼茨对儒家道德伦理的尊崇最后上升到自然神学的高度,在他临终之际写下的一篇未完成的论著《致德·雷蒙先生的信:论中国的自然神学》中,他认为,儒家伦理是一种建立在理性之上的伦理,孔子"与柏拉图一样,也信仰一个唯一的上帝的存在"。中国人的自然神学的最高原则是"理","即理性,或者说全部自然的深层原因,亦即包括一切本质存在","从理中产生了五德,即仁、义、礼、智、信"。莱布尼茨还发现《易经》的阴阳概念和六十四卦与他正在研创的"二进制"数学原理相契合。

伏尔泰是欧洲启蒙运动的精神领袖。他在《风俗论》一书中,极度推崇中国的文明史。伏尔泰说:"欧洲王公及商人们发现东方,追求的只是财富,而哲学家在东方发现了一个新的精神和物质的世界。"② 他认为,中国四千年的文明史是确实可靠的,因为在中国的文化历史典籍中所记载的日蚀月蚀、行星汇合等,经过西方天文学家的核对、计算准确无误。他认为中国人手拿毛笔和测天仪撰写历史时,其他民族还在虚构神话故事呢。他还指出,中华文明是基督教《圣经》一无所知的一种文明,它的四千多年的辉煌历史证明按《圣经》编写的世界历史是无稽之谈;那是一种高度理性的文明,应成为西方人效法的典范。伏尔泰还将欧洲文化与中国文化进行比较,进而指出,当欧洲人还是一小群人并在阿登森林中踯躅流浪的时候,中国人的幅员辽阔、人口众多的帝国已经治理得像一个家庭那样井井有条了。当中国人已经有了单纯、明智、庄严、摆脱了一切迷信和野蛮行为的宗教时,欧洲的祭

---

① 周宁:《天朝遥远》(上),北京大学出版社,2006年,第90页。
② [法]伏尔泰:《风俗论》(上),梁守锵译,商务印书馆,1995年,第201页。

祀性宗教仪式还没有出现。①

伏尔泰高度赞扬孔子的儒家思想。他非常推崇孔子"不语怪力乱神","未知生,安知死"的理性精神,特别赞扬孔子倡导的"仁者爱人","己所不欲,勿施于人"的伦理和政治道德。他说:"西方民族,无论什么格言,什么教理,无可与此纯粹道德相比拟者。孔子常说仁义,若使人们实行此种道德,地上就不会有什么战争了。""我们不能像中国人一样,这真是大不幸。"②伏尔泰崇拜孔子与基督徒崇拜耶稣别无二致,他在自己的礼拜堂上悬挂了一幅孔子画像,朝夕礼拜。1775年,伏尔泰把元杂剧《赵氏孤儿》改编为《中国孤儿》,剧本副标题为"五幕孔子伦理",突出宣扬儒家伦理和政治道德,宣扬文明必将战胜野蛮的历史观。该剧在巴黎多次上演,轰动一时。

伏尔泰认为中国由于实行儒家之道,不单伦理道德,就连政治法律和物质文明都比西方先进,西方应该在各个方面效法中国。不难看出,伏尔泰对西方封建神权黑暗统治的仇视,以及他希望实行开明君主专制的政治主张,驱使他把中国视为可以取代黑暗统治的现成模型,把中国的一切都想象得完美无缺。

孟德斯鸠作为法国启蒙运动的先驱,接触了中国思想文化之后,对中国文化主体上抱着否定和批判的态度。他不相信早先传教士对中国政府与制度的颂扬,认为中国是个典型的实行暴政的专制主义国家。他批判中国的君主专制不受法律制约,如他指出:"支那旧律有大不敬之条,犯之者死。而所谓大不敬者,又无切实明晰之疏义界说,故轻重随其喜怒,无不可以周内请比者,杀其身可也,虽赤其族无不可也。"③孟德斯鸠还从他的地理环境决定国民性格的理论出发,认为亚洲没有真正的温带,寒带直接与热带相接,地势又利于统合,这就决定了中国和其他亚洲国家很早就建立了专制政府,人民也就养成了服从专制的"奴性"。这些认识明显表现了他的褊狭和无知。事实上,孟德斯鸠批判中国文化不是主旨,而是为论证其三权分立学说的合理性服务的。孟德斯鸠对中国文化中儒家教义、重农思想、勤俭之风、赈灾济贫政策都表示钦佩和赞扬。

卢梭是法国启蒙运动后期重要代表,他具有激进的民主、革命的思想。他对中国文化所持的反对态度,主要体现在《论科学与艺术》这篇论文中。他承认中国有悠久的文明,但从他的"文明使人类堕落"的基本理论信念出发,认为中国的文明并未使中国免遭"愚昧而粗野的鞑靼人的羁轭",反而使中国社会"住满了奴隶和为非

---

① 参见[法]伏尔泰:《风俗论》(上),梁守锵译,商务印书馆,1995年,第74—77页。
② 参见朱谦之:《中国哲学对欧洲的影响》,河北人民出版社,1999年,第298—299页。
③ 同上书,第283页。

作歹的人"①。他与孟德斯鸠一样,对于中国文化的批判,都是为了论证自己特定的理论而把中国引为反面典型例证的。

狄德罗虽然称赞中国的道德哲学,尤其是孔子的实践伦理,但是狄德罗基于对开明专制主义和重农主义持强烈的反对态度,使得他对中国有许多现实而冷静的思考。狄德罗认为,过多的人口是中国人偏好农业、科学和艺术不能进步、普遍腐败的主要原因。他批判中国的家长制,认为家长制下不可能产生圣洁的政府。他甚至谴责中国人太过温和与冷静。不过,狄德罗对中国的批评,是富于理性精神的,而且总体上他对中国文化的态度是客观的、积极的,他说道:"我们是大诗人、大哲学家、大辩士、大建筑家、大天文家、大地理学者,胜过这善良的人民,但是他们比我们更懂得善意和道德的科学。如果有一天发现这种科学是居一切科学的第一位,那么他们将可以确定地说,他们有两只眼,我们只有一只眼,而全世界其余的人都是盲者了。"②

---

① [法]卢梭:《论科学与艺术》,何兆武译,商务印书馆,1963年,第9页。
② 朱谦之:《中国哲学对欧洲的影响》,河北人民出版社,1999年,第306页。

第十五章

19 世纪至 20 世纪初的欧洲文化

第一节 概 述

欧洲文化在经过了中世纪的漫长积累、文艺复兴时期的萌动以及近代 17、18 世纪的勃兴后,终于在 19 世纪臻于成熟并逐步走向全球。经济的腾飞和现代工业的飞速发展,使得宗教与哲学、文学与艺术诸领域在丰厚历史遗产的基础上发生了令人炫目的变革;科学技术与社会科学则更为系统并得到了全方位的发展。与此同时,西方列强以形形色色的面目,把它们的触角伸向全球的几乎每一个角落,其文化则以各种姿态在亚洲、非洲、美洲还有大洋洲强势"落地",为"西方中心化"造势。可以说,时至今日,它所造成的"西方文化优越论"的影响还使不少非西方地区人民的自卑阴影挥之不去。

一、文化腾飞的"革命"背景

第一,这是一个科学—技术—工业革命的时代。

科技的发展首先表现为科学的革命,进而引发了技术和工业的革命。

第一次至第三次技术革命的主要内容

	科学革命	技术革命	产业革命
第一次	16 世纪 40 年代至 17 世纪 80 年代 哥白尼日心说、牛顿经典力学	18 世纪 60 年代蒸汽机的发明和使用	18 世纪中叶至 19 世纪前半叶纺织、机械、钢铁、交通由手工生产转向机器大生产
第二次	19 世纪 70 年代 电磁理论	19 世纪 70 年代电力的广泛应用	19 世纪 70 年代 生产流水线

续表

	科学革命	技术革命	产业革命
第三次	19世纪末至20世纪30年代 量子力学、相对论	20世纪40年代至今 电子计算机、信息技术、人工智能	20世纪70年代至今 全自动生产线、信息产业、生物工程等

就本章所涉及时期而言,19世纪30—40年代,资本主义在西方许多国家经历了简单协作和工场手工业两个阶段,进入了高度发展的大机器工业时期。

英国是资本主义发展最典型的国家,产业革命始于18世纪60年代,从工场手工业制度过渡到大机器生产,约经历了80年,至19世纪40年代,基本完成了工业革命。法国资本主义的工业在英国产业革命和1789年资产阶级革命的推动下,也迅速发展起来,成为仅次于英国的欧洲主要资本主义国家。受英、法等国影响,德国也开始了产业革命,毗邻法国的莱茵河地区从20年代就突破手工业工场形式,建立工厂制度,成为资本主义工业的先进地区。欧洲大陆其他国家,如比利时、瑞士、西班牙等国和西半球的美国,到19世纪上半叶,也先后进入产业革命阶段。

第二,这是一个思想、观念和方法论革命的时代。

19世纪自然科学领域的三大重要发现——细胞学说、达尔文生物进化论、能量守恒与转化定律,充分揭示了自然界一切事物和现象所固有的辩证法。自然科学发展过程中的一系列发现和取得的成就,无疑是对唯心主义创世说、形而上学机械唯物主义自然观和方法论一次次有力的打击,并为辩证唯物主义自然观和自然辩证法的产生打下了科学基础。各门自然科学的发展还揭示了各领域和领域之间的联系及经验自然科学向理论自然科学的转变。随之而来也带来了思维方法的根本改变,即运用理论思维,对感性材料进行抽象和概括,建立和运用概念进行判断和推理,提出科学概说,进而建立理论或理论体系。而其中比较、假说等思维方法运用尤多,如将比较法用到生物领域产生了比较生物学、比较生理学、比较胚胎学等,还有道尔顿原子论、门捷列夫元素周期律等开始都是以假说形式提出,然后以大量事实证明的。

第三,这又是一个社会革命的时代。

1789年的法国大革命的影响"震荡着19世纪的绝大部分年代而且在西方世界的许多国家里都能感觉到"。① 其间欧洲各国一系列的思想运动和社会革命都

---

① [美]爱德华·麦克诺尔·伯恩斯、菲利普·李·拉尔夫:《世界文明史》(第三卷),罗经国等译,商务印书馆,1987年,第41—42页。

与之有着或多或少但无法割裂的联系,甚至对于发生在再下一个世纪第一次世界大战末期的1917年俄国革命,人们也可以将其视为这一人类历史上第一次最彻底的资产阶级革命的"升级版"回响。因此,人们在讨论19世纪欧洲文化的时候,不得不将这个时间段上下延伸,以这两次性质虽然不同、意义却同样深远的革命为起止点,这样庶几能够从西方近代史最后阶段的角度来把握其文化的面貌及其背后的动力。

毫无疑问,法国大革命以降至1917年的十月革命这一百多年间,欧洲范围内发生了历史上最复杂、最曲折和最剧烈的变化。正是由于法国革命的启发和鼓舞,欧洲许多国家都掀起了民主革命运动和民族解放运动。如希腊早在1829年就摆脱了奥斯曼土耳其帝国的统治获得独立,而长期处于封建割据状态的意大利、德国先后于1870年代初获得统一。资产阶级的政权就这样在欧洲普遍地建立起来了。

只是制度的建立并不等于旧的意识形态及其影响的完全清除,何况新的统治阶级本身也带有若干与生俱来的劣根性。因此,当初启蒙思想家们发动民众时所描绘和许诺的自由、平等、理性的国家并未出现,封建反动势力的复辟和猖獗,贫富差距的严重对立,使得失望的情绪在社会各阶层普遍蔓延开来。尤其是当工业技术革命从英国到欧洲普遍开展的时候,产业革命和资本主义大工业的发展,引起了生产关系的巨大变革。工业资产阶级和工业无产阶级成为资本主义的产物,但是工业无产阶级又成为这一制度的掘墓人。从19世纪30年代起,无产阶级随着资本主义大工业发展日趋成熟,反对资产阶级的斗争进入了一个新的时期。无产阶级的队伍迅速壮大,他们与资产阶级的矛盾也越来越激化,法、英、德先后爆发了全国性的工人运动乃至武装起义,表明劳资冲突逐渐成为社会的主要矛盾,社会历史进入了新的阶段。欧洲的新世纪文化就是在这样的革命性背景中受到刺激和鼓舞,形成腾飞式发展的。

二、显赫广泛的文化成就

从上表可以看出,本时期所发生的第一、第二两次技术革命尤其是19世纪70年代开始的以电力应用为主要标志的欧洲近代史上第二次技术革命,极大地带动了生产力的提升,将人们从为生存而拼搏的繁重劳动中进一步解放出来,从而也使之有了更多的可能去改善生活质量、提高生活品位,它给人类生活带来的影响之显著和深入,让人类至今还能感受到它所带来的好处。

这一时期的自然科学经过18世纪多方面的准备,已结束了分门别类搜集材料为主的阶段,开始进入系统整理和进行理论概括的时期。著名的自然科学三大发现,既是以往自然科学发展逻辑上的必然结果,也是未来科学技术飞跃式发展的保证。同时它还为社会科学的发展提供了革命性思路,并成为辩证唯物主义得以创立的自然科学方面的基础。

19世纪至20世纪初,也是西方文学艺术史上取得辉煌成就的时期。群星灿烂,流派纷呈,其繁荣兴旺景象前所罕见,成为文艺复兴时期以来的又一高峰。浪漫主义、现实主义、自然主义、象征主义、唯美主义及无产阶级文艺等文学艺术流派先后成为主要的文艺思潮或产生了较大的影响。这一切详情将在本章接下来的几节里具体阐述。

三、本时期欧洲文化的特征

第一,与封建专制时代相比,本时期较为宽松自由的文化环境为学术研究和艺术发展提供了更为有利的条件,尤其是社会革命往往带来观念的变革和思想的解放,促进了科学文化艺术的极大发展。比如,近代史上,西方的科学发展中心先后从意大利转移到英国、法国和德国,就与这些国家的社会革命背景有关。像18世纪末的法国大革命便使法国科学事业面目一新,成为继英国之后科学发展的中心——科学水平高,成果累累,新人辈出,并跃居世界领先地位将近半个世纪(数学领域领先时间更长)。当前世界通用的科学计量制度(公制)和现代科学教育制度,都是法国大革命的产物。

第二,自然科学成为提高社会生产力、破除迷信与僵化思想、推导历史前进的革命性力量。哲学、社会科学和文学艺术从整体上说无疑产生于当时的社会生活,但各种学说和流派与社会和时代的具体关系却不能归结为照相式的简单反映,相反,前者与后者往往处于复杂多样的辩证矛盾之中。某些学科和流派,如经济学、社会学和现实主义文学艺术,在一定程度上认识和反映了当时的社会生活;而另外一些学科或流派则明显地表现出对社会的逃避或反抗;有些甚至直接参与了历史的创造,马克思主义就是其中最为典型的例子。

第三,不同学科之间的相互借鉴和交叉影响的趋势日益加强。学科内部的竞争所导致的创新和流派更迭的速度也开始加快,而电影的出现则预示着20世纪大众艺术时代的到来。社会科学也有广泛发展。19世纪以前,人类在分析自己的社会环境所作的几乎全部努力都局限在历史学、经济学和哲学方面。在新创立的社会科学中,首先获得发展的是社会学。它是由奥古斯特·孔德(1798—1857)创立的,以后又被赫伯特·斯宾塞(1820—1903)加以发展。接着,就是人类学的创立。这门科学虽然有时广义地被称为"人类的科学",但是,通常它较为局限于如下课题:人体的进化,现有的人类体型的研究,以及对史前文化和原始社会制度和习俗的调查。

值得指出的是，上述这些文艺思潮、哲学社会思潮还因多种原因、以多种形式被广泛传播，对世界其他各地尤其对东方近代文化产生了不容忽视的影响。

第二节　技术革命与科学成果

19世纪至20世纪初的这段时期，欧洲自然科学得到空前发展。进化论、能量守恒与转化定律及细胞学说这三大发现即是这一发展的典型体现。同时这些发现本身又极大促进了人类思想的进一步解放和学术思想的空前活跃，并由此导致了新的哲学思想和哲学流派、新的文学和艺术形式的产生和发展，引发了社会结构方面的深刻变化，激发了时代步伐的加速前进。

一、传统学科与新成果

物理学界的最大发现当数能量守恒定律。对此做出最大贡献的是英国的业余物理学家焦耳(1818—1889)，他提出了著名的"焦耳定律"。自1820年丹麦的奥斯特(1777—1851)发现了电流效应以后，电的理论研究和电磁学研究获得了连锁性的重大突破：法国的安培(1775—1836)在1826年提出了"安培定律"，创立了电磁理论；同年，德国欧姆(1787—1854)确立了电流、电动势及电阻概念，并通过实验建立了"欧姆定律"。而以法国三大科学家命名的"毕奥—萨伐尔—拉普拉斯定律"则奠定了电动力学数学理论的基础。

1831年，英国的法拉第(1791—1867)创立了电磁感应定律，他的这一创见使得制造永磁式发电机和电动机成为可能。从此，人类开始走向利用电力的新时代。1833年，德国的楞次(1804—1865)创立了"楞次定律"。不久，英国的麦克斯韦(1831—1879)又集诸多科学家的成果，建立了较为完整的电磁学理论体系，他的巨著《电学与磁学论》不但为赫兹发现电磁波奠定了基础，而且也成了爱因斯坦相对论的起点。

化学学科也创见迭出。早在18世纪末，法国化学家拉瓦锡(1743—1794)已提出了元素的概念，不久化学家们就发展了定量的化学分析。1803年，英国化学家道尔顿(1766—1844)在自己的日记里提出了系统的原子理论的思想。五年后，他的代表作《化学哲学新体系》出版，虽然其中还有很多错误明显的结论，如他认为原子不可再分且不可改变，但此书毕竟标志着科学原子论的确立，为化学这门学科的发展开辟了新纪元。与此同时法国科学家吕萨克(1778—1850)也提出一个假说，即在相同的温度和压力之下，相同体积的不同气体中所含的原子数相同。道尔顿对此持不同意见。至1811年，意大利的阿伏伽德罗(1776—1856)提出了分子的概念,解释了吕萨克与道尔顿分歧的原因在于没有区分分子和原子,他据此提出"阿伏伽德罗定律"。遗憾的是该定律并未受到重视,直到半个世纪之后的1860年德国卡尔斯鲁厄国际化学会议上,近代"原子—分子学说"才得以确立。

毫无疑问,这一时期乃至在整个化学学科史上都属最重要成就之一的应属俄国人门捷列夫(1834—1907)在前人成果基础上推出的化学元素周期律。起初门捷列夫的周期律只是一些预言,但当一些新的元素被发现且与他所预言的性质完全一样时,整个西方科学界都被震动了,元素周期律随之得到认可。

19世纪下半叶,物理化学形成。19世纪末,伦琴(1845—1923)发现了X射线。不久,居里夫人(1867—1934)又发现了镭元素。英国的卢瑟福(1871—1937)和丹麦的玻尔(1885—1962)提出了原子结构行星图,该图里已有了原子核、质子等粒子。

19世纪科技发展史上还需提到的是阿尔弗雷德·诺贝尔(1833—1896),他发明了人造丝绸及各种炸药。诺贝尔临死前立下遗嘱,设立了五种以他的名字命名的奖金,分别奖励物理、化学、生物学(或医学)领域中最重要的发现或发明者、文学创作者和为促进国际和平或为世界和平事业作出重大贡献者。如今诺贝尔奖被全世界视为人类智力成就所能获得的最高荣誉。

这一时期特别是19世纪下半叶,西方在生命科学领域所取得的成就堪称最突出。这首先是指生物学中细胞学说的建立,此外医学领域的诸多发现也给人类带来了更多的福音。

进化论对于知识领域的影响无疑是划时代的。1809年,法国博物学家让·拉马克(1744—1829)出版了《动物学哲学》,第一次系统地提出了进化论思想。他的器官进化学说统治了生物学领域达半个世纪之久。正是在拉马克思想的直接影响之下,英国生物学家、进化论的奠基人达尔文(1809—1882)于1859年出版了标志着进化论最终确立的《物种起源》(全称《论经过自然选择或生存斗争中适者生存的物种起源》)。1871年,他又出版了《人类起源与性选择》,向全世界宣布以自然选择为基础的生物进化论,并石破天惊地指出,人是由猿猴演化而来的。达尔文等人的科学学说对于当时仍占统治地位的神学的打击无疑是致命的。

人们对微观的生命世界的认识也在不断推进。早在17世纪,英国科学家胡克(1635—1703)就利用显微镜发现了细胞,不过当时还不知道它的结构、功能和作用。到了19世纪30年代,德国施莱登(1804—1881)提出了植物结构的细胞学说;他的同胞特奥多尔·施旺(1810—1882)指出动物也是由细胞组成;不久穆赫尔发现了细胞质。大约在1830年,俄国生物学家冯贝尔(1792—1876)提出著名的"贝尔法则",胚胎学创立了,生命科学由此得到深入发展。50年代,德国的雷马克

(1815—1865)与瑞士的柯立克(1817—1905)将细胞学和胚胎学加以结合研究,发现卵子和精子也是由简单的细胞组成,胚胎发育的过程是细胞分裂分化的过程。很快,法国化学家、近代微生物学的奠基人巴斯德(1822—1895)对生物自然发生理论进行了划时代的批驳。后者认为微生物及其他微观有机体是在水里或腐烂的蔬菜及牲畜肉里自然产生的,巴斯德则成功地使人相信,一切已知生命形式均来自于早先存在的生命,这就是巴斯德的"生源论"。1879年,德国的弗莱明(1843—1905)又发现了细胞核内的遗传物质载体即染色体。至此,生物学中统一而完善的细胞学说建立起来了,这为本学科的发展奠定了更为牢固的基石。

而医学的发展又是与生物学领域的进步密切相关的。早在18世纪末,英国乡村医生詹纳(1749—1823)发现了天花疫苗;以后又有了乙醚,这几乎是现代医学发展的里程碑,因为乙醚作为麻醉剂使得外科大夫可以从容地进行手术。至19世纪60年代,消毒外科学的创始人、英国的约瑟夫·利斯特(1827—1912)把一位匈牙利外科医师发明的消毒剂加以推广,还发明了用石炭酸溶液对伤口及器械消毒,采用经过酚处理过的羊肠线进行外科缝合。利斯特因此被英国政府于1883年授予爵位。

巴斯德和德国的罗伯特·科赫(1843—1910)的研究使病源微生物学建立起来,医学实践的成就也随之突飞猛进。80年代,科赫发现了肺结核杆菌及亚洲型霍乱弧菌。随后几年,白喉、淋巴腺鼠疫、破伤风、昏睡病等病菌也被分离出来。1885年,巴斯德发现了治疗狂犬病的方法,使本来如此令人恐惧的疾病的死亡率顿时陡降到小于百分之一。19世纪末,医学家又发现,人们司空见惯、习以为常的蚊子居然是疟疾、黄热病等的传播者。不久,梅毒病菌被发现,相应的治疗药物也得到研发。这些医学成果的出现,使人们通过公共卫生和检疫等手段对流行病加以控制的理想有了实现的可能。

二、技术革命与"电气化"

从这一时期开始,"人们已经开始将自然科学原理系统而有目的地应用于经济生产过程"。① 科学成果转化为生产力的结果是导致了以电能为核心的一场能源革命,并进而开始了以电能的开发和应用为主要标志的第二次技术革命。这场革命使得整个世界发生了翻天覆地的变化,并一直影响到今天。

就是在此基础上,1832年,法国皮克西兄弟制造出第一台手摇永磁式交流和直流发电机。1867年,德国西门子(1816—1892)制造了自激式直流发电机,它在

---

① [美]威廉·哈迪·麦克尼尔:《西方文明史纲》,张卫平等译,新华出版社,1992年,第409页。

技术上被认为是具有像瓦特发明蒸汽机那样的划时代意义。与此同时，交流电的应用也随着变压器的出现而迅速扩展。1878年俄国人研制了一台多相交流发电机，1885年意大利的费拉里斯(1847—1897)提出了旋转磁场理论，制造了二相异步电动机模型。接着，三相变压器、三相异步电动机很快先后问世。

1860年，比利时-法国发明家勒努瓦(1822—1900年)获得第一台内燃机的发明专利。1862年，勒努瓦制造了他的第一辆由内燃机驱动的汽车，虽然不是一辆实用型汽车，但是它标志着汽车工业的开始。德国工程师奥托(1832—1891)等人制造出更有效率的往复活塞式四冲程内燃机及汽油机并把它应用于汽车上。1892年，德国的狄塞尔(1858—1913)发明了柴油机。由于其结构简单、价格低廉，因而被广泛用于拖拉机、机车、卡车、公共汽车、船舶等，成为重型运输工具中起举足轻重作用的原动机。

能源革命极大地推动了社会发展，并推动了新兴工业部门的产生。围绕电能技术的广泛应用，电力工业、电气设备工业相应崛起并得到飞速发展。许多影响到人们生活的新技术新设备，如电话、电报、无线电通讯、电灯、电视、空调、电影、电炉、电气火车等纷纷涌现。这场革命给人类所带来的益处是不可估量的。

19世纪末，俄国物理学家、电气工程师波波夫(1859—1906)和意大利物理学家马可尼(1874—1937)发明了无线电报系统。1895年波波夫向公众展示了第一架接收机，它能录下来自闪电的电磁波。1896年他向外发送了世界上第一份无线电报。几乎同时，马可尼在伦敦也进行了实地收发表演。1897年马可尼无线电报公司成立，很快无线电报就用于航海救险。1899年马可尼又实现了英吉利海峡的无线电通讯，1901年他成功地将无线电信号经由大西洋发送出去。他还在英国普尔渡建造了一座大发射台，成功地进行了相隔2000英里之间无线电报的接收工作，从而使无线电报进入远距离通讯的实用阶段。为此，马可尼获得了1909年诺贝尔物理学奖。1916年他着手研究短波无线电通信，为现代远距离无线电通信打下了基础。

法国的达盖尔(1787—1851)是第一位发明阳光照相法的人。1837年，他创造出一种简便而实用的摄影方法，并很快应用到工业生产、科学研究、国防军事及生活与艺术之中。30年代第一代照相机——伸缩式照相机设计成功并投产。这类照相机有蛇腹式照相机、望远镜套筒式照相机等。40年代后"肖像物镜""双物镜"的出现使摄影技术有了改进和提高。60年代折叠式照相机取代了伸缩式照相机。到80年代末市场上出现了第一批使用胶卷的照相机，它预示着可以给人们带来空前视觉刺激与震感的电影行业即将兴起。据报道，1895年11月1日，斯克拉达诺夫斯基兄弟摄制的第一部短片在德国放映，12月28日卢米埃尔兄弟用吸收、发展同时代人成果而制造的活动电影机拍摄的短片在巴黎"大咖啡馆"首次售票公映。这就是现在公认的世界上正式放映电影的开端,也是世界电影史的起点。

值得注意的是,19世纪末20世纪初,美国在科技方面已经显示出领先欧洲老牌资本主义国家的趋势。在前人探索的基础上,1838年美国的莫尔斯(1791—1872)发明了用点、线组成的"莫尔斯电码"。1844年美国政府利用莫尔斯的发明在华盛顿和巴尔的摩之间架起了长达40英里的电报线,从此"莫尔斯电报"得到世界公认。1876年美国科学家贝尔(1847—1922)发明了电话。1878年,美国第一家电话局正式对外营业。1877年,爱迪生(1847—1931)发明了录音器并由此制造出留声机、录音机和麦克风。1879年,他又发明了电灯。据统计,爱迪生及其助手共有1300种关于电器方面的发明,这使得19世纪末20世纪初有关电器的发明与爱迪生的名字紧密相连。1903年,莱特兄弟制作的飞机使人类第一次成功飞上天空;无线电技术的发明者是美国的费森登(1866—1932)。1906年他在自己研究基地上进行了世界上第一套远距离的音乐、口语节目的广播。1913年,福特汽车公司的第一条组装生产线建立。此后整个20世纪科技发展的事实也证明美国确实成为了整个西方乃至全球科技发展的引擎。

第三节　哲学和社会思潮

19世纪甚至直到20世纪初的欧洲,基督教神学和欧洲中心论仍然是占统治地位的思想①。只不过,神话传说与纯宗教思想在知识界已经失去了神圣的地位,它们的价值基本上只是反映在学术研究领域里了。人们的思想观念发生了前所未有的变化,神学的道德说教虽然在西方大多数人当中还在继续施加着影响,但人们对它们的理解已是今非昔比。宗教意义的形象"矮化"后,世俗者的形象相对就高大起来,尤其是思想的巨人携带着他们厚重的成果在这个时代层出不穷地涌现出来。

一、马克思主义及其三个来源

1848年,马克思、恩格斯发表《共产党宣言》。这部纲领性的文件标志着马克思主义的诞生。马克思主义的诞生无疑属于19世纪哲学思潮史里最重要的事件之一,具有革命性意义。因为它不仅影响了人们的思想,更在很大程度上改变了人

---

① 在20世纪初的"新大陆",与教会学说不一致的新思想还不能顺利走进课堂。1925年,美国田纳西州一中学生物教师约翰·托马斯·斯科普斯还曾因为讲授达尔文的进化论而被指控犯下渎神罪。

类历史的进程。

诞生于19世纪中叶的马克思主义是以18世纪前期至19世纪初期欧洲在哲学和社会科学领域里的三大成就德国古典哲学、英国古典政治经济学和法国空想社会主义为基本来源的。德国古典哲学产生于18世纪末19世纪初德国资产阶级反封建主义时期。康德(1724—1804)是德国古典唯心主义哲学的创始人。而黑格尔(1770—1831)是德国古典唯心论哲学的集大成者,其最大贡献是他所阐发的以巨大历史感作为基础的内容丰富的辩证法。由于英国的资本主义发展处于领先地位,所以他们对资本主义经济关系的研究也最为充分。英国古典政治经济学的主要代表是亚当·斯密(1723—1790)和大卫·李嘉图(1772—1823)。19世纪初,空想社会主义学说发展到了高级阶段,其主要代表人物是法国的圣西门(1760—1825)、傅立叶(1772—1837)和英国的欧文(1771—1858)。

作为马克思主义主要创始人的马克思(1818—1883)和恩格斯(1820—1895),批判地继承了两千多年来人类思想和文化发展中有价值的东西,特别是批判吸收了德国古典哲学、英国古典政治经济学和英法空想社会主义的理论,创立了马克思主义哲学、政治经济学和科学社会主义理论,成为无产阶级和全世界被压迫阶级争取解放的思想武器。

马克思主义哲学是辩证唯物主义和历史唯物主义的统称,是关于自然、社会和人类思维发展的最一般规律的科学。它把实践作为认识论的首要的和基本的观点,指出生产实践的发展是决定人类社会历史发展的根本原因。它科学地论证了社会存在决定社会意识以及意识对存在的反作用的关系,阐述了生产力与生产关系、经济基础与上层建筑的内在关系,进而指明社会物质财富的创造者人民群众是历史的创造者,阶级斗争是阶级社会历史发展的直接动力。这一科学的唯物史观揭示了人类社会和自然界的一般规律,对人类文化的发展产生了巨大而积极的促进作用。

马克思、恩格斯从英国古典政治经济学中汲取其劳动价值论而摈弃其掩盖资本家剥削的理论,创立了剩余价值学说。它揭露了资产阶级剥削的实质和剥削工人的秘密,揭示了资本主义必然灭亡的经济规律。它是马克思主义整个经济理论的基石,并与马克思、恩格斯创立的劳动价值学说、资本原始积累学说及社会资本再生产和经济危机学说一道,使马克思主义政治经济学成为一门严密的科学,为世界无产阶级认识资本主义制度,进行推翻资产阶级统治的斗争提供了强大的理论武器。

马克思、恩格斯又从空想社会主义者对资本主义制度的深刻揭露、批判和对未来社会的某些天才设想中汲取合理因素而摈弃其唯心史观和空想成分,揭示了资本主义生产方式及其发展规律,使社会主义从空想变为科学。科学社会主义理论的中心是研究无产阶级解放斗争的性质、任务和正确方法。它指明了社会主义取代资本主义的必然趋势,指出无产阶级作为资本主义制度掘墓人的伟大历史使命,揭示出无产阶级革命和无产阶级专政是推翻资本主义、建成共产主义的必由之路,因而是社会主义实践的指南。当然,由于历史的原因,马克思、恩格斯对社会主义革命和建设的分析与预见不可避免地会带有某些空想的因素,如社会主义社会消灭商品生产的论断就是其一。由此,包括科学社会主义理论在内的马克思主义也是需要在实践中不断发展和完善的。

二、功利主义和实证主义哲学

自然科学飞速发展,提高了经验的地位,使得这一时期的哲学重视探讨科学和经验对于人们知识的作用,强调一切真理演绎来自经验和对物质世界的观察。这种经验哲学倾向突出表现在功利主义和实证主义哲学中。

"功利主义"或"功用主义"①思潮来自于自然科学的发展及社会生活的变迁。它是指以实际利益或功效作为衡量道德标准的学说。历史上多次出现过此类观点,但发展成为系统的理论则是19世纪的事,英国人边沁为其创始人。

杰雷米·边沁(1748—1832),牛津大学毕业,著名哲学家、法学家和伦理学家。在《政府论》《道德与立法原理导论》等书中,边沁系统提出了其功利主义学说。他认为,人最基本的行为与动机是追求快乐与避免痛苦,而个人利益的满足是保证"最大多数的最大幸福"的前提,因此"避苦求乐"也就成了个人行为的基础以及区别善恶是非的准则,同样它也是政府活动的原则。总之,人的全部活动、社会道德与立法活动以及政府行为都只能有一个原则——功利。边沁批判了卢梭的社会契约论等民主思想,从而提出了社会生活的基础和道德之首要原则是"效用原则"或功利主义。他还主张竞争自由,反对政府干预经济。

功利主义哲学的继承和发展者是约翰·斯图亚特·穆勒(1806—1873)。1863年穆勒发表了具有系统功利主义思想的《功利主义》,在书中他抛弃了边沁不加区别的追求"快乐"的思想,认为快乐有质与量的差别,有感官、物质上的,也有道德精神方面的,重要的则是后者。穆勒进一步认为,人在追求幸福之时要平等地顾及他人的利益,功利的标准不仅仅是自己获得幸福,还要使相关的人幸福。可见,与边沁所断言的人有自私的本性不同,穆勒强调的是人的社会感情。他声称,基督教的"己所欲者,施之于人"正是功利主义的精神所在和理想境界。

---

① 源于拉丁文 utilitas,意即"效用"。

"实证主义"创始人是法国的孔德。奥古斯特·孔德(1798—1857)曾做过圣西门的秘书,但后来与之决裂,另创门派。孔德著有《实证哲学教程》《实证政治体系》《实证宗教教义问答》等书,他宣称自己发现了"一条伟大的根本定律"即人类智力的发展规律。他认为:人类历史的发展实质上是人类智力的发展,它经历了三大阶段,即公元1300年之前的神学阶段、1300至1800年的形而上学阶段、1800年以后的科学阶段;认识了人类智力发展的基本规律,就可以掌握改造社会的原则和方法。孔德还创立了社会学,并把它划分为社会静力学和社会动力学,为此他提出进步和秩序两个基本概念。在伦理学上他最早提出"利他主义",这对于约翰·穆勒有直接影响。

孔德所创始的实证主义在演变过程中出现了马赫主义、逻辑实证主义。马赫主义在19世纪末流行于德、奥等国,代表人物是马赫(1838—1916)和阿芬那留斯(1843—1896年),他们也被称为第二代实证主义。至于所谓"第三代实证主义"的逻辑实证主义的流行,那已经是20世纪20至50年代的事了。

"实证主义的产生,开拓了现代西方哲学发展的一个新方向。"①20世纪以来西方哲学中的许多流派,如现象学、实用主义、日常语言学派等大都与实证主义不无关系。

三、进化论哲学与唯意志论

达尔文的学说给知识界造成的影响是革命性的,因为它几乎彻底剥夺了上帝创造万物的特权,而且它很快便开始在社会学领域发挥作用了。英国人赫伯特·斯宾塞(1820—1903)较早地用它来解释社会现象。他说,不仅物种与人依照进化论的原则进化,社会风俗习惯、机构制度、宗教信仰及道德观念也按照该原则进化。这一被后世称之为"社会达尔文主义"或"普遍进化论"的学说无疑产生了更加广泛的争论。

与斯宾塞思想相一致的还有两位哲学家——赫胥黎和海克尔。

英国博物学家赫胥黎(1825—1895)在海洋生物学、比较解剖学、古生物学及人类形态学等方面都有重大贡献。在哲学领域,他指出,社会制度、宗教信仰、道德伦理等等不是由神明制定而是生物遗传与进化的结果,神灵与"上帝"只是神学家们人为所造。不过赫胥黎继承了休谟、康德以来的不可知论,认为物质实体和上帝、灵魂一样都是不可知的,并率先提出了"不可知论"一词。他的《人在自然界中的地位》具有开创性的意义,《论有机界的起因》和《进化论与伦理学》都在当时产生了极

---

① 俞久洪:《外国文化史》,天津社会科学院出版社,1997年,第267页。

大的影响,而且它们对于东方也具有启蒙意义。如其中的《进化论与伦理学》曾被严复翻译成《天演论》,连同相关西方思想论著,它们对中国19世纪末20世纪初这一新旧交替时代思想的转变产生了深刻影响。

进化论哲学家在欧洲大陆的代表是德国博物学家恩斯特·海克尔(1834—1919)。"在欧洲大陆上,他是第一个诚心诚意地赞成达尔文主义的杰出科学家。"①而且在某些方面要比前面两位走得更远,因为海克尔彻底否定了精神之物的存在。他在65岁时发表了《宇宙之谜》,连同《人类发展史》《生命的奇迹》《作为宗教和科学之间的纽带的一元论》,均把达尔文的生存竞争规律较为彻底地搬用到社会领域。

达尔文主义的影响在19世纪后期的唯意志论中继续得到体现。这一理论的创立者叔本华(1788—1860)25岁即获耶拿大学哲学博士,他曾致力于柏拉图、康德的研究,接受了先验唯心主义,但反对黑格尔的绝对唯心主义。在汲取了东方佛教及印度哲学思想后创立唯意志论哲学体系,主要作品包括《作为意志和表象的世界》《论处于自然界中的意志》《论视觉与色彩》等。叔本华认为物质现象只是"摩耶"(幻觉)和观念,唯有意志才是宇宙的本质;他首创并使用"生活意志"一词,认为所有的人都是利己主义者,只是这种生活意志在现实世界中永远也无法得到满足,于是人生充满了痛苦,为此就必须断绝"我执",从根本上否定那"生活意志",这样才能获得解脱,达到涅槃。叔本华还把唯意志论纳入艺术领域,认为艺术是摒弃一切欲望或实用利益的"冥想",艺术创造来源于纯粹的直觉("毫无意志的直觉")。

尼采(1844—1900)将叔本华的唯意志论发扬光大。他认为自然界和社会中的决定力量是意志,历史的进程就是强力意志发挥和实现的过程;就人生来说,人生之目的也在于发挥强力,"扩张自我"。关于进化论哲学,尼采在其《查拉图斯特拉如是说》《道德的世系》《强力意志》中强调,自然选择和竞争机制如同适用于生物界那样毫无保留地适用于人类,经过不断地淘汰,那些低能者、胆小鬼、意志薄弱者将被摒除,于是超人应运而生。不过在此之前,宗教上的障碍也得清除,故而尼采提出要推翻基督教和犹太教,因为它们颂扬了奴隶的德行,为此他宣布"上帝死了"。在《善恶的彼岸》中,尼采认为,所谓的"善"就是强力和权力,而"恶"则源出于软弱。他进一步宣称,卑躬屈膝、不抵抗主义、肉体的苦行、软弱无能等等均是"邪恶的德行",对于它们的颂扬不利于自然选择与淘汰。

---

① [美]爱德华·麦克诺尔·伯恩斯、菲利普·李·拉尔夫:《世界文明史》第三卷,罗经国等译,商务印书馆,1997年,第296页。

四、新康德主义和新唯心主义

新康德主义产生于德国。奥托·李普曼(1840—1912)是早期新康德主义的代表人物,他最早提出了"回到康德去"的口号并批判所有的唯物主义。弗·阿·朗格(1828—1875)开新康德主义者的先河,并彻底否定了康德"自在之物"中的唯物主义因素,以生理学唯心主义理论论证康德的哲学学说。新康德主义后来形成许多流派,他们均否定唯物主义尤其是马克思的新唯物主义,如赫尔曼·柯亨(1842—1918)主张以康德的绝对命令为基础建立"伦理社会主义",以取代科学社会主义的阶级斗争和无产阶级专政的学说;李凯尔特(1863—1936)则指责历史唯物主义是抹杀社会精神生活的庸俗经济学。

一直流传至20世纪的现代哲学流派新唯心主义亦即新黑格尔主义发端于英国,随后蔓延于其他西方国家。斯特林(1820—1909)和格林(1836—1882)是该派最早的代表。前者的《黑格尔的秘密》被视为第一部系统阐述新黑格尔主义观点的著述,格林则被认为是英国该流派的奠基人,如他主张范畴和关系属于理性的东西,它们构成的世界是"绝对理性"(亦称绝对意识)的体现,绝对理性就是"绝对的我"或"无限的我"。在英国,新唯心主义的代表还有布雷德利(1846—1924)、鲍桑葵(1848—1943)。

"相对于自己的艺术以及英、德哲学成就,意大利的哲学成就一向处于沉默状态,不过就新黑格尔主义哲学而言,意大利也有了一流的哲学家。克罗齐、秦梯利就是这方面的代言人。"① 秦梯利(1875—1944)是行动哲学的提倡者,他主张教育是实现极权的工具,强调国家利益高于一切。他著有《精神即纯粹行动论》《现代意大利哲学的起源》,后做过墨索里尼的教育部长,于1944年在二战行将结束时被游击队枪决。作为意大利著名的美学家、哲学家,克罗齐(1866—1952)倡导所谓的"精神哲学"亦即纯粹精神哲学,提出了直觉即抒情的表现、直觉即艺术即美学等论点,也成为表现主义的理论依据之一。克罗齐的主要著作包括《论黑格尔》《黑格尔哲学中的活东西与死东西》。

由新康德主义而来,生命哲学是19世纪末20世纪初的另一现代哲学流派。代表人物之一狄尔泰(1833—1911)最初拥护新康德主义,后转向生命哲学,他认为哲学的中心问题是生命,通过个人的"生活体验"及对生命同情的"理解"就可以认知文化或历史,这些思想反映于其《精神科学导言》《哲学的本质》等著述里。德国哲学家、社会学家、形式社会学的创始人齐美尔(1858—1918)同狄尔泰一样由新康

---

① 高福进:《西方文化史论》,上海交通大学出版社,2001年,第214页。

德主义转向生命哲学,他认为生命是世界的本原,是不断的"自我超越",只有拥有直觉和本能性预见的生命哲学家才能把握生命的整体性,进而领悟世界的真谛。法国的柏格森(1859—1941)是生命哲学的集大成者。他用"生命冲动"和"绵延"两词解释生命现象,认为生命冲动就是绵延——亦即"真正的时间",它是只能靠直觉把握的唯一的实在;直觉就是创造,直觉的境界也就是与上帝合而为一的境界。他进一步将社会划分为"封闭社会"和"自由社会",其分别具有"暴力统治"和"个性自由"特征。柏格森的著名作品包括《时间与自由意志》《物质与记忆》《形而上学导论》及《创造进化论》等。

第四节 形成传统的西方文学艺术

这一时期,西方的文学艺术都在一种充满自信的气氛中蓬勃发展。总的说来,其文学艺术流派和风格多种多样,取得了空前巨大的成就,其杰出的成果已构成当今西方文学艺术经典宝库中的重要组成部分。

一、从浪漫主义到现实主义的文学

浪漫主义文学早在 18 世纪晚期已经出现,如卢梭、席勒、格雷、彭斯等人可谓早期的代表,但 19 世纪约前 30 年才是它的兴盛期。30 年代以后,现实主义文学取而代之,而且其成就之高,堪称整个欧洲文学史上最为令人瞩目的高峰之一。而无产阶级文学的发生发展和现代派文学的萌芽也是这一时期值得关注的文学现象。

欧洲浪漫主义文学思潮的产生、发展,同法国大革命、欧洲民主运动和民族解放运动紧密相关,也深受德国古典哲学和空想社会主义思潮的影响。它在文学上是作为古典主义的对立面出现的,在思想上反映资产阶级上升时期个性解放的要求。其共同特征是:注重主观抒情,追求大胆奇特的想象;歌颂大自然,诅咒城市文明;重视中世纪历史和民间文学;喜欢用离奇的情节并塑造非凡的人物;常用夸张与对比手法。

浪漫主义文学在英、法、德等国取得重大成就,代表作家有拜伦、雨果、海涅等。需要强调的是,正是从这一阶段开始,俄、美等国的文学也取得了引人注目的成就。

拜伦(1788—1824)出身破落贵族家庭,因家庭原因和观点激进而被迫离开祖国,先后在瑞士、意大利等地居住,最后病死在希腊民族独立运动的战场上。拜伦以长诗《恰尔德·哈洛尔德游记》成名,诗体小说《唐璜》被称为"讽刺的百科全书"。其他名作还有《曼弗雷德》《审判的幻景》等。他在"东方叙事诗"中塑造了一系列具有强烈叛逆性格的忧郁的个人主义者形象,被称为"拜伦式英雄"。

雨果(1802—1885)代表着法国乃至整个欧洲浪漫主义文学的最高成就。他在1827年发表的《克伦威尔》序言中公开反对古典主义,成为浪漫主义的宣言。而《欧那尼》的成功上演,则标志着以雨果为代表的浪漫主义思潮对古典主义的最终胜利。雨果的长篇小说《巴黎圣母院》《悲惨世界》等均具有很高的思想艺术水平,充分表现了他的人道主义思想。

德国虽然是浪漫主义思潮出现最早的国家,但其成就却相对较弱。海涅(1797—1856)是其后期代表。他在《歌集》中表现出忧郁和温情,在长篇政治讽刺诗《德国——一个冬天的童话》中又充分表达了自己的爱国豪情。

美国确立独立地位以后,其民族文学最早也是以浪漫主义文学为主流。库珀(1789—1851)是美国边疆小说、海洋冒险小说以及革命历史小说的创始人,主要作品有《拓荒者》《间谍》以及《皮袜子故事集》。爱伦·坡(1809—1849)是侦探小说的先驱,其长篇小说《毕姆历险记》、短篇小说《黑猫》《毛格街血案》等写作风格离奇而怪诞。

俄国的浪漫主义文学在同一时期也开始产生影响。19世纪20—30年代,浪漫主义文学也已成为俄国文学的主流。其代表人物是普希金(1799—1837)。普希金在被流放南俄期间,进入了他的浪漫主义诗歌的全盛时期,特别是叙事诗《茨冈》是诗人这时期的代表作,也是诗人由浪漫主义向现实主义过渡的开始。

现实主义文学流派于19世纪30年代出现在法、英等先进的资本主义国家,很快在欧美各国迅速发展,取代了浪漫主义文学。现实主义文学的产生有其深刻的社会历史原因。在法、英等西欧国家,它是资本主义制度胜利、巩固时期的产物;在俄国则是封建农奴制度走向崩溃、资本主义逐渐兴起时期的结果。而当时社会科学自然科学的新成就,如辩证法、唯物论、实证主义、空想社会主义及自然科学的三大发现都对现实主义文学的形成、发展产生了不同程度的影响。

现实主义文学的特征是:比较客观地、真实地反映社会现实;无情地揭露、批判黑暗现象和社会弊病;在艺术上,注意细节的真实,着力刻画典型环境中的典型人物,以长篇小说为其主要载体。它的思想武器是以人性论为基础的人道主义。

1830年司汤达(1783—1842)的小说《红与黑》的发表,标志着现实主义文学在法国成熟。巴尔扎克(1799—1850)的创作无疑是整个欧洲现实主义文学的一座高峰。仅收入其代表作《人间喜剧》中的包括《高老头》《欧也妮·葛朗台》《幻灭》《贝姨》等在内的小说就达90多部。它们展现了当时法国整个社会生活的风貌,其庞大的规模、浩瀚的内容在欧洲文学史上都是空前的。福楼拜(1821—1880)的《包法利夫人》对人类的堕落进行了一次冷酷的剖析,其精练的语言成为法国散文的典范。他的学生莫泊桑(1850—1893)有"短篇小说之王"的美誉。其代表作《羊脂球》

《项链》等是其创作的精品。跨世纪的现实主义作家代表是罗曼·罗兰(1866—1944),凭以贝多芬为原型的"长河式"小说《约翰·克利斯朵夫》荣获1915年诺贝尔文学奖。

英国的现实主义文学也取得了显赫成就。狄更斯(1812—1870)可以说是下层百姓的代言人。他佳作甚多,主要有《匹克威克外传》《雾都孤儿》《双城记》等。作为现实主义小说家的哈代(1840—1928)一生写了14部长篇小说,犹以《德伯家的苔丝》和《无名的裘德》著名。值得特别关注的是这一时期英国出现了一批现实主义的女作家。如简·奥斯汀(1775—1817),她的《傲慢与偏见》体现了作家创作结构谨严、文笔细腻委婉的特点,也表明其对爱情和婚姻的独特观点和敏锐感受。夏洛蒂·勃朗特(1816—1855)的长篇小说《简·爱》和妹妹艾米丽·勃朗特(1818—1848)的长篇小说《呼啸山庄》都受到人们的关注。

普希金不仅是俄国浪漫主义的主要代表,还是现实主义文学的创始人。他的诗体长篇小说《叶甫盖尼·奥涅金》,是俄国第一部现实主义文学作品。其同名主人公则是俄国第一个"多余人"的形象。果戈理(1809—1852)继承发展了普希金的传统,在喜剧《钦差大臣》和长篇小说《死魂灵》中把矛头指向沙俄官僚集团和贵族农奴主,加强了文学的讽刺和批判倾向,奠定了俄国"自然派"的基础。列夫·托尔斯泰(1828—1910)是俄国最伟大的现实主义作家。他的长篇历史小说《战争与和平》以1812年卫国战争为中心,歌颂下层士兵和俄国人民的爱国主义精神、谴责上层贵族的荒淫无耻,是史诗式的巨著。他的代表性作品还有长篇小说《复活》《安娜·卡列尼娜》等。

美国的现实主义文学在西欧文学发展已呈疲态时却收获了累累硕果,美国文学由此走在了世界文学发展的前列。马克·吐温(1835—1910)以其诙谐、幽默笔调来表现严峻凝重的主题。主要作品有短篇小说《败坏了赫德莱堡的人》《竞选州长》,长篇小说《镀金时代》《汤姆·索亚历险记》《哈克贝利·费恩历险记》等。欧·亨利(1862—1910)享有和莫泊桑一样的"短篇小说之王"的美名,著有《麦琪的礼物》《警察与赞美诗》等短篇小说近300篇,还有长篇小说《白菜与皇帝》等。德莱塞(1871—1945)则是美国最著名的现实主义作家,他的早期作品有自然主义色彩。《嘉丽妹妹》是他的第一部小说,《珍妮姑娘》则可视为其"姊妹篇"。他在发表自己的代表作、具有浓郁而典型的宿命论特征的《美国的悲剧》时已是1925年了。

19世纪30、40年代,工人阶级登上历史舞台,早期无产阶级文学(主要是英国宪章派文学和德国的工人诗歌)也随之产生。英国宪章派文学的主要体裁是诗歌,充满了战斗性、批判性并洋溢着国际主义精神。维尔特(1822—1856)是德国工人诗歌的杰出代表。他的诗歌和小说具有鲜明的政治倾向性和强烈的战斗性。19

世纪 70 年代产生的巴黎公社文学,是无产阶级文学发展的新阶段。鲍狄埃(1816—1886 年)是其最杰出的代表。他的《国际歌》成为全世界无产阶级的战歌,极大地鼓舞了全世界无产阶级和被压迫人民的革命斗志。19 世纪末 20 世纪初,欧洲无产阶级革命中心转移到俄国后,俄国无产阶级文学日趋繁荣,产生了高尔基(1868—1936)等一批杰出的无产阶级作家。

19 世纪后半期,西方现代派文学开始萌芽,出现了象征主义和唯美主义等流派。它们为 20 世纪西方现代派文学奠定了思想艺术基础。象征主义萌芽于 19 世纪中叶。法国波德莱尔(1821—1867)的诗集《恶之花》成为象征主义文学的先驱,它以丑恶、病态的形象揭露城市的丑恶和人性的阴暗,成为后来现代派文学的基调。象征主义文学的代表作家有法国的马拉美(1842—1898)、比利时的梅特林克(1862—1949)等。唯美主义流派最早产生在法国。唯美派提出"为艺术而艺术"的口号,否定文学的倾向性、思想性和功利性,一味追求艺术技巧和形式美。代表作家有法国诗人戈蒂耶(1811—1872)、爱尔兰作家王尔德(1856—1900)等。

二、风格各异的绘画与雕塑艺术

启蒙运动之后的西方基督教世界发生了翻天覆地的变化,这一切对于艺术领域的影响是直接的。追求平等、自由、博爱和个性解放的浪漫主义风格占据主导性的影响。

戴奥多·席里科(1791—1824)是兴起于法国的浪漫主义画派的先驱。他的画风具有浪漫主义的悲壮激情。1818 年创作的《梅杜萨之筏》被认为是浪漫主义的先导。它以震惊法国的现实事件即"梅杜萨号"远洋帆船在西非布朗海滩遇难事件为题材,展现了人们挣扎求救的悲壮情形。可惜 1824 年席里科坠马而死,年仅 33 岁。

席里科的同学德拉克洛瓦(1798—1863)最终使浪漫主义艺术在法国巩固并发展起来。这位被视为"浪漫主义狮子"的画家一生完成各类作品 9 千余件。代表作包括《希洛岛上的屠杀》《阿尔及尔妇女》《自由领导人民》《但丁和维吉尔》等著名油画。浪漫主义风景画的代表是法国的卡米耶·科罗(1796—1875),作为巴比松(巴黎近郊一村庄)派的领袖,他也被视为由传统历史风景画向现实主义风景画过渡的人物,其代表作有《林中仙女》《沙特尔大教堂》等。

和科罗一样,英国的特纳(1775—1851)也沉醉于对大自然或幻想或写实的描绘之中。他成就颇丰,其名作包括《战舰无畏号》《纳尔逊之死》等。他晚年探索光与色的表现效果,对法国的印象派产生了直接影响。英国另一位浪漫派画家兼诗人布莱克(1757—1827)对整个英国画坛产生了很大影响,代表作有《雅各布之梦》

《基督的埋葬》等。而19世纪下半期英国三位青年艺术家组成的"拉斐尔前派"①的理想主义创作无疑是浪漫主义在英国的高度发展。

在西欧其他国家,浪漫主义绘画艺术都有不同程度的发展。德国早期浪漫主义绘画代表是弗里德里希(1774—1840)。西班牙这一时期的戈雅(1746—1828)虽然不算纯粹的浪漫主义的代表,但他的作品体现出的思想与那种风格接近。他对19世纪欧洲绘画曾产生了深刻的影响,著名作品有铜版组画《奇想集》、版画集《战争的灾难》等。

19世纪的现实主义绘画主要表现在法、德等国家。在法国,杜米埃(1808—1879)通常被视为"进步的现实主义画家"。作品包括讽刺国王路易·菲利普的《高康大》等漫画4000余幅、雕塑成品36件、油画和水彩《起义》《三等车厢》《堂·吉诃德》等,这位19世纪法国最有名的现实主义画家晚年双目失明,于贫困中悲惨死去。库尔贝(1819—1877)坚持以真实生活为创作原则,曾担任"巴黎公社"艺术家协会主席,后被捕入狱,成名后又因对拿破仑三世的荣誉勋章不屑一顾地加以拒绝而声誉大振。他的作品如《碎石工》《筛谷的妇女》《画室》等对于现实主义绘画产生了较大影响。德国现实主义绘画的代表是门采尔(1815—1905),在其影响下,德国出现了大批现实主义画家,最著名的是女画家珂勒惠支(1867—1945)。她的创作反映被压迫者和下层劳动者真实生活的作品与她所持的政治主张相一致,代表作包括《织工起义》《暴动》《面包》等。

19世纪,俄国主要以现实主义艺术载入世界美术史册。19世纪上半期俄国著名画家有勃留洛夫(1799—1852)、伊凡诺夫(1806—1858)、费多托夫(1815—1852)等。他们以旺盛的精力、敏锐的思想创作了许多反映时代精神、贴近生活的作品,为后半期现实主义艺术奠定了坚实基础。19世纪下半期出现的巡回艺术展览协会则将俄国现实主义绘画美术推向一个高峰。该画派中克拉姆斯柯依(1837—1887)和佩罗夫(1833—1882)是主要创始人和组织者,但影响最大的要数列宾和苏里柯夫。列宾(1844—1930)创作题材极其广泛,形式多样,历史画、肖像画、风俗画、风景画等无一不精。他的《伏尔加河上的纤夫》《祭司长》《伊凡雷帝和儿子伊凡》等不朽之作,在思想性、艺术性上都达到了19世纪现实主义的高峰。苏里柯夫(1848—1916)的作品大多取材于俄国历史事件。他擅长处理规模宏大的群众性

---

① 1848年,威廉·霍尔曼·亨特(1827—1910)、但丁·加布里埃尔·罗塞蒂(1828—1882)和约翰·罗维列特·米莱斯(1829—1896)三位青年在意大利比萨大教堂欣赏14世纪的一幅壁画《死的胜利》的复制品后,认为拉斐尔以前的作品才是"真正而淳朴"的艺术,于是立即成立了"拉斐尔前派协会",以示对古典主义画派的不满。他们吸引了一批诗人、雕塑家并一致决定在他们的作品上冠以"P. R. B."即"拉斐尔前派"的英文缩写,这标志着该艺术流派的诞生,实际上它反映了浪漫主义风格在英国的形成。

历史场面和人物的刻画,并以独特的构图和色彩变化为特征。杰作有《近卫军临刑的早晨》《缅希柯夫在别留佐夫镇》《女贵族莫洛卓娃》《苏沃格夫越过阿尔卑斯山》等。

19世纪后期,现代主义艺术开始出现,法国印象派可视为滥觞。作为印象画派的开创者,爱德华·马奈(1832—1883)的一幅《草地上的午餐》被认为是第一幅著名印象派作品。马奈的创作运用明亮的色彩和简练的笔法,减少中间色调,增强了明暗对比。前期风格印象派画家最著名的莫过于莫奈和雷诺阿。克劳狄·莫奈(1840—1926)从马奈和特纳的作品中受到启迪,在对光色和空气的探索及运用中产生了灵感。1874年,他在巴黎"无名画家展览会"上展出的《日出印象》由于对光、色彩大加渲染的笔法引起了争议。传统人士借用画名而把参展的画家们戏称为"印象派",名称由此传开。出身贫寒的雷诺阿(1841—1919)把传统绘画与印象派技巧结合起来,并以亮丽透明的色彩表现阳光和空气的颤动。他描绘的对象多为女性尤其是裸女,主要作品有:《浴女》《包厢》《舞会》等。后期印象派中三位大家的出现使印象派艺术达到顶峰,他们是"现代绘画之父"保罗·塞尚(1839—1906),代表作有《果盘》《女浴者》《玩纸牌者》等。保罗·高更(1848—1903),代表作有《两个塔希提妇女》《雅各及天使》等。以及荷兰画家梵高(1853—1890)。梵高是自学成才的杰出画家。他早期作品如《吃马铃薯的人》用色较暗。1886年到巴黎后受到印象派及日本浮世绘的影响,创造了色调响亮、色块凸起、线条跃动的作品以表达主观情绪。作品《向日葵》《吸烟斗的人》《囚徒放风》成为20世纪艺术拍卖行的天价画品。这位仅活了37岁就因精神病而自杀的艺术家对野兽派及表现派都产生了直接影响。

从以上描述可以看出,正如麦克尼尔所说,在19世纪至20世纪初的西方绘画艺术史上,"法国,更确切地说,是巴黎的画家们独领风骚。艺术家们从欧洲各地来到巴黎,他们深受巴黎画家的思想和作品的影响。"①

19世纪建筑艺术基本以实用主义风格为主,它和雕塑艺术一样,长期以来未能取得像绘画那么高的成就。19世纪下半叶,雕塑艺术界终于诞生了一位堪与古希腊雕塑成就相媲美的伟大雕刻家,这就是现实主义大师奥古斯特·罗丹(1840—1917)。罗丹十分重视心理分析,在但丁《神曲》的启迪下,他精雕细琢地创作了包含186件塑品在内的《地狱之门》,虽然在官方阻挠下仍未完成,但其中的《思想者》《吻》《夏娃》等均成为传世精品。他的《青铜时代》《雨果》《巴尔扎克》等也属不朽之作。

---

① [美]威廉·哈迪·麦克尼尔:《西方文明史纲》,张卫平等译,新华出版社,1992年,第482页。

三、臻于鼎盛的音乐艺术

本时期也是音乐艺术的辉煌时代,浪漫主义音乐风格占据了主流。德、奥成就最为突出,意大利、法国也在继续发展,而北欧、东欧国家的民族乐派则迅速兴起以至繁荣。

19世纪上半期的音乐天才中,贝多芬(1770—1827)无疑是最伟大的。他的一生历尽磨难,尤其是双耳失聪给他带来了巨大的痛苦,但他扼住了"命运的咽喉"。在钢铁般的意志驱使下,贝多芬一生创作了9部交响曲、大量钢琴协奏曲、弦乐曲等,对西方音乐文化发展产生了很大影响。他的《第五交响曲》(又称《命运交响曲》),是9部交响曲中最杰出的一部。它以特有的气势表现了人类与恶运的顽强抗争,生动地体现了人类对命运的不屈精神和对命运的最后胜利的乐观态度。

在贝多芬开创的浪漫主义风格的影响下,19世纪的德国出现了一大批世界级的音乐大师。韦伯(1786—1826)被认为是德国浪漫乐派歌剧的创始人。他的《自由射手》(《魔弹射手》)被视为德国第一部浪漫主义歌剧,开欧洲浪漫派歌剧的先河。门德尔松与舒曼两位大家和至交代表了德国前期浪漫派音乐的最高成就。门德尔松(1809—1847)的《e小调小提琴协奏曲》名列世界十大著名小提琴协奏曲前列。为莎士比亚喜剧《仲夏夜之梦》所作组曲在音乐会上经常演奏,其中的《婚礼进行曲》响遍世界。罗伯特·舒曼(1810—1856)被视为最有才华、最浪漫的音乐家之一。他自青年时代起就受到海涅、霍夫曼的影响,并显示出极强的个性。钢琴曲《蝴蝶》《狂欢节》等具有典型的浪漫主义风格。此外还有《a小调钢琴协奏曲》、交响曲《春》、为拜伦的戏剧《曼弗雷德》所作的序曲和插曲以及200多首歌曲。舒曼还是著名的音乐评论家。德国后期浪漫主义音乐代表有理查·瓦格纳(1813—1883)。他在歌剧创作方面是一个革新派。作为文学家和歌剧大师,瓦格纳早年受韦伯的影响,进而转向叔本华、尼采的哲学。如歌剧《特里斯坦与伊索尔德》歌颂死亡与黑暗,反映了强烈的悲观主义情绪。《尼伯龙根指环》等主张宗教神秘和"超人"思想。此外,勃拉姆斯(1833—1897)是一个倾向于古典乐派的浪漫主义作曲家。他费时15年作成的《第一交响曲》再现了当时流行的人道主义思想。其名作还有交响曲、协奏曲、管弦乐等多部。具有后期浪漫派风格的著名作曲家还有理查·施特劳斯(1864—1949)。其作品多标题,配器多取法柏辽兹、瓦格纳,其音乐风格规模宏大、色彩富丽,如交响诗《查拉图斯特拉如是说》《英雄的生涯》,是思想上追逐尼采超人哲学的体现;而同样是交响诗的《死与净化》和《家庭交响曲》则具有自然主义倾向。

继海顿、莫扎特之后,奥地利于19世纪又产生了许多著名作曲家。终生在贫困和疾病中度过的弗朗兹·舒伯特(1797—1828)创作了 600 多首歌曲,是音乐史上罕见的多产作曲家。舒伯特歌曲多取材于歌德、席勒、海涅等人诗作,代表作有声乐套曲《冬之旅》,重奏《死神与少女》等,他还创作了 10 部交响曲。约翰·施特劳斯(1825—1899)有"华尔兹之王"的美称,他以欢快旋转的"维也纳圆舞曲"闻名于世,在这方面他的父亲、兄长均有不少佳作,而约翰·施特劳斯本人的代表作有《蓝色的多瑙河》《维也纳森林的故事》《春之声》等。他还创作有不少轻歌剧和波尔卡舞曲。奥地利浪漫乐派后期的代表是古斯塔夫·马勒(1860—1911)。这位出生于波希米亚的犹太人最早在维也纳大学学哲学,后在维也纳音乐学院学作曲。其 10 部交响曲多反映市民阶级对现实的不满与苦闷及对理想乐园的憧憬,另有结构庞大的《大地之歌》,里面有的歌词以李白、王维、孟浩然的诗句写成。

19 世纪的法国出现了许多著名作曲家包括歌剧作曲家。柏辽兹(1803—1869)是这一世纪上半叶法国最有名的音乐家,也是欧洲浪漫主义音乐的代表人物。他的第一部交响曲《幻想交响曲》也是他最成功的作品。法国 19 世纪音乐最重要的成就还在于歌剧和轻歌剧。几乎与宗教始终相联的古诺(1818—1893)于 1846 年为罗马教皇庇护九世加冕而作了《教皇进行曲》,1949 年此曲被梵蒂冈教廷定为"国歌"。他还著有《浮士德》《罗密欧与朱丽叶》等 12 部歌剧,它们是法国抒情歌剧的代表作。对后世最具影响力的歌剧是比才(1838—1875)的《卡门》。该剧刻画了卡门这位性格泼辣、酷爱自由的吉卜赛姑娘。音乐多用舞蹈歌曲和分节歌,具有强烈的西班牙风味。德彪西(1862—1918)则在印象画派及象征派诗歌的影响下创立了音乐的印象派。如管弦乐《牧神午后前奏曲》与《意象》、组曲《夜曲》和《大海》等均发挥音乐的"色彩"表现力,以平行和弦及泛音效果来造成朦胧、飘忽、空幻和幽静的意境。

这一时期的意大利仍然是欧洲歌剧的中心。罗西尼(1792—1868)14 岁就开始创作歌剧,其《塞维利亚的理发师》是喜歌剧的典范。威尔第(1813—1901)的 30 余部歌剧把意大利歌剧发展推向高峰,他的著名作品有:《纳布科》《欧那尼》《弄臣》《茶花女》《奥赛罗》等。更有意义的是,他的名字"被用来团结追求民族团结、反对封建和教权分裂统治的意大利民众"[①],因而威尔第在意大利人民心目中有着崇高的地位,当他去世后,人们以民族英雄的仪式为他举行葬礼。普契尼(1858—1924)同样在歌剧创作方面有着杰出贡献,他一生有 12 部歌剧问世,《托斯卡》《蝴蝶夫人》等均成为后世乐坛经常演奏的曲目。

这一时期的北欧和东欧都出现了世界级的作曲家。如 19 世纪下半期的挪威

---

① [荷兰]李伯赓:《欧洲文化史》(下),赵复三译,明报出版社有限公司,2003 年,第 188 页。

作曲家格里格(1843—1907)、比利时乐器制造家萨克斯(1814—1894)、波兰"钢琴诗人"肖邦(1810—1849)、匈牙利钢琴家李斯特(1811—1886)等。

俄罗斯民族音乐就像其文学一样也取得了显著成就,引起了整个欧洲乃至世界的瞩目。"俄罗斯音乐之父"格林卡(1804—1857)的创作为俄国民族音乐的发展作出了巨大的贡献。他的《为沙皇献身》洋溢俄罗斯民族风格,是俄罗斯第一部民族歌剧。柴可夫斯基(1840—1893)的不少作品都是反映俄国资产阶级知识分子在亚历山大二世和三世统治下追求个人幸福的愿望和彷徨苦闷的心情。他的音乐语言较多偏重于人物内心世界的刻画,旋律、配器富有表现力。其很多作品如《第六交响曲》(即《悲怆交响曲》)、《天鹅湖》(舞剧)等享誉世界。

第五节 西方文化对东方的影响

自15世纪末地理大发现开辟了新航路之后,西方开始了对外长达近四百年的殖民行为,随之而来的便是西方文化对殖民地本土文化的渗透。尤其进入19世纪以后,西方文化以一种优胜者的心态与气势,带着复杂而难以明言的动机,长驱直入广大东方民族地区,与东方民族传统文化发生程度不一的碰撞、交融和整合,东方文化遂于此阶段程度不等地发生了向近代化的转型。

一、印度传统文化的近代变异

在亚洲,印度可谓是受西方文化冲击最早、影响最深的国家。从16世纪初到19世纪中叶,伴随着西方殖民势力的步步侵入和英国东印度公司在印度殖民霸权的建立,西方文化的影响日益加深,以致印度传统文化发生变异,并在与西方文化的冲突和交融中逐渐形成一种英—印复合型文化。

印度传统文化的现代转型,发轫于西方基督教文明在次大陆的输入与传播。一般认为,西方基督教传入印度是4世纪。到17至18世纪中叶,基督教在次大陆的传播、扩展逐步得以强化。随着以基督教文化为核心的西方资本主义文明的冲击和渗透,19世纪初期以后,一批出身于地主和商业资产阶级家庭的知识分子在勇于吸纳西方文化有益成分的同时,深感其传统的宗教意识束缚着人们的头脑,阻碍了社会的进步,于是发出了宗教改革与社会改革的呼声。就是在此背景下,被尊为"近代印度之父"的罗姆·莫罕·罗易(1774—1833)于1828年在加尔各答创立了近代第一个印度教改革团体"梵社"。该组织在宣传新的宗教思想,兴办新型学校,传播西方科技和鼓励国民参政等方面做了大量的开拓性工作。

英国征服印度后,西方文化对印度的冲击和影响在教育领域里表现得最为明显与深远。18世纪后期,英国殖民当局把英语教育逐步引入印度,以适应时势的要求,现代教育制度也因此在印度确立。1857年,仿照伦敦大学模式的印度第一所大学——加尔各答大学正式创建。它标志着西方的现代教育制度在印度的确立。这一方面刺激了不断接受西方自由、民主、平等思想与观念的印度现代知识分子阶层的崛起与扩大,另一方面也促进了印度新兴资产阶级和近现代知识分子所领导的民族独立运动的兴起。

与此同时,对殖民社会种种现实的揭露、批判、反思和维护民族尊严的自觉性,推动了从17世纪下半期开始萌芽的印度近代文学的发展。到19世纪中期后,它一改中世纪古典文学脱离实际的形式主义创作手法和体裁限制,向主要表现社会现实性和历史文化性的方向转化。而由英国带来的西方文化思潮,特别是英国浪漫主义诗歌和英法现实主义小说在印度的翻译出版,也影响了印度近代文学的发展。泰戈尔(1861—1941)是印度近代文学史上最伟大的诗人和作家,他也是第一个获得诺贝尔文学奖的东方作家(1913)。他的作品既有对殖民者专横暴虐的鞭挞,也有热烈颂扬爱国的激情,还有对封建礼教、宗教偏见、种姓对立、落后习俗的批判以及追求自由解放的理想,在一定程度上反映和展现了近代印度人民反殖反帝反封建斗争的时代精神。

从某种意义上讲,印度近代科学技术的产生也是西方工业文明输入和影响的结果。英国为了便于和确保军事、行政和经济上对印度的控制,带来了大量的西方近代科学技术,如测量学、三角和几何学、水文地理和地质学,并建立了几十个相关的科研机构。印度资产阶级启蒙活动家也热衷于科学知识的普及和西式教育。19世纪中期之后,印度各地先后创办了不少新式学校,特别是新型大学和学院,从而为近代科学技术的传播与发展提供了有利的条件。印度科学家经过长期艰苦的努力,取得了相当大的成就,甚至在个别领域达到了世界先进水平。如物理学家拉曼博士(1888—1970),因发现了具有重大理论意义的光的组合散射现象——"拉曼效应",而获得了1930年的诺贝尔物理学奖。

二、中国传统文化的近代转型

1840年鸦片战争后,中国传统文化及其封闭格局在业已进入近代资本主义工业文明时代的西方文化的强力冲击下,终于一步步地被打破并发生裂变,并且不得不在应对纷至沓来的内外挑战的过程中逐渐地进行整合与转换。

两次鸦片战争的惨败,使清政府和部分士大夫在领教了西人的"坚船利炮"之后,逐渐激起了对西方器艺的惊羡并开始逐步引进。因而从1840年鸦片战争到1895年甲午战争前后的50余年间,主要是近代西方实用科学传入的阶段。其中,在 19 世纪 60 年代之前,以林则徐(1785—1850)、魏源(1794—1857)为代表的少数官员和学者,率先突破了传统的华夏文化中心观,开始了解和研究外部世界,并以此为起点,明确提出了"师夷长技"这一新的文化旗号及其经世主张。这种勇于"睁眼看世界"的开明思想,可谓是中国近代意识产生的起点和较为理智地承认与接纳西方文化的开端。

从 19 世纪 60 年代初到 80 年代,随着洋务思潮的出现和洋务运动的展开,西方的军事工业和民用工业依次移入。一些代表着西方近代文明物质载体的诸如制造局、新学堂、新式海军、工矿企业以及外交机构和报馆书局等纷纷出现。1862 年,以翻译西书和培养翻译人才为目的的京师同文馆成立。设馆译书成为西学传输的一个重要渠道。而派遣留学生出国学习成为接受西学的另一个重要途径。从 1872 年清政府派遣第一批幼童赴美留学,到 1896 年前,在国外的留学生总计已达 200 名左右。这些早期的留学生是西学的实际传播者,成为中西沟通的最好中介。虽然主导这一时期国人对待西学的态度和思想是"中体西用"说,但在具体实践中所汲取的西方知识却对中国传统社会与文化产生了深刻而持久的冲击,新的观念不断借助于具体的事物和事例逐渐改变着人们世代沿袭的成见和信念。

甲午战败,过去曾经极力反对洋务运动的部分守旧之士也开始接受了洋务派的思想与主张,从而减少了对西方"实用之学"引入的阻力。同时,根据《马关条约》的规定,外国在华投资设厂合法化,促使外国列强加大了对华资本输出的力度,也刺激了中国民族资本主义工业的勃兴和实业救国、商业救国等热潮的出现。从 1895 年到第一次世界大战期间,中国的民族工业不断兴起。其中,纺织和面粉工业进展最快,重工业部门以及电力、交通和运输业也有较大发展。然而,由于这些企业总体上规模较小,加之投资经营者又大都来自买办、士绅和旧式商人,一般均无独立的政治地位,对外国资本和本国封建官府依赖性较强,这就使其在近代中国半殖民地、半封建的二元经济格局中,始终未能成为主导的经济形态。

19 世纪末期,西方的社会政治学说与学术思想在华大规模地传播,它揭开了近代中国资产阶级新文化运动的序幕。

1895 年到 1898 年,以康有为(1858—1927)、梁启超(1873—1929)、严复(1853—1921)、谭嗣同(1865—1898)等为代表的、反映新兴资产阶级利益和愿望的维新派思想家,在承继洋务激进思潮的基础上,开始突破了物质与精神分割的"中体西用"的思维定式,第一次全面提出了富强之道不仅限于学习西方实用的科学与技术,还应包括其比较健全的政治制度和体制模式。他们以西方自由、民主、平等的资产阶级观念及进化论和主权在民思想的近代国家学说为理论基础,先后建立了众多的学会、报馆和学校,以此作为他们宣传西政、倡导变法的舆论阵地,从而在相当程度上冲击和改变了中国传统的价值观念和理论结构。

作为中国民主革命的先行者,孙中山(1866—1925)在为中国第一个具有资产阶级政党性质的同盟会所撰写的"三民主义"纲领中,开创性地提出了民族国家走向新纪元的指导思想和理论体系。其中的民族主义和民权主义强烈地表达了中国民族资产阶级反对清朝封建统治、建立资本主义民主政治的愿望,以及力图"揖美追欧、旧邦新造"的政治理想和价值取向。民权主义是孙中山政治革命的根本,它的核心是推翻君主专制,建立资产阶级民主共和国。在这方面,孙中山汲取了中国传统文化中"民为邦本""天下为公"的原始民主观念和"民贵君轻"的民本思想,同时采纳了欧美的社会契约论、人民主权论、天赋人权论,以及法国和美国的代议制模式。孙中山的三民主义是试图会通、融贯中西文化的产物,对西方政治学说更为明确的选择取向和借助传统又超越传统的思考方式,比此前的维新派显然又前进了一步。

总之,19世纪末20世纪初期,是"中国资产阶级思想家和知识分子通过大量引进、传播和吸收西方社会政治学说,使中西文化的冲突和融合发展到了一个制度借鉴与改造的新阶段。这是中国社会思想现代化的重要时期,它为后来的新文化运动做了初步的思想准备"。①

三、成功走向近代化的日本文化

近代以后,西势入侵,西学东渐,特别是1853年美国人用铁舰利炮撞开了日本的大门,迫使日本放弃闭关锁国的政策,主动开始了从传统社会走向近代社会的历史性转折。与此相应,其民族文化也随之发生了向近代化的急剧而深刻的转变。

幕府末期,随着其国内农业生产力的不断提高和商品经济的持续发展,以及以荷兰为先导的西方国家的陆续东来,日本的知识界和众多思想家们已不同程度地意识到了民族危机的临近。他们寄希望于社会的变革,因而纷纷不遗余力地从各自角度开列救世良方,其中"洋学"受到特别的重视。"洋学"指的是从17世纪之后来自西方的有关医学、兵学、天文、地理、历史等方面的近代自然科学和社会科学知识。由于这些知识最先经荷兰人之手传入日本,故又称"兰学"。兰学的流传对日本知识界影响很大,不仅民间人士主动问学,就连幕府也在1811年设置了专门的翻译机构。这使得幕府末期的日本社会,逐渐形成了一个倡导学习西方科学技术的知识分子集团。在学习、研究西方近代科学的过程中,洋学家们自然而然对东西方文化作了比较,结果在价值取向上,渐渐转向了对西学的膜拜和对汉学的疏离,

---

① 裔昭印:《世界文化史》,华东师范大学出版社,2000年,第448页。

主张开放国门,师从西方。1840年中国在鸦片战争遭到惨败后,这一倾向和吁请更盛。

上述思潮,为明治启蒙思想的产生提供了思想资源和历史准备。明治维新运动明确地把传统的佛儒思想划为高谈空洞的"虚学",而把近代西方的物理、化学、经济、哲学等学问视为依据实象、专论实理的"实学"。统治者及其思想精英们还以孔德的实证主义为理论依据,从强调知识的实证性和实用性出发,为"实学"赋予了与近代科学技术相联系的、旨在推动资本主义生产发展的唯物主义的世界观和以归纳法为主的认识方法论,从而为吸收、引进西方近代科学技术提供了必要与合理的哲学依据。在当政者的支持下,便有了以西方国家为榜样、实现日本资本主义近代化的重大政策和动员民众学习西方科学和文化、实行社会变革的口号——"文明开化"。"文明开化"的核心是强调学习西方,因此可视之为日本明治时期近代化过程中的欧化现象。在经济发展方面,日本按照西方国家的模式,大力发展作为工业生产基础的煤铁工业和有利于国家资本积累的纺织工业,改组不利于经济发展的旧的政府机构,改变传统的生产和经营方式,以力求实现经济独立。在政体建设方面,最终仿效德国宪法,确立起以天皇为核心的立宪君主制。在教育方面,1871年设立文部省,1872年发布《学制令》,改革旧的教育制度和教学内容,移植西方学制和近代科技知识,广派留学生,普及初等教育,重视实业教育,发展高等教育。日本政府还从1914年起创办传染病研究所,并以此为开端,逐年兴办各种科研机构,从而使科学研究不断发展起来。

四、近代伊斯兰文化的发展轨迹

19世纪,随着奥斯曼帝国的衰落,西方殖民强国完成了对西亚广大伊斯兰地区的控制,西方先进的生产方式及其上层建筑政治思想和文化观念开始在伊斯兰社会传播,给伊斯兰传统文化以巨大冲击。如何回应西方文化的挑战,关系到伊斯兰社会的生存与发展,并且成为伊斯兰世界的核心问题。穆斯林中的一些有识之士,纷纷提出各种主张,以维护和振兴伊斯兰文化,从而引发了一波又一波的"伊斯兰复兴运动"。

"伊斯兰复兴运动"主要呈现两种趋向:一是回归《古兰经》的文化复古主义。复古主义兴起于18世纪后期,其影响却延续到下一个世纪。它虽然强调"回归《古兰经》",但实际上是要寻求变革,只不过采取了一种"托古改制"的形式,各种运动最后都走上反帝反殖反封建的道路。其中最有影响的是新苏非主义,这是近代伊斯兰教中的一个神秘主义教派,它既注重对经典、教义"隐义"的解释和信仰,强调对玄义的体验,也主张积极参与现实生活,简化宗教仪式。瓦哈比运动是复古主义中的实践派运动,是伊斯兰复兴运动的先驱。其倡导者是穆罕默德·伊本·阿布杜·瓦哈比(1703—1792)。正是此人提出了"恢复正教"和回到古兰经去的口号。他的学说在阿拉伯半岛得到了积极响应。

二是旨在革新伊斯兰文化的现代主义。现代主义形成于 19 世纪下半叶,它更多直接强调社会革新,用学习西方先进科学文化作为变革的主要手段,使伊斯兰教适应社会的需要。其最杰出的代表是哲马鲁丁·阿富汗尼(1838—1897)。他的核心思想首先是要把传统的伊斯兰教与科学和理性融合在一起,从而使伊斯兰国家走出困境,实现现代化;其次,要加强穆斯林团结,建立统一的伊斯兰教国家联盟;第三,必须学习科学技术,但不能"西化"。

这两种思潮及其运动的结果,促进了伊斯兰社会的团结,传播了西方先进文化,为 20 世纪伊斯兰复兴运动作了准备。

五、打上殖民烙印的非洲近代文化

非洲近代史是以西方殖民主义者的入侵为开端,因此非洲近代文化也被深深打上了殖民侵略的烙印。

其实,直到 18 世纪,非洲文化基本上仍处于独立发展状态。虽然在 16 至 18 世纪期间,伴随着西方殖民活动,基督教文化已经进入非洲,尽管它对非洲文化也形成了一些冲击,但基本上对非洲文化没有根本性影响。进入 19 世纪后,西方文化随着帝国主义对非洲的瓜分而开始大规模渗透,非洲文化的正常进程由此被切断。正是在本世纪,西方资本主义强国踏上工业化道路,非洲丰富的原材料和广大的产品销售市场,自然成为其争夺的场所。它们竞相采用暴力胁迫和文化影响两种方法,在非洲扩大势力范围,直至 20 世纪初将非洲大陆瓜分完毕,建立起各自的殖民统治。西方殖民者在非洲的入侵并推行殖民化,对非洲文化产生了巨大影响。

西方殖民侵略的消极影响主要表现为:第一,野蛮的殖民侵略,使非洲人的生存构成威胁,大量人口惨遭不幸,文化发展的直接承载者被扼杀。第二,非洲文化存在和发展的经济基础萎缩。由于西方殖民政策的作用,非洲传统的农业、手工业和制造业在西方产品冲击下,日益向殖民地经济演进。第三,西方文化在非洲的强制性拓展,使非洲文化的生存空间受到挤压。许多殖民国家推行不同形式的同化政策,他们利用创办学校和医院,培植西方文化因子,通过各种明目张胆的或潜移默化的形式,推翻原有的各种信仰和思想以及古老的生活方式。它使整个非洲民族几乎失去了自己的文化之根。

不过,殖民统治者在非洲文化领域还扮演了另外一个如马克思所说的"历史的不自觉的工具"的角色。基督教传教士在非洲创办学校,传播西方文化,其主要目的是培养为殖民统治服务的奴化人才。但非洲优秀的近代知识分子把吸收的西方文化注入了非洲传统文化中,他们成为此后非洲非殖民化运动的先驱。19世纪末20世纪初,非洲出现了第一代民族主义者,其中爱德华·威尔莫持·布莱登是杰出代表。布莱登(1832—1912)被称为非洲民族主义之父。他一生反对种族主义,反对西方殖民非洲的活动,积极倡导"非洲个性"和"非洲人的非洲"等民族主义思想。1872年,他在西非创办了第一份泛非刊物《黑人》,弘扬黑人文化,传播民族主义思想。他的一整套非洲民族主义的哲学思想,成为20世纪非洲民族主义运动的理论基础。1900年诞生的泛非主义,就是这一理论的继承和实践。

总之,近代西方在非洲的殖民统治使非洲传统文化遭受摧残,正常的发展道路被遏阻;同时,西方文化在非洲的传播又为非洲文化注入了科学的因素,促使非洲传统社会朝现代社会转轨。19世纪产生的民族主义思潮和20世纪的民族独立运动,本质上就是非洲文化革新在社会政治经济领域的反映。

第十六章

18世纪至20世纪的北美文化

第一节 概　　述

　　从行政区域上说，北美包括加拿大、美国和墨西哥等国家。本章只涉及美国和加拿大两个英语国家，墨西哥等其他国家则放在本书"第十七章 18世纪至20世纪的拉丁美洲文化"当中。实际上，说到"北美文化"，其历史应从北美大陆上原住民印第安人的文化开始算起。但是，从欧洲历史上的15世纪地理大发现、哥伦布的"发现新大陆"开始，这块"新大陆"的历史就由欧洲人书写和记录了。当时的整个美洲被欧洲诸多发达国家侵略和瓜分，北美洲则从被欧洲人起名为"印第安人"的自由土地变成了英、法等国的殖民地。后来伴随着欧洲各国移民的到来，逐渐形成了北美殖民地文化。

　　在美国独立革命之后，北美分成了今天看到的两个主体部分，一个是美国，另一个是加拿大。美国从英国殖民者统治中独立出来，从此开始了自己独特的文化和文明发展。而加拿大则延续了英国殖民时期的统治方式，和澳大利亚类似，至今仍然是英联邦成员，接受英国的保护，在国际上没有太多自己独立的政治、军事和外交地位。可以说，北美的历史以美国独立为分水岭，使得原来欧洲殖民时期如同兄弟关系的美国和加拿大，逐步形成两个独立的国家文明体，各奔前程，发展至今。

一、美国历史文化

　　从地理上看，在1776年7月4日之前，美国还没有独立，它只是北美洲沿大西洋侧的一块狭长的地带。此后经过了近200年的战争掠夺、西进扩张、低价购买，美国的国土横跨北美大陆，延伸至北美洲西北角的阿拉斯加，另包含地处北太平洋的夏威夷，国土总面积达到930多万平方公里，居世界第四位。美国国土的主要部

第十六章 18世纪至20世纪的北美文化

分是北美洲的中央地带,东濒大西洋、北与加拿大接壤,南同墨西哥毗邻,西邻太平洋。本土东西长 4500 公里,南北宽约 2700 公里,海岸线长达 22680 公里。在这片幅员广袤的土地上,有宽广的平原,有高耸的群山,有逶迤的丘陵,有低洼的沼泽,有绵延的海岸,有辽阔的大河,还有贫瘠的沙漠。美国地形构造的特点是东西两侧高中间低平,没有东西走向的横向山脉,只有南北走向的行列式山岭。美国的自然纬度分明,因此各地区地貌特征差异明显。

从气候上看,美国大陆的地理位置介于北纬 25 度至 49 度之间,除佛罗里达半岛属于热带气候之外,大部分地区属于亚热带。大陆以外的两块领土,阿拉斯加州位于北纬 60 度至 70 度之间,属于寒带气候;夏威夷州位于北回归线以南地区,属于热带气候区。由于东西两边是大西洋和太平洋,美国受不同气流的影响较大。此外,美国本土辽阔、地形复杂,因此各地区气候差别较大。比如,美国东北部沿海和五大湖地区属于大陆性温带气候,但受拉布拉多寒流和北方冷空气的影响,这两个地区寒冷的冬季较长,而温暖的春季和炎热的夏季较短。美国东南部和墨西哥湾沿岸地带属于亚热带气候,受到墨西哥湾暖流的影响,则相对温暖湿润得多。这里一年中的无霜期较长,春夏两季雨水多,秋季干燥,冬季多风雪。美国中部是大平原,地势平坦,南北方没有屏障,来自两边的气流长驱直入。因此这一地区冬季寒冷,春夏两季气温高,湿度大,常年受到寒潮和飓风袭击。美国西部是内陆高原,气候干燥,冬冷夏热,年平均降雨量全美最低。美国的西海岸地区,受到不同地形高度和海洋暖流的影响,在太平洋沿岸北段的地区是海洋性温带气候,冬暖夏凉,雨量充沛,而在太平洋沿岸南段的地区则属于亚热带地中海型气候,冬季温暖多雨,夏季闷热干燥。

从历史文化层面看,在 1492 年哥伦布"发现新大陆"之后,西班牙、荷兰、法国、英国等开始向北美移民。英国后来者居上,在 1607 年建立了第一个城镇詹姆斯顿。1620 年,一群英国清教徒搭乘"五月花"号帆船,经过 8 周的海上颠簸,横穿大西洋终于到达了今天美国波士顿附近的普利茅斯,并在登陆上岸的一块岩石上做了记号,至今仍然保留在海边,被人们称为美国建国的基础。以后大批的英国移民接踵而至,经过 100 多年的时间到 18 世纪 30 年代,英国在与荷兰、法国等国多次激烈交战后,相继在北美东海岸建立了弗吉尼亚、纽约、马萨诸塞等 13 个殖民地。1763 年,英国在和法国争夺殖民地的"七年战争"中取得胜利。但英国国库因战争消耗而亏空,于是加紧了对殖民地的压迫和剥削,引发了殖民地人们的反抗。1773 年,由波士顿茶叶事件引发了殖民地人民的武装起义。1775 年 4 月,波士顿以北的列克星敦打响了美国独立革命的第一枪。1776 年 7 月 4 日,殖民地人民的权力机构大陆会议在费城召开,通过了由杰斐逊起草的《独立宣言》,宣布建立美利坚合众国。之后经历了多年艰苦卓绝的战争,殖民地人民终于在1781年下半年打败了英国殖民统治者。1783年,英美两国在巴黎签订合约,英国被迫承认美国独立。1787年制定了美国联邦宪法草案。1789年美国联邦政府正式成立,国会宣布宪法生效,原来的13个殖民地成为了美国建国最早加入联邦的13个州。

18世纪的美国在独立之后,领土开始迅速扩张。1803年,美国利用英国和法国之间的矛盾,在拿破仑战败之时,以1500万美元购买了法国在北美的整片路易斯安娜地区,使得美国的国土翻了一番。1804年,美国总统杰斐逊派出一支考察队,前后经过18个月,一直西进到哥伦比亚河流入太平洋的河口。1806年,美国人把这次最早西进到太平洋岸边的移民走过的路,叫做"俄勒冈小道",并宣称对它的主权。在1805年时,杰斐逊派出的第二支考察队,到达了当时属于西班牙殖民地的圣菲,也由此开始了美国历史上著名的"西进运动"。1818年,美国向英国购买了现在是北达科他州的部分土地。1819年,向西班牙购买了佛罗里达。1846到1848年间,美国和墨西哥交战,先后占领了德克萨斯,又迫使墨西哥让出了今天的加利福尼亚、亚利桑那、内华达、犹他、新墨西哥、科罗拉多等州。独立后的百年之内,美国把领土从最初的13个州增加到48个州。最后加入美国的两个州,一个阿拉斯加(包括阿留申群岛)是1867年美国以720万美元向沙皇俄国购买的,另一个夏威夷1898年兼并而来。这一时期的美国资本主义得以飞速发展,至1860年工业总产值跃居世界第四,仅次于当时的英、法、德三国。

19世纪是美国领土不断突破和经济飞速上升的时期,尤其美国北部的资本主义取得了非凡的成绩。但是,美国南方仍然保留着依赖黑人奴隶发展经济的种植园制度。北部的制造业、商业、金融业和运输业都呈兴旺发达之势,生产的纺织品、木材、服装、机械和皮革等也达到了相当高的水平;而南部的经济单调,主要是棉花生产,劳动工具简陋,劳动力依靠黑奴。不同的经济发展水平,拉开了两个地区的生活水平,一个先进,一个落后。但更为重要的是,不同的经济制度产生了两种截然不同的价值观和基于此的社会秩序。北部的工业资本主义崇尚自由竞争、雇工自由和个人尊严,而南部的种植园奴隶制经济则依赖于强迫性劳动和森严的社会等级制度。这两种对立的社会和经济制度是水火不相容的。随着美国疆土的扩大和新州的建立,南北之间的矛盾冲突日益趋于尖锐化。19世纪初,美国联邦共有22个州,北方自由州和南方蓄奴州各占一半,两者在国会议员中的席位也大致相当,政治权利平分秋色。但是随着美国西部各个新州的诞生,它们以什么样的形式加入联邦,对南北双方在联邦政府中的权力平衡具有决定性的意义。因此南北政治力量在西部新州建立这一问题上的矛盾冲突越来越大,难以调和。

1860年,代表北部工商业资产阶级和其他反对蓄奴力量的共和党候选人亚伯

第十六章　18世纪至20世纪的北美文化

拉罕·林肯当选为美国总统。1860年12月，南卡罗莱纳首先召开全州代表大会，宣布脱离联邦。紧跟着南部的另外六个州相继宣布脱离联邦。1861年2月，这些州在阿拉巴马州召开代表大会，宣布成立"南方联邦"，另设总统、宪法和首都。1861年4月12日，"南方联邦"令其武装力量袭击联邦军队驻守在南卡罗莱纳州的萨姆特要塞。林肯为了维护共和国的统一，迅速下令征兵以镇压南部的叛乱活动。一场历时四年之久的南北战争由此拉开了序幕。战争开始之后，南方又有四个州脱离联邦加入了南方联邦，形成了由11个州组成的南方联邦和美国联邦旗下的23个北方州对阵局面。1862年，林肯政府颁布了《宅地法》和《解放奴隶宣言》两项法令，它们更有力地推动了战争朝着有利于北方的一面发展。尤其是《解放奴隶宣言》，它规定自1863年1月1日起，南方叛乱州的黑奴均为自由人，可以参加联邦军队对南方联邦的作战。结果约有19万南方黑奴加入了北方军。1864年北方军发动总攻击，于1865年4月3日攻克南方联邦的首都里士满。不久之后南方军统帅罗伯特·李率部下向北方投降。南北战争最终以北方的胜利结束。据统计当时的美国人口有3000万，而在南北战争中双方死伤人数超过60万，财产损失达150亿美元。1865年12月美国联邦政府正式宣布废除奴隶制，《宪法》修正案第13条生效，但林肯总统也在这一年被刺杀，说明种族冲突依然尖锐，这也预示了消灭真正的种族矛盾和歧视美国还有漫长而艰辛的路途要走。

　　南北战争之后，美国的政治、经济、文化各方面有了更多更广泛的发展。战前的美国是农业大国，战后迅速实现了工业化。从1865年至第一次世界大战期间，美国的国民生产总值以平均4%的年增长率发展。1870年，美国全国的工业比重超过了农业。1890年，美国的全国工业总产值超过了老牌资本主义强国英国、法国和德国，一跃成为世界第一。南北战争结束之后，美国急需大量的劳动力，政府加快了移民的迁入。实际上，这个作为世界上最大的移民国家的美国，除了极少数的原住民印第安人以外，绝大多数是外来移民的后代。18世纪中后期，北美的13个殖民地的移民有200多万，其中80%来自英国，其他来自德、法、瑞士等国的白种人，还有约50万从非洲贩卖掠夺来的黑奴。1776年美国建国时总人口约240万。南北战争结束到20世纪初，美国出现了移民高潮，主要来自东南欧的国家。人口的剧增引起了国会的注意，开始对移民区别对待：给西北欧移民优惠，限制东南欧和其他地区移民的迁入。据统计从1820年到1963年，有4400万移民进入了美国。所以这个由移民组成的国家，具有多民族的风俗习惯，具有多种语言文化，具有多样化的宗教信仰，也潜藏了多种族的由来已久的差异与矛盾。

二、加拿大历史文化

　　加拿大位于北美洲北半部，南邻美国，北濒太平洋，东北部隔巴芬湾与格陵兰岛相望，西北部与美国的阿拉斯加接壤，国土面积997.061万平方公里，仅次于俄罗斯，是世界上版图第二大的国家。加拿大国土面积的92％为陆地，8％是内陆江湖，水系众多，四通八达。举世闻名的五大湖区，除了密执安湖完全在美国境内，其他四湖为两国共有。五大湖的储水量相当于地球上淡水总量的四分之一，加拿大拥有的湖面达92600多平方公里。

　　与美国文化的起源一样，加拿大文化也起源于北美原住民的土著文化。欧洲人对加拿大的探险和发现最早在15世纪末。但有着较为丰富记载的探险家则是16世纪法国的雅克·卡蒂埃，他在1534、1535、1536年多次对加拿大进行了探险。所以加拿大东部的许多地名都是他命名的，甚至加拿大国名也是与他有关。据说一次卡蒂埃与北美易洛魁人的交谈中，听到他们使用了"加拿大"一词来说明一个村庄，但是卡蒂埃却误以为这个词指的是这里整个地区，并且把这个词带回了欧洲。从此"加拿大"就成为了欧洲人地图上标记这个国家的名字。

　　从17世纪开始，随着法国等在北美建立殖民统治之后，加拿大也历经了北美的殖民地文化阶段。加拿大最早是法国的殖民地，法国在加拿大逐步建立永久殖民地——新法兰西的目的是为了遏制英国等在北美的扩张。从1663到1763年这一百年之间，新法兰西在法国国王的统治之下。这一时期的殖民地事务归海军大臣主管，无论是国王路易十四还是海军大臣，都对殖民地的壮大发展给予了较大的关注。但是，法国采取的是保守主义的政策和限制移民，在后来与英国的竞争中逐渐处于劣势，在殖民地掠夺中最终败给了英国。使得加拿大变为以不列颠和法兰西两大民族为主体的英国殖民地。而英国在加拿大殖民的目的其实是针对新兴的美国。这些历史发展导致了原来同属于欧洲殖民地的加拿大和美国分道扬镳，各自发展。

　　18世纪从属于英国殖民地的加拿大，直到今天在许多方面都因袭了英国文化的传统。比如议会制度、法律、意识形态和道德准则等都建立在英国传统的基础之上。英国殖民者自从打败法国殖民者之后，不列颠民族一直是加拿大占统治地位的民族，英语一直是加拿大的官方语言，也是使用人数最多、应用范围最广的语言。所以说，英国文明在加拿大文明进程中的影响和作用是巨大的，是任何其他民族群体无法相比的。英国的显著影响主要在1763年开始统治加拿大到1867年加拿大自治领成立的这一历史阶段。

　　与美国充满了血雨腥风的坎坷曲折的历史历程发展不同，加拿大在成为英国殖民地之后,本土发生的大规模战乱很少,大部分时间进行着和平建设。从 1763 年英国控制加拿大开始,这块土地上发生过三次有一定规模的军事行动,一次是 1812 年击退美国的边境进犯,另外两次分别是 1867 和 1885 年两次镇压里埃尔领导的梅蒂人起义。1791 年宪法把加拿大分为上、下加拿大两个省。1812 年 6 月,美国对加拿大宣战。美国人认为上加拿大应该是美国一个州。美国总统托马斯·杰斐逊相信,迁往加拿大的美国移民不会听命于那里的英国政权,征服加拿大轻而易举。彼时驻扎在那里的英国军队仅有 2200 人,在大湖区的西部,印第安人也早被美国消灭和驱逐。但是在战争中,效忠派却没有倾向美国,他们参加了英属北美军,与美国军队展开了殊死搏斗。两年多的时间,战争双方各有进退。1814 年英国增援部队到达,向美军发动进攻。最终,两军不分胜负战争在僵持状态中不了了之。

19 世纪中期,加拿大内部政治分歧严重,主要的政党派别之间的矛盾冲突日益尖锐化,权利斗争一触即发。1858 年,在加拿大省出现了联邦主义运动。1864 年产生了联合内阁,成为联邦主义运动的真正推动力。1866 年,在英国政府的支持下,加拿大、新斯科舍和新布伦瑞克 3 个殖民地的代表汇聚伦敦,召开协商联合会议,决定 3 个殖民地成立一个新的实体,自称加拿大自治领。1867 年 2 月,英国上院和下院正式批准了英属北美法案。1867 年 7 月 1 日,英属北美法案正式生效。魁北克(原加拿大省东部)、安大略(原加拿大省西部)、新斯科舍和新布伦瑞克共同组成一个统一的联邦国家,定名为加拿大自治领,首都设在渥太华,第一届总理约翰·麦克唐纳。从此,加拿大国成立,加拿大人开始书写自己的历史。加拿大人从制定第一部宪法就注意到自己国家的多民族、多样化特点。所以,从它建国至今所采取的政体上的联邦制、教育制度上的分省管理制、自然资源各省管理制、语言交流上的双语制、民族自治政策、多元文化政策、遗产语言政策、宗教宽容政策等,无一不体现出了加拿大对本国多元文化的尊重和保护,也使得加拿大在一个高起点上得以前进和飞速发展。

第二节 社 会 文 化

社会文化是综合性文化,是各种文化的集合体,它包含许多亚文化和次文化。

本章选择北美社会文化中比较重要、有特色、有代表性的侧面,如电影文化和宗教文化进行介绍。

一、电影文化

北美的电影文化风靡世界。电影是一个国家软实力的重要组成部分,它能起到硬实力所起不到的作用。它不仅能带来巨额利润,而且还能输出文化、输出价值观。

美国电影。美国是世界电影中心,电影成为美国的一个重要产业。美国好莱坞大片常常具有巨大的震撼力和感染力,影响到全球各国人民的生活方式。

1893年,爱迪生发明电影,随之好莱坞兴起,八大电影公司成立。八大电影公司包括环球影片公司、20世纪福克斯电影公司、派拉蒙影业公司、哥伦比亚影业公司、华纳兄弟影业公司、米高梅公司等。美国电影在全球范围获得霸主地位。当时主要的制片基地在纽约,后来转移到好莱坞。1926年,华纳兄弟公司发行第一部有声电影《唐璜》。1927年10月首映世界上第一部有声故事片《爵士歌手》。从20年代末开始,迪斯尼公司创始人沃尔特·迪斯尼(1901—1966)创造米老鼠、唐老鸭等一系列家喻户晓的动画形象,使美国动画片的影响遍及世界。他的动画片获得22个奥斯卡奖。从战后开始直至50年代初期,是好莱坞"黄金时代"的最后一段繁荣时期。这一时期最突出的影片有:卓别林导演并主演的《凡尔杜先生》(1947)以及S. 多南和G. 凯利执导的《雨中曲》(1952)等。好莱坞位于美国加利福尼亚州洛杉矶郊外,在此聚集着美国约六百家影视公司。好莱坞云集大批世界各地超级的导演、编剧、明星等。中国明星成龙、李连杰、周润发、巩俐、章子怡等,著名导演李安、吴宇森都到过好莱坞发展事业。

奥斯卡金像奖,即学院奖,被视为世界影坛最重要的电影大奖。学院奖有20多个不同的奖项,囊括了各种电影类型,每年由美国电影艺术与科学学院颁发。奥斯卡奖自1929年开颁以来每年都在加州洛杉矶举行颁奖典礼。奥斯卡奖杯是一座高34.3厘米、重3.9千克的镀金裸体骑士像,双手交叉于胸前,握着一把长剑,站在一个五环盘上,每一个环代表影艺学院的一个部门:制片、导演、编剧、演员、技术人员。金像的原始设计是塞德里克·吉朋斯(1893—1960),他当时在米高梅公司担任美术师,是最杰出的美术设计之一。他不仅设计了金像奖,日后还11次获得奥斯卡金像奖。

获奥斯卡奖项最多的影片是《泰坦尼克号》(1997),获11项奖。获最佳影片奖的第一部彩色影片是《乱世佳人》(1939年)。获最佳女主角最多的演员是凯瑟琳·赫本(1907—2003),分别是1934、1967、1968和1982年,先后4度获奖。1997年由美国二十世纪福克斯电影公司、派拉蒙影业公司出品的《泰坦尼克号》票房为18.432亿美元,居世界第一位。在全球电影票房总排行中名列前茅的几乎都是美国电影公司制作的电影。

加拿大电影。加拿大第一批电影拍摄于 1898 年,主要是纪录片。1913 年出产第一部长故事片。其后加拿大出产了一些非常有深度、质量上乘的电影作品。电影导演大卫·克罗南伯格(1943—　)的《欲望号快车》(1996)获得戛纳电影节大奖。德尼斯·阿坎(1941—　)的《美帝国的衰落》(1986)已赢得国际声誉。

每年在多伦多、温哥华等地举行国际电影节。多伦多国际电影节,在 1998 年被杂志《综艺》(Variety)认为是仅次于戛纳的电影节。它被认为是美国奥斯卡金像奖的预演。多伦多国际电影节创办于 1976 年,每年 9 月举行。共有近 6000 部影片已经在这里与世人见面,其中有大约 300 部登上奥斯卡提名名单或领奖台。加拿大温哥华国际电影节创办于 1982 年,设有龙虎奖、最佳加拿大故事片奖等,被称为北美最具活力和独立精神的一个电影节。该电影节每年十月举行,它有一个"龙虎"系列,专门放映亚洲电影。

加拿大也有世界超一流的导演和明星演员。詹姆斯·卡梅隆 1954 年出生于加拿大安大略省,后来成为好莱坞电影导演、编剧。1997 年,他执导的电影《泰坦尼克号》获得奥斯卡最佳导演奖。玛丽·毕克馥(1892—1979),加拿大电影演员,她是最早在好莱坞奋斗的加拿大演员之一。她与查理·卓别林等创立联艺制片公司。她也是美国影艺学院 36 位创始人之一。1929 年她主演影片《贵妇人》(Coquette)获第二届奥斯卡最佳影后,并获得奥斯卡终身成就奖。

二、宗教文化

在美国和加拿大,来自英、法等国的移民较多,因此在宗教信仰方面,两国也与欧洲有渊源。两国享有的共同之处,都是基督教徒(包括新教和天主教)占多数。

美国宗教。美国独立后,开国者们从一开始就在法律上规定宗教信仰自由。《美国宪法》第一条修正案明确规定:"国会不得制定关于下列事项的法律:确立国教或禁止信教自由。"也就是说,禁止联邦政府干预教会组织和宗教活动。美国的宗教以基督教中的新教为主。1998 年,美国有基督徒 2.41 亿。除此之外,世界上各种各样的宗教在美国都能找到。

美国比较重要的宗教团体有:

第一,新教。在美国所有宗教派别中教徒最多,约有 7200 万。美国新教又分为上百个名目繁多的小派别。新教中比较大的派别有浸礼会、卫理公会、长老会、加尔文教派和路德教派等。它们的成员都在 100 万以上。第二,天主教。是美国最大的单一教会,约有 5000 万教徒。这些教徒主要是爱尔兰人、意大利人等的后裔。他们主要集中在美国东部大城市。第三,犹太教。20 世纪末,美国约有 600

万犹太人,其中经常参加宗教活动的犹太教徒约一半。最初的犹太教徒多是来自东欧和俄国的移民。犹太教内也存在不同派别。有些派别恪守一些传统习惯,如每逢安息日,也叫圣日,即从星期五太阳落山到星期六太阳落山,他们不经营,不工作。第四,摩门教。确切的名称是"耶稣基督后期圣徒教会",由约瑟夫·史密斯(1805—1844)在19世纪20年代在纽约创立。他在1844年被害,大部分摩门教徒跟随杨百翰(1801—1877)到西部的犹他州,总部设在盐湖城。拥有全球会员达1500多万,其中美国本土成员600多万。1890年,摩门教宣布取消一夫多妻制。摩门教徒不许抽烟、喝酒。宗教信仰代代相传。另外,还有伊斯兰教。90年代中期,美国共有穆斯林约400多万,来自80多个国家,主要是亚、非移民。他们大部分分布在加利福尼亚州和纽约州。20世纪,美国穆斯林人口急速增长。72%的美国穆斯林是新一代移民或移民的第二代。

伊斯兰教徒在美国人口中的比例不大,但是问题不少。许多美国领导人都有一种基督教的优越感,尽管根据宪法,宗教一律平等。尤其"9·11"事件后,美国对伊斯兰教缺乏尊重和理解,甚至鄙视穆斯林的宗教传统。纽约等地曾经出现歧视穆斯林、监视穆斯林的行为,遭到穆斯林的反对。一些带有误解和偏见的人们惯于将恐怖主义与伊斯兰教联系在一起,给穆斯林在精神上造成一些负面影响。这个矛盾始终没有得到妥善的解决。

归纳起来,美国宗教有以下4个特点:

第一,美国是政教分离的国家,但又是非常宗教化的国家,宗教与政治关系依然密切。例如,总统候选人也要标榜自己是虔诚的新教徒以吸引更多选票。到20世纪末,美国共有42位总统,都是主流宗教新教的教徒,只有肯尼迪是天主教徒。

第二,宪法强调宗教自由。每年的1月16日是美国的国家宗教自由日,是为纪念弗吉尼亚议会在1786年1月16日通过托马斯·杰斐逊起草的《弗吉尼亚宗教自由法令》,其后保护宗教自由的内容被纳入《美国宪法》第一条修正案。

第三,宗教融入到美国人生活的各个方面。美国人的一生,无论是出生、结婚还是死亡都要举行宗教仪式。一个美国人如果参加某个宗教组织,他便在社会上获得某种身份和地位,得到教会和教友的帮助。美国教堂还是人们相互交往的一个重要场所。在美国,星期日的上午大街上车辆、人员较少,不少商店和超市关门,其原因是许多人都在教堂。

第四,美国教堂建筑的数量惊人,尤其基督教堂星罗棋布。汽车教堂也开始出现,人们只需把汽车开进去,不必下车,就可以做礼拜。

加拿大宗教。加拿大也无国教,人民主要信仰基督教。基督教中天主教徒比例最大,占总人口的47.3%,新教徒占41.2%,无宗教信仰者占4%,东正教徒占

1.5%,犹太教徒占 1.2%。在新教教会中,加拿大联合会和圣公会势力最大。[①] 而在美国,基督教中的新教教徒占比例最大。以下是加拿大的几个主要宗教团体。

第一,天主教。教徒最多,将近 1000 万。最初是由法国人带来的,大多数法裔加拿大人信仰该教。自从 1608 年新法兰西的创建者查普兰(1574—1635)定居魁北克后,下加拿大地区一直信仰罗马天主教。第二,摩门教。源自美国,在加拿大有信徒约 6.5 万人,主要集中在艾伯塔省西南部,在该省的卡德斯顿建有一座雄伟的花岗岩神殿。第三,循道派。又称卫斯理宗,是新教的一个派别。他们于 1770 年从英国及美国来到加拿大。1883 年,五个主要循道派团体联合,并于 1925 年加入"加拿大基督教联合会"。

加拿大的民族呈多元化的特点,其信仰也是如此。不同宗教信仰和平共存,互不干涉;加拿大政府对多元宗教信仰实行宽容政策。只要遵守加拿大的法律法规,不影响别人的生活,任何宗教信仰都可以以自己的方式传教。宗教信仰影响加拿大人的行为和道德规范。加拿大人特别重视这种影响,一方面通过宗教活动塑造成年人以及孩子的道德观念。另一方面是再通过家庭成员的行为观念,潜移默化地影响孩子的行为规范。

第三节 文学与艺术

美国和加拿大在文学、艺术方面相互影响也较大。相对而言,美国在文学艺术方面更强势一些,对世界的影响也更大。艺术涉及的门类较多,包括美术、雕塑、建筑、音乐、舞蹈、戏剧等。这里只介绍较有代表性的美国和加拿大的文学和音乐,当然这不意味其他的艺术门类就不重要。

一、北美文学

美国文学。美国文学的历史不长,但是正像美国的经济、军事等一样,其速度发展很快,在短短 200 多年的时间,发展到世界最前列。18 世纪以后的美国文学史可分为 4 个时期:

第一时期,从独立战争(1775—1783)到内战(1861—1865)。在这个时期,富兰克林(1706—1790)的自传是世界名人自传中最有名的一个。托马斯·潘恩(1737—1809)的政论小册子《常识》(1776)文字铿锵有力。他们是美国的开国先驱、卓越的政治家,同时也在美国文学史上留下光辉的篇章。美国民族文学形成于

---

① 王秀梅:《加拿大文化博览》,世界图书出版公司,2004 年,第 171 页。

独立战争时期。19世纪初,欧文(1783—1859)致力于撰写北美早期移民的传说故事,他的《见闻札记》(1820)开创了美国短篇小说的传统。19世纪30年代之后,影响最大的作品是斯托夫人的小说《汤姆叔叔的小屋》(1852),这部废奴文学的代表作推动了废奴斗争。

第二时期,第一次世界大战(1914—1918)以前。代表作家主要有以下几位。马克·吐温(1835—1910)的创作活动持续近50年,代表作是《哈克贝里·费恩历险记》(1884)等。他在滑稽中含有讽刺,创造了独特的艺术风格。亨利·詹姆斯(1843—1916)是描写上层资产阶级精神面貌的代表作家。他开创了心理分析小说的先河,他的代表作是《贵妇人的画像》(1881)。19世纪80、90年代以后,现实主义文学兴起。欧·亨利(1862—1910)运用悬念、突变等手法,成为美国短篇小说的最佳代表。杰克·伦敦(1876—1916)描写在社会底层的工人和流浪汉,较早表现出社会主义革命的愿望。进入20世纪后,最著名的是以德莱塞(1871—1945)为首的现实主义小说家。他的《嘉莉妹妹》(1900)描写劳动妇女进入大城市和上层社会后被侮辱、被损害的遭遇,他所创造的形象真实生动,有深远影响。1912年,《诗刊》在芝加哥创办,标志着现代派文学的开始。《诗刊》的前3卷里,出现了意象主义者庞德(1885—1973)等人的作品。

第三时期,第二次世界大战(1939—1945)以前。戏剧方面的现代主义代表人物是奥尼尔(1888—1953),他的剧作受到象征主义、表现主义和弗洛伊德主义的影响,代表作有《天边外》(1920)、《哀悼》(1931)等。第一次世界大战结束之后,出现"迷惘的一代"(Lost Generation)文学。代表作是海明威(1899—1961)的《太阳照样升起》(1926)和菲茨杰拉尔德(1896—1940)的《了不起的盖茨比》(1925)。黑人文学20年代也有较大发展。纽约的黑人区出现"哈莱姆文艺复兴"。休斯(1902—1967)、卡伦(1903—1946)等都是当时涌现出来的优秀作家。重要的南方作家是威廉·福克纳(1897—1962),他的作品如《喧哗与骚动》(1929)等,在反映南方精神面貌与艺术手法的创新上都很出色。两次世界大战之间是美国文学的第二次繁荣时期。

第四时期,第二次世界大战以后。进入60年代后,文坛出现"黑色幽默",用夸张、超现实的手法,将欢乐与痛苦结合在一起,代表作有海勒的《第二十二条军规》(1961)等。美国当代作家中,犹太裔作家占相当大的比重,代表性的作品是贝娄(1915—2005)的《奥吉·马奇历险记》(1953)。70年代后期,贝娄与辛格(1904—1991)相继得到诺贝尔奖,说明犹太文学在美国文学中的重要性。战后黑人文学更趋成熟。托妮·莫里森(1931—2019)是美国黑人女作家,其作品情感炽热,对美国黑人生活的观察、描写细致入微,主要作品有《最蓝的眼睛》(1970)等。

第十六章　18世纪至20世纪的北美文化

自诺贝尔文学奖开颁(1901)至20世纪末,已有100年,美国共有10人获奖:刘易斯(1930)、奥尼尔(1936)、赛珍珠(1938)、福克纳(1949)、海明威(1954)、斯坦贝克(1962)、贝娄(1976)、辛格(1978)、布罗茨基(1987)和托妮·莫里森(1993)。美国在诺贝尔文学奖方面获奖人数之多,居世界第一位。这也充分显示美国文学在世界文学中的强势领先地位。

加拿大文学。加拿大的英语文学可追溯至1749年,当时英国开始有计划地向加拿大移民,传入英国的文化和宗教。加拿大英语文学史可分为4个时期。

第一时期,形成阶段(1749—1867)。这个时期,弗朗西斯·布鲁克夫人(1724—1789)以魁北克英国驻军的生活为背景所写的《蒙塔格小传》(1769),是加拿大的第一部小说。这时较有影响的诗人是新斯科舍省的奥利弗·戈德史密斯(1794—1861),他与其叔祖父同名。所著《新村》(1825)模仿他的叔祖父英国诗人奥利弗·戈德史密斯(1728—1774)的《荒村》(1770)。

第二时期,自治领成立至第一次世界大战后(1867—1920)。在此期间加拿大的民族意识不断高涨,文学创作更具有民族特色。19世纪80年代出现"联邦诗人",如《周刊》的主编查尔斯·罗伯茨(1860—1943)和他的表弟布利斯·卡曼(1861—1929)等。这时期最流行的英语小说是乡土文学,如女作家露西·蒙哥马利(1874—1942)所著《格林·盖布尔斯来的安妮》(1908)。

第三时期,第一次世界大战后(1920—1939)。1926年加拿大获得外交上的独立,民族意识再次高涨。加拿大的一些英语诗人深受庞德和艾略特的影响,如女诗人多萝西·李夫西(1909—1996),以写意象派诗歌闻名,曾两次获"总督诗歌奖"。现实主义小说多是描写西部草原农民生活的作品,如罗伯特·斯特德(1880—1959)的《粮食》(1926)等。

第四时期,第二次世界大战后(1945至今)。这时期的诗人们对诗的格式和行节进行改革。詹姆斯·瑞尼(1926—)的寓言诗《荆棘衣》(1958)等是代表作。不少作家采用"意识流"手法进行创作,最有影响力的小说家休·麦克伦南(1907—1990)写了6部探讨社会问题的小说,《斯芬克斯重返人间》(1967)等是以加拿大的英、法语民族矛盾为题材的作品。50年代后期,描写异化心理、生存危机的作品开始出现,较有影响的是厄内斯特·巴克勒(1908—1984)的《山与谷》(1952)等。战后优秀的作家还有加拿大著名女作家艾丽斯·门罗(1931—)。她以短篇小说闻名全球,作品被翻译成13种文字,被誉为"加拿大的契科夫""当代最伟大的短篇小说家",并于2013年获得诺贝尔文学奖。罗伯特·索耶(1960—)是加拿大最有影响力的科幻作家。已出版17部长篇科幻小说,屡获雨果奖、星云奖等,被誉为加拿大科幻教长。其代表作有《金羊毛》(1988)、《计算中的上帝》(2000)等。

总之,加拿大的作家虽然不像美国的那样多、那样出名,但是他们在世界文坛的影响不能低估。

二、北美音乐

美国音乐。美国音乐风格和特点形成得比较晚,但是它一旦形成后,就很快占据了世界乐坛的主导地位。美国音乐的发展可分为4个时期:

第一时期,独立战争时期。在1775—1783年的独立战争和其后的一段时期,流传许多歌曲,如《扬基杜德尔》采用英国同名歌曲曲调。《亚当斯和自由》采用《阿那克里安》曲调,此歌于1814年被重新填词,成为著名歌曲《星条旗》。这些歌曲大多采用英国歌曲的曲调进行填词,流传很广,影响很大。

第二时期,欧洲音乐风格时期。19世纪是美国专业音乐的萌芽和诞生期,也是美国音乐中的浪漫主义时期。1848年欧洲革命后,又有大批德国音乐家移居美国,也给美国作曲家的创作带来巨大影响。

第三时期,音乐独立时期。19世纪20—30年代,具有独立的美国风格的音乐剧,亦称百老汇歌舞剧,逐渐发展起来。著名的音乐剧作曲家有G.格什温等。

19世纪末20世纪初,爵士乐诞生于美国南部城市新奥尔良。爵士乐特点是即兴,是非洲黑人文化和欧洲白人文化结合的产物。1917年后转向芝加哥发展,30年代又流传至纽约,以后风靡世界。

第四时期,第二次世界大战时期及以后。二战期间,许多著名的欧洲作曲家来到美国,如西方现代派音乐的重要人物斯特拉文斯基(1882—1971)等。他们给美国音乐带来新的巨大影响。美国成为西方音乐文化的一个重要中心。

20世纪50年代以后,美国音乐更趋多样化。从布鲁斯、乡村音乐等发展而来的摇滚乐风靡全国。摇滚乐的代表人物有普雷斯利(1935—1977),俗称猫王,亦称摇滚之王。据估计,猫王已经在世界范围售出超过600,000,000张专辑,是唱片业历史上销量最大的歌手。另一位摇滚巨星鲍勃·迪伦(1941—   )被业界给予众多称号:"民谣教父""诗人歌手""抗议领袖""游吟诗人""反战歌者"等,并于2016年获得诺贝尔文学奖。

70年代以后,最著名的流行音乐歌手是迈克尔·杰克逊(1958—2009)。他的演唱与机械舞和太空步等舞蹈技术结合,特别能引起观众共鸣。杰克逊一生中获得13个格莱美奖和26个全美音乐奖。格莱美奖(Grammy Awards)是美国录音界与音乐界最重要的奖项之一,1959年首颁。由国家录音艺术与科学学院在每年2月颁发,以奖励过去一年中出色的音乐成就,被称为音乐界的奥斯卡奖。

加拿大音乐。古典音乐在加拿大很受欢迎。许多城市都有自己的交响乐团,蒙特利尔交响乐团是最出名的,赢得许多重要奖项和声誉。钢琴演奏家格伦·古尔德(1932—1982)在古典音乐演奏者中是佼佼者,尤其以演奏巴赫作品获最高评价。歌剧也是加拿大人的最爱,温哥华歌剧协会、加拿大歌剧公司等以独创性和高品质的演出闻名。女低音歌唱家莫林·福雷斯特(1930—2010)和男高音歌唱家本·赫普纳(1956—)等都被列入加拿大众多天才演员之中。爵士乐在加拿大也不乏乐迷,在蒙特利尔举办的一年一度的爵士音乐节是爵士乐迷的盛会。洛林·代马雷(1956—)、卡伦·扬(1951—)等正越来越受到爵士乐爱好者的广泛认可。

席琳·迪翁(Celine Dion)(1968—)系加拿大著名歌手。1980年,12岁的戴恩步入歌坛。1996年为美国亚特兰大奥运会演唱主题曲"梦想的力量"。1997年为电影《泰坦尼克号》献唱片尾曲《我心永恒》,并获得第70届奥斯卡最佳电影歌曲奖。朗(K.D. Lang)(1961—)是加拿大创作型女歌手,著名的乡村歌后。邦德系列电影《新铁金刚之明日帝国》的片尾歌《降服》(Surrender)由朗演唱。1996年,朗被政府官员授予加拿大勋章。

美国和加拿大的音乐一起构成的北美乐坛,在世界上已成为一个非常重要的音乐文化中心。

第四节 教育和学术

尽管美国和加拿大建国的历史不长,但是美、加两国的教育特别是高等教育历史却较长,在美国建国(1776)之前,就建立第一个高校哈佛大学(1636),所以美国人称,先有哈佛,后有美利坚。加拿大的麦吉尔大学,建于1821年,也有近200年的历史,是加拿大最古老的高等学府。

一、美国教育和学术

美国学校分为公立、私立两类。美国的学生大多在公立学校就读。联邦政府也设有教育部,但只是教育政策研究和咨询的机构。公立学校得到州政府和联邦政府的拨款,受到各州政府的监管。私立学校基本上不受任何政府的监管,对学校政策有影响力的是家长和教师联合会 PTA(Parent and Teacher Association),以及具有专业性质的教育机构。

在美国,6—18岁是属于小学、中学义务教育阶段。义务教育由州政府承担。义务教育是免费的,不缴学杂费。中学教育(12—18岁),包含2年的初中(12—14岁)和4年的高中(15—18岁)。顺利完成12年级的学业,就可以获得高中文凭。未获高中文凭的学生可以参加普通教育水平(GED:General Educational Development)测试,以获得高中同等学力证书。学生凭在校学习成绩及 SAT/ACT 分数,自行申请升入大学。在申请过程中,大部分大学会将学生的 SAT(学术能力评估测试)或 ACT(美国大学入学考试)成绩作为评估标准之一。SAT 和 ACT 都被称为美国高考。

高等教育也分为州立和私立,美国没有国立大学这种名称。私立大学由校董会掌管行政权。公立大学也有校董会。在州立大学,本州的学生可以享受较低的学费,外州学生和外国学生学费较高。美国的高等教育事业比较发达,截止到 20 世纪末,美国有 3300 所高等院校,共有学生 1200 多万。

高等教育(19—22岁),通常分为二年制社区学院和四年制大学。二年制学院也称为社区(地方)学院或初级学院,学生学完两年的课程之后可以取得准学士学位,或称副学士学位。二年制学校的学费比较低,招生门槛相对较低,使众多的美国青年有机会接受高等教育。四年制大学分为四年制综合大学、四年制文理大学和四年制专业大学(学院)。四年制专业大学有商科、艺术、音乐、设计、军事等。如果攻读医科、法律等专业要在大学毕业后,通过相关考试,才可申请。

研究生教育在 22 岁/23 岁以后。一般地说,已经取得学士学位的学生,要再学习一年至二年,才能取得硕士学位;已取得硕士学位的学生,要再学习二至五年,才能取得博士学位。1984 到 1985 年度,全世界范围内到国外去受高等教育的留学生估计约 100 多万人,其中赴美国的留学生约占 1/3,大约为 342000 人,所以教育也成为美国的一个很重要产业。

美国最著名的常春藤盟校包括 8 所享誉世界的大学:马萨诸塞州的哈佛大学、康涅狄格州的耶鲁大学、新泽西州的普林斯顿大学、纽约市的哥伦比亚大学、纽约州的康奈尔大学、罗德岛州的布朗大学、宾夕法尼亚州的宾夕法尼亚大学和新罕布什尔州的达特茅斯学院。尤其哈佛大学是世界顶尖大学,到 2000 年为止,共出过 8 位美国总统和 73 位诺贝尔奖获得者。

加州理工学院位于美国加州帕萨迪纳市,在 2000 年《美国新闻与世界报道》年度大学排行中名列全美大学第 1 位。著名物理学家爱因斯坦(1879—1955)、火箭专家冯·卡门(1881—1963)都曾执教于此。中国"三钱"之中的导弹专家钱学森(1911—2009)、力学专家钱伟长(1912—2010)毕业于此校。

茱莉亚学院建于 1905 年,是世界上最著名的专业音乐院校之一,位于美国纽约市林肯表演艺术中心。著名大提琴演奏家、美籍华人马友友(1955—)和美国著名钢琴家、指挥家约翰·威廉姆斯(1932—)毕业于该学院。中国著名小提琴演奏家吕思清(1969—)曾在该校深造。

在美国,学术研究的氛围浓厚。大学自治、学术自由、终身职教制度被视为美国高等教育的三块基石。

在本科生培养方面,美国大学本科课程设置中,通识课程比重大,重基础,重能力,重通才教育。特别强调写作、演讲、辩论等实际能力。美国大学的淘汰率,有的较高,会达到30—40%,有的较低,只有3%。淘汰的依据有多项指标,包括科目分数、课外活动、社交活跃度、演讲能力、专业素养、论文水平等,评核这些指标的方式也不是简单的应试,而是通过多种直接或间接的考评手段。

美国的高等院校的评估机构都是非官方的,但是必须获得联邦教育部和高等教育认证理事会的批准后才能进行评估。联邦教育部不直接参加评估。美国大学评估实行认可和认证的"双轨制":认可制度是对认可机构的质量和能力进行评估;认证制度是由已被认可的认证机构对高校进行评估。这种双轨制能使评估去掉形式主义,不走过场,使得美国高校得以持续稳步发展。

对于高校教师的职称晋升,也要看发表的论文和著作,但是大都没有数量的限制和字数的要求,主要看在教学与研究中的实际成果和表现。美国大学重视任教者发表文章的质量,而非单纯地比较文章发表的数量。美国大学还特别重视任教者在院系内部的各种讨论中所表现出独到的学术思想和丰富的知识。

终身教授(tenure)是教师追求的一个目标,在美国一般指从助理教授升为副教授。全职教师一般从入职起大约6年左右的时间,经过一系列完整、严格的评估考查后即可转成终身教授,即副教授。不能升为终身教授的教师则予以辞退。这种"不晋则退"的政策,形成良好的竞争和淘汰机制。副教授再经过6年后才能申请正教授。

总之,美国各大学在不同的发展方向上追求完善,同一类型大学中不同学校又都各具特色,充分实现办学的个性化,有效避免大学的同质化,避免大而全、杂而乱的现象。正因为这样,美国才有像哈佛、耶鲁、普林斯顿等世界超一流的大学,成为世界教育中心,为世界不少国家培养领导人才和高端专门人才。

二、加拿大教育和学术

加拿大非常重视教育,2000年在教育方面的投入占国内生产总值(GDP)的5.4%,超过世界平均值3.9%。加拿大的教育由各省政府负责,联邦政府没有教育部,而加拿大的10个省和3个地区都有教育部。加拿大的学校以公立的为主。根据加拿大政府规定,凡是年龄在6岁至16岁的未成年人必须接受教育,相当于中学毕业,这是义务教育,加拿大人是不必支付学费的。

小学是从1年级到7年级。中学是从8年级到12年级。有些学校将中学分为3年初中(第8—10年级)和2年高中(第11—12年级)。由于加拿大是双语国家,英文及法文都是官方语言,在一般的小学,学生从 4 年级开始学法文。学生升入第八年级开始,学校配有专门的辅导顾问,指导学生选修课程。中学 12 年级毕业后,可直接申请进入大学,第 11、12 年级的各科成绩作为升入大学的评审依据,没有全国性的大学入学考试。

加拿大的高等教育可分为社区学院和大学。加拿大有社区学院 250 多所,一般修读 1 至 3 年。这些学院只发证书或文凭,不颁发学士学位。该类学校提供一年制证书课程(Certificate),两年制文凭课程(Diploma),三年制高级文凭课程(Advanced Diploma)。加拿大一共有 70 所大学,全部为公立。高等教育的证书可分为:结业证书、大学毕业证书、学士学位、研究生毕业证书、执照(指律师或医生合格开业证明)、硕士学位、哲学硕士学位、博士学位等。学士学位证书一般由大学或大学学院颁发,学制 3—4 年。学士学位分为普通学士学位和荣誉学士学位。普通学士学位一般修读 3 年。荣誉学士学位一般修读 4 年。荣誉学士学位学习内容带有科研成分。只有具备荣誉学士学位才可以申请读研究生。硕士学位的获得,一般要经过 2—4 年的学习,而专业硕士则时间较短,如计算机,商学硕士等,一般为一年半左右。博士学位一般要经过 3—5 年的学习才能获得。加拿大有世界著名的一流高等学府,比如多伦多大学、麦吉尔大学、皇后大学、麦克玛斯特大学、不列颠哥伦比亚大学(又称卑诗大学)等。

诚信是学术研究最基本的价值观。"学术欺诈"或"学术不端行为"指的是一个学生从他人那里不劳而获得到好处,包括花钱买一篇论文、剽窃段落或者整篇文章、替考、抄袭或捏造实验结果等。教育应把关注个性的发展和培养公民的行为规范放在重要位置。以美、加为代表的西方教育非常重视学生的德育培养,世界上各级各类学校也绝不能只重智育而轻德育。

第十七章

18世纪至20世纪的拉丁美洲文化

第一节 概 述

拉丁美洲(以下有时简称"拉美"),是指美国以南的美洲地区,包括墨西哥、中美洲、西印度群岛和南美洲等。面积1919.7万平方公里。1999年人口5.11亿。拉丁美洲和加勒比地区,共有33个国家,另有12个尚未独立的地区。主要是印欧混血种人和黑白混血种人,其次为黑人、印第安人和白种人。墨西哥和中美洲国家以各种混血种人为主;海地、牙买加等加勒比岛国的居民以黑人为主;历史上印第安人集中的地方,如秘鲁、玻利维亚,其居民仍以印第安人居多数。

就拉美地区的语言而论,西班牙语占统治地位,其次是葡萄牙语。由于这两种语言均属拉丁语族,因此美国以南的这个地区被称为拉丁美洲。16世纪初,葡萄牙人、西班牙人开始进入拉丁美洲。葡萄牙占领巴西,西班牙统治了墨西哥和除巴西以外的南美广大地区。16世纪末,英国人、法国人和荷兰人经过激烈争夺,分割了圭亚那地区和近海一些岛屿。从此,拉丁美洲进入长达300年的殖民统治时期。经过拉美独立战争的洗礼,1804年,海地成为拉美第一个独立的国家。到1825年,除了波多黎各和古巴,西班牙控制的所有美洲国家都获得独立。

1846—1848爆发美墨战争,墨西哥战败,同意把加利福尼亚的一部分以及新墨西哥割让给美国,并且放弃收回得克萨斯的要求。19世纪末崛起的美国,成为南美洲的霸主。第二次世界大战以后,南美各国掀起反对霸权主义的斗争。在取得民族解放的基础上加速发展民族经济,拉美各国在经济建设方面取得很大成就。

拉美文化具有多元性、多源性和混合性。以移植来的欧洲文化为主体,以美洲印第安土著文化和非洲黑人文化为次要成分,形成"混合"文化。拉美文化善于引进和吸收其他文化的营养和最新成果,从而创造出具有鲜明特色的拉丁美洲文化。

外国文化史

第二节 社会文化

一、拉美的足球文化

　　拉丁美洲的足球是拉美文化中的一大特色,他们的足球队在各大赛事上的表现卓越不凡,截止到 2014 年,在 20 届世界杯比赛中,巴西获得 5 次冠军,居世界第一位,阿根廷获得 2 次,乌拉圭获得 2 次,拉丁美洲队共获得 9 次世界杯冠军。拉丁美洲还有自己独特的足球联赛——解放者杯,这也是世界高水平的足球联赛。拉美足球,尤其是巴西、阿根廷的足球,都是以精湛的个人技术、富于想象力的跑位、灵活多变的传射、精准出奇的临门一脚,蜚声世界,让世界球迷充分享受了足球运动带给人类的刺激与快乐。

　　拉美的足球明星、星级教练也是不胜枚举,最著名的是巴西球王贝利(1940—　),他出生在巴西的一个贫寒家庭,在职业生涯总共攻进 1283 个球。曾四次代表巴西国家队出战世界杯,共打进 12 球,三次捧得世界杯(第 6、7、9 届),为巴西永久保留雷米特杯。他被国际足联授予"球王"称号。1987 年 6 月被授予国际足联金质勋章,1999 年被国际奥委会(IOC)选为"世纪运动员"。拉丁美洲还有世界级足球巨星阿根廷的马拉多纳(1960—　),1986 年率队获得世界杯冠军。此外,巴西的罗纳尔多·达·利马(1976—　),18 岁时代表巴西参赛世界杯,获得世界杯冠军。他曾三度获得世界足球先生。维森特·费奥拉(1909—1975),巴西足球教练,是巴西足球的一代宗师。1958 年,他率领巴西队夺得世界杯冠军。他介绍 17 岁的贝利参加 1958 年的世界杯,使其一举成名。他还造就了世界足坛的另一个巨星加林查。费奥拉是足球"424"阵型的创始人。在他执教下,巴西参赛 74 次,55 次获胜,13 次战平,6 次失利。巴西莱(1943—　)出生于阿根廷。先是足球职业球员,退役后执教多支球队。1991 年,他率领阿根廷国家队夺得美洲杯,并在 1993 年蝉联冠军。

　　足球之所以在拉丁美洲受到特别广泛的欢迎并形成独特的拉美足球文化,有其各方面的原因:

　　第一,足球运动的平民化。在拉美踢球的大多是穷孩子,因为这是最便宜的运动。与欧洲的绅士化的马术、保龄球、高尔夫等运动相比,拉美民众更容易接受足球运动。足球也是拉美贫民和平民脱贫致富、出人头地的一条途径。

　　第二、足球运动的大众化。拉美国家地域相对辽阔,并且有很多地方是大片草原,很适宜踢足球。拉美具有发展足球的得天独厚的地利条件。

　　第三、足球运动的产业化。足球已发展成一个成熟的产业和火爆的生意,比如冠名权、门票、广告、标志性产品、纪念品、运动服装以及博彩的出售。明星球员的薪水更是令人咋舌。从这一点来说,拉美足球也是最昂贵的足球,巨大的经济利益把拉美的足球推向世界的顶峰。

第四,足球运动速度快、对抗激烈,可以充分张扬个性,完全符合拉美人热情、豪放的性格。足球是使拉美人的个性、激情、活力和想象力得到释放的最佳运动。

第五,拉美足球与政治也分不开,得到政府和官员的支持。巴西第 40 任总统(2003—2010)卢拉(1945—)是圣保罗的科林蒂安队的铁杆球迷;莫拉莱斯(1959—)于 2015 年第 3 次连任玻利维亚总统,他也是位球迷,还加入当地一支职业球队;在拉美举行的国际会议上,领导人都要参加足球表演赛。

正由于这些原因,才能使拉美成为足球的圣地,尽管有些国家经济并不发达。

二、宗教文化

伴随着西班牙、葡萄牙殖民者的到来,拉丁美洲开始了天主教化的进程,天主教逐渐成为拉美占统治地位的宗教。到 20 世纪 70 年代中期,拉美天主教徒已有 2.75 亿人。

拉美天主教 。天主教在拉美的发展史可分为三个时期。

第一时期,拉美天主教的传入。罗马教皇在哥伦布发现新大陆的第二年,即 1493 年就把新大陆确定为天主教的世界。西班牙和葡萄牙经过 300 多年的殖民统治,几乎使所有的印第安人、黑人和混血种人都皈依了天主教会。教会拥有大量的财产,占有拉美 1/3 以上的土地。教会还严格控制着拉美的思想和文化,殖民地的各级学校,都处于教会的严格监督和掌控之下。

第二时期,拉美独立战争及其以后的时期。拉丁美洲独立战争是继美国的独立战争之后,发生在 18 世纪末、19 世纪初的拉丁美洲的一次运动,许多拉美国家先后宣告独立,也是一次有深远意义的殖民地解放战争。天主教会对拉美国家独立持消极态度,但有一些基层牧师和教士积极参与争取拉美国家独立的斗争。例如在厄瓜多尔,1809 年有 3 名神父发表独立宣言,12 名神父在危地马拉独立宣言上签字。到 20 世纪 30 年代,教会已开始更多地谈论劳工的权利和国家的作用等现实问题。这是 20 世纪 60 年代拉美天主教会发生变革的前奏。

第三时期,20 世纪 60 年代后。60 年代后,拉美出现一些思想比较激进的人物,他们试图把基督徒的使命与人的解放结合起来,在此基础上,逐渐形成"解放神学"的理论。1971 年,秘鲁神学家古斯塔沃·古铁雷斯(1928—)发表《解放神学:历史、政治与拯救》一书,被称为解放神学的"大宪章",古铁雷斯被称为"解放神学之父"。解放神学比较著名的其他代表人物有巴西的莱昂纳德·博夫(1938—)和乌拉圭的胡安·路易斯·塞贡多(1925—1996)等。解放神学的主要特点是,从穷人和被压迫的人的角度诠释神学,强调基督教神学要关注被压迫者的解放。60年代末70年代初,拉美天主教会和广大信徒开始赞成宗教自由的原则,同意政教彻底分离,把注意力转向下层民众,把教会的活动与社会现实更紧密地结合起来。

其他宗教。拉美国家独立后,来自新教国家的移民增多,新教传教活动扩大。1810年在巴西举行第一个圣公会的仪式,标志着新教正式进入巴西。1818年新教进入阿根廷,1821年进入智利。

19世纪末20世纪初,随着美国在拉美的扩张,新教宗派在拉美发展迅速。早期传入拉美的路德宗、浸礼宗、循道宗和长老宗等主要集中在白人中间。在拉美的新教教派约有300多个,在拉美总人口中,约10%是新教信徒。新教发展最快的拉美国家有危地马拉,新教徒超过全国总人口的25%;还有智利,超过20%;巴西,接近20%。

拉美地区另一重要的宗教信仰是所谓的"唯灵论",几乎所有拉美国家都有唯灵论者,目前唯灵论最为活跃的地区是非洲黑奴后裔集中的国家和地区,如巴西和加勒比地区。唯灵论认为,人死后精神不灭,通过某些中间人,比如巫师,可以实现与灵魂的交往。唯灵论宗教有众多的门派。

第三节　建筑与艺术

一、拉美的建筑

拉丁美洲在建筑方面也形成自己的风格和特征,在世界建筑史上有重要地位。历经多年的发展,巴洛克建筑风格与印第安文化都被吸收和融合到拉美的现代主义建筑中。20世纪20年代末,欧洲的现代主义建筑思潮影响到拉丁美洲。1930年,卢西奥·科斯塔(1902—1998)出任巴西里约热内卢的国家美院建筑系主任,对建筑教育进行改革。这场改革被认为是巴西现代主义建筑的起点。1936年,巴西新政府将巴西教育与公共健康部总部项目委托科斯塔设计。这是世界上最早建成的现代主义高层办公建筑之一。1939年,科斯塔和奥斯卡·尼迈耶(1907—2012)设计的巴西馆在美国纽约博览会上建成。

20世纪60年代后,拉美产生一大批经典的建筑作品。巴西建筑师若昂·巴蒂斯塔·比拉诺瓦·阿蒂加斯(1915—1985)设计的圣保罗大学建筑系馆(1967),墨西哥建筑师佩德罗·拉米雷斯·巴斯克斯(1919—2013)设计的墨西哥人类学博

第十七章　18世纪至20世纪的拉丁美洲文化

物馆(1964)等，都以不同的方式努力创造一种永恒的建筑和建筑理念。在1991年，巴西建筑师安杰洛·布奇和阿尔瓦罗·蓬托尼赢得西班牙举办的塞维利亚世界博览会巴西馆的设计。这个项目标志着后现代主义在拉美统治地位的结束，以及新现代主义的开始。

拉美在人类建筑史创造了奇迹，其中之一是巴西利亚城的建设。巴西利亚是巴西联邦共和国首都。巴西利亚始建于1956年，竣工于1960年，历时41个月。以科斯塔教授的飞机型平面布局为蓝图，由建筑师尼迈耶设计建造。1960年4月巴西将当时首都由里约热内卢迁至巴西利亚。1987年，巴西利亚被联合国教科文组织确定为"人类文化遗产"。巴西利亚按城市功能分为不同的区，比如旅馆区、金融区和使馆区等。它的主要建筑物国会、总统府、最高法院、外交部、大教堂等，皆由建筑师尼迈耶设计。巴西利亚最有名的现代建筑主要集中在城市的核心——三权广场。其中国会大厦是两座并列的28层长方形大楼。两座大楼之间由一条过廊连通，形成一个"H"形，这是葡萄牙文"人"的第一个字母，表示一切为了人。右侧大楼为众议院大厦，楼侧是一个仰天的"大碗"，意为"广听民意"；左边是参议院大厦，侧旁有一个倒扣的"大碗"，象征"集中民意形成决议"。巴西利亚的三权广场、国会大厦等都成为令世界叹服的建筑经典。拉美还有一个显赫的建筑群是西班牙公园图书馆(Spain Park Library)，位于哥伦比亚圣多明哥小山上的三块黑色巨石，由此可以俯瞰整个麦德林市。这个图书馆由人工岩石组成，三块岩石分别是图书馆、交流中心和文化中心，它们由一个平台相互连接。独特的建筑外形让人在享受自然美景的同时又能感受到拉美现代建筑艺术的魅力。

拉美的建筑成就与拉美的世界一流建筑师分不开，这里仅介绍其中最优秀者巴西现代主义建筑之父——奥斯卡·尼迈耶。他1907年生于里约热内卢。1934年毕业于里约热内卢国立美术学院建筑系。1936—1937年参加巴西教育卫生部大厦的设计。1947年他作为巴西代表参加纽约联合国总部大厦的十人规划小组，参加该小组设计的还有中国著名建筑师梁思成。尼迈耶参加了巴西利亚的建设工作。他的建筑作品遍布世界十几个国家。在他78年的建筑生涯中共设计约600个项目，他最出名的特点是在建筑上使用抽象图形和曲线，被誉为"建筑界的毕加索"。

在拉丁美洲，包括巴西，许多大型建筑与宗教相关。阿帕雷西达圣母全国朝圣所圣殿是位于巴西圣保罗州的阿帕雷西达城镇的天主教堂，拥有2座大殿。老圣殿建于1760年到1770年。1955年开始修建第二座更大的新教堂，呈希腊十字的形式，长188米，宽183米，塔顶高102米，列为世界第二最大教堂，面积是1.8万平方米，能够容纳4.5万人，仅次于梵蒂冈的圣彼得大教堂。其停车场面积27.2

万平方米,可停放4000辆公共汽车和6000辆小汽车。1984年,该圣殿正式宣布为"世界上最大的圣母堂",1999年的朝圣信徒人数是6.56百万。

另一个宗教性建筑是里约热内卢基督像,也叫巴西基督像,坐落在里约热内卢国家森林公园中高700米的科科瓦多山(亦称耶稣山)山顶之上,1922年开建,耗时9年,落成于1931年。塑像高30米,基座高8米,总高38米。塑像重635吨,双臂展开达28米。被称为新的世界七大奇迹。耶稣身着长袍,双臂平举,面向浩瀚的大西洋。寓意耶稣张开双臂欢迎来自世界各地的人们,对巴西、对世界充满爱。雕像就像一个巨大的十字架,在白云漂浮的山间时隐时现,显得更加神秘圣洁。由于耶稣塑像建在山顶,从市内的大部分地区都能看到,寓意基督无处不在。

雕像由法国纪念碑雕刻家保罗·兰多斯基(1875—1961)设计。以钢筋混凝土代替钢材,更适合十字架形状的雕像。1931年10月12日在山上举行盛大的落成典礼,巴西总统瓦加斯(1883—1954)为塑像剪彩,这一天是阿帕雷西达圣母的纪念日——圣母显灵日。

二、拉美的音乐与舞蹈

拉美音乐。 多元混合型是拉美音乐文化的最大特色。在这些混合元素中,最重要的有三种:

第一种元素是印第安音乐。它常常和生活、宗教、劳动、舞蹈相结合,旋律单纯而带有独特的情感。在乐器方面,没有弦乐器。印第安人的传统乐器是笛、奥卡里(埙)、排箫、鼻笛等管乐器以及鼓、摇响器等打击乐器。

第二种元素是欧洲(伊比利亚)音乐。伊比利亚半岛的西班牙、葡萄牙音乐文化,在旋律、和声等方面,都给予拉丁美洲音乐以最重要的影响。被称为"西班牙国民乐器"的吉他在拉丁美洲颇受欢迎。此外,竖琴、小提琴、长笛、竖笛、小号、手风琴等,由西班牙人从欧洲传来,都成为拉丁美洲各国不可或缺的乐器。

第三种元素是非洲黑人音乐。它的最大特色是优美而丰富的节奏感。以伦巴、曼波、桑巴为代表的"拉丁节奏"基本都是非洲节奏,广受现今世界欢迎。

这三种音乐元素在长久的历史进程中,逐渐融合在一起,形成拉丁美洲独具特色的音乐。

在拉美乐坛产生出许多优秀的音乐家、作曲家和歌唱家。多米尼加音乐人胡安·路易斯·格拉(1957—)凭借其音乐造诣屡获国际音乐大奖。1990年,他的专辑《玫瑰巴恰塔》为他夺得第一个格莱美奖。维森特·费尔南德斯(1940—)是墨西哥歌唱家、演员。他的演唱生涯开始于大街卖唱。他3次获得格莱美奖,8次拉丁格莱美奖。他是好莱坞星光大道上的明星。

第十七章 18世纪至20世纪的拉丁美洲文化

拉美舞蹈。在拉丁美洲流行的比较著名的民间舞蹈至少有以下三种：

第一种，莎莎舞（salsa），又称萨尔萨舞，起源于古巴，是当今欧美非常流行的社交舞蹈之一。可分为哥伦比亚的莎莎舞、古巴的莎莎舞等。动作要领是突出腰胯的"8"字形摆动，让众多时尚男女为之着迷。

第二种，空比亚舞（Cumbia），源于哥伦比亚，在委内瑞拉和秘鲁等地发展，同时受到非洲和西班牙舞蹈的影响。舞蹈形式以胯部的转动为主。原是非洲奴隶和当地人傍晚聚集在海滩边所跳的舞蹈，后被沿袭下来。

第三种，阿根廷探戈舞（tango），两个舞伴的身体几乎贴在一起，并且快速旋转、踢腿，花样迭出。阿根廷探戈与国际探戈不一样。国际探戈是从阿根廷探戈发展演变而来，但是已经被规范化，是5种摩登舞中的一种。阿根廷人把探戈看作是自己的国宝，是民族的骄傲。阿根廷政府宣布探戈是阿根廷民族文化遗产不可分割的一部分。

国际标准拉丁舞，指体育舞蹈，分为伦巴、恰恰、牛仔、桑巴和斗牛五支舞。拉丁国标舞是规范、严格、标准的。它起源于拉丁舞，是在拉丁舞的基础上发展、规范形成的竞技专业舞蹈。但是国标拉丁舞又不同于拉丁舞。拉丁舞是拉美大众民间舞蹈，比较随意、休闲、放松，有较大的自由发挥空间。国标拉丁舞包括以下5种舞蹈：

第一种，桑巴舞（samba），起源于巴西的里约热内卢，1929年传入美国，而后又传至世界各地。它是非洲和南美舞蹈的综合产物。

巴西最大的节日是狂欢节，狂欢节的最重要活动有桑巴舞化装游行和桑巴舞大赛等。桑巴舞游行时，色彩纷呈的女子游行队伍中有的戴羽头帽，有的戴假面具。彩车上站着的是被选出来的"国王"和"王后"，其后有桑巴舞队，边歌边舞，以腰、臀、腹剧烈抖动、大幅度摇摆的舞蹈使观者呐喊尖叫，情绪几乎达到疯狂。里约热内卢的狂欢节桑巴舞大赛最负盛名。全市名列前茅的14个桑巴舞学校要先赛出前五名，然后再进行第二轮比赛。里约热内卢狂欢节每年吸引大约40万外国游客前来观光。桑巴舞、狂欢节同足球一样，已成为巴西的象征。

第二种，恰、恰、恰（cha、cha、cha），起源于中美洲的墨西哥、古巴等地，它是曼波舞的变形。恰、恰、恰的舞姿较为活泼，步法干脆利落。

第三种，伦巴舞（rumba），起源于古巴的非洲黑人舞蹈，故又称为古巴伦巴。舞蹈动作以臀部夸张的摆动为主，表现男子进攻，女子防守，使得伦巴舞大受欢迎。

第四种，斗牛舞（pasodoble）本为西班牙之进行曲，音乐雄壮威武，舞蹈风格非常阳刚。斗牛舞是受斗牛影响而演变出的舞蹈。男舞者可比拟为斗牛士，女舞者则代表吸引公牛注意的红斗篷。

第五种，牛仔舞(jive)，或称捷舞，起源于美国，由一种叫"吉特巴"的舞蹈发展而来，是一种节奏快，体力消耗大的舞蹈。

拉丁舞蹈风靡世界，各种拉丁舞比赛层出不穷。拉丁舞蹈艺术性高，难度大，欣赏性也强。拉丁舞在中国、在世界正处于方兴未艾之时。

第十八章

近代东方文化

第一节 概 述

近代东方文化,开始于19世纪初,结束于20世纪20年代。

早在16世纪,西方殖民主义者就开始侵入东方。19世纪中叶以后,除日本走上资本主义道路外,亚非大多数国家沦为殖民地、半殖民地。殖民统治使一些国家的资本主义畸形发展,欧美的科学、文化也陆续传到东方。早在19世纪初,亚非一些国家就出现了一批资产阶级知识分子。他们接受了西方的影响,开始了资产阶级启蒙运动或民族文化复兴运动,探寻祖国的前途和民族的出路,尝试进行宗教改革和社会改革。于是涌现出不少杰出的启蒙思想家和宗教改革家。在此基础上,他们的活动启发了人民的觉悟,促使民族觉醒。亚非各国掀起一浪高过一浪的反帝、反殖、反封建斗争和民族解放运动。与之相适应,具有时代气息和民族特色的近代东方文化(包括文学)也随之产生和发展。它在内容上有鲜明的反帝、反封建倾向,在形式上有所突破和创新。其中成就最大的是日本、印度以及阿拉伯各国。

一、日本、印度以及阿拉伯地区的启蒙和改革

1868年日本明治维新以后,日本政府为改造旧封建国家,发展资本主义,提出了殖产兴业、文明开化,富国强兵三大政策。从此,一改过去的闭关锁国政策,大开国门,以西方先进国家为榜样,掀起了学习外国先进科学文化知识的热潮,以实现日本各方面的近代化。日本政府派考察团赴欧美,破除旧的教育体制,引进西方近代国民教育制度,向欧美派遣大批留学生,高薪聘请外国专家和工程技术人员,还大量翻译、介绍西方的文学作品。这就为日本在经济、科学、文化等方面迅速赶上西方先进国家打下了基础。由于日本的改革很不彻底,所以封建势力仍然很强大。

外国文化史

19世纪70年代中期,日本出现了自由民权运动,80年代波及全国。福泽谕吉等人受西方启蒙思想影响,他们著书翻译,大力宣扬天赋、人权、自由、民主等主张,旨在反对专制政治、争取资产阶级民主自由的权利。这一运动推动了政府的政治改革。19世纪末20世纪初,早期社会主义思潮和工人运动开始萌芽。虽然遭受镇压,但到第一次世界大战前后,工人运动和革命、进步的政治力量仍然得到进一步发展壮大。

19世纪20年代,在印度孟加拉这个资本主义经济最早产生的地方,出现了一批资产阶级知识分子,他们成了印度资产阶级启蒙运动的先驱。而这一运动又是同印度的宗教改革运动和资产阶级政治改良运动密不可分的。

罗姆·莫罕·罗易是印度近代启蒙运动的先驱、社会活动家和印度教改革家。他接受了近代西方哲学和启蒙思想的影响。他用资产阶级理性原则改造印度教的哲学和教义。他虽承认"梵"是宇宙的最高实体,但认为它并不干预自然界的发展过程。他反对印度教的偶像崇拜、繁琐仪式和种姓制度。他还反对寡妇殉葬、童婚、多妻等歧视妇女的封建陋习,提出开办新型学校、普及世俗教育、传播科学知识等改革主张。他创办了印度最早的民族报刊《明月报》,开办了近代第一所传授科学知识的学校——印度学院。1828年在加尔各答创立近代第一个印度教改革团体"梵社"。他的思想和活动对后来印度民族主义运动产生过重大影响,因而在印度被尊称为"近代之父"。

在罗易之后,印度教中出现了很多宗教和社会改革团体。主要有1875年在孟买由达耶难陀·娑罗室伐底创立的"圣社"。1897年在加尔各答由辨喜创立的"罗摩克里西那教会"。辨喜(1863—1902)是印度近代最大的哲学家,著名的社会活动家和印度教改革家。他追随其老师罗摩克里西那,主张以印度教为基础建立一个新的宗教——"人类宗教"。他对印度教中的各种黑暗现象和陈规陋习进行了批判,提出"宗教要为贫苦人民服务"。他号召印度不同民族、宗教和种姓联合起来,打破宗教对立和种姓隔阂,改善劳动人民的处境,提高妇女地位,普及文化教育,发展民族工商业。他还号召印度人民要以"抗恶"的精神粉碎封建主义和殖民主义带来的精神枷锁。他的理想是在印度教的精神基础上建立一个西方资产阶级式的民主社会。他的社会政治主张对后来开展的印度民族解放运动有重要影响。他所创办的"教会"后来发展成为印度教中最有影响的团体。

伊克巴尔(1873—1938),是生于印度的著名伊斯兰教哲学家、诗人和社会活动家。在印度次大陆的伊斯兰教改革运动中有很大影响。他从唯物主义出发,对伊斯兰教的教义进行了解释,否定了形式主义、命定主义,提出了"行动"学说,认为人是在行动中不断发展起来的,人必须先顺从物质世界而后征服这个世界。他认为

第十八章 近代东方文化

穆斯林应以尊敬而独立的态度对待现代知识、运用现代知识。他的思想反映了穆斯林要求改造旧世界、建立新秩序的愿望，受到印度、巴基斯坦广大人民的尊敬。

19世纪上半叶，埃及、叙利亚、黎巴嫩开始了阿拉伯近代的思想启蒙运动。启蒙思想家们认为愚昧是造成贫困落后的主要根源，所以鼓吹欧洲的资产阶级文明，纷纷兴办学校，建立印刷厂，创办报刊，成立学术团体，开展学术活动，致力于自我教育和社会教育，以促进社会风尚的改良。穆罕默德·阿里、布特拉斯·布勒塔尼、纳西夫·雅齐吉、布希利·舒马伊尔等人在启蒙运动中作出了重要贡献。

穆罕默德·阿里(1769—1849)，1805年成为埃及总督后，为改造和振兴埃及，进行了一系列改革。他把阿拉伯语定为国家使用的主要语言，兴办各类专科学校，选派留学生出国，翻译介绍西方近代学术和文学著作，建立印刷厂，鼓励新闻出版事业。他为复兴阿拉伯文化作出了巨大努力，在阿拉伯地区引起了巨大的反响。

布特鲁斯·布斯塔尼(1819—1883)，生于黎巴嫩。1847年，他在贝鲁特参加创建了《叙利亚学会》，其宗旨是推动科学和艺术的进步与繁荣。1860年，他创办民族主义报纸《叙利亚号角》，1870年又创办《心灵》杂志和《天堂》报。1863年，创立国民学校，其宗旨是陶冶人心、培养并传播爱国主义。它吸引了东方各国的求学者，影响甚广。他还编纂了9卷本阿拉伯文的第一部百科全书《知识大全》和教科书。他最关注的社会问题是妇女问题。他发表讲演，强调妇女必须受教育，以获得从事社会活动的足够文化和教养。他在多方面所作出的卓越贡献，"使他成为复兴文化的巨大柱石之一。"①

黎巴嫩人布希利·舒马伊尔(1860—1917)，是阿拉伯地区第一个具有社会主义和无神论思想的学者。他崇尚理性，鼓吹社会主义，主张对旧制度实行改革，但他的社会主义主张中带有许多的乌托邦成分。

19世纪中叶产生的泛伊斯兰主义运动是阿拉伯近代思想启蒙运动的一个组成部分。其创始人是阿富汗人哲马鲁丁·阿富汗尼。他主张全世界穆斯林团结起来，建立一个统一的伊斯兰教帝国，使穆斯林摆脱伊斯兰教殖民统治。他力图调和宗教与科学的矛盾，鼓励穆斯林学习西方国家的科学文化，改变伊斯兰国家的落后面貌，并通过改革使伊斯兰教达到现代文明。埃及的穆罕默德·阿布杜(1849—1905)，继承了哲马鲁丁的伊斯兰教改革事业。他主张吸收西方文化中有益的东西，使之融合在伊斯兰教的基本思想之中；主张通过人民革命和伊斯兰各国人民的联合，推翻殖民主义统治和本国的专制政体。

近代阿拉伯的思想启蒙运动引进了西方文明，提倡资产阶级理性，促进了资产

---

① ［黎巴嫩］汉纳·法胡里：《阿拉伯文学史》，郅溥浩译，人民文学出版社，1990年，第653页。

阶级思想的传播。打破了封建思想一统天下的沉闷局面，改造了阿拉伯旧文化，迎来了阿拉伯思想文化界的活跃和开放，带来了爱国主义、民族主义意识的高涨。这不仅为近代阿拉伯文化的复兴开辟了道路，也为阿拉伯民族解放运动奠定了基础。

二、近代东方文学的勃兴

近代东方各国文学的发展是很不平衡的，日本、印度、东南亚部分国家和阿拉伯的文学发展较快，黑非洲文学还处在沉寂状态。

日本近代文学取得了突出成就。它随日本资本主义的发展而成长起来，并接受了欧洲资产阶级文学的强烈影响，在短短几十年内，就完成了欧洲文学几百年的发展历程。这就造成了其文学流派众多、变化迅速、情况复杂的特点。

日本近代文学的行程是以坪内逍遥、二叶亭四迷和森鸥外三位作家登上文坛为标志的。坪内逍遥（1859—1935）的《小说神髓》（1885—1886），是日本近代第一部重要的文艺理论著作，对日本近代文学的发展有很大影响。二叶亭四迷（1864—1909）是日本近代现实主义文学的奠基人，他的长篇小说《浮云》（1887）揭露日本官僚机构的黑暗腐败，批判趋炎附势的社会风气，开了日本批判现实主义文学的先河。森鸥外（1869—1922）的短篇小说《舞姬》（1890），以感伤、抒情的笔调反映了知识分子个性解放的追求与社会现实的矛盾，被公认为日本近代浪漫主义的奠基作。

19世纪末，日本文学初步呈现繁荣局面。在以北村透谷（1868—1894）为首的文学社团"文学界"的推动下，日本浪漫主义文学思潮得到进一步发展。20世纪初，在法国作家左拉的自然主义文学理论影响下，日本兴起自然主义文学运动。田山花袋（1871—1930）的中篇小说《棉被》（1907），着重描写老师对学生的爱欲心理，是自然主义的代表作。岛崎藤村（1872—1943），虽然也接受了自然主义的一些影响，但他的长篇小说《破戒》（1906）批判了日本封建等级制度，揭露日本政界和教育界的腐败，是一部优秀的批判现实主义作品。

在自然主义文学盛行之时，夏目漱石（1867—1916）独树一帜，写出了长篇小说《我是猫》（1905），具有鲜明的批判倾向，为日本批判现实主义文学的发展作出了贡献。

日本近代文学以后，出现了新思潮派等文学流派，芥川龙之介（1892—1927）是新思潮派的代表作家。代表作有短篇小说《罗生门》（1915）、《鼻子》（1916）等。他们以古喻今，揭露风行于世的利己主义，抨击弱肉强食的社会本质，以构思奇特、布局精巧、富有哲理见长。

印度近代文学开始于19世纪中叶，具有较强烈的反殖民主义、反封建主义的倾向。

第十八章 近代东方文化

般吉姆·查特吉(1838—1894),是印度孟加拉语近代文学的先驱。历史小说《阿难陀寺院》(1882),描写18世纪的一次反英起义,充满爱国主义激情。长篇小说《毒树》(1872)以现实生活为题材,揭露了封建伦理道德对妇女的摧残,第一次提出寡妇改嫁的问题,具有强烈的反封建精神。

萨拉特·查特吉(1876—1938),是印度孟加拉文坛上仅次于泰戈尔的重要作家。他的自传体小说《斯里甘特》(1917—1933),通过四个女性的不同遭遇,揭示了封建礼教的吃人本质。他的另一篇长篇小说《秘密组织——道路社》(1929),以反抗殖民主义统治、争取祖国独立为主题,旨在探索民族解放的道路。

泰戈尔(1861—1941)是印度近代文学最杰出的代表。他早期创建的短篇小说、故事诗中表现出鲜明的反殖民主义和反封建的思想倾向。他的长篇小说《戈拉》(1910),深刻揭露英国殖民主义者的罪恶,探索印度民族解放的道路,号召印度人民不分教派、不分种姓,团结起来为反对殖民主义统治而斗争。《吉檀迦利》(1913)是他最有代表性的抒情诗集,体现了人道主义和爱国主义精神,于1913年获得诺贝尔文学奖,是亚洲第一个获此殊荣的人。

伊克巴尔(1877—1938)是巴基斯坦和印度著名的诗人和社会活动家。著有《自我的秘密》(1915)、《无我的奥秘》(1918)、《驼队的铃声》(1924)等诗集,揭露殖民主义者的罪恶,号召民众团结起来主宰民族的命运,反映了资产阶级民族意识的觉醒。

菲律宾近代文学在反对西班牙殖民统治的斗争中崛起。其最早的杰作是诗人巴尔塔萨尔(1788—1862)的叙事长诗《弗罗兰第和罗拉》(1833),它歌颂反抗异族侵略的斗争。黎萨尔(1861—1896)是菲律宾近代最杰出的作家、著名爱国志士。著有长篇小说《不许犯我》(1887)和续集《起义者》,小说愤怒谴责了西班牙殖民者给菲律宾人民带来的深重灾难,颂扬了人民的反抗斗争。1896年,他被殖民当局逮捕,就义前写了绝命诗《最后书怀》,表达了他对祖国的无比热爱和献身精神。

近代阿拉伯文学的复兴开始于埃及。埃及的巴鲁迪(1838—1904),是阿拉伯近代诗歌复兴运动的创始人。他的诗真情地描绘了阿拉伯的现实生活,表现了对祖国和人民命运的关注,以及对殖民主义者和社会丑恶现象的仇视。他的诗洋溢着爱国热情和时代精神,为阿拉伯诗歌的复兴开辟了道路。

黎巴嫩著名作家、诗人纪伯伦(1883—1931),早年移居美国。1920年,他在纽约同努埃曼等人在纽约创办"笔会",并任会长,团结了一批旅居美国的阿拉伯诗人、作家,形成了著名的"旅美派",为发展阿拉伯新文学作出了重大贡献。早年,他写了短篇小说《叛逆的灵魂》、中篇小说《折断的翅膀》(1914)等著名作品,具有鲜明的反封建、反教会的倾向,推动了阿拉伯小说创作的发展与繁荣。后期,他转入散文和散文诗的创作。散文诗集《先知》是他的"顶峰之作"。他的散文诗以爱与美为基本主题,表现他对理想境界的追求和对社会丑恶现象的不满。

伊朗诗人巴哈尔(1886—1951),是伊朗第一位近代诗人,他积极投身伊朗1905年到1911年的立宪运动,写了大量诗歌,充分表达了伊朗人民爱祖国、求民主的心声,成为反帝反封建的号角。

近代东方文学由于时间短等原因,成就不如西方近代文学几百所取得的成果。但由于时代的变化和向西方学习,很快结束了封闭、落后状态,开始走向世界,产生了不少有世界影响的作家、作品,也为东方现当代文学的发展奠定了基础。

第二节　东亚文化与文学艺术

东方近代史始于19世纪中期,止于20世纪初期。这是亚洲各国冲破重重阻力,缓慢走向资本主义的时期;是他们面临西方列强的掠夺与欺压,除了日本外,其他国家几乎都沦为殖民地和半殖民地的时期,也是东方民族反帝反殖民族解放斗争风起云涌的时期。启蒙与救亡成为东方各国的主要历史任务,所以这也是近代的东方民主主义意识、民族主义意识鼎盛的时代。东方社会与文化都处于转型期:在社会形态上,从农业社会向工业社会、从封建社会向资本主义社会转变;在文化上,传统文化复兴,并寻求向现代的转型。西方文化在东方的传播,既引发了东西方文化的碰撞与冲突,也对东方文化的转型更新起了积极的作用。近现代东方文化的发展交织着民族化与世界化、传统与现代、救亡与启蒙的种种矛盾与困惑。东亚各国的文化与文艺也鲜明地反映出了近代东方社会的这一历史特征。

一、近代东亚文化的转型

社会的转型不是一朝一夕就能完成的,随着16世纪以来中国、日本等社会稳定正常发展的国家出现了资本主义萌芽,以及部分东方国家开始沦为西方国家的殖民地,东方社会开始了近代化转型。经过数百年发展演变,到19世纪开始加速,出现质变,并且具有了普遍性。英国的历史学家汤因比在《历史研究》中提出:文明的生长,总是由于少数具有创造力的人能够成功地应对挑战,而文明的衰落,则是不能对挑战进行成功地应战,一次一次失败的应战使得文明衰落和解体。近代东方就是在应对来自内外的挑战,在屈辱中觉悟、奋起,从封闭走向开放交流,不断汲取西方文化,更新自己的传统,从而完成文化的转型。

西学东渐与思想启蒙　在近代东方文化的转型中首先发生作用的就是"西学东渐"。新航路的开辟拉开了西方列强对东方进行殖民活动的序幕,开了西学东渐的先河。"西学东渐"的方式不外乎两种:一种是西方人的传入。通过传播宗教、兴办学校、开办医院、商业贸易、战争征服与殖民活动,西方的宗教、政治、军事、经济、科技及文化思想意识传到东方。在东亚,不同的国家,途径仍有区别:在中国,19世纪以前西学主要随传教士传教的方式进入,19世纪以后,西方对实行闭关锁国的中国采取了坚船利炮政策,以战争的方式送来西学。日本最初是传教和贸易两种方式接受西学。中国在鸦片战争中的失败使日本人汲取了教训,在美国军舰的威胁下1854年签订《日美和亲条约》,实行了开国政策。19世纪60年代美国、法国、德国等的军人、商人不断侵入朝鲜,企图在朝鲜开拓其势力范围,都遭到了朝鲜军民的抵抗,未能成功。但"迫使朝鲜打开国门的是20年前刚刚打开自己国门的日本"①,日本军舰开进朝鲜,1876年成功地威逼朝鲜与日本缔结《朝日友好条规》,迫使朝鲜开放口岸,准许日本人经商、租地建房、测量水域绘制地图,在汉城设立领事馆,朝鲜严重丧失了国家主权。第二种是东方人自己摄取、"拿来"。面对民族的屈辱和苦难,面对因袭下来的沉重而又不合时宜的传统文化,许多接受过西方思想文化影响的有识之士、有志之士选择了社会思想启蒙,改造国人、强我民族。在政治领域开展了政治改良运动,如日本的"明治维新"、中国的"戊戌变法"、朝鲜开化党人的活动等等。思想上的启蒙运动也大力展开,如宗教改革、儒学革新,国学复兴,教育体制的更新、语言革新、文学革命等等。

对东亚国家而言,思想文化意识上的革新首先指向的就是传统社会的主流意识形态,也即最初构成东亚文化圈核心的儒学思想。一方面,它是传统社会的产物,是传统社会的精神支柱,另一方面,随着时代的发展和传统社会的解体,它遭遇到了前所未有的挑战与危机。在东亚许多国家都出现了思想文化上的"东西之争""古今之争",开始了社会思想的近代化历程。

日本社会、思想文化的近代化　日本从16世纪中叶开始同西方文化接触,并形成一门新学问"西学"(即最初的"兰学"),中间虽有幕府的"锁国",但经过几代人的努力,对"西学"的摄取中心由侧重技术、文化,到政治体制。1862年西周(1829—1897)、津田真道(1829—1903)等人留学荷兰,将西方的自然法、国际公法、国家法、经济、统计及哲学等理论知识介绍到了日本,使西学具有了涵盖自然科学和人文、社会科学的广泛内容。日本社会对传统宗教如佛教、儒学也开始了革新。由于佛教厌世、否定现世的教义与政府富国强兵的宗旨相悖,江户时期儒学者林罗山(1583—1657)等人开始了对佛教的批判,国学者平田笃胤(1776—1842)等人提出了"废佛论"。1868年明治政府命令神佛分离,这一命令后来演变成了废佛毁释运动。与之相应,在国学者中

---

① [日]加藤祐三:《东亚近代史》,蒋丰译,中国社会科学出版社,1992年,第84页。

出现了复古神道,试图把握存在于古典的神道真义,普及神道信仰;到了江户晚期,神道的敬神观念和崇祖观念,进一步具有了国家色彩,成为强化家族血统意识和集团意识的工具。1870年1月天皇发出诏书推进以天皇为中心,以神道的国体观念和国民道德为基础的教化活动。国家神道成为天皇制精神支柱,日本很快就走上了军事封建帝国主义的道路,开始了对外扩张侵略。江户时代(1603—1867),儒学和神道的日益对立和强化,触发了复古国学的勃兴。居于国学发展最高峰的是本居宣长(1730—1801),他把对封建意识形态,特别是对儒教道学的批判向前推进了一步,为国学的研究开辟了新的局面。他的神道观极其强烈地表现出了日本优越观和尊皇观,表现了日本民族在面对外来挑战时对民族自身传统的强化。

日本在近代化过程中,在处理与亚洲其他国家的关系上先后出现了"侵亚派""兴亚派"和"脱亚派"等多种立场与分歧。虽说早在丰臣秀吉时代,日本就有过侵略朝鲜的历史,但古代日本与东亚各国关系一般情况下还是比较密切。进入明治后,明治政府的领袖们,如西乡隆盛(1828—1877)、大久保利通(1830—1878)等人都是"侵亚派",认为日本要想在这个世界上生存下去就必须采取和欧美同样的手段,必须开拓国外市场,侵略日本邻近的朝鲜半岛。与政府相对的、也是因政见之争而下野的一部分领袖们则形成了"兴亚派"。主张日本与亚洲共兴,主张亚洲国家应该以日本为盟主,团结起来反抗欧美列强的侵略,建立了"亚细亚协会"等政治团体。但随着自由民权运动的退潮和中法战争等国际形势的变化,"脱亚派"又成为了主流,福泽谕吉(1834—1901)1885年发表了题为《脱亚论》的论文。"脱亚派"主张日本应该从落后的亚洲中脱离出来,加入欧美先进国家的行列。这样,原来"亚洲与欧美的战争"开始转为"亚洲内部各国间的战争",日本一跃成为经常发动侵略的国家,直到1945年失败投降,此后日本才步入和平。

日本在近代化过程中不同于东亚其他国家的独特的历史进程,既加速了日本资本主义经济的发展,也催生了日本的工人运动和社会主义运动,并影响了东亚其他国家如中国、朝鲜的社会运动和文学。日本的文学艺术也反映了这个时期人们的社会生活与思想情绪。

朝鲜社会、思想文化的近代化 朝鲜主要通过中国、日本两个中介学习接受西方的文化与科学技术。17、18世纪传入朝鲜的西洋器物和汉译西学书籍是在中国制作和出版的。其内容主要是西欧中世纪和文艺复兴时期的科学知识和西洋哲学、宗教及伦理,并非当时先进的西欧近代文化。面对西方文化的挑战和传统文化的危机,朝鲜各阶层爱国人士都在为探寻一条救亡图存的近代化之路而求索。19世纪末,朝鲜出现了形形色色的近代化思想,影响最大的有东学派、开化派等。东学派形成于1860年,取名"东学",含有与西学中的天主教相对抗之意,是一种融儒学、佛教、道教和天主教于一体的宗教学派，以东方文化为主，企图融合东西方文化以复兴朝鲜民族文化，具有浓厚爱国主义色彩的反西方文化思潮。首先出现在朝鲜南方农村，代表了农民的利益，对封建官僚的腐败和反动提出了尖锐批评，并竖起了"斥倭斥洋"的旗帜，于1893—1895年掀起了一场大规模的农民起义，史称"甲午农民战争"，沉重地打击了帝国主义侵略者和封建统治，揭开了朝鲜近代民族解放运动的序幕。

1876年《朝日修好条规》(又称《江华岛条约》)的签订标志着朝鲜近代史的开端。此后朝鲜人民与外国资本主义的矛盾日益加剧，统治阶级内部出现了主张维护锁国体制的保守派与主张引进欧美近代科技进行社会改革的开化派。开化派代表了新兴资产阶级的利益和要求。开化派的首领金玉均(1851—1894)1872年文科及第进入政界，曾赴日本考察，回国后与洪英植、朴泳孝等组成开化派，决心仿效明治维新，说服国王高宗实行改革，组织新式军队，派进修生到天津机器局学习新式兵器制造以及机械化工等技术，派青年到日本考察。改革派遭到保守派的阻挠后，在1884(甲申)年12月4日利用日本公使馆守卫兵的力量发动武装政变，后被执政的闵氏请去的袁世凯军镇压，洪英植被杀，金玉均等人亡命日本。"甲申政变"是朝鲜历史上第一次具有资产阶级性质的改革尝试，它推动了人民的反侵略反封建斗争和近代启蒙运动的开展。尤其是俞吉濬(1856—1914)的开化理论，突破了全盘否定西方文化、全盘西化和"东道西器"论的束缚，提出了广泛吸收全人类优秀文化精神以达到开化的新观点，表现出了一种全面、辩证地看待民族文化传统和外来文化与近代化关系的观点，达到了朝鲜近代化思想的顶点。

西方文化传入朝鲜，促成了朝鲜由封建文化向近代文化的转变，推动了文化进步，更重要的是导致了朝鲜人旧的世界观的崩溃和新的世界观的产生。如西方天文学知识的传入，使朝鲜人对自然现象有了科学认识；西方地理学的传入，扩大了朝鲜人的认识视野，瓦解了传统儒学的天下观和华夷秩序论；社会进化论等近代西方思想的传入，加深了朝鲜人对人类社会发展史和国际局势的认识，对揭露帝国主义的侵略本性，激起人民投身于反抗外族入侵的爱国主义斗争起了积极作用。由于朝鲜资本主义经济发展不充分，浓厚的封建残余严重阻碍了朝鲜社会的近代化进程。加上朝鲜地处东亚要冲，国内事务常遭到中国清王朝、日本、俄国及其他西方大国的影响和干预，过多的外来压力加重了朝鲜近代化的负担，令朝鲜人难以同时完成救亡与启蒙的双重历史使命。

这个时期，朝鲜在科学技术上也有很大发展，17、18世纪天文学成为一门独立的学说；医学逐渐摆脱了中医学的束缚，形成了具有民族特色的医学体系，1613年许浚(1541—1615)《东医宝鉴》系统阐述了内、外科和针灸等东医学科及重视摄生养性的医学宗旨。在农业方面,以农业立国的朝鲜,在农业实践方面积累了丰富的经验,出现了许多总结农耕栽培和畜牧生产技术的著作,如 17 世纪申洬的《农家集成》、洪万选的《山林经济》、林世堂的《穑经》等等,把近代朝鲜的农业和畜牧业生产向前推进了一步。

二、东亚近代文学艺术

日本近代文学艺术　日本是东方第一个自觉地、大规模地引进西方文化并走上资本主义道路的国家。明治维新以后,在西方文化的深刻影响下,经过二十余年的思想启蒙,日本文学开始了近代化历程,1885 年坪内逍遥发表日本近代第一部文学理论著作《小说神髓》,标志着日本近代文学的诞生。此后二叶亭四迷的《浮云》和森鸥外的《舞女》相继为日本近代文学的现实主义和浪漫主义的发展开拓了新路,但当时还未形成气候。世纪之交的自然主义文学运动,才真正在文学创作和文学理论上完成了日本古典文学向新文学的过渡。在文学观念、创作手法、文学体裁诸方面摆脱了传统文学束缚,并且从对西方文学的模仿中走向民族化,形成以写身边琐事见长的私小说这一现代日本文学的主体形式。之后至大正年间,日本文坛相继出现了以永井荷风(1879—1959)、谷崎润一郎(1886—1965)为代表的唯美主义,《白桦》同人武者小路实笃(1885—1976)、志贺直哉(1883—1971)、有岛武郎(1878—1923)的"白桦派"人道主义,以芥川龙之介(1892—1927)、菊池宽(1888—1948)为首的"新思潮派"等文学流派。这些文学思潮和流派在学习借鉴西方文学与文化的基础上,扎根于日本的现实土壤,表现了日本的近代精神。

代表这一时期日本近代文学成就的是夏目漱石、岛崎藤村、芥川龙之介和谷崎润一郎。夏目漱石曾留学英国两年,受到英国现实主义文学的洗礼,也目睹了西方文明的种种弊端,使他把批判日本近代化进程中师承西方的种种弊端作为自己的使命,始终把道德问题作为自己最基本的创作主题。处女作、也是为他获得不朽文名的杰出作品《我是猫》以"海参"样的结构形式、以独特的讽刺和幽默揭露和抨击了污秽的社会现实,成为日本近代批判现实主义文学的杰出作品。岛崎藤村是日本自然主义文学的代表作家,代表作《破戒》(1905)描写了日本知识分子在近代人权观念的影响下自我意识的觉醒,以及对封建等级制残余的反抗。芥川龙之介的作品以独特的视角探讨人生和人性的主题,以超越对具体事象的评价而深入挖掘蕴含其中的普遍人性、贯穿一种彻底的理性精神而著称,成名作《罗生门》(1915)借古代京都罗生门下弱肉强食的一幕,表明为求生而损人利己是人的本能。《鼻子》(1916)揭示了由于所谓的自尊给近代市民阶层带来的内心痛苦,以及普遍存在于人类内心世界的自私、利己的卑劣心理。谷崎润一郎是日本近现代具有国际声誉的作家之一,被认为是近代东方唯美主义的集大成者。他的创作受波德莱尔、王尔德、爱伦·坡的影响,追求超道德的官能美,著名的作品有《文身》(1910)、《春琴抄》(1933)、《细雪》(1948),充分体现了谷崎对日本传统审美理想的追求。

明治维新以后,日本美术在"文明开化"和"脱亚入欧"风潮中也受到了西方美术的深刻影响,但日本美术复兴运动也不时发生。

朝鲜近代的文学艺术 朝鲜近代文学也是在西方文化冲击下产生发展的,主要表现为 20 世纪初以"新小说""翻译政治小说""英雄传记"和"唱歌"为标志的启蒙文学,代表作家是李人稙(1862—1916)和李海潮(1869—1927)。李人稙是朝鲜第一位新小说家,早年留学日本,回国后积极投入新文化运动,办报纸、写政论、创作新小说,曾参与创办朝鲜最初的剧场"圆觉社",是新文化开拓者之一。代表作《鬼之声》(1906)以言文一致的文体,揭露了蓄妾制所造成的家庭矛盾和社会矛盾,表现了庶民阶层对贵族阶级的个人反抗,具有强烈的时代精神和反抗精神,确立了新小说的样式。李海潮是新小说的奠基人之一,一共创作了 30 多部作品,代表作《自由钟》(1910),以一群有觉悟的贵族妇女在女主人生日宴会上的议论组织材料,涉及尊重女性权利、废除身份制、提倡朝鲜语等问题,表达了作者反封建、向往开化文明和国家独立的美学理想与政治理想。

朝鲜近代文学以资产阶级民主主义思想为基础,反映了推动国家近代化进程的愿望和反帝反封建的进步思想,文学的现实性明显增强,文学语言接近日常生活,新小说、唱歌、政论等新的文体诞生,张志渊(1864—1921)、申采浩(1880—1936)等人的作品开创了政论新文体;留学日本的崔南善(1890—1957)开了朝鲜自由诗之先河。朝鲜近代文学虽然没能担负起彻底反帝反封建的重任,但在启蒙运动中它所作出的贡献是难以磨灭的,更为重要的是,它构成了朝鲜文学从中世纪文学向现代文学过渡的桥梁。

第三节 南亚文化与文学艺术

南亚近代文化与文学艺术的继承和发展,有各种各样的因素。英国先后排挤掉西班牙、葡萄牙、荷兰、法国等西欧列强的殖民势力,于 1757 年取得了对南亚的统治权。建立于 1600 年的英国东印度公司,1849 年控制了整个南亚。南亚诸国的封建统治者软弱腐败、自相残杀,但是南亚各国人民却不断进行着反对西方列强、反对封建主义的顽强斗争。虽然,印度民族大起义于 1857 年遭到英国当局的残酷镇压,但是,南亚各族人民的民族意识却逐渐觉醒,并且不断高涨,争取民族独立与解放,成为近代南亚文化发展的主流。

近代南亚各国不仅被英国统治当局控制了经济命脉,而且文化上也遭到侵略。在政治、经济和军事的侵略之后,必然伴随着文化扩张,这几乎成了一条铁律。英国统治者用西方文化全面取代南亚文化的企图,遭到广大人民的反对。南亚各国人民为捍卫自己的文明、尊严、宗教和知识,进行了不懈的斗争,并在不断的反抗中获得了新的觉醒。在对南亚文化与文学艺术本质内涵的探索过程中,广大人民和知识分子经历了复古、西化、改良、革新等各种思想倾向的反复斗争。正是在这种长期复杂的过程中,近代南亚文化才得以发展成熟,并表现出多民族性与统一性相结合、保持文化传统与关注西方影响相结合、宗教传统意识与现实科学生活相结合,以及反对封建主义与反对殖民主义相结合等多元冲突、融合的新局面,南亚文化与文学艺术的发展呈现出一幅绚丽多彩的画卷。

近代南亚文化的特点主要表现出多元化的色彩。

首先,南亚在历史上长期处于封建割据状态,大小王国纷争不已,文化也处于分裂状态。即使是被认为南亚历史上比较稳定统一的英国统治时期,仍存在着五六百个大大小小的王国,除宗教之外,难以见到较统一的文化表现形式。

其次,南亚地区自古即是一个充满神话传说的地区,他们以神话传说表现自己的历史。古代不注意记录自己的历史,即使到了近代,记录的历史也往往不乏虚构想象的成分。这些和宗教信仰联系在一起的文化长期在广大人民中间流传,家喻户晓,根深蒂固,成为他们思想行为和道德观念的准则。

再次,南亚地区尤其是印度自古存在世袭的种姓制度,即按职业出身将人分成高低贵贱不同的种姓,直到近代,这种不平等的思想仍然顽固地存在于社会生活的各个方面,成为南亚文化的表现重点,也是阻碍其他文化因素发展的重要原因。

最后,从历史上形成的人种繁多、血统混杂,语言复杂、难以统一,宗教盛行、信仰各异等多种原因,使南亚的近代文化以民族文化为基础,表现为百花争艳的状态。

南亚近代众多的语言文学中,孟加拉、乌尔都、印地、泰米尔等的语言文学发展较快、成就较大、也较为繁荣。

孟加拉的地理位置使之最先受到西方和英国的影响,因此,成为文化发展较早和较快的地区。不少资产阶级知识分子成为南亚近代社会的启蒙思想家和文学家。启蒙运动先驱拉姆·莫罕·罗易团结孟加拉文化界人士,建立"梵社",企图以西方某些先进的制度改造印度社会。达耶难陀·婆罗室伐底创建"圣社",积极推行社会和宗教改革。以及奥科伊库马尔·多托(1820—1886)和伊绍尔琼德罗·比代沙戈尔(1821—1891)等。他们的一系列改革极大地影响到文学,新的小说、散文、戏剧等文体应运而生。

第十八章　近代东方文化

19世纪下半叶,孟加拉地区风起云涌地出现了文艺复兴运动,突出的有孟加拉长篇小说创始人别里钱德·米特罗(1814—1883),剧作家迪纳本图·米特拉(1830—1873),著名小说家般吉姆·钱德拉·查特吉和著名诗人罗宾德拉纳特·泰戈尔。般吉姆以《阿难陀寺院》和《拉吉辛赫》为代表的长篇历史小说,基于史实的真实,不乏虚构与想象,人物传奇色彩浓厚,情节起伏跌宕,大胆运用夸张、渲染等艺术手法,获得"孟加拉文学浪漫主义奠基人"的赞誉。泰戈尔是近现代印度文学史上最大的诗人和作家,也是印度近现代文化史上的巨人。他同时在诗歌、小说、戏剧、绘画、音乐等领域的造诣已达到世界文化史上后人难以企及的地位。1913年,他因著名诗集《吉檀迦利》而荣获诺贝尔文学奖,成为第一位获此殊荣的东方作家。

印度近代其他地方语言文学中,还有许多作家和诗人也取得了众多优秀成果。如乌尔都语诗人米尔扎·迦利布(1797—1869)、印地语诗人谢利特尔·巴特格(1859—1928)、泰米尔语散文家阿鲁木格·那瓦拉尔(1823—1879)等。此外,南亚的尼泊尔语文学最早的诗人帕努帕格德·阿加里亚(1814—1869)、斯里兰卡僧伽罗语小说家塞伊门·德·西尔瓦(1876—1920)等,他们的作品在南亚文坛都占有一席之地。

南亚近代的戏剧艺术,除传统的舞剧卡塔卡利以外,18世纪传遍整个北印度的民间音乐剧对近代文人的戏剧创作也有相当的影响。这种民间音乐剧属于世俗剧的性质,宗教色彩不明显,主要流行于现今印度北方邦及其附近地区,即讲印地语的伯勒杰方言区。其内容有神话传说、历史事件、民间故事,也有现实题材,很丰富。民间音乐剧演出过程简单,舞台四周不用幕布,道具简易,对面是乐队,观众随处可坐。演员简单化装即可登台居中表演,一般不用对白,只随乐队演奏跳舞或作出各种表现故事情节的姿势和表情。表演期间不换场,观众看不懂情节时,台下有人用旁白提示。这种音乐剧表演不缺少装扮性和故事性等戏剧要素。19世纪有人开始尝试对这种民间音乐剧进行改革,例如让多个角色一起登台演出,以增强戏剧性,让演员穿上较为华丽并带有饰物的服装等。舞台的功能也逐渐丰富,乐器也开始多样化,经过反复改良的民间音乐剧在近代艺术中逐渐受到关注。

19世纪中期近代印度舞台上出现了《罗摩乐剧》,其作者维谢沃纳特·辛哈是利旺地区的土邦王。他生于文学世家,有深厚的文学修养,在位33年(1821—1854)据说有30多部剧传世,虽不足信,但《罗摩乐剧》却很有名,是非常接近古典梵剧风格的戏剧。

印度近代戏剧艺术的真正开端,始于原名赫利谢金德尔的帕勒登杜(1850—1885)。"帕勒登杜"即"印度之月"的意思,是广大印度人民对他的称谓与褒奖,他被誉为近代印地语戏剧文学之父。在35年的短短一生中,他的著述和译作很多,体裁有剧本、诗歌、杂文、散文等,内容涉及政治、宗教、文化、历史等各方面,最突出的成就是创作翻译改编的20部剧本。在艺术上,他继承了古典梵语戏剧的传统,大部分剧本有开场献诗、序幕、结尾祝辞等,戏剧语言散韵杂糅。他还善于吸收其他戏剧演出形式,受英语戏剧的影响,他创作了省去传统开场献诗和序幕的剧本《黑暗的城邑》,代表作《印度惨状》的悲剧结局也受到英语戏剧的影响。他的剧本《尼勒德维》则是民间音乐剧形式的作品。他的戏剧在组织的舞台演出过程中也明显受到民间音乐剧的影响。

近代孟加拉地区的文艺复兴运动不仅影响到印度许多地区,也不仅仅影响到印度文化的文学、戏剧艺术等方面,而且也影响到印度的绘画。作为这一运动的主将泰戈尔不仅自创国际大学,进行启蒙教育,而且设立美术学院,并身体力行进行美术创作活动。他的侄子阿邦宁·泰戈尔就是印度学院方面的首席画师。阿邦宁的继承者南陀报司后继任美术学院院长。他们放弃创作可移动小型画的画风,恢复和追求古代阿旃陀壁画的传统手法,抛开宫廷贵族的生活题材,从古代神话传说和两大史诗中寻找素材,从广大人民生活中去发现艺术形象之美并进行绘画创作,一时间画坛面貌焕然一新。他们一改油画所用的颜料,而改用水彩颜料。从中国绘画和日本绘画中汲取有益的营养,重新恢复传统的绘画技巧,从情调、韵味,到立场观点,努力融合东方和印度的优秀画风,成就了印度的近代画派,并为印度现当代的绘画拓宽了发展道路。①

总之,近代南亚文化与文学艺术在整个历史进程中,只是传统与现代、民族与世界、东方与西方发展演变过程中的一个短暂时期,只有一个不够清晰又难以描述的轮廓,但它却是一个不容疏忽的阶段,因为它的中介与桥梁作用是无法取代的。

第四节　西亚、北非文化与文学艺术

西亚、北非的阿拉伯各国曾经历过辉煌的中世纪帝国时期,尤其是在阿拔斯王朝时期的数百年间曾一度成为世界文化的汇合地,也是东方三大文化中心之一,其文化和文学曾有过值得骄傲和自豪的历史。但从13世纪开始,阿拉伯地区首先受到蒙古人的野蛮破坏和冲击,其文化遭到了巨大的浩劫。自16世纪初起,又处于当时地跨欧亚非三大洲的土耳其奥斯曼帝国的统治之下,异族的暴虐统治和频繁的战乱窒息和扼杀了文学。1415年,葡萄牙攻占摩洛哥达休地区,以武力敲开了

---

① 参见常任侠:《东方艺术丛谈》,上海文艺出版社,1984年,第157页。

阿拉伯封建帝国的大门。直到 19 世纪,随着奥斯曼帝国的衰落和西方列强的染指与争夺,阿拉伯大多数国家相继沦为西方的殖民地或半殖民地。西方国家在实行武力征服的同时也十分重视对阿拉伯世界政治、经济、宗教和文化等方面的渗透。正如 18 世纪末拿破仑在入侵埃及时的做法:他不仅想凭借军事的武器,而且想凭借科学和知识的武器来征服埃及,以此为自己树立两种荣耀:宝剑的荣耀和知识的荣耀,进而赢得欧洲学者和思想家的同情。

可见,近代西亚、北非各国和东方其他国家一样,既遭遇着相似的命运,也面临着相同的反殖、反帝、反封建斗争的任务。但是,与东方其他国家相比,阿拉伯各国的近代文化和文学又表现出诸多的不同,尤其是在受西方文化的广泛渗透和强烈影响方面。关于这一点,有的学者认为:西亚、北非地区由于地理上处在各大洲的交汇点上,历史上就是东西方文化交流的中枢地带。公元前 3 世纪马其顿帝国亚历山大皇帝东征,将希腊文化传播到该地区,曾导致该地区文化的"希腊化"。公元 7 世纪伊斯兰教兴起之后,对地中海地区的影响,客观上也促进了东西方文化的交流和融合。可以说,东西方文化交流历来是该地区文化发展的突出特点。所以,当西方近代文化大规模涌入时,该地区面对西方文化表现出了其他东方国家少有的欣然态度。

当然,阿拉伯各国对西方文化接受的前提条件是不同的:有的表现出主动的态度如黎巴嫩;有的是在遭到侵略之后又采取学习借鉴的态度如埃及,更多的直接面对的则是军事侵略与文化渗透。

一、与西方的文化交流

黎巴嫩是与西方接触最早的近代阿拉伯国家。早在 16 世纪初期,黎巴嫩统治者法赫尔丁(1572—1635)曾前往欧洲文艺复兴的发源地意大利,并与之缔结友好贸易条约。他不仅鼓励向东方派遣各种欧洲使团,还同意罗马教皇派出耶稣教徒到黎巴嫩开办教会学校。黎巴嫩近代著名的学者、主教和科学家基本上都是从罗马教会学校毕业的学生。他们通过创办学校、印刷报纸,传播西方的文化知识与科学精神,成为东西方文化交流的最早使者,特别是为黎巴嫩的文化和文学复兴作出了重大贡献。因此,黎巴嫩开始被欧洲其他国家关注,如法国国王路易十四曾对巴黎的黎巴嫩学生提供免费教育。此后,许多不同国籍、语言和文化背景的传教士也纷纷来到黎巴嫩开办学校,使黎巴嫩人得以了解西方的不同文化,对比自己的状况和西方的进步,知道了黎巴嫩的症结之所在及其治理办法,从而行动起来,服务祖国。

黎巴嫩的文化与文学复兴运动在柏希尔(1789—1840)时期达到了繁荣,他广泛笼络文人，其王宫不仅成为当时作家和诗人会集的宫殿，还把各种集会变成了讨论会。但在其统治结束后，黎巴嫩充满了混乱和危机，奥斯曼帝国的暴虐，国家的贫困、新闻自由受到的压制，迫使许多黎巴嫩人移居埃及、美洲和其他国家。在国外，他们为阿拉伯民族的总体复兴作出了杰出的贡献，其中最为突出的作家是移居埃及的和移居美洲的以纪伯伦为代表的"旅美派"作家。

古代埃及曾以其悠久的历史和灿烂的文化位居东方乃至世界文明古国之列，也一度是古代东西文化的融汇点。经历了漫长中世纪的沉寂，埃及在19世纪以后又成为阿拉伯近代文化和文学的中心。但是，埃及近代文化的复兴是在遭到西方势力的入侵之后才开始的。

18世纪末，法国为了在世界市场中扩张自己的势力，达到堵塞英国通往印度道路的目的，决定委派拿破仑入侵埃及。当时的埃及虽然正处在土耳其奥斯曼帝国的统治下，但实际的掌权者是曼麦鲁克王朝。王朝统治者实行专制独裁，国家混乱，人民灾难深重。1798年5月，拿破仑率领的法国攻入埃及，虽然入侵者是为殖民主义的政治目的而来，但它结束了曼麦鲁克的飞扬跋扈，摧毁了他们的统治机体，把埃及从沉睡中唤醒，启迪了人们的思想，使他们意识到过去不曾知道的权利。埃及人参加了对自己国家的管理，了解到各种各样的新文化。特别是随从拿破仑军队一起入侵的146名学者和工匠，他们不仅带来了各种书籍和参考资料，尤其是印刷机，还在开罗创办学校，按照法国方式建立科学学会和图书馆、剧院和天文台等，客观上输入的西方资产阶级文明，使埃及人眼界大开，激发了他们进一步了解欧洲文明的兴趣。

尽管拿破仑军队于1801年撤出，法国最终未能在埃及立定脚跟，但入侵带来的作用却是非常明显的：被西方力量和文明强烈震动的埃及人开始从沉睡中惊醒，从欧洲文明中看到了前所未见的东西，意识到自己被专制王朝吞噬了的权利，开始萌发民族主义感情，其标志便是1805年登台的穆罕默德·阿里政权。

穆罕默德·阿里决心从曼麦鲁克造成的混乱与衰落状态中改造和振兴埃及，他借鉴西方的经验实行了许多改革措施：如加强军队建设，聘请法国军官进行训练；开办学校，从意大利、法国和英国聘请教师；派遣科学使团到法国及其他欧洲各国学习；把阿拉伯语作为官方语言，鼓励翻译、出版印刷和新闻等等。这些改革为埃及的复兴奠定了有力的基石。尽管这一运动在其后继者手中曾松懈甚至一度停顿下来，但在伊斯玛尔当政时代又得到恢复，不仅学校、印刷厂以及其他复兴因素渐渐增多，而且越来越多的外国人来到埃及，其中既包括因不堪忍受土耳其压迫的黎巴嫩与叙利亚的诗人和学者，也包括因苏伊士运河开通后涌来的西方人。

伊拉克是复兴时间最短而停滞时间最长的国家，因为从奥斯曼国家的统治下

第十八章 近代东方文化

独立后,它未能实现像埃及由穆罕默德·阿里及其后人们所实现的一切,外国传教士也没有到那里去开办学校,奥斯曼国家把它作为犯人流放地。伊拉克人中的受教育者都是在伊斯坦布尔接受的军事教育。即使在费萨尔统治的短暂复兴时期,学校讲授的都是阿拉伯古典科目,基本上看不出新文化的痕迹。

地处北非的马格里布地区包括阿尔及利亚、摩洛哥、突尼斯、利比亚等国家,因濒临大西洋和地中海,具有重要的战略地位且物产丰富。自15世纪起,一直是葡、西、荷、英、法、意、美等列强的争夺对象。进入19世纪后,相继沦为西方的殖民地:1830年法国侵入阿尔及利亚,并于1905年占领全境;1881年、1912年突尼斯、摩洛哥先后沦为法国的"保护国";利比亚则于1912年沦为意大利的殖民地。尽管这一地区的文化与文学复兴的起步要晚于埃及、黎巴嫩和叙利亚等国,但却受到来自西方的文明和毗邻的埃及复兴运动的双重影响。因此,大量学校建立,多种报刊兴起,各种实业兴办,许多人或去西方或去东方阿拉伯国家留学。

二、文化复兴

宗教改革是近代阿拉伯文化启蒙的先声。西方文化对近代东方的影响和渗透首先是通过传教士传播基督教的方式表现出来的。伊斯兰教是阿拉伯民族的传统宗教,在初创时期曾像一条纽带将广大的阿拉伯地区组成一个整体,但在奥斯曼帝国和西方列强的双重压迫下,近代伊斯兰教呈现出软弱和涣散。阿拉伯的一些有识之士觉悟到,要振兴阿拉伯,首先要振兴伊斯兰教。因此自18世纪以来,阿拉伯各国出现了众多的新教派,如瓦哈比派、赛努西派、苏丹马赫迪派等。尽管各教派学说不同,但其宗旨都是一致的,即反对基督教统治,通过伊斯兰教改革,统一和复兴伊斯兰各民族。尽管宗教改革过程中曾出现过偏激或保守的倾向,但毕竟是阿拉伯世界民族意识觉醒的一种体现。

近代阿拉伯的思想启蒙运动起于黎巴嫩和埃及。启蒙思想家们力图改变阿拉伯世界的落后现状,认为愚昧是造成贫困落后的主要根源,因此,他们大力鼓吹欧洲资产阶级文明,致力于自我教育和社会教育,通过人的素养的提高来改良社会风尚。在推动近代阿拉伯各国进步和传播科学方面功绩最大的是学校。黎巴嫩人早就在与西方的交流中意识到了学校的重要性,因此黎巴嫩的学校有着悠久的历史。它分为外国学校和国民学校两类。外国学校自1860年后日渐增多,其中最有名的是1866年成立的美国大学和1874年迁入贝鲁特的耶稣大学。国民学校的创办者大都是由接受过西方教育的黎巴嫩人开办的。他们按照欧洲方式办学,如被称为国民学校之母的阿因·沃尔盖,就是黎巴嫩与西方交流的产物,其教学制度和科目都是仿效了罗马的学校。第一次世界大战后,学校在黎巴嫩有了很大普及,除民办

学校外，教育部也开办官方学校。黎巴嫩的布特鲁斯·布斯塔尼是阿拉伯早期启蒙运动的倡导者，他在早期启蒙思想的宣传和学校教育方面做了大量工作。

埃及的学校发展以穆罕默德·阿里改革为界，分为前后两个阶段。前一阶段，教育仅限于爱资哈尔以及散布于开罗四周的城市和乡村中的私塾。第二阶段学校不仅开始增多，而且分为初等、预备和专科三类学校，专科学校中最著名的是医科学校和军事学校。更多的学校是在伊斯玛尔时代开办的，而且主要是高等学校，除法律、师范、工艺等专科学校外，1906年建立的埃及大学则是一所综合性大学。

其他阿拉伯国家也程度不同地建立起各种学校，但叙利亚却一直没有大学，叙利亚大学是第一次世界大战结束后才建立的。

印刷术和报纸成为阿拉伯各国传播知识的最重要手段。16世纪中叶，奥斯曼土耳其的首都伊斯坦布尔有了印刷所。阿拉伯国家的第一个印刷所是1601年在黎巴嫩建立的，但阿拉伯印刷业的真正发展是1812年在埃及建立布拉克国立印刷所之后。印刷术的推广扩大了科学文化思想交流的范围，彻底打破了过去由少数阶层垄断文化的局面，为新思想的宣传与传播和民族文化水平的提高提供了可能。

印刷业又促进了新闻业的发展和进步。埃及是阿拉伯新闻业的第一摇篮，以1828年创办的官方报纸《埃及事件》为开端。但阿拉伯新闻业的真正建立者是黎巴嫩人。作为阿拉伯国家中最早与西方交流的国家，黎巴嫩人首先了解到世界新闻业的情况以及新闻业的重要性和影响性，便在从事这一事业方面表现出惊人的志向。他们于1860年在伊斯坦尔创办的《新闻》报，成为通行所有阿拉伯国家的政治周报。移居到埃及、美洲和其他国家之后，他们又以自己的才能加强了所到之处的新闻事业。如旅居埃及的黎巴嫩人使《金字塔》报成为最大的阿拉伯报纸。

报纸同传统的书籍相比，具有发行量大、传播速度快、流通区域广、受众多等优点，因而在阿拉伯的文化复兴运动中产生了重大影响：它不仅唤醒了爱国主义和民族主义精神，反对暴虐，追求自由，而且把西方文化和社会政治制度、科学发明引进了东方。报纸明晓流畅的语言沟通了大众语言和文学语言的联系，也扩展了写作方式和阿拉伯语言词汇的范围。报纸犹如巡回流动各国的学校，教育广大群众，也协调上层的思想，提高人们的信念，同时纠正各种语言错误。

各种学会和团体的增多是科学和文化进步的又一个动因。1847年在黎巴嫩产生的叙利亚学会是阿拉伯世界的第一个学会，其成员都是当时著名的学者、作家和思想家。埃及人在1868年创办了科学文学学会。此后，建立学会的思想在阿拉伯国家开始普遍起来，各种不同的学会和团体纷纷出现。其中最大的也是最有影响的是在大马士革建立的阿拉伯科学学会。学会成员由阿拉伯国家的学者、文学家和一些东方学者组成，其宗旨是"复兴阿拉伯文学，按照研究和编著的新方法培

第十八章 近代东方文化

训研究人才。"学会在规范现代科学用语、出版刊物、发表语言和文学领域的研究成果等方面作出了卓著成绩。

图书馆也是阿拉伯国家与西方交流的又一成果,在阿拉伯文化复兴运动中也发挥了重要作用,仅在巴格达,就有近30多个图书馆。最著名的图书馆是1878年建立的扎希利叶图书馆,以藏有大量珍贵的手抄本著称。

东方学是阿拉伯文化复兴的一个巨大推动因素。早在10世纪起,欧洲人就开始研究阿拉伯语及其文学。在中世纪,许多欧洲人为深入研究《圣经》而学习闪族语言,为了给西方人学习东方语言提供方便,罗马教皇和一些欧洲君主开办学校。19世纪西方政府为便利其对殖民地的统治而开办各种东方语言学校,创办各种协会和杂志,召开学者们参加有关各种东方问题的会议,使东方学运动空前活跃。东方学的研究者主要是欧洲人,著名的东方学者主要集中在法国、德国、荷兰、英国和意大利等欧洲国家。

但是,在欧洲学者之外,接受过西方教育的许多黎巴嫩主教、神父、牧师和学者们也为东方学的发展作出了重要贡献。他们大都精通阿拉伯语、古叙利亚语、拉丁语、希腊语、希伯来语、意大利语和法语等多种语言,大都毕业于罗马教会学校。有的留在罗马或法国从事东方语言教学和翻译,如艾赫德尼(1577—1648)曾在罗马的希克迈学校和巴黎皇家学校开设阿拉伯语和古叙利亚语专业。哈格拉尼不仅在罗马和法国的大学教授东方语言,还为当时法国著名的红衣主教黎塞留翻译过许多阿拉伯书籍,巴黎图书馆珍藏着他编纂的《阿拉伯语——拉丁语词典》的手写本。穆巴莱克神父(1660—1747)曾将多种著作译成拉丁语,并被意大利的托斯卡纳国王聘请主持东方书籍的出版。著名学者萨玛阿尼(1687—1768),是梵蒂冈图书馆东方原本书的编目者,他曾受教皇委托翻译了图书馆中的阿拉伯、古叙利亚和迦勒底文的书籍。其名著《东方书库》是他在1715年亲历东方搜集到众多东方原本书的基础上编辑而成的。他一生著述达百部之多,涉及内容从阿拉伯原本文书编目到东方历史、哲学以及其他重要方面,为东方学研究提供了珍贵的资料。还有许多罗马学校毕业的优秀生回到祖国从事教育和研究,如他们创办的修道院既进行宗教活动,也致力于文化事业。国民学校中最古老最有名的学校阿因·沃尔盖就是1789年由一所修道院改建的。它按照罗马教会学校的方式办学,除教授古叙利亚语、意大利语、拉丁语、阿拉伯语等语言外,还教授雄辩学、逻辑学、哲学、神学、法学等,它所获得的广泛声誉使其成为黎巴嫩国民学校之母。第一部阿拉伯文《百科全书》的编纂者布特鲁斯·布斯塔尼于1863年在宗教自由的原则上创办的国民学校,不仅为国家培养出一大批栋梁之材,而且学校具有的巨大影响深深吸引了来自东方各国的求学者。总之,在黎巴嫩和西方的交流过程中,有些人从事搜集原本书的工作,并把西文书译成阿拉伯文,把阿拉伯文书籍译成各种西方文字。他们富有成效的工作为东方学的发展作出了贡献。

三、文学复兴

近代阿拉伯的文学复兴是立足于文化复兴基础上的,其前提是否定和排斥蒙古人、尤其是土耳其奥斯曼统治时期僵化的无生命力的文学,更重要的则是输入和借鉴西方的近现代文学。在阿拉伯文学传统中,诗歌、故事固然很发达,但小说、散文诗、戏剧几乎是空白。近代新文学的建立首先依赖于输入和借鉴这些新的文学样式,创造近代的新文学。所以,复兴实际上也就意味着全面的输入创新。

阿拉伯近代文学经历了复兴传统和革新两个阶段。文学复兴基本上是循着文化复兴的路径,因而走在最前列的是依然是埃及和黎巴嫩。

埃及是阿拉伯近代文学的中心,它在历史上曾是东西文化的融汇点,在近代的文化复兴中又一直走在阿拉伯各国的前列。近代埃及的政治家们大都实行开放政策,政治环境相对宽松,文学艺术也受到重视,这些都为文学的创作和繁荣创造了条件。这种环境还吸引了黎巴嫩、叙利亚的一些作家来到埃及,他们同埃及作家一起创建阿拉伯近代新文学。

阿拉伯民族传统文学的精华是诗歌,但在土耳其奥斯曼帝国时期却盛行雕文饰词的腐化文风,文学创作因缺少生活气息而处于停滞状态。因此,近代阿拉伯文学家的神圣责任就是在新的历史条件下复兴阿拉伯文学,恢复他们古代曾经有过的骄傲和自豪。因此,他们首先提倡阿拉伯古典诗歌风格,特别是阿拔斯诗歌传统的复归,以重振阿拉伯文学的雄风,激励阿拉伯民族的自信心和自尊感。这期间出版了大量早期阿拉伯古诗集和一些模仿前人的诗歌作品。所以,埃及近代文学中的第一个流派是复兴派。诗人迈哈穆德·萨米·巴鲁迪是近代阿拉伯诗歌复兴运动的先锋,被尊奉为"阿拉伯近代诗歌的首创革新家"。其后出现的易卜拉辛、邵基和穆特朗,被誉为埃及"诗坛三杰"成为连接巴鲁迪和革新派诗人的桥梁。他们主张文学革新只有在继承传统的基础上进行,才能创造出适合环境和时代的阿拉伯本土文学。邵基的最大贡献是,率先把戏剧这种西方文学样式移植到阿拉伯,而戏剧是阿拉伯传统文学中所没有的文学样式,还创作了《克娄巴特拉之死》《莱拉的痴情人》等戏剧作品,他因而被称为"阿拉伯戏剧之父"。穆特朗是复兴派的最后一个著名诗人,他不仅对传统诗歌进行了较大的革新,还最早将叙事诗这种阿拉伯传统文学中不曾有过的诗歌形式从西方移植过来。阿拉伯诗歌创作在 19 世纪末由对传统风格的复归进入革新和改造阶段。

革新派又称"笛旺派",是 20 世纪初期以后形成的一个诗歌流派。他们反对复兴派诗人的复古倾向,对其创作中表现出的阿拉伯古典诗歌特点及其民族和历史内容提出批评。他们崇尚英国浪漫主义文学,首先引进西方的自由体诗,在题材、语言、韵律等方面加以革新,创作出阿拉伯近代文学史上的第一批新诗。代表诗人阿卜杜·拉赫曼·舒凯里,其处女作《曙光集》以内容和形式的标新立异成为阿拉伯诗坛上的一个革命。创新派的代表还有马齐尼和阿卡德。

小说是近代阿拉伯文学复兴运动中从西方引进的一种新的文学样式,它的传入,为阿拉伯知识界打开了一个认识和表现新生活的文学天地。形成于第一次世界大战时期的"埃及现代派"就是一个致力于小说创作的文学流派,其主要作家侯赛因·海卡尔、塔哈·侯赛因、陶菲格·哈基姆、台木尔等。在此之后,阿拉伯才迎来小说发展的第一次高潮。海卡尔是埃及近代小说的开创者,其中篇小说《宰乃白》是按照西方标准写成的第一部埃及和阿拉伯的近代小说,为阿拉伯小说的确立和发展奠定了第一块基石。塔哈·侯赛因是"埃及现代派"的中坚作家,被誉为"阿拉伯文学泰斗"。他为近代新的文学观念和批评方法的确立和巩固作出了很大贡献。其代表作是长篇自传体小说《日子》。台木尔是埃及短篇小说的开创者和卓越大师,有"尼罗河的莫泊桑"之誉。其创作表现出阿拉伯近代小说向现代小说的转化。

黎巴嫩文学在阿拉伯乃至东方文学史上的地位是由侨居美洲的黎巴嫩作家组成的文学团体"旅美派"奠定的。它是20世纪初在美国纽约成立的"笔会",也是阿拉伯近代文学史上的一个重要文学流派。该派的作家在借鉴西方文学的基础上对阿拉伯传统文学进行革新与创造,为阿拉伯文学的复兴增加了新因素,极大地提高了阿拉伯近代文学在世界文学中的地位。其代表作家有哈利勒·纪伯伦、米哈依尔·努埃曼等。纪伯伦是"笔会"会长,其前期创作以小说为主,代表作是《折断的翅膀》,后期创作以散文和散文诗创作为主。在阿拉伯文学中,散文诗是一种新的文学样式,是纪伯伦率先将其引入阿拉伯文坛,并以代表作《先知》的创作使散文诗呈现出东西方文学完美融合的特征。

19世纪的阿拉伯近代文化和文学被认为是新的复兴运动。其实质是在西方文化和文学的影响下,使阿拉伯民族的文化和文学在继承传统的基础上有创新和发展。

第五节 东方文化文学艺术交流

人类最早的四大文明古国形成时虽然各有源头、时间上亦有先后,但都产生在东方,历史悠久,并随着生存和发展的需要,以民族迁徙、战争征服、宗教传布、商贸往来等为桥梁很早就发生了文化文学艺术的交往,至中古时期形成了三大文化圈。在各个文化圈,中心国与周边国家之间政治、经济、宗教、科学、文化、艺术交往频繁,促成了东方各国文化艺术的共同发展与繁荣。其时,东方各国文化交往的流向多是由中心国向文化区内的周边国家发散。

东方的近代史虽然时间不长,但各国的文学文化交往变得更为复杂。16世纪以来,由于西方殖民主义的不断东侵,东方许多国家相继遭到程度不同的蹂躏。随着西方"他者"的介入,东方各国各地区间传统的文化交流逐渐受到阻隔。但因为相同的历史处境:都面临民族存亡、国家兴衰的现实危机,都在寻找民族国家的富强之路,既有"同病相怜"的情感共鸣,也有"同声相求"的理性选择,都出现了古今、东西之争,在文化文学艺术交往方面出现了新的特点,取得了不少的成就。正如菲利普·李·拉尔夫等在《世界文明史》中说:"文化现象屈从于政治目标,国际关系具有了至关重要的地位。由于中国、日本和非洲国家面对困扰它们的不断变化的世界局势作出了截然不同的反应,因而这些国家之间的对比变得空前悬殊了。"① 一个国家或民族的国际地位决定了它的文化影响力及其流向。首先,在发生影响的流布走向上,由于中心国政治、经济、军事力量和地位的衰弱与沉落,中古时期的中心国向边缘地区发散而大多变为双向式影响。第二,在交往的动力上,由过去的文化倾慕变为民族自救,政治目的居于核心位置。第三,东方为"桥",西方为"梁",搭建自己的文化大厦。

一、以日本为原点的交往

16至19世纪的日本社会,经历了从开放到封锁,又从封锁到更大规模的开放,并从封建生活走向近代社会的剧烈变革的过程。西学的产生,使日本在保留传统的民族文化的同时,在逐渐转向西方寻求新的文化模式方面,提供了从早先的文化权威中解放出来的真正证明。因为日本较早主动打开国门,发展国力,在吸收西方科技、文化方面成为东亚的一个较为成功的案例,也使日本成为东亚文化文学交往的一个重镇。

中日文化交流经历了一个不断深入的双向进行的发展过程。日本初时较为原始的文化,曾经广泛地汲取了中国发达先进的古代文化的营养。尤其是自645年大化革新以后,中国的文学、儒学、佛教、艺术等被大量引进日本。经过长期的吸收、消化,再造成为日本新文化的一部分。近代中国由封建社会变成半殖民半封建社会,文化逐渐衰落。而日本经过1868年明治维新,国势增长,文化有了长足的发

---

① [美]菲利普·李·拉尔夫等:《世界文明史》(下),赵丰等译,商务印书馆,2001年,第542页。

展,价值观开始向西方转变,"脱亚入欧",形成了许多现代意识。中国各界转而重视日本变化,并愈来愈注意向日本学习,许多有志之士纷纷东渡,以求救国救民的良方,从而形成了文化回返的现象。

明末清初,在反清复明大势已去的情势下,中国一部分明末遗臣纷纷东渡日本,以示自己不肯事清的志向与决心,客观上起到了将中国文化成果带到日本的作用,朱舜水(1600—1682)在参与郑成功反清复明的北伐失败后去了日本的长崎,后又到水户讲学,直至逝世,留居日本20多年,是当地知名的大儒。他既讲解儒家经典,又介绍中国传统文化的各种典章制度,并常常将中国的各种实用之学如工程建筑、生物农艺、医药、养蚕制丝等技术介绍给日本。在他的影响之下,形成了以尊王、重大义名分为其灵魂的水户学。另一位明亡抗清失败后到日本的学者陈元赟(1587—?)1619年随商船到日本,他与京都僧人诗文唱和,将公安派的诗文介绍到日本,对日本的诗文产生了较大影响。他早年曾于河南少林寺习武练拳,他在寓居江户西久保国昌寺时将少林派武术传授给寺内僧人,为日本现代柔道的形成打下了一定的基础。陈元赟精于烧陶技术,他自配书画烧制的陶瓷精美绝伦,时人称为"元赟烧"。其技艺被后代日本陶工所继承,流传今日,深受人们喜爱。

日本江户时代由于商品经济的发展,随着町人的审美文化的需要,中国古典通俗小说及其他通俗文学作品随往来于中日之间的文人和商贾而进入日本,在17、18世纪流行甚广。湖南文山翻译的《三国演义》深受读者喜爱,对江户时代的文学,尤其是对小说的结构产生了极大的影响。1757年冈岛冠山(1674—1728)的翻译遗作《水浒传》由其门生整理以《通俗忠义水浒传》的书名在京都出版,产生了强烈反响,许多移植本相继出现。而曲亭马琴(1767—1848,又名泷泽马琴)耗时28年写成的长篇巨著《南总里见八犬传》,明显参照了《水浒传》的各种译本写成。江户时代中后期流行摹仿中国小说,或对中国小说(如"三言""二拍"等)进行改编的"翻案"小说,对后世日本文坛影响深远。这个时期,日本的文学作品也开始传入中国。1719年通晓汉文的冈岛冠山根据日本历史小说《太平记》写成的《太平记演义》,是将日本文学翻译成汉文的开山之作。其后出现的译成汉文的日本文学有:都贺庭钟(1718—1794)于1771年根据日本能剧翻译的《四鸣蝉》。龟田鹏斋(1752—1826)于1815年根据日本歌舞伎《假名手本忠臣藏》翻译成的《海外奇谈》等。随着日本进入现代社会,其文学正在形成影响中国文坛的新趋势。

代表日本町人审美文化的"浮世绘"艺术和中国文化也有很深的渊源。"浮世绘"的出现使中国文化更为深入地在广大群众中(而不是此前的仅限于上层社会)传播。中国版画技术传入日本,使大量印刷"浮世绘"成为可能。这既促进了"浮世绘"本身的发展,也使中国文化传播更为广泛。"浮世绘"中有许多反映中国历史人物、社会风习等题材的作品,伍子胥、陶渊明、韩信等人物,《三国演义》《水浒传》等故事也都出现在日本绘画大师的笔下。

日本明治维新以前,中国文化在倒幕维新过程中起过不少作用。王阳明之学的激进思想影响了善于学习的维新志士吉田松阴(1830—1859)和西乡隆盛(1828—1877)。中国传统的口号"尊王攘夷",也曾成为日本新兴资产阶级团结倒幕力量的一面旗帜。明治维新成功之后,日本走上了"脱亚入欧"的资本主义道路。尤其是1895年中日甲午战争之后,中日文化交流的主流开始出现根本性的逆转,全面学习日本的热潮悄然兴起。1896年清廷首次派选留学生赴日,数量与日俱增。20世纪初高潮时,留日人数多达八千余人①。1898年康有为、梁启超等人仿效日本明治维新发动戊戌变法运动。变法失败进一步激发了有志之士寻求富国强兵途径的热情,大量的有关日本政治、思想、经济、文化等启蒙主义著作被译介到中国。从晚清著名学者黄遵宪(1848—1905)的巨著《日本国志·邻交志》对中日关系史进行深入研究开始,改良主义者康有为、梁启超,革命民主主义者孙中山、章太炎等,无不重视日本在中外交流中的特殊地位和作用,并身体力行,成为中日文化交流中重要的参与者与贡献者。"五四运动"前后,中国不仅通过日本间接地翻译介绍了《共产党宣言》等马克思主义著作,而且相当数量的无产阶级文学作品也是从日本介绍到中国的。中国现代文化巨匠鲁迅、郭沫若、茅盾以及田汉、郁达夫、成仿吾、丰子恺等人的进步思想和辉煌成就,都与他们曾在日本学习并从事创作活动这一重要历史背景分不开。

与此同时,资本主义发展使得日本社会矛盾尖锐,阶级对立突出,知识界兴起了一股复古主义和国粹主义的思潮。不少有识之士企图以复兴"东方文化"弥补日本文化的缺憾,出现大量翻译中国哲学、佛学等方面的著作的现象。而五四运动以后,中国的觉醒,日本对中国的觊觎,促使日本产生了进一步了解中国的欲望。日本的"中国文学研究会"翻译出版了多种中国现代文学译丛,将鲁迅、郭沫若等著名作家的作品几无遗漏地介绍给日本人民。进入现当代,中日的文化文学交流变得更为复杂。

二、以朝鲜为原点的交往

16到19世纪是朝鲜封建社会由盛转衰的时代。空前严峻的社会危机,外来文化强有力的挑战,激发了朝鲜文化的蓬勃发展,这也是朝鲜文化变革、发展的时期,古今、东西冲突剧烈。这其中朝鲜不仅吸收了西方文化科学技术,对东方传统

---

① [日]实藤惠秀:《中国人留学日本史》,谭汝谦、林启彦译,三联书店,1983年,第39页。

的思想观念和文化也进行了反思、重新选择和近代诠释。一方面,它以中国、日本为桥梁,开阔眼界,学习、接受西方的科学技术;另一方面,更加紧了与东方传统、尤其是中国传统文化的联系,寻找民族近代化的路径。1603 年出使中国的李光庭将一幅利玛窦汉译的世界地图带回朝鲜,为有史记载的西方文化传入朝鲜之开端。1631 年曾任职于中国明朝的朝鲜人郑斗源归国时,带回一支滑膛枪、一架望远镜、一座铜钟、一幅世界地图,以及一些天文学和西学著作,等等。

17 世纪由于朝鲜封建社会的衰落,朝日壬辰战争(1592—1598)的严重破坏,以及欧洲先进科学技术的流入,迫使一些学者提倡对国计民生实际有益的学问,主张实事求是地研究社会问题和发展科学技术,即史称的"实学派"。由于对西方列强的戒心与防备,使得朝鲜学者转而加紧了同中国的联系,他们的不少观点和见解都源于中国古代的学术。18 至 19 世纪实学家中的"北学派"不少学者都到过清都燕京,购买书籍,与中国学者交换学术观点,结为密友。回国后著书立说,积极主张学习中国的生产技术,促进朝鲜的工商业发展。洪大容(1731—1783)生前与中国学者交换的书画、尺牍、诗文等,有 10 卷之多。北学派中坚朴齐家(1750—1805)曾 3 次去燕京,写有《北学议》,力主全面学习中国。朴齐家与李德懋(1741—1793)、李书九(1754—1825)、柳得恭(1749—?)四人合写的诗集《中衍集》曾因清代学者李调元(1734—?)、潘庭筠(1742—?)作序而得以在燕京流传。诗集回返传到李朝,人称"诗文四家"。

19 世纪末、20 世纪初,朝鲜出现了形形色色的近代化思潮,其中影响较大的有"东学派""卫正斥邪派"和开化派。形成于开港前夕的"卫正斥邪派",以正统的中华文化继承人自居,视洋人为禽兽,坚决拒绝与洋人交往,力主武装抵抗外敌入侵。但是开港后,随着国际国内局势的发展和他们对西方文化的进一步了解,观点有所变化,主张在维护儒学传统体制的前提下,有选择地吸取西方文化。开化派则主张世界任何民族任何文化都有可能进入开化社会,只需努力对大众进行启蒙,未开化国家可以直接进入开化阶段,从而实现近代化。

在文学艺术上,尽管在长期的发展过程中,朝鲜形成了许多独特的民族风格,具有许多适应朝鲜人民审美情趣的艺术个性,但李朝时期的朝鲜接受中国的影响仍很显著。虽说汉诗文的创作至近代已进入尾声,逐渐让位于国语诗歌,但诗坛学唐诗者仍有诸家。李朝后期最有影响的汉诗诗人丁若镛(1762—1836)一生写诗 2500 余首,被称为李朝时期的杜甫。根据朝鲜社会的具体现实再创造了具有朝鲜民族特色的"三吏""三别""三行"等。在小说方面,在不少作品中也不难发现那些在体裁、形式、内容结构乃至思想伦理方面存留中国小说影响的痕迹。如朝鲜近现代之交出现的短篇小说《青楼义女传》(1906)是中国明代冯梦龙(1574—1616)《杜十娘怒沉百宝箱》的翻版与摹写。朝鲜佚名的《壬辰录》在情节安排、人物塑造、战事铺排上明显可见《三国演义》的影响。朝鲜最早用国语创作长篇小说的作家之一的金万重（1637—1692）著名作品《九云梦》就是以中国唐朝为时代背景，描写唐代淮南道秀州县官运亨通的书生杨少游先后与8位女子恋爱，享受人间荣华和艳福，在前生来世、佛道尘俗中轮转的故事。其叙述模式来自中国古典小说，故事模型源于《太平广记》，但巧妙植改，成为朝鲜民族的作品。19世纪中期出现的南永鲁（1810—1857）长篇小说《玉楼梦》，除了师承《九云梦》外，受中国古典白话小说如《三国演义》《西游记》《水浒传》等影响很深。

三、越南与周边文化的交往

古代的越南在政治地理上曾是中国的藩属，文化上主要接受了中国的汉文化。明清之际，因异族入主中原，社会动荡，人们或因生活所迫，或"义不事清"纷纷南下越南。朱舜水曾于1645年和1651年两度侨居越南，受到礼遇。因不甘臣服清朝，1679年明朝故将龙门（广西）总兵镇守杨彦迪（？—1688）、副将黄进等率兵请求为安南之民，被允许开发东浦之地（今嘉定）。另一支来自于广东的华人移民受命开发柴末府。经过华人百余年的开发，当地物阜民丰，农耕阡陌，工商发展，社会"渐染华风"，在越南南方间接地推广了汉文化。至清代，经过千余年的文化交流，中越之间虽不断出现梗阻，但相互沟通的主渠道是畅通的。到了清朝末年，中国内外交困，无暇南顾，法国乘虚而入，1885年将越南完全置于其殖民统治之下。他们大力推行越南文字拉丁化，引进西方文化，企图割断中越之间近两千年的文化联系。然而这并不容易，汉文和汉文化仍然在越南社会中有广泛而深刻的基础。越南语拉丁化后译介的中国小说截止到20世纪40年代，多达300多部。无论是中国古代通俗小说，还是现代的"鸳鸯蝴蝶派"作品，都在汉文化影响至深的越南读者中找到了无数知音。

18世纪末、19世纪初，越南文坛流行一种风气，即将中国古典文学作品的题材进行创造性改编，如《西厢记》《潘陈》《二度梅》《花笺记》等都是如此。中越之间深厚的情缘和诗缘在阮攸身上就是典型一例。阮攸（1765—1820）深通汉语言文学，不仅写有多部汉文诗集，如《清轩诗集》《南中杂咏》等，并于1813—1814年出使中国，期间写了许多有关中国题材的汉诗，收在诗集《北行杂录》中，也更深层次地接触到中国古典文学，对当时在清代流行颇广的"才子书"产生了浓厚的兴趣，其中有《金云翘传》的原本。归国后，阮攸就借用中国章回体小说《金云翘传》的素材，以具有民族特色的六八体诗的形式，并熔铸作者大半生坎坷经历，写成字喃《金云翘传》。

不过,应该注意的是,越南在民族的近代化过程中,吸纳外来文化的视阈超出了单一的中国来源,变革成功的日本也是他们学习的对象。如越南著名的启蒙思想家潘佩珠(1867—1940)1904年创立越南维新会,为了效法日本的明治维新,在国内发起东游运动。他尤其受日本著名学者福泽渝吉的影响,主张通过文化教育开启民智,主张儒学与西学思想相结合,其主要著作有《越南王国史》《孔学灯》《重光心史》《易学注释》等。

四、以印度为原点的交往

印度曾是南亚次大陆文化的核心,并通过佛教对东亚、东南亚产生了广泛而深远的影响,文化文学艺术往来密切。莫卧儿王朝末期奥朗则布统治时期严厉的盘剥、宗教迫害激化了阶级矛盾、民族矛盾和宗教矛盾,从17世纪中期至18世纪初全国各地人民起义不断,奥朗则布为镇压起义耗尽了国库,国力衰弱,1707年他死之后帝国四分五裂,无力抵御来自西北的游牧民族入侵。18世纪中叶,印度开始沦为英国的殖民地。此后经过一个世纪的侵略扩张,英国完全征服印度。自此,也开始了印度的近代化历程,不仅爆发了争取民族独立的大起义,也催生了印度社会思想文化的近代化。殖民者用血与火逐步完成了他们的"破坏性的使命",也使印度近代科学技术得以产生和发展。19世纪初,在教育问题上首先引发了传统文化和西方文化的直接冲突:为了巩固殖民统治,英国开始引进西方的教育制度、科技文化和推广英语教育,培养殖民统治人才,由此引发"英语派与东方派之争"。印度近代的三大运动——拉姆·莫罕·罗易发起的宗教改革,班基姆·钱德拉·查特吉发动的文化革命,以及民族主义运动——通过复兴传统文化和传播西方现代先进文明,达到对当时印度社会的宗教、政治、文学方面的变革,也完成了对整个印度国家的启蒙。印度文化凭借其深厚的功底和魅力,尤其是在融合东西方文化上给东方其他国家以借鉴。

清朝统治时期的中国,在漫长的"海禁"和"闭关"时期,与外界基本处于隔绝状态,只是依靠外国传教士的介绍,对印度的变化才有一知半解的了解。在英国东印度公司以印度为基地强加给中国的鸦片贸易中,孟加拉是输给中国鸦片的主要产地之一。中国迫切需要与印度交流信息。魏源的《海国图志》(1842—1852)中有6卷是介绍印度情况的,它使中国人对印度的认识由一鳞半爪而开始走向系统化、整体化。尤其是书中汇集了中印友好关系的史料,堪称为中国第一部中印关系史的材料汇编,颇具文化交流的历史意义。山西人徐继畲(1795—?)著《瀛环志略》(1848)一书,不仅纠正了《海国图志》的某些讹错,而且还对印度被用来作为向中国输出鸦片的基地,作了进一步的追踪、探查。自1868年至1910年,介绍印度的重要著作就有 26 部之多,其中大部分是去过境外的中国人自己写的,也有根据欧美著作编译的。

在近代以来,为中印文化交流作出贡献的著名人物中,林则徐当列榜首。他在广州禁烟期间,多方收集国外报纸,并请人翻译。其中在署名林则徐的译著《澳门月报》五辑:《论中国》《论茶叶》《论禁烟》《论用兵》《论各国夷情》中,就有源于印度出版的报纸上的材料。他在广州设立的译馆中有一名译员早年在印度的塞兰普受过教育,英文极佳。光绪四年(1878 年)朝廷派黄懋材(1843—1890)往印度游历、考察,同行者共 6 人,历时 1 年零 5 个月,其中滞留印度近 6 个月之久。这是近代中国官方派往印度的第一批出访者。归国后黄懋材著有《印度札记》《游历刍言》《西徼水道》等介绍、研究印度人文地理、社会生活、历史文化等多方面情况的书籍。苏曼殊(1884—1918)也是中印近代文化交流史上一位重要人物。他精通英文和梵文,对印度文学颇有研究。光绪三十年(1904)南游锡兰等国时,曾到过印度考察。翻译了歌德赞颂印度古典名剧《沙恭达罗》的诗歌,并高度评价了印度两大史诗,认为其地位如荷马史诗之于欧洲。他还将印度女诗人陀露多的诗译成汉文,并编撰了一本由章太炎(1869—1936)写序的《梵文典》,为促进中印文化交流作出了贡献。

康有为和梁启超不仅是中国近代著名的维新运动主将,而且都对印度文化有深厚感情。戊戌变法失败后,康有为于 1901 年末避居印度大吉岭达 17 个月,游历了许多地区,接触了社会各界人士,写了《印度游记》,翻译《印度致亡史》(未完成),在他的著作中涉及印度内容的多达 80 余篇 200 余处。1909 年康有为再次到印度游历,滞留 2、3 个月而归。梁启超虽然没有去过印度,但他对印度文化、政治、经济、与中国之关系的研究贯穿于他的学术研究与政治活动的始终。年轻时就精研佛典,对源于印度而发扬光大于中国的佛教学说有浓厚兴趣,并投入极大的热情对印度文化进行研究。他在论述中国学术思想变迁史时格外注意到在文化观念、文体词汇、文学兴趣等方面来自印度的影响;对中国古代佛经的翻译作过深入研究:《翻译文学与佛典》,《佛典之翻译》等总结并论证了前人的翻译成就与经验;《印度与中国文化之亲属关系》研究考稽了从印度来华,以及从华赴印度进行佛学交流的僧侣活动的历史轨迹,并考证过《大乘起信论》等一些有争议的佛学问题。在他的著作中有近 100 篇 200 余处论及印度。

近代以来,中印文化交流时人们主要将精力集中于政治方面,如熟悉印度文化、对佛学素有研究的章太炎在 1907 年 4 月和在东京的印度革命志士共同发起成立了"亚洲和亲会"国际组织,以反帝和民族独立为目的,后又包括了朝鲜、菲律宾、越南、缅甸等侨居日本的亚洲其他国家的爱国者。在文化方面的沟通很少,仅限于将印度文学介绍到中国来。印度著名诗人泰戈尔 20 岁时就写下了《死亡的贸易》

一文,痛斥英国殖民主义者贩运鸦片毒害中国人民的罪行。1913年泰戈尔获得诺贝尔文学奖,作为获此殊荣的东方第一人,其名声很快传遍临近的中国,有不少学者研究其创作思想,译介其作品。泰戈尔1924年和1929年两次访华,将中印两国的文化交流推向一个新的历史发展时期,重新激活了中国知识界全面研究印度文学、哲学、历史、社会等的热情,一大批相关的研究论文在各种杂志上发表,至今泰戈尔仍是中国文学界研究的一大热点。20年代末、30年代初,继1916年北京大学开设印度哲学课以后,又有一些大学开设了印度文学、语言、佛学等课程。泰戈尔访华期间一再吁请中国学者到印度去研究和讲学。归国后又在印度大力提倡中国语言文学、中国文化等有关中国的学术研究,并在他创办的国际大学内设立中国学院。首任院长谭云山为中国第一个赴印度从事文化交流的学者,他将毕生的精力投入了这项伟大的事业。

印度文化对东南亚地区的影响也是深远而广泛,其中尤以佛教文化为最。对缅甸、泰国、柬埔寨主要通过佛教文化产生影响,尤其泰国,替代印度成为佛教文化的最盛之地;柬埔寨的"吴哥"古迹1860年被法国人重新发现后经修葺和维护而重放光彩。

五、西亚、北非间的交往

13世纪由于蒙古人大规模西侵和西方十字军东征,伊斯兰世界遭到了沉重打击,阿拉伯—伊斯兰文化处于低谷,这种状况一直持续到16世纪奥斯曼帝国的崛起才有所改观。在帝国崛起的过程中,土耳其人凭借奥斯曼帝国的力量,逐渐成为伊斯兰世界的领军人物。作为征服者的土耳其人,将伊斯兰教向西带到了伊比利亚半岛的大西洋沿岸,向东则传播到了中国的疆土,伊斯兰文化广为传播,"作为伊斯兰教象征的清真寺和尖塔顶四处耸立,从菲律宾的棉兰老岛绵延至西北非的卡萨布兰卡,从俄罗斯的大草原漫布至开普敦"。① 19世纪下半叶随着奥斯曼帝国在阿拉伯国家统治的衰落,以及西方资本主义势力和影响的扩大,欧洲文化大量渗入,给伊斯兰传统文化以巨大冲击。由资产阶级知识分子领导的阿拉伯民族文化复兴运动在叙利亚、黎巴嫩和埃及等国开始蓬勃发展。从各种"伊斯兰复兴运动"的本质来看,主要呈现两种趋向:一是回归《古兰经》的文化复古主义,用伊斯兰教的原旨教义和发动"圣战"来净化社会,纯净信仰,消除有悖于伊斯兰精神的外来影响,抵御外辱,复兴伊斯兰社会。其中新苏菲主义影响最大,哈瓦比运动、圣战者运动等是其主要代表,在其影响下,印度、印尼和西非地区都发生了伊斯兰复兴运动。

---

① [美]爱德华·J.贾吉:《世界十大宗教》,刘鹏辉译,吉林文史出版社,1991年,第189页。

一是革新伊斯兰文化的现代主义。伊斯兰现代主义思潮形成于19世纪下半叶,主张通过有限度地把西方文化的优秀因子融于伊斯兰教传统之中,使之适应当代世界的形势,在伊斯兰教义中寻找诸如民主、理性、科学、宪法等现代观念与意识。出身于阿富汗艾萨达巴德城的哲马鲁尔·阿富汗尼一生辗转于印度、阿富汗、也门、埃及、土耳其、法国、俄国等地,传播革新思想,把传统宗教与科学和理性调和起来,致力于使伊斯兰世界走出困境,实现近代化。由于这种阿拉伯民族意识的高涨,19世纪末、20世纪初旅居美洲的阿拉伯国家尤其是叙利亚、黎巴嫩作家组成了现代阿拉伯文学流派"旅美派",对阿拉伯现代文学的发展作出了很大贡献。

阿拉伯人在世界文化交流方面曾发挥过重要的桥梁作用,甚至被视为"第三文化"或"第三相文化",在地理位置上它是沟通东西方文化交流的桥梁,使东西方文化不仅通过阿拉伯地区得以广泛交流,而且阿拉伯文化本身也同中国、印度、非洲、欧洲各地互相交流,在这一过程中形成所谓的"三相交流"。把印度的水稻、甘蔗引进到东非,印度人发明的数字经阿拉伯人传到欧洲,中国的四大发明经丝绸之路打上了"阿拉伯印记"等。

进入近代以来,由于西方列强的殖民入侵,中国和阿拉伯地区传统的文化文学交流逐渐受到阻隔。尽管如此,还是取得了不少成就。

埃及著名诗人蒲绥里(1212—1296)创作的优秀颂赞诗篇《斗篷颂》早在清光绪十六年(1890)即被云南回族学者马安礼用诗经的体式译成了汉文。阿拉伯文原诗和汉文注释一起刊行于成都,被称为"天方诗经"。云南大理人马复初(1794—1874)于1841年至1848年从云南经思茅出国,取道缅甸、孟加拉、亚丁、也门抵达麦加,归途还参观了伊斯坦布尔和开罗等地,归国后用阿拉伯文写出《朝觐途记》一书,详细记录了沿途的所见所闻。此外,他还有30多种有关伊斯兰教义、阿拉伯语文、历法、游记等汉文和阿拉伯译著问世。清光绪三十三年(1907)穆斯林学者王浩然(生卒年不详)从亚非各伊斯兰国家考察教育归国,在北京创办回教师范学堂。从此,留学埃及之风大盛。阿拉伯文学名著《一千零一夜》的汉语翻译历程也显示了中国学者在双方文化文学交流上的努力。1900年周桂笙(约1852—1926)发表译著《新庵谐译》上卷,即《一千零一夜》的节译。此后,有林纾(1852—1924)译本《天方夜谭》问世,周作人(1885—1967)出版的《海上述奇》(1903)和《侠女奴》(1904)分别译述了辛伯达和阿里巴巴两个故事,奚若选译出50个故事、由商务印书馆以《天方夜谭》名发行。这些多是从英文译出,到30年代末纳训先生在埃及留学时才根据阿拉伯原文将《一千零一夜》译出,1940年至1941年由商务印书馆出齐5册。进入现代,中国与阿拉伯世界的交流增多,开始呈现交往的双向性。

第四编

现当代文化

XianDangDaiWenHua

第十九章

20世纪现当代文化

第一节 概 述

　　进入新世纪之后,人们回顾20世纪人类走过的坎坷历程,难免不目眩神迷。20世纪是一个动荡的世纪,同时又是一个发展的世纪;是一个破坏的世纪,又是一个建设的世纪。这种矛盾的情景贯穿它的始终。

　　在这个世纪里,两次毁灭性的世界大战涉及东西方各主要国家。它大大改变了人类的历史进程,并将其处于一个非常尴尬的境地。进步与反动两种势力进行了殊死的决战,终于,正义战胜非正义的历史规律再次奏响胜利的凯歌。为了进步、为了发展,科学技术以前所未有的速度发生着日新月异的变化。人类在认识自然的同时,也深化了对自己的认识。面对动荡的社会局面,一些人产生了悲观厌世的情绪,一些人看到进步发展的曙光。在人类社会残酷的现实面前,西方陷入迷惘困惑的米诺斯迷宫,东方则如凤凰涅槃般地再生。

　　19世纪末20世纪初,世界资本主义进入帝国主义阶段。各个帝国主义国家为了摆脱经济困境,竞相向外侵略扩张,瓜分势力范围。这一切都以牺牲殖民地和半殖民地人民的利益为代价,必然会激起这些国家人民的反抗。各帝国主义国家内部无产阶级与资产阶级的矛盾,帝国主义国家之间因发展不平衡产生的矛盾,以及帝国主义与殖民地半殖民地国家之间的矛盾等,错综复杂、日益尖锐,终于引发了1914年的第一次世界大战。人类进入了一个前所未有的黑暗时期,但也是革命的、正义的力量崛起的时期。

　　帝国主义为支持战争,加紧开发、掠夺各殖民地的资源,使得东方一些国家的民族资本主义在一定程度上得到发展。不少国家的无产阶级作为独立的政治力量,开始登上历史舞台,争取民族独立解放的力量不断壮大。俄国十月革命的胜利,开辟了人类历史的新纪元,鼓舞了亚非各国人民的斗争。而大战的双方,无论胜败,其实力都有不同程度的削弱,于是第一次世界大战后形成了新的历史格局,即以西方无产阶级和东方被压迫民族结成的统一战线,与各帝国主义国家统治者的双峰对峙。

战后,帝国主义国家内部因忙于调整布局与重建而相对稳定,对外则强化对殖民地、半殖民地的掠夺与控制,重新划分势力范围。这必然进一步激化二者之间的矛盾,促发了亚非各民族解放运动的高潮。中国于1919年爆发了反帝、反封的"五四"运动。印度于1919年至1922年出现了战后第一次反英运动的高潮。朝鲜于1919年3月发生了"三·一"反日人民起义。土耳其于1919年发生了由基马尔领导的旨在反帝的资产阶级革命。1920年4月伊朗北部阿塞拜疆省也爆发了武装起义。其他,如1922年到1928年伊拉克的大罢工和武装起义,1925年至1927年叙利亚、黎巴嫩的反法大起义,1926年底到1927年初的印度尼西亚人民反对荷兰的武装起义,1930年缅甸塞耶山农民起义,1930年越南义静苏维埃运动,1919年埃及反英武装起义,1922年至1925年摩洛哥人民反帝武装起义等等。总之,民族要独立、人民要解放的运动,席卷了东方大地,被压迫、受奴役的人民正在日益觉醒。

第一次世界大战的硝烟刚刚散去20年,德、意、日法西斯国家为了同美、英、法等国争夺世界霸权,又挑起第二次世界大战。全世界先后有60多个国家,4/5的人口被卷入这场灾难,人类处于水深火热之中。但是人民是不可战胜的,正义是不可辱的。1943年5月英美联军在非洲人民配合下将德意法西斯驱逐出北非地区。苏英美军队在东南欧各国人民反法西斯斗争的配合下,迫使意大利于1943年9月投降。接着,1945年5月德国无条件投降。蹂躏亚洲人民多年的日本帝国主义也于1945年8月无条件投降。在反法西斯的第二次世界大战期间,亚非各国人民进一步觉醒,大战的胜利为其进行民族解放斗争、推翻殖民统治,开辟了广阔道路。东欧的波、捷、罗、保、南、阿各国,亚洲的印度尼西亚、越南、印度、巴基斯坦、韩国、朝鲜、中国等,先后获得独立和解放。非洲各国人民至70年代初也大多获得解放和独立。

简言之,进入20世纪以来,世界局势发生了很大变化。西方各国的政治、经济虽然获得了很大发展,但它们独领风骚的时代已经一去不复返了。东方各国发生了天翻地覆的变化。东方各国获得独立和解放之后,在发展各自经济的同时,还在各方面进行了一系列改革,并取得了一定成绩。

20世纪后半期,第二次世界大战后期雅尔塔体制确立的美苏势力范围得到进一步的稳定,彻底打破了持续近300年之久的以欧洲为中心的传统世界格局,使世

界总体框架发生了根本性的变化。战后初期,美苏进入冷战,形成了两大阵营对峙的局面。与此同时,两大阵营内部也存在着不同程度的矛盾。50年代末,法国大力推行独立自主的外交政策,削弱了美国的霸权主义。60年代末,联邦德国推行新东方政策,先后改善了与苏联和东欧国家的关系。40年代末,苏联和南斯拉夫的关系恶化。50年代末,中苏两党分歧日益严重,60年代初,中苏两党关系破裂。美苏两极格局的渐变,表明世界格局正向多极化发展。

70年代以后,尽管美苏已发展为超级大国,但是欧洲共同体的发展壮大,日本跃为经济大国,第三世界国家在斗争中发展,中国成为国际舞台上一支重要的政治力量,无疑都标志着世界格局在进一步向着多极化方向发展。80年代以来,作为两极格局基础之一的苏联发生了重大转折。90年代初东欧各国脱离苏联的势力范围,表明美苏两极格局的终结,美苏冷战结束。当前新的世界格局尚待形成。当今世界正处于新旧格局交替形成的前后两个时代的中介与桥梁。其特点表现为以下几方面:首先,世界总趋势走向缓和,但世界并不太平,局部地区局势依然紧张动荡;其次,国际形势充满各种不确定因素,诸多力量都在变化调整中,并逐步形成多元并存的新格局。总之,当今世界正处于新一轮的大变动、大分化、大改组的转化过程中,世界新格局的总趋势是向多极化发展。

与世界多极化的政治新格局相对应,世界文化也出现多元化的格局,除无产阶级文化外,还有反帝反殖反封建主义的进步文化和资产阶级文化。资产阶级文化中也情况各异,就文学艺术而言,有批判现实主义流派,也有现代主义流派等。各种文化和流派之间往往相互渗透、相互影响。如现代主义流派,不但对批判现实主义流派有影响,而且对反帝反殖反封建主义的文艺也有一定的影响。

第二节 西方现代、后现代文化景观

20世纪西方文化呈现多元化的格局,其中现代主义占有重要地位。现代主义文化发端于19世纪后半期,在20世纪得以迅速发展。现代主义文学艺术以现代科学技术为物质基础,以非理性主义思潮为思想基础。以下分别就西方现当代的自然科学、哲学与心理学和现代主义文学艺术三个方面加以阐述。

一、现当代自然科学的发展

19世纪末20世纪初的物理学革命,使近代自然科学建立的一座座科学丰碑不再那么宏伟。物理学的思想和方法论被广泛应用于自然科学的各个部门,尤其使化学、生物学、天文学、地理学等都发生了革命性的变化,并产生了一系列相互交叉的边缘学科。继18世纪以蒸汽机的发明和使用为标志的第一次技术革命,19世纪以电力的广泛应用为标志的第二次技术革命之后,20世纪又进行了以原子能和电子计算机为标志的第三次更大规模的技术革命,产生了空前的效益和影响。

19世纪末,有关热辐射现象的理论解释问题一直困扰着物理学界。为了寻找其中的规律,许多物理学家开始对黑体辐射进行研究。1900年底,从事热力学研究20余年的德国物理学家普朗克(1858—1947)在总结了前人经验的基础上,提出一个大胆的假设,即物体在发射辐射和吸收辐射时,能量的交换都是以不连续的方式进行的。这意味着能量是不连续的,不是无限可分的,而是有个能量最小的份额。它被普朗克称为"能量子"或"量子"。1900年12月14日,他在德国物理学会上宣读了论文《关于正常光谱的能量分布定律的理论》,提出了具有革命性的量子假说:辐射的发出和吸收都是量子化。普朗克的量子论使其荣获1918年的诺贝尔物理奖。

就在普朗克的量子论几乎遭到英、法同人普遍拒绝而陷入困境时,爱因斯坦(1879—1955)出现在物理学界的论坛上。他以现代自然科学"大革新家"的姿态,成为科技史上和亚里士多德、牛顿鼎足而立的"三杰"之一。他的光量子论不仅将普朗克的量子假说运用于对光的认识,而且将能量不连续的量子化特征,从辐射的发射和吸收扩大到光的传播过程。光量子论的建立是物理学关于光的认识的划时代进步。

为爱因斯坦带来世界声誉的是他的相对论。这一理论的问世,使人类对物质、运动、时间、空间的看法产生了革命性的变化。

爱因斯坦是一位具有哲学思考能力的科学家。他在1905年6月完成的论文《论动体的电动力学》中,将伽利略早先提出的一个力学原理——力学运动规律在惯性系中其数学形式是协变的——扩展到物理学,并将它作为对所有物理定律都适用的基本公式确立下来,称为"相对性理论"。他又将"以太(一种在电磁波的传播过程中起媒介作用的普遍存在的物质)漂移"实验所显示的事实,即光在真空中传播的速度是不变的结论,作为物理学的基本公式确立下来,称为"光速不变原理"。在上述两个基本公式的基础上,爱因斯坦建立起一套完全突破了牛顿时空观的相对性力学理论,即狭义相对论。

早在伽利略时代,科学家就注意到物质运动的相对性,即一个运动着的物体,如果其时速和方向不变,那么只有和静止的参照物比较才能发现。爱因斯坦从物体运动的这种相对性入手,提出了每秒30万公里的光速是不变的,而且是宇宙最高速度的论点。通过一系列假设和试验论证时间是相对的,并受物体运动的影响,其结论是同静止系统相比,任何一个高速运动的系统内部,时间过得都缓慢。在此基础上,他又进一步研究物体质量和时间及空间三者间的关系。研究结果表明,物体质量并非永远不变,在以光速运行的物体上施力,只能使物体的质量变大,而不能使其运行的速度超过光速。从而他得出时空和质量都是相对的结论。他还通过理论推导,预言物体在高速运动中,必将会出现"尺缩""钟慢",以及物体质量增大等相对效应,认为同时性并不是绝对的。这些论断相继都得到了实验的证明。

1905年以前,大多数物理学家都毫不怀疑地相信,宇宙是由"质量"和"能量"两种基本元素所构成。二者之间没有任何关系,而爱因斯坦的研究结果表明,能量是可以增加的,由质量转化而来。根据爱因斯坦的计算,这种能量是转换的质量乘以光速的平方。以 m 代表质量,E 代表能量,c 代表光速,用公式表达即为 $E = mc^2$,这一惊人发现震撼了世界。它表明质量转换为能量的转换率是异常巨大的。按照这一公式,通过质量转化成能量将是天文数字。它向人类表明,如果放射性元素的裂变可以控制的话,小土豆般的质量所释放的能量,与一个中型煤田贮藏的能量相同。40 年后,在美国墨西哥州亚拉摩戈多市试爆的人类第一颗原子弹,十分清楚地证实了这一理论的科学性。

爱因斯坦的上述理论,因为只涉及一种较为罕见的匀速直线运动状态,所以被称为狭义相对论。在大多数物理学家对此理论尚持怀疑态度时,他又于 1916 年发表了论文《广义相对论的基础》,系统地提出了一套可以应用于非匀速运动的定律。他将表示事物的长、宽、高三度空间扩展到为有时间参与的四维空间。他甚至大胆想象物体会将它四周的空间和时间的关系变弯曲。由于空间的弯曲表示直线的光线也随之弯曲。所以,所谓直线运动和非直线运动也是相对的。他认为这种弯曲并不是无形的拉力造成的,而是由于物体周围形成了一种引力"场"——物体质量越大,引力场也就越强。在这个场中,空间几何图形发生了变化,于是物体四周的空间会弯曲。

爱因斯坦的相对论的理论价值难以估量,它使传统的时空概念产生了革命性的变革,此外他本人还因光电效应方面的研究获得 1921 年度的诺贝尔物理奖。普朗克的量子论自诞生以来,不断地被各国同人丰富,最后形成变革物理学基本观念的量子力学。它抛弃了经典力学的机械决定论观点,预示了现代物理学的胜利。正因为如此,相对论和量子力学被公认是现代物理学的两大理论基石。它们的出现标志世界已进入原子能时代。

在 20 世纪初的前 15 年,除了物理学继续保持它在 19 世纪所形成的发展趋势,并为整个现代科学奠定了理论基石以外,电子技术的发展也很突出。主要发明有无线电(1900)、电动打字机(1901)、无线电真空两极管(1904)、电唱机(1905)、电视设计(1908)、家用电冰箱(1913)等。其他如空中飞行器:飞机(1903)、直升机

(1908)、水上飞机(1911)等也相继问世。

当代科学技术取得了更大的成就。如以电子能研制成功为标志的新能源的开发利用;电子计算机的发明和升级换代;信息高速公路的加紧开通;航天技术的飞速发展等。另外,生物工程的创建与发展,主要表现在遗传工程(基因工程)、细胞工程、酶工程和发酵工程(微生物工程)等方面的成就。各种新型材料的开发与利用也取得了惊人的成就。总之,科学技术主宰着整个20世纪,它像希腊神话中那位擎天巨人阿特拉斯一样,永远将世界背负在自己的双肩上。从此,科学技术成为人类不可须臾离开的宝物,但是,在它永远施惠于人间的同时,也给人类带来更多的思考和警醒。

二、哲学上的两大思潮

20世纪以来,自然科学上的革命性成就,推翻了以往那些陈旧的概念和理论,也迫使哲学家面对日新月异的问题,提出令世人满意的解释。应该注意到,资本主义生产力的高度发展,不仅未能使人彻底解放出来,反而使人陷入被异化的奴役之中。人们越来越感到人在社会中的无奈与自身价值的失落。人的生存、人的价值、人的自由以及人性解放等一系列问题,越发成为西方哲学家关注的重心。于是哲学开始广泛地、像常春藤般的蔓延并渗透到社会、文化和个人信仰的各个方面。自近代起就分为方法论和人本主义的两大哲学体系,进入20世纪以后,又分别派生出重分析的唯科学主义哲学和非理性的人本主义哲学。它们相互对峙、抗衡,又相互影响。因此,西方哲学既可划分为两种思想或倾向,又不能简单、机械地将某些哲学流派定于一尊。

唯科学主义哲学理论的主要代表是分析哲学。它是19世纪孔德、穆勒、斯宾塞的实证主义和马赫主义的继续和发展。它将哲学的任务限于对已有的科学知识、理论进行分析,以求得科学知识的确实可靠。科学方法的合理完美,强调哲学只应该为科学服务,而不应该独立于科学之外去创建一套理论体系。分析哲学的影响几乎遍及西方各国,以致有人称20世纪为"分析的时代"。

分析哲学作为一个哲学流派,始于20世纪初英国哲学家罗素(1872—1970)和摩尔(1873—1958),奥地利出生的英籍哲学家维特根斯坦(1889—1951)接受并发挥了罗素的思想,堪称是当代分析哲学的开创者和奠基人。他们主张以相当于逻辑上原始命题的原始事实为基本元素,构造出整个世界,所以,人称逻辑原子主义。第一次世界大战以后,在中欧和西欧出现的逻辑实证主义则把分析哲学推进到一个新阶段。他们企图以逻辑分析的方法改造、完善孔德等的实证主义理论。以卡尔普纳(1891—1970)和石里克(1882—1936)等为代表的维也纳学派即是逻辑实证主义的核心和发源地。此外，以赖兴巴哈(1891—1953)为代表的柏林学派,以塔尔斯基(1902—1983)为首的华沙学派,以及英国哲学家艾耶尔(1910—1989)等都是逻辑实证主义的重要传播者。20世纪30、40年代,受摩尔和维特根斯坦等的逻辑原子主义影响,在英国剑桥大学和牛津大学先后形成了日常语言学派。他们主张哲学的任务应归结为诊断和治疗语言的疾病,解除语言的迷惑。

30年代后期至40年代,一批在欧洲大陆遭受法西斯迫害的逻辑实证主义者纷纷迁居美国。在与美国实用主义相互影响、融合之后,分析哲学又开始出现新局面。当代美国著名哲学家奎因(1908—2000)被奉为"实用主义分析哲学"的代表。50年代末至60年代,日常语言学派的观点也传到美国。因此美国可以说是当代分析哲学的大本营。70年代以来,美国分析哲学思潮中又涌现出以克里普克(1940—　)为代表的一批哲学新秀。他们对该派的一些传统观点提出了新的不同见解,在哲学界引起反响。总之,分析哲学作为现代西方哲学中流传最广的哲学,影响十分广泛。

人本主义思潮在西方颇有传统,自19世纪下半叶,它以反传统的面目重新崛起。德国现代哲学家弗洛姆曾经说过:"19世纪上帝死啦,20世纪人死啦。"上帝之死与人之死,于是就成了现当代西方人本主义思潮的两个基本口号和显著特征,即表现为相对主义和非理性主义。相对主义反对一切统一和绝对的制约,其随意性和无规定性必然会归结到非理性主义。而非理性主义力图从生命的意义,从意志、情感、本能以及潜意识等方面探索,企图发掘出人性深处潜在的东西,其结果也必然会导致相对主义。

人本主义思潮充分利用人类文化的各种精神表现形式——哲学的与文学的、心理学的与艺术性的、社会性的与科学性的等等,并将它们有机地统一起来,共同体现出某种时代特征。哲学被诗化、科学被社会化、文学艺术被哲理化。这是因为,一方面,相对主义和非理性主义有别于传统的思维模式,而注重揭示和描绘人心理的主观情绪和体验,极易同表现人文精神的文学艺术形式融为一体。另一方面,文学艺术愈来愈深入人性矛盾的内在层面,而潜流于人性深层的东西又大多为非理性的,它们和理性构成的冲突,使得文学艺术要表现的神髓不可能仅仅停留在表面叙述的情节设置和语言构思之中,而必然要充满哲理以警世,或进行心理揭秘以诚人。于是心理分析学与存在主义的出现势在必然。

西格蒙特·弗洛伊德(1856—1939)创立的精神分析学,是20世纪初在西方出现的一个重要的心理学派别。其理论基础是关注人本能的精神结构,从另一侧面表现人本主义。他从心理学角度为非理性主义哲学的认识论找到了理论依据,动摇了人是以理性为主的动物这一传统观念,对20世纪西方社会价值观念的改变,以及对现代主义文学艺术的发展,都产生了不可估量的影响。因此,在近现代科学史上,西方学者普遍将牛顿、达尔文、弗洛伊德,并称为三大科学巨人;在近现代文化史上,又将马克思、爱因斯坦、弗洛伊德,并称为世界历史上具有划时代意义的三个最伟大的犹太人。

弗洛伊德是奥地利心理学家、医生,曾获得医学博士学位。在他的医学著作中虽然大量涉及了社会生活、文化和宗教等问题,以至于形成了一套完整的、系统的,在哲学意义上可称为"弗洛伊德主义"的思想体系。但是,他始终是一位严肃的科学家,其著作力图建立在科学的观察研究和实事求是的基础之上。在他那结构庞大的学术体系中,潜意识理论应该说是其中最主体的部分。他认为人的心理状态由3个系统构成,它们分别是潜意识系统、前意识系统、意识系统,在这3个系统中最关键的是潜意识系统,它是精神分析学的理论基石。他认为潜意识系统和意识系统犹如一门隔开的两个房间。在潜意识的大房间里,人的本能沸腾着,想方设法要挤入意识系统的小房间里,而意识系统的小房间里却又像所有的人一样必须彬彬有礼。因此当潜意识要从大房间进入小房间里时,两个房间相连的门中间是作为"检查者"的前意识系统。它是伦理道德和个人良心的化身,不允许充满强烈本能要求和性欲望的潜意识直接渗透到意识中去。这就是人类在正常状态下的日常生活中没有那么多原始的和强烈的本能欲望的原因。但是弗洛伊德也认为,前意识有时也会像百眼巨人一样,虽然永不睡眠,但也有放松警惕的时候。潜意识为了经过百眼巨人身边时能顺利地溜出去,常常小心翼翼地改头换面,用象征、隐喻等方法偷换成为意识而混入小房间。

弗洛伊德通过潜意识理论成功地解释了人做梦的原因。梦表达了为那些人们在潜意识中渴望得到满足的愿望。当人们对某些事物有了非分之想的时候,由于人们日常的伦理道德观念对它的压抑,这种非分之想往往成为潜意识,暂时被囚禁封存在潜意识的大房间里,只是平常人未能意识到这一点。但当人们睡眠时,恰如百眼巨人对前意识系统放松管理一样,很多潜意识的东西就乔装打扮,溜过巨人身边,蒙混过关地进入人们的意识领域,从而构成了梦的内容。因为它们通常是以象征或隐喻的面目出现的,所以象征物往往具有一定的共性。而这些混入意识小房间的潜意识,因为主要是本能和欲望,所以梦中的象征物不少都与人的性器官有关。

20世纪20年代初,弗洛伊德又系统地阐释了他的精神人格的学说,提出了人的精神人格分为三个层面。一为本能冲动,按"快乐原则"行动,这是"本我"。它总是处于无意识领域,本身包藏着根本的性欲,即"力比多",这种内驱力成为人的精神活动的能量来源。而艺术家正是通过自己的艺术创造,使这些被压抑的欲望得以宣泄,并获得某种心理平衡和一定的快感。二为"自我",它感受外界影响,在可能条件下满足本能要求,按现实原则活动。三为"超我",它代表社会道德标准,压抑本能表现,按"至善原则"活动。遵循享乐原则的本我,迫使人设法满足追求快感的需求,但这些需求往往违背道德习俗,而超我总是根据道德原则,把为道德习俗所不容的本我冲动,压抑在无意识领域。因此,本我和超我时常处于不可调和的矛盾之中。而自我则起调节作用,既努力帮助本我实现其要求,防止过分压抑会造成危害,又设法避免与代表社会道德的"超我"发生冲突。

弗洛伊德的理论还有不少,但都是在令人敏感的"性"问题上构筑理论大厦的。因此其理论极有争议也备受攻击。但是,他的学说毕竟影响了20世纪的西方文化,甚至他本人还获得了日益增加的声誉,受到了人们的普遍尊敬。1936年,在他80诞辰之际,托马斯·曼、罗曼·罗兰、茨威格、弗尼吉亚·伍尔芙等191位世界文化名人联名献给他一份礼物,以表示世界文化界对他的深深敬意。

存在主义是第一次世界大战前后在欧洲兴起的一种哲学思潮。经过半个多世纪的演变、流传和发展,其影响远远超出哲学领域而成为一种国际性的思想文化运动。当今作为一个哲学流派,它已走向衰落,但它涉及的有关人的问题,依然是当代思想家所关注的为人们所普遍感兴趣的重要课题。

存在主义的创始人可追溯到19世纪丹麦哲学家克尔凯郭尔(1813—1855)。但作为一种哲学流派正式形成于第一次世界大战后的德国,代表人物为马丁·海德格尔(1889—1976)和卡尔·雅斯贝斯(1883—1969)。他们发表了不少相关著作,标志着存在主义理论体系的形成。第二次世界大战期间及战后,存在主义在欧洲广为传播,50年代发展到顶峰,在法国尤为风行,主要代表有萨特(1905—1980)、加缪(1913—1960)、马塞尔(1889—1978)、西蒙娜·德·波伏娃(1908—1986)等。存在主义继承了德国籍犹太人E.胡塞尔(1859—1938)现象学的研究方法,用来考察人的生存及其状况。

存在主义反对研究思想和存在关系的传统哲学体系,将"存在"问题作为它的基本课题进行研究。但它所说的存在并不是唯物主义所说的"存在",而是指个人的"自我意识""主观性"的存在,或抽象的人格、人性。它认为这种存在才是世界上最根本、最真实的存在。在存在主义看来,世界上一切物质之所以存在,"纯粹由于我是我自身",其他一切存在物仅仅是人的存在的一种"生存状态""存在方式",是人"用以表现自己"的"道具"。它们是不能离开人而存在的。于是"自我"就成了世界上一切事物、一切存在之所以为存在的核心。人的存在就成为"先于一切其他的存在者,应该从本体论上首先加以探讨的东西"。

存在主义不仅主张存在只是人的"自我"存在,而且还主张"存在先于本质",即主张"人的存在先于人的本质"。既然存在只是人的"自我"的存在,那么"存在先于本质"无疑是说人的"自我"先于本质。人可以超出于事物之上,从而使人创造他自己,确定他自己的个性,也就是去造就他自己的本质。按照萨特的观点,人生下来一无所有,后来通过自己的努力,按自己的愿望塑造了他自身,即"人不外是他自己使自己成为的那个东西"。

存在主义还主张"自由选择"的原则。他们认为,在现实社会中,人往往不能超出于它周围事物之上。相反,人往往堕落到物的水平,与奴隶、牲畜无异,变得毫无价值。人于是失去了自由,丧失了个性。总之,人从他自身中异化了。如何恢复人所失去的个性?他们认为应该通过人的自由选择和积极行动,去改变人的生存本身的可悲境遇。但是,他们对选择行动、奋斗的后果,却毫无把握,只是为"选择而选择",为"行动而行动",只是一种非理性的冒险而已。用萨特自己的话说,即"不冒险,无所得"。

存在主义还认为人之所以处于如此悲惨的境遇,主要因为是"自我"以外的一切事物(包括其他的人在内)对"自我"的"限制"和"阻力"。他们认为"人的存在"周围是个和"自我"格格不入、互相敌对的世界。每个人都感到周围的一切是陌生而危险的,人在这个世界上孤苦伶仃、"无家可归",是"被扔到"这个同他对立的世界上来的,因此,人人感到悲观、烦恼、困惑、焦急,于是这种情绪困扰着人类,使每个人都感到"恐惧",人们时时想通过自由选择和行动来摆脱它。

20世纪比较重要的哲学思潮,除上述以外,还有英国以布拉德雷(1846—1924)为代表的新黑格尔主义,美国以杜威(1859—1952)为代表的实用主义,法国以马利坦(1882—1973)为代表的新托马斯主义,以及结构主义、法兰克福学派、"新哲学""反实证主义"等等。尽管这些哲学流派五彩纷呈,但其本质不外为科学主义和人本主义两大类。

三、现代主义文学奇葩

现代主义又译作"现代派",是19世纪末20世纪初以来,对西方那些在思想上具有强烈的反传统倾向,艺术形式上追求实验、创新的文学艺术流派的总称。而现代主义文学作为这种文艺思潮中的主流,主要包括后期象征主义、表现主义、意识流、超现实主义、存在主义等重要的西方文学流派。它既是西方现代社会生活的产物,又是欧美文学发展、演变的结果。

19世纪末期以来,西方社会科学技术飞速发展,工业化程度不断提高,资本主义文明进入一个新的阶段。然而伴随着这一过程,人类付出了巨大代价。尤其是两次世界大战的烟云,无情地嘲弄了人类的尊严和生存权利。战后频繁的经济危机、冷战,使西方各国的社会问题层出不穷。人与人、人与社会、人与自然等,均失去和谐存在的必然性;人们面对的是一个动荡不安的社会环境;文明的发展形成与人相对立的状态;以理性主义为基础的西方价值观受到怀疑等。基于这样的社会现实,现代主义文学便应运而生。

从本质上说,现代主义文学是文学艺术包括美学领域里的一次剧烈的变革,它既表现在文学艺术创作的思想主题和审美观念上,又表现在艺术形式和作品的语言上。现代主义各个流派虽美学追求各异,但却立足于创新,对传统离经叛道。这些流派之间有的是对立关系,有的是继承关系,但却表现出几点共同倾向,即重在表现主观自我,重视直觉和想象,重视创新与实验等。这些倾向反映在现代主义文学中,就形成以下几个表象特征。

首先,现代主义文学表现的是"现代人的困惑",即揭示周围世界的荒诞、冷漠、不可理解,以及人置身其中的孤独感、陌生感,以及焦虑与痛苦的情绪,表现出现代资本主义的压力所造成的人被扭曲和异化的心理特征。

其次,现代主义文学是一种锐意创新的文学。它一反传统的文学是客观现实反映等美学观,强调人对世界的主观感受,热衷于接受人的内心世界和潜意识的活动,并常常采用自由联想的描述手法,这种联想不是社会中人达成共识的那种事物相似性的联想,而是重在表现个人的直觉和幻觉。

再次,现代主义文学的艺术手法一反传统的表现技巧,往往用荒诞的情节来取代事物的逻辑性。用虚化的富有象征性的空间、场景和人物来取代典型环境和典型人物,用时序跳跃与交错的心理时空来取代现实的物理时空。用隐晦、暗示性的语言来取代语言的明确性。

上述所举,是仅就一般特征而言,不排除现代主义作家的其他艺术个性,就个别作品而言,还需要做具体的分析。必须指出的是,现代主义文学虽然标新立异的思想具有反传统的色彩,但其形成过程也曾受到许多先辈作家和古典作品的启发和影响。

象征主义是西方最早出现的现代主义文学流派。它最初产生于 19 世纪中后期的法国,然后波及欧洲其他国家,被称为前期象征主义。20 世纪 20 年代,象征主义进一步发展形成颇有影响的国际性文学流派,于是又有了后期象征主义的称谓。前期的代表诗人有法国的波德莱尔(1821—1867)、马拉美(1842—1898)、魏尔伦(1844—1896)、韩波(1854—1891)等。后期的代表诗人有爱尔兰的叶芝(1865—1939)、法国的瓦雷里(1871—1945)、德国的里尔克(1875—1926)、美国的庞德(1885—1972)、英国的艾略特(1888—1965),以及比利时戏剧家梅特林克(1862—1949)等。象征主义之所以得名,是因为这一流派的作家表现出对"象征"的独特理解。他们一般都认为,客观是主观的象征,创作是苦闷的象征,象征的基础是神秘。后期象征主义继承并发展了前期象征主义的艺术特点,反对肤浅的抒情和直露的说教,主张情与理的统一。通过象征暗示、意象隐喻、自由联想和语言的音乐性去表现理念世界的美和无限性,曲折、隐晦地表达作者的思想和复杂微妙的情绪及感受。前期代表作主要有波德莱尔的《恶之花》、魏尔伦的《诗的艺术》等,后期的代表作主要有艾略特的《荒原》、梅特林克的《青鸟》等。

表现主义是西方现代主义文学影响较大、成就也较大的流派。它自第一次世界大战前后流行于欧洲和美国,风行一时。其后出现的各种现代主义流派,如超现实主义、荒诞派、黑色幽默、新小说派等,无不与表现主义有一种师承关系。"表现主义"得名其理论纲领"艺术是表现,不是再现"。它主张文学不应再现客观现实,而应该表现人的主观精神和内在的激情,表现作家透过表象把握到的事物的本质,因而对事物外在的形态的精确描绘不感兴趣。表现主义诗歌情绪炽烈、雄辩,追求力度,运用夸张的抒情方式,采用浓缩的诗句。戏剧和小说则通过采用抽象的象征性手法,表现深刻的哲理和主题。如奥地利诗人韦尔弗(1890—1945)的诗集《世界之友》,瑞典戏剧家斯特林堡(1849—1912)的戏剧《到大马士格去》、美国戏剧家奥尼尔(1888—1953)的戏剧《毛猿》、奥地利作家卡夫卡(1883—1924)的小说《变形记》等,都是公认的表现主义文学代表作。

"意识流"文学是西方现代主义文学中又一个重要的流派,其影响深远。"意识流"原是心理学和哲学术语,美国心理学家詹姆斯(1842—1910)就曾将人的意识比喻为流动的"河流"或"流水"。法国哲学家柏格森也认为"真实"存在于"意识的不可分割的波动中"。20世纪20年代,欧美一些作家开始将这种理论引入到文学创作领域,认为文学应该、也可以表现人的意识流动,尤其是表现潜意识的流动。人的意识流动遵循的是"心理时间",而非物理时间,这样就形成了意识流文学。其代表作家作品主要有法国普鲁斯特(1871—1922)的《追忆似水年华》、爱尔兰乔伊斯(1882—1941)的《尤利西斯》、英国伍尔芙(1882—1941)的《墙上的斑点》、美国福克纳(1897—1962)的《喧嚣与骚动》等,他们的小说运用不受限制的自由联想和内心独白等表现手法,来表现人物的主观生活。

超现实主义是20年代产生于法国的一个现代主义文学流派。该派作家认为文学不是再现现实而是要表现"超现实"。所谓"超现实"即是由"梦幻与现实转化生成的绝对现实",是现实与非现实两种要素的统一物。他们主张写人的潜意识梦境,写人物的巧合,并提倡"自动写作法",用来作为表现上述内容的创作方法。代表作家作品有布勒东(1896—1966)的小说《娜佳》、阿拉贡(1897—1982)的散文集《巴黎的乡下人》等。他们大多是一些激进的小资产阶级知识分子,对资本主义现实社会感到不满,主张改革现存社会制度,同时又具有浓厚的虚无主义和无政府主义思想。30 年代末期,不少作家曾加入法国共产党,支持社会主义苏联,参加过西班牙内战和反法西斯的斗争。

存在主义文学是 30 年代末期在存在主义哲学的基础上产生的一个现代主义文学流派。它最早产生于法国,随后在欧洲各国广泛流行。它以文学的形式来宣传存在主义哲学思想,具有明显的寓教于乐的功利目的。在存在主义作家笔下,世界是荒谬的,人生是痛苦的,他们一面揭示资本主义社会的荒诞性,一面又表现人的不幸和痛苦,以及孤独失望、恐惧的思想情绪。代表作家作品有法国萨特的哲理剧《禁闭》、加缪的小说《局外人》、波伏娃的《女客》等。

总之,西方现代主义文学像一面镜子一样,曲折地反映出西方社会生活和精神生活的面貌,也是西方文学发展到 20 世纪这一新的历史阶段的产物。它深刻地揭示出资本主义工业文明笼罩下的人类处于怎样的生存状态之中,对人的本质进行了深层次的考问,并力图从个体的角度去探索人类的前途和命运。现代主义文学在艺术技巧上也进行了诸多有益的探索与革新,拓宽了原有的艺术表现领域,为文学艺术的发展作出了重大贡献。

四、现代艺术百花园

西方现代艺术的许多领域中,无论是美术、音乐、影视,还是舞蹈、雕塑、建筑等,都有许多发展。从本质上分析,他们体现出西方文化的变化与走势,反映了人们对新世纪、新美学观的一种理解。

20 世纪西方绘画几经曲折迂回的发展、演变,形成与传统绘画迥然不同的"现代美术"。就时间而言,"现代美术"作为一个学术术语,则专指从后印象派以后直至现今这段时间里,世界各国所产生的各种流派的美术创作。后印象派画家主要指法国的高更、塞尚和荷兰的梵高。此三人的绘画风格对现代派的绘画艺术影响很大。现代派绘画主要有:19 世纪末 20 世纪初形成于法国的,以马蒂斯(1869—1954)为领袖的"野兽派";20 世纪形成于法国,以毕加索(1881—1973)为代表的立体派;20 世纪初形成于德国,以俄国康定斯基(1866—1944)为代表的"抽象派",和 20 世纪初发生于意大利,由诗人马里内蒂(1867—1944)所倡导的未来派等等。这些画家都竭力以外在的艺术形式(线、形、色、构图等)表达人的内心世界、思想、情绪和感受等,这就导致了内容和形式的抽象化。

西方现代音乐也是指自 19 世纪末到 20 世纪以来的音乐。其流派及其作品的数量极多。它们的特殊技法和所体现出来的风格以及内容和形式等,均不统一。但是,现代音乐在其发展过程中也对古典主义、浪漫主义的音乐等有所突破。如调的概念发生了变化,和声概念的变化,节奏方面的变化,脱离歌唱性倾向,以及音域音响方面的变化等等。一般认为西方现代音乐的开创者主要有法国作曲家德彪西(1862—1918),奥地利音乐家勋伯格(1872—1951),美籍俄罗斯作曲家斯特拉文斯基(1882—1971)等。

西方现代音乐流派繁多,除上述提及的主要几种流派以外,还有 19 世纪末、20 世纪初发源于美国奥尔良的爵士乐。20 世纪 30 年代出现的具体音乐、50 年代初开始流行的序列音乐、偶然性音乐、电子音乐等。西方现代音乐虽然对音乐的发展作出了一定的贡献,但从未上升到主导地位。目前西方广为流传的依然是传统音乐,但是这已经是经过改造和革新的音乐了。

20 世纪对西方影响最大的文化是影视文化。它以先进的科学技术为先导,融合了文学、艺术、歌舞、戏剧等多种文化于一体,取得大众传媒领域得天独厚的统治地位。

电影自诞生之日起,至今已有 100 多年的历史了。在这漫长的时间里,随着科技的发展,它走过了由短片到长片,由无声到有声,由黑白到彩色的道路。电影以其不断改进的技术和不断增加的魅力,赢得了愈来愈多的观众。20 年代,现代主义闯入电影领域,先锋派、表现主义、达达主义、超现实主义、法国新浪潮运动等,纷纷将电影作为表达人类现代思想的试验场。

电视出现于 20 世纪中期的英国,后从英美蔓延到整个世界。它既是现代科学技术发展的直接后果,也是把人们的思想、感情、语言、精神、行为和各种信息展现于家庭,并将这些联系在一起的纽带。毫不夸张地说,电视已成为人们全部文化生活中最重要、最生动的一部分,人们通过电视将自己和人类社会联系在一起。

第三节　东方传统文化的现代化

20 世纪东方文化随着各国人民的觉醒并逐步摆脱殖民主义枷锁而取得民族独立以后,才有了复苏发展的可能与条件。就整体而言,东方文化的发展无疑落后于西方。但是,它正以巨大的生命力崛起在广袤的东方大地,表现出勃勃生机。

就东方各国的实际情况分析,20 世纪东方现代哲学领域远不如西方活跃,很少出现有影响的派别和新理论。但较为共同的特征是,在继承本民族哲学传统的基础上,摄取西方资产阶级哲学、心理学和科学的内容,力图综合唯物主义与唯心主义、宗教与科学、东方与西方的思想。纯粹的西方现代唯心主义哲学除了在大学讲坛以外,并没有更广泛的群众基础。以日本、印度、阿拉伯、巴基斯坦等国家和地区的哲学为例分析,其性质是为资产阶级利益服务的,但这些哲学中不无积极的内

容。例如宣扬社会主义、人道主义、对封建主义和西方资产阶级腐朽文化进行批判,追求哲学与社会生活的联系,发扬民族文化传统等等。其代表人物主要有印度的甘地(1869—1948)、泰戈尔、薄伽梵·达斯(1869—1958),日本的三木清(1897—1945)、田边元(1885—1962)、三枝博音(1892—1963)等。

20世纪先后取得独立的东方各国,教育得到了普及并有了突飞猛进的发展。他们不仅清醒地注意到由于长期殖民统治造成的民族文化与教育落后的严重性,而且努力在改变这种状况,发展教育事业并取得了可喜的成绩。但是东方各国的教育理论研究显然还落后于西方。在东方各国中,日本的教育最令人瞩目。尤其是第二次世界大战后日本大力发展教育,直接推动了其经济的复苏与新的腾飞。70年代,亚洲一些新兴的工业化国家和地区迅速崛起,如新加坡、韩国等,也都直接受益于大力发展教育。教育正成为东方各国首先发展的重要领域,日后还会为这些国家带来巨大的经济效益。

20世纪东方现当代文学与西方现当代文学相比,成绩仍不够显著,出现的文学新思潮、新流派和代表人物较之西方为少。但东方文学已呈现出重新振兴的大好势头。许多具有时代意义的文学巨匠和文学巨著不断涌现。

日本现当代文学取得重要成就。日本无产阶级文学在20年代末到30年代蓬勃发展,成为日本文学的主流。小林多喜二(1903—1933)的《蟹工船》(1929)、《为党生活的人》(1933)和德永直(1899—1958)的《没有太阳的街》(1929)、《静静的群山》(1949—1954)是日本无产阶级的杰作。一些具有进步倾向的作家发表不少重要作品。野间宏(1915—1991)的长篇小说《真空地带》(1952)、志贺直哉的小说《灰色的月亮》等,从不同角度揭露日本军国主义发动侵略战争的罪行。川端康成(1899—1972),是资产阶级文学流派——新感觉派的代表人物,他努力把西方现代派文学手法和日本古典文学传统相结合,并有所创新成为世界闻名的作家,代表作有小说《伊豆的舞女》(1926)、中篇小说《雪国》(1935—1947)等。

朝鲜现当代文学在反帝、反殖、反封建的斗争中形成并发展起来。20年代中期,无产阶级文学兴起。李箕永(1895—1984)和韩雪野(1900—?)是朝鲜现代文学的杰出代表,他们均为朝鲜无产阶级文学的发展作出重大贡献。前者的代表作有《土地》《图们江》等,后者的代表作有《黄昏》《大同江》等。

印度现当代文学有较高成就。普列姆昌德(1880—1936)是印度现代文学的奠基人,现代印地语文学最杰出的代表,代表作是长篇小说《戈丹》(1936)。克里山·钱达尔(1914—1977)是印度著名短篇小说家,曾被誉为"短篇小说之王"。安纳德(1905—2004)的代表作是长篇小说《不可接触的贱民》(1935)。印度新小说派深受西方现代派文学影响,主要作家作品有尼勒默尔·沃尔马(1929—)的短篇小说

《候鸟》(1960)、莫哈姆·拉盖什(1925—1972)的长篇小说《密封的暗室》(1961)等。这些作品表现孤独、感伤、痛苦的情绪,反映印度独立后社会的精神危机。

在亚洲现当代文学中较重要的作家,还有印尼的小说家普拉姆迪亚(1925—2006)、土耳其诗人希克梅特(1902—1963)、伊朗小说家赫达亚特(1903—1951)等。

非洲现当代文学的中心内容是宣扬民族觉醒、民族独立,歌颂爱国主义精神。30、40年代,埃及文学得到迅速发展,"埃及现代派"是其主要流派,他们强调文学要为反帝反封建斗争服务。塔哈·侯赛因(1889—1973)是其杰出代表,他的自传体长篇小说《日子》,被视为现当代阿拉伯文学的典范。纳吉布·马哈福兹(1911—2006)的长篇小说《宫间街》三部曲也是埃及当代文学的重大收获。二次大战结束以后,黑非洲文学出现高潮,在诗歌、小说、戏剧等方面均有较大的收获。在诗歌方面,有塞内加尔桑戈尔(1905—2001)的诗集《黑色的祭品》(1948),塞内加尔乌斯曼(1923—2007)的长篇小说《神的女儿》(1960),喀麦隆奥约诺(1929—2010)的长篇小说《老黑人和奖章》(1956)等。进入80、90年代,随着非洲政治、经济的发展,非洲在世界的地位日益提高,又涌现出沃尔·索因卡(1934—　)、戈迪默(1923—2014)等为世界所瞩目的著名作家。

自20世纪60年代以来,以色列的阿格农(1966)、日本的川端康成(1968)、大江健三郎(1994),尼日利亚的沃尔·索因卡(1986),埃及的纳吉布·马哈福兹(1988),南非的戈迪默(1991)、库切(2003),土耳其的奥尔罕·帕慕克(2006)和中国的莫言(2012),先后9人获得诺贝尔文学奖。这表明当代东方作家已在世界文坛崭露头角,并为世界文坛所公认,为广大读者所接受。当然,绝不只是这些作家达到了现当代世界文学的最高水平,只是因为对现当代东方文学的翻译介绍还远远不够。可以预期,东方文学更灿烂辉煌的局面必将在不远的将来出现。

第四节　东西方文化的渗透与融合

大约一百多年前,英国著名作家、1907年的诺贝尔文学奖得主卢迪亚·吉卜林曾说过:"东方就是东方,西方就是西方,两者永不会相会。"①但如今看来,吉卜林的断言只是说对了一部分,因为在已经过去的20世纪,东方文化和西方文化确实正以他未曾预料到的方式逐渐渗透与融合。

---

①　参见[英]吉卜林:《东西方歌谣》(*The Ballad of East and West*),原文为:East is East, West is West, and never the twain shall meet.

第十九章 20世纪现当代文化

众所周知,文化的渗透与融合是各民族文化通过交流、互渗和互补,不断突破本民族文化模式的局限性而走向世界,不断将本民族文化的区域资源转变为人类共享的资源。从历史的发展来看,古希腊文化和古希伯来文化的融合可以看作西方文化和东方文化融合的第一次大规模实践。古希腊文化从一开始就致力于探讨人类的现世生存,具有科学倾向和求知特性;古希伯来文化则致力于追问世界的终极意义,具有伦理倾向和信仰特性,两者的渗透与交融大大促进了人类文化的发展和进步。到了20世纪,随着人类交通和通讯工具的迅猛变革,东西方文化的交往日益频繁,融合的程度也更加深入,并广泛渗透到经济、政治、文艺、宗教等各个方面。

在经济方面,20世纪的西方通过强大的科技革命浪潮强烈撞击着东方民族原有的生产和生活方式,刺激古老的东方逐渐走上现代化道路。与此同时,东方各民族古老而独特的文化传统在新世纪得以进一步发展,新的文化环境使现代东方文化彰显出新型的民族风格,并将积极的因素传播到了西方社会。以20世纪70年代亚洲"四小龙"的经济腾飞和80年代以后的中国迅速崛起为例,当时的世界经历了两次石油危机,西方国家的经济普遍处于衰退的状态,而此时的东方国家却创造出了举世瞩目的经济奇迹。面对"西方的没落",许多学者开始把目光转向亚洲,探寻其在经济上崛起的文化原因,得出的答案之一便有儒家文化的作用,这就为现代"新儒家"走向世界、成为一种国际性的思想潮流提供了机缘。有鉴于此,新加坡资政李光耀在1996年8月评价说:"中国和东亚的复兴将给世界注入活力。西方和亚洲的文明将以其不同的力量在许多领域产生协同作用。中国需要吸取美国、欧洲和日本的精华,以便提高科技能力。与这些国家发展关系将给中国的文明注入活力。反过来,中国也将会向西方注入新的能量与活力。"①李光耀的这段论述可谓一语中的指明了东西方文化能够共同繁荣的关键所在。

在政治制度方面,西方马克思和列宁主义的传播推动了东方国家的民族民主革命进入新的阶段,反过来,许多东方国家又通过自己的革命实践进一步丰富和发展了马克思列宁主义。20世纪的东方各国尽管文化发展很不平衡,但反对帝国主义、封建主义的民族文化已经成为东方文化的主流。以中国为例,马克思列宁主义在中国的传播,促使了毛泽东思想和邓小平理论的产生和发展,以毛泽东和邓小平同志为代表的中国共产党人把马克思列宁主义同中国革命的具体实践相结合,并进一步把中国革命和社会主义建设的丰富经验加以概括总结,逐渐提炼到哲学的高度。这不仅对中国革命和建设产生了极大的推进作用,而且对世界社会主义运

---

① 参见[新加坡]李光耀:《二十一世纪的亚洲与世界》,载香港《大公报》,1996年9月5日。

动有着不可低估的重大影响,可以说是东西方先进文化相互交流进而产生更高级文化的典型范例。此外,需要特别强调的是,不同政治体制的国家之间也可以创造出共同的文化。在20世纪三四十年代,当人类在世界范围内面临共同的敌人——法西斯势力的时候,很多有良知的政治家、军事家、科学家、艺术工作者等,不管是属于东方文化还是西方文化的范畴,也不论是属于社会主义阵营还是资本主义的阵营,他们共同携手创造了反法西斯文化,在人类文化史中书写出光辉的一页。

在文艺方面,西方精神文化大规模地涌入东方,给东方文化输入了民主和自由的优秀成分,促使东方各民族不同程度地变革固有的思维模式,改变封闭、守旧的习惯。与此同时,东方文化在吸收和消化西方文化精髓的基础之上,能够结合自身文化的优良传统,并有所创新,进而将更优秀的文化成果推广到全世界。以文学创作为例,一大批东方作家,如印度的泰戈尔、埃及的马哈福兹在吸收西方文学营养的基础上,创造出了文学上的巅峰之作,二人先后于1913年和1988年荣获诺贝尔文学奖,对20世纪的西方文学影响深远。而阿拉伯文学中由旅居美国的黎巴嫩和叙利亚作家组成的"旅美派"(又称"叙美派")更是成绩斐然,其代表作家纪伯伦的《先知》《沙与沫》等诗文集曾风行于世界近百个国家和地区,它们不仅具有浓郁的东方情调,还能够贴近西方读者的心灵世界。

在宗教方面,东西方宗教互相渗透,不断在传统意义上属于对方"辖区"的社会中发展信徒。据联合国教科文组织统计的数字,从1990年到1997年,基督教徒从9.35亿增加到19.9亿人,伊斯兰教徒从9.35亿增加到11.54亿人,佛教徒从3.23亿增加到3.28亿人。其中,亚洲和非洲国家基督教的发展最为迅速。据1990年《大不列颠统计年鉴》记载,1989年亚洲有29344.7万人,占世界基督徒总数的17.15%,占亚洲人口数的9.62%;非洲国家有基督徒23670万人,占世界基督徒总数的13.83%,占非洲人口数的37.69%。从这些数据可以看出,基督教作为西方的主流宗教在东方国家得到了前所未有的迅猛发展。另一方面,东方社会的传统宗教佛教也在西方国家得到了长足发展。截止到80年代末,英国共有佛教徒12万人,分属于200多个佛教团体;美国佛教徒有40万人;法国佛教徒有50万人,并于1989年在巴黎成功举办"西方文化中的佛教"国际会议。就目前而言,虽然佛教在西方国家并没有成为主流宗教,但其影响已经在与日俱增,越来越为西方社会所重视。

从上述种种东西方文化渗透与融合的现象可以看出,任何一种类型的文化都不是绝对封闭的,人类世界的整体化进程加速必将促使文化疆界的不断打破。早在20世纪初,一些有远见的西方知识者就对即将发生的东西方文化融合有了深刻的见解。譬如在西方有重大影响的历史学家汤因比认为:"西欧的活力性和中国

第十九章　20世纪现当代文化

的稳定性或许会十分和谐地配合起来，产生对人类来说全新的生活方式。这种生活方式不仅能使人类生存，而且能确保人类的幸福"。① 英国哲学家罗素在《中国问题》中也认为："如果西方依旧蔑视东方而不能从那里学到哪怕是很少的一点智慧，那么，西方文明的行为趋向就只能是人类的彻底灭亡。"②在这些学者看来，西方文化注重人定胜天，在这种文化传统的指引下，西方国家实现了物质文明的极大丰富，但过分地强调个人权利而忽视义务容易导致极端利己主义；过分强调征服自然，则导致生态环境严重破坏，这些都促使西方国家社会问题丛生，矛盾冲突愈演愈烈。与此相对应的是，东方文化更善于整体性地考虑问题，强调个人对群体的责任和义务，主张不同文化之间的尊重和包容。因此，大批西方学者陆续到东方来寻找拯救自身社会危机的"精神文明"，试图在东方古老的思想文化中获得医治创伤的良药。

当然，不可否认的是，全球文化的渗透与融合趋势并不是在国家、民族文化平等交往的基础上实现的，美国学者亨廷顿所提出的"文明冲突论"在一定时间和一定地域内是存在的，但这只是矛盾的次要方面，从世界历史发展的主流来看，在20世纪的一百年间，东西方之间实现了前所未有的文化交流，二者不断取长补短、兼容并包：西方先进的科学技术和开放进取的文化观念日渐被东方社会接受；东方古老文明的精华，特别是天人合一的生态文化观念也逐渐被西方社会接纳。因此，在世界范围内的文化交流与融合过程中，正确的方式是坚持积极的原则，吸纳对方文化之精华，去其糟粕，创造以本民族文化为核心的多元文化形态。只有如此，未来的世界文化才能够兼具东西方文化的优点，既尊重个体，又着眼于群体；既强调责任，又不忽视义务；既追求效率，又力争公平，以和而不同、和谐共处的理念处理各种关系，最终服务于人类的可持续发展道路。

---

① ［英］阿诺德·汤因比：《历史研究》，刘北成、郭小凌译，上海人民出版社，2000年，第168页。
② ［英］罗素：《中国问题》，秦悦译，学林出版社，1996年，第17页。

第二十章

21世纪人类文化

第一节 概 述

人类在20世纪依托科学技术所创造的辉煌成就,大大促成了经济繁荣、社会发展和世界文明的长足进步。如今历史已经跨入21世纪,在这新的百年开始之第二个十年时,各国政治家、企业家、科学家曾经作出许许多多的前瞻性预测。虽然观点彼此相差很大,但有一个基本点是相同的,即21世纪将会是高科技的世纪,尤其是在信息经济、生命科学、生物技术等领域,高科技迅猛发展,将会在未来世界的社会、经济和科技进步中起到难以估量的巨大作用。

20世纪生产力极大提高,创造了前所未有的物质财富,大大推进了人类文明的进程。但与此同时,人口爆炸、环境污染、生态失衡等问题,又给人类自身的生存带来了障碍,人类处于痛苦的困惑之中。有鉴于此,联合国于1992年召开"环境与发展"世界首脑会议,100多个国家的领导人一致通过了《里约宣言》和《21世纪议程》等重要文件,与会各国达成了共识:只有走可持续发展的道路,21世纪才能健康发展,才能为人类创造出更好的生存空间。所谓可持续发展,即是指既符合当代人利益,又不损害未来人类利益的发展。只有采取这样的发展模式,人类文明才能持续发展,人类才能世世代代在地球上健康地繁衍生息。

可持续发展实质上是一种新的发展思想和发展战略,其目标是保证社会具有长时期健康发展的能力。要达到此目的,21世纪应该完成以下任务:首先,为了保证社会的发展、经济的繁荣,就要保持和建设一个良好的生态环境,利用先进的科学技术去提高生态效益。其次,要千方百计地防止地球生物资源的衰竭和灭绝,保持自然环境的生态平衡,以期达到人类永久持续地利用自然资源的目的。再次,努力解决20世纪以来,由于经济高速发展而出现的全球性生态严重恶化,严格控制由环境污染导致的一系列重大灾害。最后,还要严格控制世界性的人口增长,努力消除贫困,重新确定人与自然之间、各代人之间的新秩序。可持续发展涉及 21 世纪人类社会的方方面面,虽然目前尚无固定的模式可以遵循,但其大趋势在 20 世纪末已经初见端倪,足以让世人感到振奋。

在 21 世纪,新的产业革命——信息革命和人工智能将从根本上改变人类的生产、工作和生活方式,它将使世界经济从工业化阶段进入到信息化阶段。知识信息的创造、加工、处理和传播,是 21 世纪新经济增长的最重要源泉。21 世纪的信息经济是建立在高科技基础上的经济,它以电子信息技术为先导。20 世纪后期,世界各国的科学家在电子信息、人工智能、新材料、新能源、生物、空间、海洋等高科技领域里取得了一系列的重大突破和进展。随后,这些重大科技成果全面产业化,为 21 世纪的信息经济奠定了坚实的技术基础。如今,信息产业已经成为世界上第一大产业,而通过信息技术对传统产业的渗透和改造所带来的巨大经济效益更是无法估量的。从这个意义上讲,21 世纪的世界经济将会全面"信息化"。

在新的世纪里,生命科学和生物技术不仅将改变人类的生存环境,甚至也能改变人类自身。科学家将从遗传学研究入手,掌控人类遗传性复杂疾病的全部基因,利用先进的种群筛选技术,将能预测出人们是否有患糖尿病、精神分裂症、肥胖病,以及其他众多疾病的危险,进而大大提高预防疾病发生的能力。几百万年以来,大自然一直在创造着转基因生物体。21 世纪的人类将洞察基因转移的自然机制,并把转基因技术应用到各个方面,譬如转基因植物就很有希望成为各种各样人体蛋白的生物制造系统。为了减少癌症的发病率,人们在根除其病灶的同时,将运用探测遥远宇宙以及亚原子结构的极其精确的科技手段对癌症进行早期预测,从而大大提高免疫水平。这些科技水平的提高,将使人能够弄清许多至今尚未破解的生命奥秘,诸如学习和条件响应的化学基础等。

此外,随着空间探测技术的发展,人们对宇航空间存在的失重、真空、强辐射、无菌等地球上不具备的优越条件,所能给予工业生产的极大经济效益,将会有更深刻的体会。科学家们推测,随着空间技术在 21 世纪的高速发展,人类将很有可能在地球外空间建立卫星发电站、空间工厂和太阳城等设施。对月球的开发也将同时进行,使之造福人类。21 世纪的某一年,人类将很有可能摆脱地球亿万年来的束缚,飞向广阔无垠的宇宙空间中进行全新的生活。

21 世纪,农业将是重中之重。道理很简单,因为人类只有先生存,然后才能发展。频繁召开的世界粮食会议表明了人类对基本生存条件的强烈关注。21 世纪,世界农业发展的总趋势是传统农业将向现代化的农业转变,可持续发展的模式将备受重视,高科技的广泛运用也将使农业生产率先实现新的飞跃。例如,植物分子与细胞生物学以及相关的生物技术与传统的培育方式结合起来,将对21世纪的农业发展作出巨大贡献。概言之,21世纪农业科技的新领域主要包括新物种的塑造、新快速繁育技术的应用、新农业工厂的建造、新人造食物的增加、新能源的开发等。

科学和教育从来就是人类社会发展的两大支柱。21世纪,由于高科技的迅猛发展,人类正经历着一个大革命的时代。人类近30年来创造的知识大致相当于过去2000年的总和,这是个惊人的飞跃。科学家们预测,到2020年,人类的知识将比现在增加3倍到4倍。而到2050年,今天适用的科技知识可能只相当于届时所拥有知识的1/100。从这一预测可以看出,知识更新的速度越来越快,几乎到了爆炸的程度。这种严峻局面迫切要求人们不断地学习新东西,永远不能满足。这也是教育在21世纪将要解决的最现实问题之一。

总之,人类知识架构的变化是首要问题。21世纪,人类知识产生的速度、方法和传播,都将发生质的变化。到那时,变化了的世界对教育也有很大的影响,事实将再次证明知识就是力量,并且"掌握知识的知识"才是"力量的力量"。可以预见,21世纪的学习环境将会有以下几点变化:首先,由于高科技的发展而带来的经济和职业结构的变化,这要求受教育者的终身性。从技术层面上讲,现代化的教学手段使学习方式表现出机动性、灵活性、流动性和适应性。其次,未来大学必须适应信息洪流,必须适应电子化的大趋势。因此,从事教育职业的人要千方百计地利用世界上最有能力的人才,挖掘他们的知识和思想,然后传播给学生,唯有如此,学生才有可能接触到信息时代迅速膨胀的知识。所有这些都要求21世纪的教育必须是连续的、协调的、多样化的大教育,世界各国都应努力营造一种教育共识和文化背景,以备迎接知识爆炸时代的挑战。

第二节　生态文化平衡和东方文化发展

一、生态文化平衡

所谓生态文化,是指人类在实践活动中保护生态环境、追求生态平衡的一切活动及其成果。换句话说,生态文化是一种人类与自然和谐一致、动态平衡的文化。由于对人类而言,适宜的生态是以绿色为主要标志的,因而在某种意义上,生态文化也可以被称为绿色文化。它与传统的人本文化有着本质的区别,是对人类中心主义思维模式的一种变革和扬弃。

迄今为止,人类一共经历了三大文化模式。首先是神性文化模式,它以农业文明为背景,表现为科学的幼稚与蒙昧,人类对自然的依赖。其次是机械文化模式,以工业文明为背景,表现为科学的进步与扩张,人类与自然的对立,它虽然体现了文明进步的必然性,但同时也带来了严重的负面影响。再次是生态文化模式。20世纪中叶以来,随着全球性的人口增长、资源短缺、环境污染和生态恶化,人类开始反思以牺牲自然为代价的传统发展模式,进而探讨社会进步与生态环保相协调的可持续发展道路。不仅如此,在现代科学技术高度发展的形势下,整个世界变成了不可分割的整体,人类所面临的诸多生态问题绝不可以孤立地加以解决。在这一历史背景下,生态文化便在全球范围内应时而生了。当然,从宽泛意义上讲,生态文化自古有之,从采集、狩猎文化到农业、城市绿化等都属于生态文化的范畴。但由于历史的原因,在很长一段时间内,人类与生态的矛盾尚未凸显出来,生态文化一直是融合于其他文化之中,而未能成为一种独立的文化形态,更谈不上成为社会的主流文化。直到工业文明带来了世界性的生态危机,可持续发展成为指导世界各国经济、社会发展的战略思想,生态文化才得到很大发展,并不可抗拒地成为未来社会的主流文化。

生态文化在价值取向上致力于人与自然、人与人的和谐关系及其可持续发展,根基于互利型的思维方式。众所周知,互利型思维方式是与极端功利型思维方式相对立的,其根本原则是以互利互惠的辩证思维来处理人与外部世界的关系,其中包括处理"人与人"的关系和"人与自然"的关系。因此,互利型思维方式可分为两种:"人与人"互利型思维方式和"人与自然"互利型思维方式。前者对优化人际、国际等群体间的社会关系将起到重大的促进作用;后者则是指既关注人类,又关注自然,既维护人类的利益,又维护自然的平衡,并最终确保社会系统和生态系统共存共荣、协调发展。

在人与自然的关系问题上,西方文化长久以来一直坚持人类中心主义的价值观念,主客二分的思维模式强调征服自然、战胜自然的观念,人类被放置在一个支配自然的统治地位上。不可否认,人类中心主义世界观和征服自然的行为曾经在历史上起过非常大的进步作用,它促使人类从茹毛饮血、刀耕火种的原始社会步入工业化、信息化的现代文明,然而,这并不意味着它具有永久的合理性。因为任何思想的产生和存在都是有条件的,当其得以滋长的客观现实发生变化之后,它的合理性自然也就让人质疑了,人类中心主义世界观当然也不例外。早期人类的生存能力相对弱小,面对恶劣的自然环境,人类对周围生态平衡的破坏相对较小,为了延续生命的索取行为是无可厚非的。而如今,人类已经积蓄了相当强大的力量来征服自然,有时甚至可以随心所欲地破坏周围的生态,在这种情况下,人类中心主义也就成了一种短视的、利己主义的价值观念。如果不及时地加以调整,人类就将面临大自然更加残酷的报复行为,近年的温室效应、核污染、荒漠化现象便是警钟,这正印证了恩格斯根据历史经验告诫人们的话:"我们不要过分陶醉于我们对自然界的胜利。对于每一次这样的胜利,自然界都报复了我们。每一次胜利,在第一步都确实取得了我们预期的结果,但是在第二步和第三步却有了完全不同的、出乎预料的影响,常常把第一个结果又取消了。"①

与"天人二分"的西方传统文化相比,以中国文化为代表的东方传统文化则主张"天人合一"的思维方式,这种思维方式以天、地、人的统一为基本点,主张天道与人道、自然与人为的相通,因而其价值指向是追求人与自然的和谐。"天人合一"思想可以说是中国古代最具代表性的文化观念,它几乎统领了中国古代儒、释、道各家,其中"天地与我并生,万物与我为一"(《庄子·齐物论》);"万物并育而不相害,是谓富有"。(《易经》)等思想便是中国传统生态文化最基本的特征。据此,季羡林先生认为:中国古代"天人合一"思想是当代生态文化建设的基础,"具体来说,东方哲学中的'天人合一',就是以综合思维为基础的。西方则是征服自然,对大自然穷追猛打。表面看来,他们在一段时间内是成功的,大自然被迫满足了他们的物质生活需求,日子越过越红火。但久而久之,却产生了以上种种危及人类生存的弊端。这是因为,大自然既非人格,亦非神格,但却是能惩罚、善报复的,诸弊端就是报复与惩罚的结果"②。由此可见,在未来的社会中,东方传统文化将对人类和自然的生态平衡作出更大的贡献。

从科学的发展观来看,人类如果希望在21世纪实现生态文化平衡,必须在生产实践中遵守以下三个基本原则:

第一为系统均衡原则。自然界是一个由各种元素构成的生态体系,众多元素互相影响,有规律地结合在一起,形成了双向制约、双向影响的关系,维护着一种微妙的动态平衡。人类仅仅是这个庞大系统中的一个元素,为了维持自身的生存和未来发展,人类必须让自己的思想和行为适合整体的生态系统,与大自然和谐共处,否则自然界就会以惩罚的方式来试图恢复应有的系统平衡。

第二为持续发展原则。可持续发展战略是人类反思历史的经验总结,长久以来,以自我为中心的人类一方面在创造文明,但另一方面也在毁灭着自己所赖以生存的生态环境,这是一种静止的、孤立的、片面的观点。在否定了人类中心主义的发展模式后,1992年召开的联合国环境与发展大会,不仅使可持续发展思想在全球范围内得到了普遍认可,而且使这一思想由理论变成了各国人民的行动纲领,为

---

① [德]恩格斯:《自然辩证法》,《马克思恩格斯选集》第三卷,人民出版社,1972年,第517页。
② 季羡林:《谈东学西渐与"东化"》,《光明日报》,2004年12月24日。

建设生态文化平衡提供了重要的制度保障。

第三为平等互惠原则,这囊括人与自然、人与人之间的双重关系。人类应该在开发自然、变革社会的进程中经常反思,不断自我调控,使自身的行为不超出生态平衡的限度。另一方面,在人类社会内部则应处理好"代内平等"与"代际平等"两种关系:所谓"代内平等"要求一部分人的发展不应损害另一部分人的利益,而"代际平等"则要求社会的发展不仅要满足当代的需求,还要考虑后代的发展。这里之所以特别强调人与人之间的平等,是因为随着全球化趋势日益加速,工业发展所造成的生态危机正在以"国际分工"的名义从发达国家向发展中国家转移,譬如2004年布什政府拒绝执行《京都议定书》就是一个明证。事实上,保持生态文化平衡符合全人类的共同利益,它在社会伦理价值上是中立的,可以为不同地区、种族、国家、阶级共同拥有,是人类共同的文化财富。

二、东方文化发展

"'三十年河东,三十年河西'。21世纪将是东方文化的世纪,东方文化在世界文化中将再领风骚。"①中国著名东方学学者季羡林先生如是说。其实,持这种观点的学者不少,英国著名历史学家汤因比(1889—1975)和日本著名学者、创价学会名誉会长池田大作(1928—)等,都在自己的学术著作中阐发了类似观点。就人类历史的发展进程而言,所有的文明都将经历诞生、成长、昌盛、衰微的过程,西方文明自然也不会例外,最为突出的实例是环境污染、生态平衡、温室效应、臭氧空洞、艾滋病毒等问题。而要解决人与自然这种矛盾的对立,唯有以"天人合一"思想为中心的东方文化才可能有效。

目前,中外许多学者预测,21世纪将是亚太地区的世纪,以西方经济为中心的时代即将结束,世界的经济文化中心将向东方转移。经济学家通过大量的统计资料研究比较后预测,21世纪初叶,在世界经济持续发展中,亚太地区的经济增长将对世界整体发展水平贡献最大,其国民生产总值平均增长率可达到6.5%以上。在经济的高速度发展中,亚太地区占世界1/4的人口将活跃于国际经济的大潮中。毋庸置疑,东方各国经济的迅猛发展与东方文化的基土肥沃密不可分。古老的东方文化曾哺育了人类四大文明古国和三大文明中心,当今以"天人合一"思想为底蕴的东方文化又将成为推动东方各国政治、经济发展的强大精神动力。

上述预测基于这样的事实,即在人类文化形态中,就道德观念而言,东方文化较其他文化形态更趋于合理,而且更能适应和促进社会经济、科技的发展进步。当

---

① 季羡林:《三十年河东,三十年河西》"序言",当代中国出版社,2006年,第11页。

前的西方社会,道德观念往往被湮没于现代化的洪流之中,而过分的利己主义又导致了人际关系的畸变。21世纪飞速发展的现代化经济更需要建立一种新的精神秩序。东方文化是东方各国伦理、道德、文明、教育的基石,它不仅在历史上发挥过巨大作用,经过筛选、过滤、超越性继承,它还将在相当长的一段历史时期内,成为东方各国精神文明的重要组成部分,并将对人类历史的发展起到不可低估的推动作用。

21世纪,可持续发展的重要作用,即是环境保护和自然资源的合理利用和开发。而在这困扰着人类的"斯芬克斯之谜"中,与西方文化的人与自然对立、征服自然的观点相反,东方文化的"天人合一"思想起到了调节人与自然对立的作用,在融汇于自然之中的同时,达到利用自然的目的。这种思想具有巨大的潜在影响力去帮助人类增强环境保护意识,注意自然界的生态平衡,从而达到合理发展经济的目的。

21世纪,东方文化还将经历与西方文化交流与融合的复杂过程。在汲取许多外来文化的有益营养之后,丰富自己的文化内涵,以便弥补东方文化未能经历近代实验科学过程而形成的不足,努力建立科学的认识论和方法论,去促进东方经济的发展。21世纪,东方各国在宗教信仰、伦理道德、价值观念等方面,会更为突出地表现出东方文化的色彩,但也将进一步与西方先进的科技相适应,因为科学和技术具有国际性的特点,只有这样,东西方世界才能在21世纪里得到共同发展。

21世纪,沉寂多年的东方大地将再度辉煌、繁荣。东方文化在迅猛崛起的经济支持下,以其特有的德、仁、义、美等思想内涵,来适应新世纪客观现实的需要,并以主流文化的形态为人类所接受。但是,需要强调的是,东方文化在21世纪的勃兴并不意味着历史的简单重复,也不意味着唯东方文化马首是瞻。因为正是东、西方文化历史上的交流与角色转换,才使得东方文化得以辉煌。东方文化要在与西方文化多元共生的状态下,创造人类的未来文明。

第三节　经济全球化与文化冲突

经济全球化是指世界各国、各地区通过密切的经济交往与合作,在经济上的相互联系和依存、相互竞争和制约达到了很高的程度,从而使全球经济形成一个有机的整体。经济全球化随着16世纪西方早期的殖民扩张开始,第二次世界大战后成为世界经济发展的明显趋势之一,20世纪80年代成为世界经济发展的潮流。可以说,经济全球化的影响是史无前例的,它所产生的好处也是显而易见的:各个国家和地区之间贸易壁垒的取消以及关税的削减,促进了生产资本在全球的流通,提

第二十章 21世纪人类文化

高了生产效率,降低了生产成本,加速了商品交换和消费等等。这一切使得经济全球化似乎成为人类消除社会贫困,实现大同理想的法宝。然而事实上,经济全球化如同一柄双刃剑,它在带来利益的同时,其弊端也日益凸显出来,当今世界的文化交融和文化冲突现象便是一个明显的例证。

文化的交融和冲突是文化发展过程中辩证统一的两个方面,它们既相互对立,又相互统一,是人类文化不断进步的源泉和动力所在。所谓文化的交融是指异质文化之间相互接触、彼此交流、不断创新和融会贯通的过程;而文化的冲突则是指在文化传播过程中,由两种或两种以上不同规范文化的接触、碰撞而产生的文化对抗现象。应该说,文化交融与文化冲突自古以来就是一对孪生兄弟。到了当今世界,经济全球化一方面促进了各民族文化的融合,另一方面也加剧了民族文化间的冲突。面对这一状况,我们既不能像美国学者亨廷顿那样得出"文明冲突决定论"的观点,也不能忽视文化冲突的存在,转而陷入"文化全球一体化"的误区,正确的态度应是本着实事求是的理性精神来分析全球文化的复杂走向。

从严格意义上来说,在经济全球化的背景下,文化的交融主要表现在物质层面上,而文化的冲突则主要表现在思想和意识的层面上,它们交织共存、同时发展。首先来看物质文化层面,随着世界贸易的扩大,西方消费文化已充斥到世界上的每一个角落。不同国度的人处在本土社会中,就可以很容易吃到汉堡包、比萨饼,喝到雀巢咖啡、可口可乐,听到或看到美国最新好莱坞影片、维也纳新年音乐会等等。毋庸讳言,新的生活方式迅速在全世界传播,几乎形成了一套国际性的流行标准。比较而言,深层次的文化心理至今尚未有明显的融合迹象,甚至出现了民族主义抬头的趋势。作为文化深层结构的心理意识,具有鲜明的多元性和民族性特点,它既是一种思维和行为模式,同时还包括民族信仰和价值取向等。这种深层结构的核心文化具有相对稳定性,不会随经济全球化的到来而轻易改变,有时甚至表现出某种程度的排他性和不宽容性。

在经济全球化背景下,民族文化冲突得以产生的原因主要有以下几个方面:

其一,文化的民族性是造成文化冲突的深层原因。文化的民族性是指各个民族有不同于其他民族的文化,是由处于共同地域、具有共同语言和共同心理的群体创造的,他们有着相通的价值观念、文艺思想、风俗习惯、宗教信仰,而这些并不会随着经济的全球交往而走向国际化。

其二,文化背后的利益之争是文化冲突的根本原因。在和平与发展的世界潮流下,政治和军事高压的合法性已很难得到国际社会的广泛认可,而文化恰恰具有霸权性和隐蔽性的双重作用。因此各国政府出于国家利益的考虑,纷纷制定相应的文化政策以维护本国的政治经济利益。

其三，文化帝国主义的推行是文化冲突的时代原因。经济全球化并非全球平等发展，民族国家间的文化交流不可避免地存在着中心与边缘、优势与劣势的悬殊。西方发达国家依仗其政治、经济和军事优势，向其他国家强行传输西方文化，推行文化扩张和霸权政策，这难免会引起发展中国家的不满和抵制。而发展中国家为维护国家主权、保持文化独立的抗争，使得文化霸权和文化保护之间的冲突更加激烈。

最后，经济全球化促进了现代传媒和通信网络的迅速发展，这为文化冲突提供了强大的媒介保障。借助于这些媒体工具，人们可以进行多渠道的跨文化接触，彼此价值观念与宗教信仰碰撞的机会也随之大大增加。从这一意义上可以说，现代传媒和通信网络是文化冲突的"催化剂"。

由此可见，世界各民族文化的发展是一个不同于经济全球化的过程，它不是像经济全球化那样逐步走向一体化，而是在全球交流和互动中有着隐蔽的冲突和对抗。了解了文化冲突的上述多种原因，在21世纪这样一个文化多元并存的新时代里，我们应该借鉴中国和东方文化中"和而不同"的思想作为指导不同文化和谐共处的基本原则。"和而不同"既不同于古代世界中各种文化彼此隔绝的孤立状态，也不同于殖民主义时代全球文化"全盘西化"的一边倒倾向，而是在保存和弘扬各自优良传统和固有特色的前提下，吸收外来文化中的先进因素，达到自我更新和互相交流的目的，进而真正实现不同民族文化之间的相互促进、和谐并存、共同发展。总之，文化多元化与经济全球化两者之间是相伴而生的关系，它们共同推动着人类文明全球化的进程。

第四节 "一带一路"倡议与文化交流

一、"一带一路"倡议

习近平主席自2013年9、10月间分别提出与相关国家共建"丝绸之路经济带"和21世纪"海上丝绸之路"的倡议。六年多来，已有100多个国家和国际组织积极参与其中；数十个与"一带一路"有关的国家与中国签署共建"一带一路"的合作协议；几十个国家与中国开展国际产能合作；联合国等国际组织也表现出积极的态度，合作不断深入。"一带一路"的建设前景逐渐明晰，越来越好。

古代丝绸之路是两千多年前的西汉时，为了联络月氏和乌孙，借以抗击匈奴的军事与外交举措。汉武帝于建元三年(前138)和元狩四年(前119)两次派遣张骞出使西域。这两次"凿空"使丝绸之路开始畅通，成就堪比哥伦布发现美洲。此后，汉王朝与西域各国相互往来的使者络绎不绝,各族商人也跋涉于内地和西域之间。神爵二年(前60),西汉王朝设置西域都护府。《汉书》上说,汉之号令西域,始自张骞。从此将西域36国纳入中央政府管辖范围。随着历史的变迁,"丝绸之路"逐渐演变成一条越走越远的商路,继而成为连接亚非欧的经济文化交流之路。这条商路最早以中国输出丝绸而闻名。1868至1872,年,德国地理学家、地质学家斐迪南·冯·李希霍芬男爵(1833—1905)曾7次来华考察。他根据考察资料于1877年出版《中国——亲身旅行和据此所作研究的成果》第一卷,首次在地图上绘制出这条贯穿中西、连接欧亚的陆路通道并称之为"丝绸之路"。一个多世纪以来,他的五卷本研究报告至今已鲜有人提及,但是"丝绸之路"这一称谓却不胫而走在学界无人不知晓,并衍生出"海上丝绸之路""草原丝绸之路""南方丝绸之路"等子名称。

"海上丝绸之路"古已有之,后又称为"香瓷之路",主要是中国南方和波斯湾一带亚洲国家之间的商业往来之路。中国的瓷器、茶叶等,波斯湾的安息香(即"孜然")、阿拉伯的乳香和龙涎香、印度的檀香等,是重要的贸易商品。海上"香瓷之路"的发展虽然较之陆路丝绸之路,又名"绿洲丝绸之路"要晚些,但发展势头强劲。唐末至宋辽金夏,由于阿拉伯帝国的兴起,陆路丝绸之路的发展时有阻隔,中国政治中心东迁,经济重心南移。直至蒙元时期,陆路丝绸之路才再度繁荣,同时海上丝绸之路也大有发展。这期间通过丝绸之路东来的外国人,比起汉唐时期不知多了多少倍。而延祐元年(1314)海禁松弛之后,乘船到泉州、广州和宁波三个市舶司来华做生意的阿拉伯商人,已经不再是少数侥幸海上逃生的探险者,而是大宗商品的运输者。他们除了运来香料、香药等奇珍异宝和时髦的商品外,必然会输入新的知识和思想。明朝因为在西北地区已退守到嘉峪关长城,所以对西域的影响力已大不如前。郑和下西洋后,东西方海上交通得到发展。明朝主要通过海上丝绸之路与东南亚、南亚、西亚、欧洲,甚至北非进行海上贸易往来。直至清代由盛转衰,陆海丝绸之路逐渐趋于萧条。

综合考察,"一带一路"的历史表现出以下几个特点:蒙元时期以前,从汉代开始的陆路丝绸之路远比宋代开始繁盛的海上丝绸之路的作用突出;蒙元时期则是陆路丝绸之路和海上丝绸之路并举,几乎具有同等重要地位的时期;明代以后陆路丝绸之路逐渐式微,海上丝绸之路发展迅猛,至清代末年趋于平静。当前,陆路丝绸之路和海上丝绸之路几乎又恢复了同等重要的地位。在这种螺旋式上升重复发展的过程中,有时表现为经济贸易民生热,政治军事外交冷;也有时则表现为政治军事外交热,经济贸易民生冷,但无论表现出哪种倾向,一个明显的缺憾是对文化建设的疏忽。应该清醒地认识到"一带一路"不仅仅是物流通道,更是一种有远见的世界观。其建设的主体功能固然离不开政治、经济的相互促进与融合,但是这一倡议思想的进一步推进却有待于"一带一路"的文化建设。而具有世界眼光的文化先行,重构国际关系的大格局才是"一带一路"总体建设中"民心相通"的根本保障。只有"民心相通",实现接着地气,与民生息息相关,才能实现不同文化之间的互学互鉴,在多层面民间与国家、多领域精神与物质、多地区陆路与海洋等文化成果的"互利共赢"。

二、文化交流

"一带一路"文化建设中的文化交流实质上是一种双向融通的过程,与历史上传统的"一带一路"相比,现今的交流已不再局限于面对面的沟通和实物的交换,更多的是思想和创意的碰撞。因此,"一带一路"不仅是商贸之路,更是关系到民生的文化互惠之路。在世界视野里的文化产业在"一带一路"整体布局中突显其价值,主要涉及以下几点:

首先,"一带一路"涉及 65 个国家,近 40 亿人口,它覆盖幅员辽阔,国际关系复杂,民族身份多变,宗教信仰各异,发展道路不同,文化差异很大。要想将这么复杂多元的地缘政治体纳入一个利益范畴,就需要有一个共同的价值取向,即共同开创一个包容性的全球化的新时代。其包容性主要体现在文化上的"开放包容",经济上的"平等互利"。这两个理念的建设,基础是"共商、共建、共享"的原则和立场。在维护文化多元性的基础上,共谋发展,共求繁荣,共享和平,体现"和而不同"与"仇必和而解"的价值观。历史上的"一带一路"主要是一个相当密集的贸易网络,而不是数条陆路和海路上简单的固定的物质交换路线。今天人们理解"一带一路"主要应该是沿线国家共享这一历史文化遗产资源,向世界传递"和平、发展、合作、共赢"的发展理念。"一带一路"倡议不要简单地理解为只是恢复古代那些贸易线路,而是要搭建一个中国与沿线国家共谋发展,共享繁荣的国际区域合作的平台,并将其发展为最惠民、最繁华的物流和信息交往的大通道。

其次,从历史地理学的角度分析,"一带一路"已成为新的地缘文化和区域经济的发动引擎。从历史和地理两个维度观察,它始终都处于多种文化体系中,并形成以地缘利益为标志的文化区域。这种文化区域因为具有独特的跨越异质体系的性质,所以需要具有包容性和普遍性的意识形态支撑。只有尊重历史和传统,正视现状与发展,包容异质文化和同质文化的多样性,才能平等互利、相互尊重、和平共处,发展好区域经济。在此过程中文化交流与合作是不容疏忽的力量,它犹如是一种黏合剂,将不同的政治经济利益的共同体粘连在一起。地缘文化使"一带一路"既成为经济贸易民生之路,政治军事外交之路,又成为不同文化的融合互动之路;也是其沿线各国、各地区、各民族共同的文化记忆和文化符号。它使不同文化背景

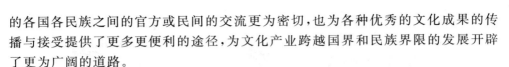

的各国各民族之间的官方或民间的交流更为密切,也为各种优秀的文化成果的传播与接受提供了更多更便利的途径,为文化产业跨越国界和民族界限的发展开辟了更为广阔的道路。

再次,"一带一路"在其形成与发展过程中,古代世界性的几大宗教和具有代表性的文化圈都曾借此进行了各种形式的沟通与融合,留下了弥足珍贵的文化遗产。当前在国际社会大力提倡对文化遗产保护的同时,对"一带一路"这种"文化线路"的保护与研究自然也成为一种新的发展理念。历史上人们通过陆路、海路或二者交替的方式,进行各种有目的的迁徙、流动,使得在特定的时间上和地点上形成了多种动态的文化遗产。这种经济、政治、军事和文化方面的持续不断的多向度流动的成果,又通过物质的或非物质遗产的形式表现出来,形成一种依稀可辨的"文化线路",而"一带一路"无疑就是现今历史上规模最大、又最具有鲜活生命力的"文化线路"。其重要的文化价值早已超越了时空概念上的普通道路,而上升为跨越异质文化,进行共享共赢活动的交际工具。由此产生的物质遗产和文化成果,以及因此而形成的巨大而深远的影响,才是"一带一路"真正的价值所在。"一带一路"沿途的重要遗址由于历史久远,很多已面目全非,其大多数遗存的物理特征与社会功能也基本消失,但这并不能否定其作为"文化线路"的存在价值,尤其是其那些物质和非物质文化遗产的典型代表,如:城镇、关隘、驿站、寺庙、石窟;技艺、艺术、民间民俗、歌舞、服饰、典籍、管理制度、礼仪等文化元素,还有道路、河流、山脉、植被等与交通路线紧密相连的自然元素等。当前"一带一路"沿途各国和多民族在尽享这一"文化线路"深厚文明与不朽荣耀的同时,也都试图从中发掘出它在当前依然存有的独特价值与意义,努力阐释其和平性、包容性、开放性、互补性、互利性、共建性和发展性的深邃内涵。因此,这一切皆成为"一带一路"可持续发展的精神动力。

第四,现代"文化线路"的"一带一路"倡议能否成功,很大程度上取决于文化的认同,尤其是沿线国家、民族对中国文化的认同,而不完全取决于经济利益关系的一致性。虽然经济融合与促进是文化认同的根本基础,但它绝不是全部。文化认同的基础是物质,是生产力,即物质文明的先进性,尤其是科学技术的先进性。中国历史上文化的输出多于吸收,主要是因为其有较高度的物质文明,如农业、手工业和建筑业等。古代罗马博物学家普林尼在《自然史》一书中将中国称为"赛里斯",而"赛里斯"在希腊古语中的意思就是"丝"。中国古代传入西方的主要商品,除丝绸以外,还有茶叶、香料、瓷器、漆器等。其他重要的还有"四大发明",在欧洲近代文明产生之前就已传入欧亚地区,对东西方世界都产生了重要影响。明代郑和七次下西洋的壮举,以丰富的物产与东南亚、南亚、西亚、北非和欧洲之一部进行经济和文化交流,广泛传播了中国先进的科技文化。古代中华文化之所以能够得到"一带一路"沿线国家和地区的广泛认同,除却辉煌的物质文明以外,还在于它的精神文明,即以儒释道三家并存融合的中华道德,以及各种社会制度的体系。我们有理由相信,现代中国的科技文明和各种制度文明,包括经济制度等,在不远的将来,也会成为"一带一路"沿线国家文化认同的重要内容。

第五:"一带一路"文化建设过程中的古代经验与现代意义。古代无论是陆路,还是海路交通都蕴含着极其丰富的文化价值,是沿线各个国家和地区的民族风情、人文地理、历史文化的总汇。它告知世界古代欧亚非大陆之间各自文明发展、交融的时间必然和机遇必要,揭示出这些同质或异质文明之间交流的历史轨迹和变化规律。由于时过境迁,物是人非,遗存难寻,所以这些文化价值的发现和开掘还远远不够深广,还有许多值得人们思考的空间和余地。尤其要注意的是,陆路和海路两大交通网络是联通的、盛衰互补并互有消长的。它们之间的相互作用与规律对现代"一带一路"倡议构想具有启迪意思,对文化遗产、文化交流的理念都有建设性的借鉴意义。

最后一点,中国作为"一带一路"的倡导者与发起人,应该清醒地认识到,在文化交流互鉴中促进沿线国家、民族的人心紧紧相通是民生息息相关这一战略目标能否成功的重要保障。因此,我们要努力做好对外文化宣传工作。要努力梳理清楚中华文化的根基和脉络,在"剪不断,理还乱"的复杂文化关系中,将中华文化中那些易于被不同文化背景的民族所理解的共通性展示出来,让世人了解中国人心灵中那些一以贯之的真诚、友善、和谐;向他们展示中国思想、中国哲学中那些对人类社会会的积极思考,以及对人类幸福的美好憧憬。我们还要学会在不同国情的国家、地区和民族有针对性地展示中华文化中最能引起人们呼应和产生共鸣的精神文化元素,让这种亲和力成为一种精神纽带,将同质文化和异质文化,求同存异地融汇于同一地缘文化体内,为区域经济向一体化方向发展做出贡献。

"一带一路"倡议的意义在于泛欧亚大陆和沿线的互联互通,以及贸易投资便利化。古代陆路和海路在那样不发达状态下,都能实现洲际联通,尽管有时因人为阻隔而不能畅通,但还是存在沟通的渠道,那么在21世纪经济全球化迅猛发展、科技水平突飞猛进、高速铁路技术、巨轮货运等日益成熟的条件下,泛欧亚大陆及其沿线国家和地区依然处于基础设施较为落后的状态,并尚未形成整体、高效、流通的规模,这显然是不符合时代要求的。这种现状对实现"一带一路"倡议,即为泛欧亚大陆深度合作搭建平台,推动中国与世界进行全面互动的总体目标,无疑是障碍。因此,只有实现"一带一路"及其沿线国家和地区的互联互通和贸易便利化,加强相互间的文化交流与互信,才是解决这一国际性难题的必由之路。只有这样才能使泛欧亚大陆真正形成利益共同体和命运共同体,实现利益共赢和文化共享,使欧亚各国之间的文化对话更加顺畅,更加便利,并顺应世界发展的大趋势。

由此看来,"一带一路"倡议离不开文化交流,只有突出历史渊源、人文基础,突出共商共建、平等共享,才能营造出开放、包容、均衡、普惠的合作环境。如果"一带一路"使沿线国家和地区形成一个共赢、共享的巨大经济体,那么东西方文化交流也会融合成一种新的文化。其中包括儒释道、穆斯林、印度教和基督教等文化的精髓,并逐渐杂糅于一体。在这种由于文化交流而形成的新文化体内,必然会诞生出更具创新性的思维模式和更伟大的思想。那将预示着人类文化的又一次重大转型的开始。

第五节　人类命运共同体的构建

21世纪以来,以新兴市场国家的崛起为标志,国际格局变化的步伐在加快。一方面,国际秩序继续向着有利于和平发展的方向演变,世界多极化进一步发展;另一方面,地区冲突频繁,恐怖主义、气候变化等全球性挑战此起彼伏,总之,世界面临的问题和挑战的不确定性逐渐上升。在这样的形势下,"后西方"这一国际关系词汇的表述频率加快。它更多地代表了西方国家对主导当今国际秩序的困惑与担忧。"后西方"并非"去西方",它不意味着西方国家在国际秩序中的边缘化。"后西方"只要"看东方"就能发现改善国际秩序的契机。"构建人类命运共同体,实现共赢共享"的中国方案,即顺应了当今的世界潮流和未来的历史发展趋势。只要东西方各国都胸怀人类命运共同体的意识,坚持开放包容、合作共赢的理念,就无须纠结于"后西方"是否以及如何开启,也不必担心发展中的各种不确定性。因为在人类越来越成为一个命运共同体的当代,已经出现了和平交往的政治空间、共同繁荣的价值目标、文化交流的安全模式和平等互鉴的发展平台。无论人们的生态愿望如何,都已身不由己地处于"类"的统一体系之中,人类的共同命运、共同利益成为每个人必须关注和考虑的切身利益和切身命运问题。从"类存在"出发,只有坚持人类命运共同体思维,人类才有光明的前途。

"人类命运共同体"是一个超越国家、民族、宗教和国际政治的时代命题,是对人类文化发展趋向的理性判断。"人是什么"这种"认识你自己"的考问,是人类反思、认识自我的自觉。人自从诞生以来,就没有停止过这种追问。人们发现人与人既有差分的殊相,又有融合的共相。由于殊相而形成了人与人之间的民族、种族的区别;由于共相则构成了人类之所以为人类的"类存在"的基础,即人类的本质特性。人在认识自己的过程中,命运是人类在现实生活中与自己的生存利益、未来发展密切相关的话题。它也是古往今来,中外各界所关注和困惑的问题。阳春白雪、下里巴人都在议论它、解释它,说法不一,难分轩轾,但它却是一个具有重要理论价值和现实意义的哲学问题。由于命运的必然性与偶然性表现出不同的特点,即"命"具有常态性、常规性、确定性、预期性;而"运"则具有非常态性、非常规性、非确定性、非预期性。所以命与运的这种非相应性和非和合性,就构成了二者之间既分离冲突又相随融合的和合形态。中外各个历史时期,不同的空间状态,对命运的解释和理解会有不同,究其原因是由于不同时空的人文语境、认知水平、思维方式、价值观念的局限性所致。实际上,所谓命运是指人生命主体的过去和现在的际遇与赖以存在的生活环境所形成的生命经历和生存状态的价值评价。

由于人有思想,能用语言进行思维,所以人具有社会本性。社会是表示人与人之间互相联系、相互作用的共同体。从形态上分析,社会是对一般社会关系的整合与协调,融摄与和合,使人际关系有一定的凝聚力、向心力。社会的存在使人类和民族、国家必须重视集体主义的共同利益观,以及所由构成的人与人相互依存的利益共同体。人会自我创造,这是人区别于动物的特殊属性和能力,他可以通过冲突、融合、和合为新的事物,新的结构形态。古往今来,万物更新,人类对自身的体认不断拓展、深入,社会这个人类利益共同体,也在不断地变换着存在方式。人类之所以成为"类",是因为人与人有共性。从人类内在的自身诉求而言,人类是群居型的。这是因为人有利益需求,可以用语言交流,彼此为生存而分工,为和合而自我创造。人类中的个人不可能仅仅依靠一己之力达到自足并解决所有的生存危机,只有自然而必然地合为群体,只有努力克服个人主义的功利性利益观,将自己导向社会生活,才是人得以共同生存的唯一途径。正是基于上述种种人类的共同利益和各个国家的利益共识,"人类命运共同体"的思想才具有强大的现实生命力,而"人类命运共同体"的构建也才会有基础,并才有可能实现。

数千年来,人类在社会生活中所创造积累的所有物质文明和精神文明,所掌握运用的一切理性知识和实践经验,都是人类自我创造、不断完善和社会创造性前进的重要基础。只有不拒绝而且不断充分利用人类已经创造的所有优秀的思想文化和丰富多样的知识,人类才能更好地认识自己、认识社会、认识世界,也才能更好地创造性地开创人类社会的未来。在人类生存只能依靠社会性来维持的当下,只有人类命运共同体的构建才能使世界文明一体化的进程大大加快。数千年来,政治、经济、文化、军事、科学、教育等诸多领域,是人类不同文明之间彼此交流的重要途径和桥梁。其中不乏和平与暴力两种方式,暴力方式的交流是暂时的,而和平方式的交流是长久的。没有政治色彩和意识形态分歧的联系与互通表现得更为持续和稳定。只有和平发展才是人类共同的愿望,一切矛盾和困难也只能在和平发展中才能得到解决。20世纪的冷战对峙结束以后,在新的21世纪里,一些在原本两极格局下被掩盖和压抑的问题逐渐凸现出来,一些地区开始变得动荡不安,不那么太平,尤其是世界性的金融危机发生之后,国家民族之间的矛盾冲突越来越普遍化。面对新的挑战,只有坚持人类命运共同体的构建,才能在尊重共同价值观的基础上,为不同文明程度、不同文化传统的国家民族之间开展对话交流创造良好的条件,早日实现人类社会对正义、法治、人权、平等、自由的普遍尊重。只有坚持人类命运共同体的构建,才能共享人类文明发展的成果,拥有相同的价值旨趣,顺应人类对美好生活的向往,不断创造、发展、实现人类的最大利益。

由此看来,"人类命运共同体"是一个超越国家、民族、宗教和国际政治的时代命题,是对人类文明、世界文化发展趋势的理性判断。它的构建包括"对话而不对抗,结伴而不结盟"的政治新道路;包括"大河有水小河满,小河有水大河满"的经济新前景;还包括"命运与共、唇齿相依"的安全新局面;也包括"并肩而不相害"的文明新气象等诸多原则。"人类命运共同体"可以说是超越民族主义和意识形态的发展中的共同体;是超越各种分歧、团结一致向前看的合作共赢的共同体;同时也是超越各种界限,注重生态文化平衡的可持续发展的共同体。构建人类命运的共同体,既是世界文化发展的大势所趋,也是全人类共同进步的模式与目标。它充分体现了人类渴求的和谐、和睦、和平、友爱、共存、共生、共荣等重要的生存发展理念。随着全球化、信息化的进程不断加快,人类共同拥有的家园变得越来越小,在国与国、族与族紧密相连的世界里,你中有我、我中有你,利益高度融合,一荣俱荣、一衰俱衰,谁也不可能独善其身。人类命运休戚相关,生死与共;人类生存相互依存、深刻互动,在构建人类命运共同体的进程中,化解厄运、克服危难、一路勇往直前,是人类掌握自己命运的唯一选择与态度。"人类命运共同体"的命运一定会掌握在人类自己手中,因为它归根到底关乎着人类的未来,也即每个人的未来。"人类命运共同体"的思想实质是一种合作共赢的全球治理理念,在其构建过程中拥有强大的历史推动力,因为以经济发展带动政治和文化等并驾齐驱这种现实紧迫性在经济全球化实践中已愈来愈彰显出其重大的价值意义和深远的世界意义。人类应该拭目以待它早日实现。

参考书目

1. 吴于廑:《古代的希腊和罗马》,中国青年出版社,1962年。
2. [美]希提:《阿拉伯通史》,马坚译,商务印书馆,1979年。
3. [埃及]艾哈迈德·艾敏:《阿拉伯—伊斯兰文化史》,纳忠译,商务印书馆,1982年。
4. 常任侠:《东方艺术丛谈》,上海文艺出版社,1984年。
5. [美]伯恩斯、拉尔夫:《世界文明史》(1—4卷),赵丰等译,商务印书馆,1987年。
6. [美]海斯、穆恩、韦兰:《世界史》(上、中、下册),中央民族学院研究室译,生活·读书·新知三联书店,1987年。
7. 季羡林、张殿英:《东方文化史话》,黄山书社,1987年。
8. 周谷城、田汝康:《世界文化丛谈》,浙江人民出版社,1988年。
9. 季羡林、任继愈、常任侠、周一良等:《东方文化知识讲座》,北京大学东方文化研究所编,黄山书社,1989年。
10. 庄锡昌:《世界文化史通论》,浙江人民出版社,1989年。
11. [英]柴尔德:《远古文化史》,周进楷译,上海文艺出版社,1990年。
12. 张殿英:《东方风俗文化辞典》,黄山书社,1991年。
13. [日]家永三郎:《日本文化史》,刘绩生译,商务印书馆,1992年。
14. 居三元、张殿英:《东方文化词典》,北京大学出版社,1993年。
15. 纳忠等:《传承与交融:阿拉伯文化》,浙江人民出版社,1993年。
16. 张象、黄若迟:《20世纪世界文化》,四川人民出版社,1994年。
17. 季羡林:《东方文学史》,吉林教育出版社,1995年。
18. 孟昭毅:《东方文化文学因缘》,吉林大学出版社,1996年。
19. [法]让-皮埃尔·韦尔南:《希腊思想的起源》,秦海鹰译,生活·读书·新知三联书店,1996年。
20. 朱维之:《希伯来文化》,浙江人民出版社,1996年。
21. [澳]A.L.巴沙姆:《印度文化史》,闵光沛等译,商务印书馆,1997年。

22. 季羡林:《东方文化集成》丛书,经济日报出版社1997年,天津人民出版社2001年,昆仑出版社2001年至今。
23. [英]丹皮尔:《科学史》,李珩译,商务印书馆,1997年。
24. [美]维尔·杜伦:《东方的文明》,李一平等译,周宁审校,青海人民出版社,1998年。
25. 于殿利、郑殿华:《巴比伦古文化探研》,江西人民出版社,1998年。
26. 刘文鹏:《古代西亚北非文明》,中国社会科学出版社,1999年。
27. 钱乘旦:《欧洲文明:民族的融合与冲突》,贵州人民出版社,1999年。
28. 裔昭印:《世界文化史》,华东师范大学出版社,2000年。
29. 麦永雄:《东方文化与东方文学》,广西师范大学出版社,2001年。
30. 启良:《东方文明畅想录》,花城出版社,2001年。
31. 陈佛松:《世界文化史》,华中理工大学出版社,2002年。
32. 侯传文:《东方文化通论》,山东教育出版社,2002年。
33. [美]塞缪尔·亨廷顿:《文明的冲突与世界秩序的重建》,周琪等译,新华出版社,2002年。
34. [美]勒纳等:《西方文明史》,王觉非等译,中国青年出版社,2003年。
35. [美]威尔·杜兰:《东方的遗产》,幼狮文化公司译,东方出版社,2003年。
36. 朱维之等:《外国文学史》(欧美卷、亚非卷)(第三版),南开大学出版社,2004年。
37. Roy F. Willis, *Western Civilization: An Urban Perspective*, D. C. Heath and Company, 1981.
38. Kevin Reilly, *The West and the world: A Topical History of Civilization*, Harper & Row, Publishers, 1980.
39. Lopez, Barnes, Blum, Cameron, *Civilizations: Western and World*, Little, Brown and Company, 1975.
40. Marvin Perry, Myrna Chase, James R. Jacob, Margaret C. Jacob & Theodore H. von Laue, *Western Civilization, A Concise History*, Houghton Mifflin Company, 1981.
41. 端木义万主编:《美国社会文化透视》,南京大学出版社,1999年。
42. 王秀梅:《加拿大文化博览》,世界图书出版公司,2004年。
43. 郝名玮、徐世澄:《拉丁美洲文明》,福建教育出版社,2008年。
44. 林被甸、董经胜:《拉丁美洲史》,人民出版社,2010年。

后　　记

丁酉年新春伊始,北京大学出版社的编辑与孟昭毅教授联系说,孟教授和曾艳兵教授主编的《外国文化史》是一部很值得重视的书,出版十年来获得了多方反响,并予以充分的肯定,希望二位能再辛劳一番,做一些必要的修订和补充,根据新发现和新形势再做一些相应的补充和拓展,对一些明显的错误和不当之处做修订和校正。

两位主编深感振奋。是的,文化是历史之符号、人类之精气。书写史书既是一种历史使命,也是一种智者之乐。当来自人类社会的文化又反馈于人类社会,而且在起着激励和推动作用的时候,作为书写者其内心的惬意和欣慰是他人难以体验的。于是再版这部《外国文化史》就成了我们的一件伟事一件喜事。这样先有曾艳兵教授对全书进行全面的校正,再由孟昭毅教授进行系统的修改,最后由吕超副教授对全稿的文字做严谨的处理。

天下大势日新月异,为适形势发展之需,我们决定再增加四章:分别为古代波斯文化、古代美洲文化、18世纪至20世纪的北美文化和拉丁美洲文化。从而使这部原来略微单薄的《外国文化史》显出了一些锐气和厚重感。这次再版不仅在量上加大,更主要的是质量上有所刷新。再版的执笔者,基本都是讲授外国文学史和文化史的教授,可以说是一个科班兵团,是该领域的教学和科研骨干。

修订版的《外国文化史》的具体分工如下(以章节为序):

孟昭毅:导论,第一章,第三章,第五章,第八章,第十八章第三节,第十九章一、二、三节,第二十章,后记;

曾艳兵:导论,第六章,后记;

甘丽娟:第二章,第十二章第二节,第十八章第四节;

王鹏:第四章;

李艳:第七章;

赵立柱：第九章，第十六章，第十七章；

俞久洪：第十章，第十一章，第十八章第一节；

杨玉珍：第十二章第一、四节，第十八章第二、五节；

何文林：第十二章第三节；

叶林峰：第十二章第四节；

张爱民：第十三章；

高超：第十四章；

倪正芳：第十五章；

甄蕾：第十六章第一节，第二十章；

李霞：第十八章第三节，参考书目；

吕超：第十九章第四节，第二十章。

借书后一隅，我们要感谢北京大学出版社的张冰编审，感谢她的睿智、果断与支持！感谢宣瑄和严悦编辑认真负责的辛勤劳动！感谢我们在编撰此书时所参考过的相关书籍的作者和译者！我们还要感谢手捧此书孜孜以求的读者，是你们给了我们再版此书的激情和力量！茫茫世界漫漫历史覆盖着一层又一层的文化，众多的国家众多的民族纵横着浩如星海的知识，再厚的史书亦难容装。所以我们只能做到既面面俱到又点到为止，其中的偏颇与错失肯定是有的。盼望方家指正，欢迎读者批评。

主编

2017 年 7 月

《外国文化史》（第二版）

尊敬的老师：

　　您好！

　　为了方便您更好地使用本教材，获得最佳教学效果，我们已将本教材配套课件资料进行了扩充更新，特向使用该书作为教材的教师赠送。如有需要，请完整填写"教师联系表"并加盖所在单位院（系）公章，免费向出版社索取。

北京大学出版社

教 师 联 系 表

教材名称	《外国文化史》（第二版）						
姓名：		性别：		职务：		职称：	
E-mail：		联系电话：			邮政编码：		
供职学校：			所在院系：				（章）
学校地址：							
教学科目与年级：			班级人数：				
通信地址：							

　　填写完毕后，请将此表邮寄给我们，我们将为您免费寄送本教材配套资料，谢谢！

北京市海淀区成府路205号
北京大学出版社外语编辑部　严悦　　　邮 购 部 电 话：010-62534449
邮政编码：100871　　　　　　　　　　市场营销部电话：010-62750672
电子邮箱：pkupress_yan@qq.com　　　 外语编辑部电话：010-62754382